Ludwig Bilz

Schule und psychische Gesundheit

Risikobedingungen für
emotionale Auffälligkeiten von
Schülerinnen und Schülern

VS VERLAG FÜR SOZIALWISSENSCHAFTEN

Bibliografische Information der Deutschen Nationalbibliothek
Die Deutsche Nationalbibliothek verzeichnet diese Publikation in der
Deutschen Nationalbibliografie; detaillierte bibliografische Daten sind im Internet über
<http://dnb.d-nb.de> abrufbar.

Diese Arbeit wurde 2008 unter dem Titel „Einflüsse der Schule auf die psychische Gesundheit von Schülerinnen und Schülern. Empirische Untersuchung zu schulbezogenen Risikofaktoren internalisierender Auffälligkeiten bei 11- bis 16-Jährigen" als Dissertation an der
Fakultät Erziehungswissenschaften der Technischen Universität Dresden angenommen.

1. Auflage 2008

Alle Rechte vorbehalten
© VS Verlag für Sozialwissenschaften | GWV Fachverlage GmbH, Wiesbaden 2008

Lektorat: Monika Mülhausen

VS Verlag für Sozialwissenschaften ist Teil der Fachverlagsgruppe
Springer Science+Business Media.
www.vs-verlag.de

Umschlaggestaltung: KünkelLopka Medienentwicklung, Heidelberg
Druck und buchbinderische Verarbeitung: Krips b.v., Meppel
Gedruckt auf säurefreiem und chlorfrei gebleichtem Papier
Printed in the Netherlands

ISBN 978-3-531-15986-7

Inhalt

Vorwort

Diese Arbeit bringt nicht nur die Schule mit der psychischen Entwicklung von Jugendlichen in Verbindung, sie ist zugleich das Ergebnis einer interdisziplinären Herangehensweise an ein aktuelles Forschungsthema. Dabei greift sie auf Konzepte und Theorien der Erziehungswissenschaft, der klinischen und der Entwicklungspsychologie zurück.

Für mich bedeutete die Auseinandersetzung mit diesem Thema auch, auf den ersten Blick weit auseinander liegende Arbeitsbereiche gewinnbringend miteinander verknüpfen zu können. Auf der einen Seite die Mitarbeit in einer erziehungswissenschaftlichen Forschungsgruppe und die Ausbildung angehender Lehrer, auf der anderen Seite die psychotherapeutische Arbeit mit Patienten. Gerade bei Letzterem fällt es schwer zu übersehen, wie wichtig die soziale Umwelt für das Verständnis psychischer Prozesse ist.

Sozial eingebettet war auch der Entstehungsprozess dieser Arbeit. Für die Möglichkeit, in einer interdisziplinären und spannenden Arbeitsgruppe zu diesem Thema zu finden und es intensiv zu verfolgen, für kritische Hinweise und regen Austausch bei der Bearbeitung gilt mein besonderer Dank Prof. Dr. Wolfgang Melzer sowie allen anderen Mitgliedern der Forschungsgruppe Schulevaluation an der Technischen Universität Dresden. Wertvolle Rückmeldungen erhielt ich von Samia Chaker, Jens Klotsche, Dr. Rainer Riedel und nicht zuletzt von meinem Großvater Dr. Gerhard Schellenberg, der als Pädagoge die Entstehung dieser Arbeit mit Interesse, Ermutigung und fachlichem Rat unterstützt hat. Torsten Thieme, meiner Familie und meinen Freunden danke ich für die emotionale Unterstützung und das insbesondere in der Endphase der Fertigstellung manchmal nötige Verständnis.

Die Untersuchung steht im Kontext der internationalen Schülerbefragung „Health Behaviour in School-aged Children" (HBSC), die im Auftrag der WHO durchgeführt wird. Dank sagen möchte ich den Mitgliedern des HBSC-Deutschland-Konsortiums für die zur Verfügung gestellten Datensätze und die kooperative Zusammenarbeit. Nicht möglich gewesen wäre diese Untersuchung ohne die vielen sächsischen Schülerinnen und Schüler, Eltern, Lehrerinnen und Lehrer, die die Befragungen aktiv unterstützt haben.

Obwohl sich mir bei der Bearbeitung dieses Themas die Frage geschlechtsbezogener Differenzen immer wieder gestellt hat, habe ich mich aufgrund der besseren Lesbarkeit dagegen entschieden, durchgängig weibliche und männliche Personenbezeichnungen zu verwenden. Wenn von ‚Lehrern' oder ‚Schülern' die Rede ist, sind natürlich immer beide Geschlechter gemeint.

Es wäre ein lohnendes Ergebnis dieser Studie, wenn sie dazu beitragen könnte, Lehrerinnen und Lehrern den Blick für die psychische Entwicklung der ihnen anvertrauten Schüler noch ein Stück mehr zu öffnen.

Dresden, im Januar 2008   Ludwig Bilz

Einleitung

„Nicht die Dinge beunruhigen die Menschen,
sondern ihre Meinungen über die Dinge."
Epiktet (ca. 50 n. Chr. – ca. 140 n. Chr.)[1]

Befragt man Lehrer zur psychischen Gesundheit von Schülerinnen und Schülern, erfährt man regelmäßig, dass Lernstörungen, Aufmerksamkeitsdefizite, Hyperaktivität und Aggressivität Probleme sind, die immer mehr, vor allem männliche Schüler betreffen und Lehrern ihre Arbeit zunehmend schwerer machen. Seltener wird über Schwierigkeiten mit depressiven oder ängstlichen Schülern berichtet, vermutlich auch, weil die betroffenen, meist weiblichen Jugendlichen den Unterricht nicht stören und nach außen das Bild eines angepassten Schülers vermitteln.

In den letzten Jahren durchgeführte Studien zeigen aber, dass diese Probleme im Jugendalter weitaus stärker verbreitet sind, als bislang angenommen. Auch gibt es empirische Hinweise dafür, dass Depressionen und Ängste bei Kindern und Jugendlichen in den letzten Jahrzehnten zugenommen haben (Fombonne, 1995; Groen & Petermann, 2002; Twenge, 2000). Unter einer klinisch relevanten Depression leiden bis zum Ende der Adoleszenz zwischen 15 und 20% der Jugendlichen, wobei die Prävalenzen ab dem 12. bis 14. Lebensjahr insbesondere bei den Mädchen stark ansteigen (Groen & Petermann, 2002; Wittchen, Nelson & Lachner, 1998). Es handelt sich hierbei nicht um vorübergehende Phänomene dieser Altersphase, denn bereits subklinische depressive Symptome im Kindes- und Jugendalter erhöhen das Erkrankungsrisiko im Erwachsenenalter deutlich (Hautzinger & Petermann, 2003). Auch körperliche Beschwerden mit unklarem organischen Befund, sogenannte psychosomatische Beschwerden, sind insbesondere bei weiblichen Jugendlichen sehr verbreitet und erweisen sich als überaus zeitstabil (Lieb et al., 2002).

Dass Ängste, Depressionen und körperliche Beschwerden bei Jugendlichen häufig gemeinsam auftreten, ist eher die Regel als die Ausnahme. Dies hat, zusammen mit der Beobachtung, dass bereits subklinische Syndrome mit erheblichen Beeinträchtigungen einhergehen, dazu geführt, bei Jugendlichen von einer

---

[1] Übersetzung nach Wilhelm Capelle (Epiktet, übers. 1992)

gemeinsamen Dimension emotionaler oder auch *internalisierender* Störungen auszugehen (Achenbach, 1997; Quay, 1986). Dieser Begriff beschreibt den Umstand, dass sich die Symptome eher innerhalb des Individuums etablieren und im Gegensatz zu Problemen im Bereich Aggressivität und Delinquenz (= *externalisierende* Störungen) für das soziale Umfeld nicht direkt zu erkennen sind. Gleichwohl ist bei internalisierenden Störungen von einer Vielzahl psychosozialer Beeinträchtigungen in verschiedensten Lebens- und Funktionsbereichen auszugehen. Betroffene Jugendliche haben Probleme im zwischenmenschlichen Bereich, ziehen sich sozial zurück, leiden unter einer verringerten Konzentrationsfähigkeit, sind weniger leistungsfähig und haben häufig schulische Probleme (vgl. Groen, Pössel & Petermann, 2004). Auch die gesellschaftlichen Folgen psychischer Störungen geraten zunehmend in den Blick der Öffentlichkeit. Studien zeigen nicht nur, dass psychische Störungen noch vor kardiovaskulären Erkrankungen mit ca. 25% den größten Teil der in DALYs[2] gemessenen Krankheitslast in Europa ausmachen, sie verursachen zudem hohe direkte und vor allem indirekte Folgekosten (Andlin-Sobocki, Jönsson, Wittchen & Olesen, 2005).

Da das Jugendalter für die Entstehung internalisierender Störungen eine wichtige Lebensphase ist, wendet sich die Forschung seit einigen Jahren verstärkt den emotionalen Problemen von Jugendlichen zu. Die Gründe dafür, dass die Erforschung externalisierender Probleme im Jugendalter eine längere und konzeptuell reichere Geschichte hat als die Beschäftigung mit internalisierenden Problemen (vgl. Laucht, Esser & Schmidt, 2000; Rubin & Mills, 1991; Steinberg & Morris, 2001), liegen nicht nur darin, dass emotionale Probleme vom Umfeld als weniger störend empfunden werden. Bis vor 30 Jahren war es zudem noch höchst umstritten, ob Kinder und Jugendliche überhaupt depressive Zustände erleben können (vgl. Groen, Pössel & Petermann, 2004).

Das Ziel dieser Studie ist es auszuloten, welche Einflüsse auf die Entwicklung internalisierender Probleme von der Schule ausgehen, einem Bereich der sozialen Umwelt, der im Jugendalter zunehmend an Bedeutung gewinnt, wenn nicht sogar der Bedeutendste ist.

Neben der häufig als Argument angeführten Zeit, die Mädchen und Jungen in der Schule verbringen (z. B. Rutter, Maughan, Mortimore & Ouston, 1980), kann man die Entwicklungsrelevanz der schulischen Umwelt auch aus ihren Verbindungen zu buchstäblich allen im Jugendalter drängenden Entwicklungsaufgaben ableiten (Havighurst, 1972). Gemeint ist dabei nicht nur die Auseinandersetzung mit den schulischen Leistungsanforderungen, sondern auch die Er-

---

[2] DALY (Disability-Adjusted Life Years) = durch Tod oder Behinderung verlorene Jahre gesunden Lebens

langung emotionaler Unabhängigkeit von den Eltern, die Berufswahl bzw. -vorbereitung, die Übernahme von Geschlechtsrollen und, forciert durch die Gruppierung von Schülern in Altersgruppen, die soziale Entwicklung und der Aufbau von Beziehungen zu Gleichaltrigen. Hinzu kommt die biographische Bedeutsamkeit der Schullaufbahn, die über erreichte Bildungsabschlüsse und resultierende berufliche Chancen die weitere Lebensplanung junger Menschen in ihrem Kern berührt.

Nur wenige Studien haben den Zusammenhang zwischen Schule auf der einen Seite und Ängsten, Depressionen und psychosomatischen Beschwerden von Schülern auf der anderen Seite untersucht. Die wenigen, meist aus dem angloamerikanischen Raum stammenden Studien untersuchen nur selten spezifische Verbindungen der schulischen Umwelt zu internalisierenden Problemen. Häufiger werden Einflüsse der Schule auf die allgemeine Gesundheit untersucht. So gibt es in den vorliegenden Studien zwar Hinweise auf einen Zusammenhang zwischen Bedingungen der schulischen Umwelt und internalisierenden Auffälligkeiten der Schüler, es mangelt aber an spezifischen theoretischen Modellen und empirischen Befunden zu den vermittelnden Prozessen. Wie schafft es die Schule, Einfluss auf die psychische Gesundheit von Jugendlichen zu nehmen? Eine Beantwortung dieser Frage könnte auch dabei helfen, präventive Maßnahmen gezielter und effektiver auszurichten.

Hierzu Überlegungen anzustellen und ein theoretisches Modell zu entwickeln, das empirisch überprüfbare Annahmen zu möglichen Vermittlungsmechanismen enthält, ist ein wichtiges Ziel dieser Arbeit und Gegenstand der ersten fünf Kapitel. Ausgegangen wird dabei einmal von den entwicklungspsychologischen Besonderheiten der Adoleszenz (Kapitel 1), d. h. den Herausforderungen vor denen Jungen und Mädchen in dieser Altersphase stehen, und andererseits wird ein Blick auf die Entwicklungsbedingungen geworfen, die ihnen die Schule hierfür bietet (Kapitel 2). Hierbei zeigt sich, dass die gesellschaftliche Einbettung der Schule eine wichtige Rolle spielt. Sie ist bei ihrer „Arbeit an der Seele des Menschen" (Fend, 2006, S. 174) an Aufträge gebunden, die eine sich wandelnde Gesellschaft an sie heranträgt. Resümiert man die Ergebnisse von Studien zu Entwicklungseinflüssen der Schule, wird deutlich, dass diese vorrangig von Aspekten ausgehen, die mit Leistungserbringung und Konkurrenz in Verbindung stehen. Auch wenn viele Studien nur selten über diesen Bereich hinausschauen, zeigt sich doch, dass schulische Bedingungen auch auf Persönlichkeitsbereiche jenseits des kognitiven Funktionsbereichs einwirken.

Was passiert nun, wenn Jugendliche an der Bewältigung von Entwicklungsaufgaben scheitern oder zu scheitern drohen? Woran erkennt man, ob psychische Probleme in dieser Altersphase ‚normal' oder Anzeichen einer psychischen Erkrankung sind? Die Untersuchung dieser Fragen in Kapitel 3 erbringt zwar, dass hierfür ganz verschiedene Kriterien herangezogen werden können, letztlich bleibt aber anzuerkennen, dass psychische Störungen das Ergebnis der gleichen Gesetzmäßigkeiten sind wie normale psychische Zustände (Petermann, Niebank & Scheithauer, 2004). Auch empirische Untersuchungen (z. B. Achenbach, 1985) zeigen, dass insbesondere bei Jugendlichen die Annahme eines Kontinuums zwischen Normalität und Abweichung bzw. zwischen Gesundheit und Krankheit Gültigkeit besitzt (vgl. Antonovsky, 1979). Gegenstand dieser Arbeit sollen folglich keine kategorial diagnostizierten psychischen Störungen sein, sondern als Abweichung vom normalen Entwicklungspfad verstandene internalisierende *Auffälligkeiten* unterschiedlichen Schweregrads.

Die Darstellung von epidemiologischen Befunden und Ätiologiemodellen internalisierender Auffälligkeiten in Kapitel 4 verfolgt auch das Ziel, zu Hypothesen über mögliche Wirkmechanismen zu gelangen. Was ist das Gemeinsame an Ängsten, Depressionen und psychosomatischen Beschwerden und worin unterscheiden sich betroffene Jugendliche von unauffälligen Jugendlichen? Welche spezifischen Risikofaktoren für internalisierende Auffälligkeiten können in anderen Studien identifiziert werden?

Neben der deutlich höheren Verbreitung internalisierender Auffälligkeiten bei Mädchen ist ein in mehreren Modellen immer wieder auftauchender und für die Modellableitung wichtiger Punkt, dass die Selbstsicht betroffener Jugendlicher stark negativ eingefärbt ist (z. B. Cicchetti & Toth, 1998). Anders als aggressive Jugendliche entwickeln sie keine verzerrte Sicht der Umwelt (als feindselig), sondern sehen sich selbst und ihre Fähigkeiten deutlich negativ verzerrt (Dodge, 1993). Aktuelle Forschungsbefunde unterstützen die Sichtweise, dass es sich bei diesem negativen Selbstkonzept nicht nur um ein Symptom internalisierender Auffälligkeiten handelt, sondern auch um eine zeitlich vorgelagerte Risikobedingung (vgl. Groen, Pössel & Petermann, 2004).

Das Ergebnis der Integration des entwicklungspsychologischen, pädagogischen und entwicklungspsychopathologischen Forschungsstandes in Kapitel 5 ist ein theoretisches Modell, das schulbezogene Risiken für internalisierende Auffälligkeiten insbesondere bei klimatischen Bedingungen der schulischen Umwelt sieht. Mit dem Klassenklima, verstanden als subjektive Wahrnehmung von Umweltmerkmalen der Schulklasse, lässt sich die Klassenumwelt so abbilden, wie sie aus der Sicht der Schüler und vor dem Hintergrund ihrer individuellen Bedürfnisse und Erfahrungen bedeutsam ist.

Die Wahrscheinlichkeit, dass Schülerinnen und Schüler internalisierende Auffälligkeiten entwickeln, erhöht sich aus Sicht des Modells dann, wenn ein ungünstiges Klassenklima zur Entwicklung eines negativen Selbstkonzepts beiträgt. Zwei Bereichen des Klassenklimas wird dieses Potenzial zugesprochen: Einmal ungünstigen Lernbedingungen, die mit Überforderungserlebnissen einhergehen und andererseits problematischen Beziehungen zwischen den Schülern. In einer Lebensphase der verstärkten Beschäftigung mit dem eigenen Selbst nehmen Jugendliche selbstbezogene Rückmeldungen aus ihrem sich erweiternden sozialen Umfeld verstärkt wahr und haben gleichzeitig ein großes Bedürfnis nach positiver Selbstbewertung und sozialer Akzeptanz. Wenn sie, bedingt durch die beschriebenen Erfahrungen in der Schule, ihre schulischen und sozialen Kompetenzen zunehmend stärker negativ einschätzen, ist damit aus ihrer Sicht auch die Bewältigung von zwei zentralen Entwicklungsaufgaben des Jugendalters gefährdet. Und zwar der erfolgreiche Umgang mit schulischen Leistungsanforderungen und die damit verbundene berufliche Perspektiventwicklung und der Aufbau befriedigender Beziehungen zu Gleichaltrigen. Das soziale und das schulische Selbstkonzept bilden demnach die Vermittlungsebene zwischen der Entwicklungsumwelt Schule auf der einen Seite und der Entstehung von internalisierenden Auffälligkeiten auf der anderen Seite.

Im zweiten Teil der Arbeit (Kapitel 6 bis 11) wird eine Untersuchung vorgestellt, deren Ziel die empirische Überprüfung dieser Modellannahmen ist. Der Beschreibung von Stichproben, Erhebungsinstrumenten und Auswertungsverfahren in Kapitel 6 folgt ein Überblick über die Verbreitung internalisierender Auffälligkeiten bei den befragten ca. 4 400 sächsischen Fünft-, Siebent- und Neuntklässlern (Kapitel 7). Die Einbettung der Befragung in die internationale HBSC-Studie (Health Behaviour in School-aged Children) erlaubt es nicht nur, die sächsischen Daten national und international einzuordnen, es können auch Vergleiche mit einer vier Jahre zurückliegenden Erhebung gezogen werden. In Kapitel 8 wird detailliert ausgewertet, wie die Mädchen und Jungen die schulische Umwelt wahrnehmen. Dabei interessiert vor allem, mit welchen Instrumenten sich die beiden als relevant erachteten Klimadimensionen (Lernbedingungen und Sozialklima) am besten beschreiben lassen und inwieweit die Schüler einer Klasse in ihren Einschätzungen übereinstimmen. Die Ergebnisse dieser Analysen unterstreichen die Notwendigkeit einer mehrebenenanalytischen Auswertungsstrategie auf Schüler- und Klassenebene, die dann in Kapitel 9 umgesetzt wird. Hier wird das Klassenklima mit dem Selbstkonzept und den internalisierenden Auffälligkeiten in Verbindung gebracht und die Gültigkeit des theoretischen Modells geprüft. Dabei geht es einmal um die Frage, wie eng der Zusammenhang zwischen Klassenklima, emotionalen Problemen und psychosomatischen Beschwerden ist und andererseits um die Frage, inwieweit das Selbstkonzept als Vermittler bzw. Mediator dieses Zusammenhangs in Erscheinung tritt. In Kapitel 10 wird mit Hilfe einer Substichprobe, für die Daten von zwei Messzeitpunkten vorliegen, geprüft, ob die im Querschnitt gefundenen Zusammenhänge auch einer längsschnittlichen Überprüfung standhalten.

Im abschließenden Kapitel 11 erfolgt die Zusammenfassung zentraler Ergebnisse der Studie und die Diskussion methodischer Einschränkungen. Neben Implikationen für die weitere Forschung werden auf der Grundlage der identifizierten Risikofaktoren Schlussfolgerungen für die Prävention und eine für die psychische Gesundheit der Schülerinnen und Schüler förderliche Gestaltung von Schule und Unterricht gezogen. Interessanterweise ist eine der Folgerungen aus den Ergebnissen dieser Untersuchung, dass zur Prävention internalisierender Auffälligkeiten von Schülern auch die Berücksichtigung externalisierender Probleme im schulischen Umfeld gehört.

TEIL A:
THEORETISCHER RAHMEN UND
FORSCHUNGSSTAND

1 Die Adoleszenz als Übergang zwischen Kindheit und Erwachsensein

Im Mittelpunkt dieser Arbeit stehen junge Menschen im Alter von 11 bis 16 Jahren. Sie befinden sich somit in einer Lebensphase, die aufgrund ihrer Lage *zwischen* Kindheit und Erwachsensein eine Vielzahl an Besonderheiten aufweist. Das Ziel dieses Kapitels ist es, einen Einblick in die Spezifika der Altersphase Adoleszenz zu geben. Nach einer kurzen begrifflichen und forschungshistorischen Einführung werden empirische Befunde zu den vielfältigen Veränderungen in der Adoleszenz berichtet und theoretische Zugangsweisen vorgestellt, die den Erklärungsrahmen für den Umgang von Jugendlichen mit sich selbst und ihrer Umwelt liefern sollen.

Das enge Zusammenspiel biologischer, psychischer und sozialer Faktoren in dieser Altersphase spiegelt sich auch in den verwendeten Begriffen wider. Während mit der Bezeichnung *Pubertät* vor allem die biologischen Veränderungen zwischen dem 11. und 15. Lebensjahr erfasst werden, ist der Begriff der *Adoleszenz* für die eher entwicklungspsychologische Betrachtung einer Altersphase reserviert, die nach Steinberg (1993) vom 11. bis zum 21. Lebensjahr reicht. Unterschieden werden dabei gewöhnlich drei Phasen:

1. frühe Adoleszenz vom 11. bis zum 14. Lebensjahr,
2. mittlere Adoleszenz vom 15. bis zum 17. Lebensjahr und
3. späte Adoleszenz vom 18. bis zum 21. Lebensjahr.

Obwohl über die Definition in Bezug auf die Grenzen der Adoleszenz kein Konsens besteht und neben biologischen sowie sozialen auch emotionale, kognitive und juristische Kriterien Verwendung finden, wird der Beginn der Adoleszenz häufig mit dem Start der Pubertät und ihr Ende mit dem Eintritt in die Erwerbstätigkeit gleichgesetzt. Dies verdeutlicht, dass wir auch einen soziologischen Forschungsgegenstand – hierfür findet häufig der Begriff *Jugend* Verwendung – vor uns haben. Sieht man das gesellschaftliche Moratorium, also die noch nicht vollzogene Übernahme aller Rechte und Pflichten eines Erwachsenen bei vorhandener Geschlechtsreife als den zentralen Kern dieser Altersphase an (vgl. Tillmann, 2000, S. 196; Zinnecker, 1991), kann von einer Jugendphase im engeren Sinne erst seit Ende des 18. Jahrhunderts gesprochen werden (vgl. Gillis, 1984; vgl. Koops, 1996). Jugend als von Erwerbsarbeit freigesetzte Lebensphase, die nicht nur für privilegierte Schichten eine Phase der Ausbildung und Vorbereitung auf die Herausforderungen des Erwachsenseins ist, entwickelt sich dann erst im Zuge tiefgreifender sozialstruktureller Veränderungen im 19. und 20. Jahrhundert (Oerter & Dreher, 2002).

In diesen Zeitraum fällt auch der Beginn des (entwicklungs-)psychologischen Interesses an der Adoleszenz, welches durch das Erscheinen des zweibändigen Klassikers „Adolescence" von Stanley Hall (1904) markiert wird. Gleichzeitig nimmt hier eine der ältesten Debatten der Entwicklungspsychologie ihren Ausgangspunkt, die sich um das auch kulturell geprägte Bild der Adoleszenz als das einer krisenhaften Phase des normativen Aufruhrs oder des ‚Sturm und Drang' dreht. Die Position von Hall ist eindeutig. Für ihn, der die Ontogenese als Rekapitulation der Phylogenese begreift, spiegelt sich in der Adoleszenz die Entstehung der modernen Zivilisation mit all ihren Fortschritten, aber auch Rückschlägen wider. Entsprechend sei dieses Lebensalter durch extreme Ausprägungen des Erlebens und Verhaltens sowie interpersonelle und innerpsychische Spannungen charakterisiert (Hall, 1904). Obwohl relativ früh insbesondere an der Idee der Rekapitulation Kritik geübt wurde, hat Halls Adoleszenztheorie mit ihrer Betonung des Krisenhaften nachhaltigen Einfluss auf spätere Entwicklungskonzeptionen von Anna Freud (1969) bis Erik Erikson (1968) ausgeübt (vgl. Koops, 1996; vgl. Oerter & Dreher, 2002). In diesen frühen Wurzeln theoretischer Annäherungen an die Adoleszenz und ihren engen Verbindungen mit kulturellen Repräsentationen (*Sturm und Drang*) sind die Ursachen für die z. T. heute noch bestehende Diskrepanz zwischen Theorie und empirischer Untermauerung zu suchen. Wie der nächste Abschnitt zeigen wird, ist es bis heute nicht gelungen, empirische Nachweise für die These eines normativen Aufruhrs in der Adoleszenz beizubringen.

1.1 Entwicklung in der Adoleszenz

Körperliche Veränderungen

Auf die körperlichen Veränderungen der Pubertät soll an dieser Stelle nicht allein deshalb eingegangen werden, weil sie den Beginn der Adoleszenz markieren, sie können zudem nicht losgelöst von psychischen Vorgängen und auch sozialen Einflüssen betrachtet werden (siehe z. B. die historische Vorverlagerung der Pubertät). Nach Steinberg (1993, S. 22f.) sind die fünf Hauptmanifestationen der Pubertät:

1. ein beschleunigtes Längenwachstum,
2. die Weiterentwicklung der Geschlechtsdrüsen,
3. die Ausbildung sekundärer Geschlechtsmerkmale,
4. Veränderungen der Körperproportionen (Quantität und Verteilung von Körperfett und Muskelmasse) und
5. Veränderungen im Herzkreislauf- und Atmungssystem.

Diese hormonell gesteuerten Prozesse gehen mit großen interindividuellen Schwankungen zwischen dem 12. und dem 18. Lebensjahr (Jungen) bzw. dem 10. und dem 16. Lebensjahr (Mädchen) vonstatten (Oerter & Dreher, 2002). Die Veränderungen müssen von den Jugendlichen in ihr Selbstkonzept integriert werden. Sie machen neue Körpererfahrungen, bekommen aufgrund ihres erwachsener werdenden Erscheinungsbildes andere Rückmeldungen ihrer sozialen Umwelt und müssen sich mit ihrer eigenen Sexualität auseinandersetzen. Diese Verarbeitungsprozesse geschehen wiederum vor dem Hintergrund gesellschaftlicher Erwartungen, z. B. einer mehr oder weniger rigiden Sexualmoral.

Kognitive Veränderungen

Parallel zu den körperlichen Veränderungen machen Jugendliche bedeutsame Fortschritte in ihrer kognitiven Entwicklung. Nach Piaget erreichen sie im Alter von ca. 11 Jahren die Stufe der formalen Operationen, die durch die Fähigkeit zu abstrakten Denkleistungen (Multidimensionalität, Denken in Möglichkeiten, Metakognitionen) charakterisiert ist (Piaget & Inhelder, 1977). Vertreter des psychometrischen Ansatzes stellen die zunehmende Stabilität von Intelligenztestwerten in der Adoleszenz in den Vordergrund. So korrelieren Intelligenztestwerte zwischen 5 und 11 Jahren nur mäßig, danach aber sehr hoch mit dem IQ im Alter von 18 Jahren. Betrachtet man einzelne kognitive Funktionsbereiche, so sind Leistungszuwächse bei der selektiven (Konzentration auf einen Reiz) und verteilten Aufmerksamkeit (gleichzeitige Konzentration auf mehrere Reize) sowie für die Gedächtnisfunktionen zu verzeichnen. Insbesondere die Verbesserungen des Kurzzeitgedächtnisses gehen mit wachsenden Problemlösefähigkeiten einher (vgl. Steinberg, 1993). Wichtig ist, dass diese Zuwächse auch in anderen Bereichen Niederschlag finden. So haben sie beispielsweise Einfluss auf die soziale Kognition, befähigen zur Rollenübernahme und bewirken Veränderungen im moralischen Urteil sensu Kohlberg (vgl. Oerter & Dreher, 2002).

Veränderungen des Selbstkonzepts

Auch die Inhalte sowie die Art und Weise des ‚Über-sich-selbst-Denkens' verändern sich in der Adoleszenz. Das *Selbstkonzept* als affektiv-kognitive Repräsentation der eigenen Person wird in der aktuellen Forschung als multidimensio-
nales, hierarchisch organisiertes und dynamisches Konstruktsystem verstanden,
das sich auf der Grundlage von selbstbezogenen Erfahrungen entwickelt. Es
sichert auf der einen Seite die personale Kontinuität (*Identität*), ist andererseits
aber auch eng an den situativen Kontext gebunden (Filipp, 2000; Shavelson,
Hubner & Stanton, 1976). Für Pinquart und Silbereisen (2000) sind Veränderungen des jugendlichen Selbstkonzepts in

- der kognitiven Komponente (Antworten auf *Wer bin ich?*),
- der affektiven Komponente (Selbstachtung, Selbstwert) und der
- auf Handlungen ausgerichteten Komponente (Leistungserwartungen, Selbstwirksamkeitserwartung) zu beobachten.

Jugendliche, die generell eine erhöhte Selbstaufmerksamkeit haben, beschreiben
sich selbst zunehmend differenzierter, eher in psychischen und abstrakteren Kategorien (vs. über Besitz, Situationen und Verhalten) und sie begründen diese
Selbstbeschreibungen ausführlicher als im Kindesalter. Die Selbstachtung verändert sich im Jugendalter kaum, es finden sich jedoch in vielen Studien Geschlechtsunterschiede am Ende des Jugendalters (niedrigere Selbstachtung bei
Mädchen als bei Jungen). Weiterhin gibt es Hinweise auf eine Zunahme der situativen Fluktuation des Selbstwerts. Bezüglich der Selbstwirksamkeitserwartung
ist eine Zunahme zu beobachten, die sich aus der steigenden Selbstständigkeit
Jugendlicher und den wachsenden Handlungsspielräumen erklärt (Pinquart &
Silbereisen, 2000).

In Tabelle 1 sind Verschiebungen des Selbstkonzepts im Übergang von der
Kindheit zur Adoleszenz zusammengefasst, die aus der Sicht von Harter (1998)
bedeutsam sind. Sie sieht Veränderungen in der Struktur, im Inhalt und in der
Genauigkeit von Selbstrepräsentationen. Aufgrund der sich entwickelnden Fähigkeit zum abstrakten Denken konstruieren Jugendliche aus Eigenschaftsbe-
schreibungen (‚schlau', ‚kreativ') zunehmend abstraktere Selbstrepräsentationen
(‚intelligent'). In der mittleren Adoleszenz werden dann erste Verbindungen
zwischen sich zum Teil widersprechenden Abstraktionen geknüpft, ohne dass
diese Inkonsistenzen aufgelöst werden können (‚fröhlich' vs. ‚depressiv'). Dies
gelingt erst in der späten Adoleszenz, wo Abstraktionen höherer Ordnung (‚lau-
nisch') oder die Berücksichtigung situativer Bedingungen diese Konflikte auflö-
sen (Harter, 1998).

Tabelle 1:   Veränderungen des Selbstkonzepts beim Übergang von der Kindheit
zur Adoleszenz (nach Harter, 1998, S. 568, Ü.d.V.)

Altersphase	Struktur	Inhalt	Bewertung und Genauigkeit
Mittlere bis späte Kindheit	Generalisierungen umfassen verschiedene Verhaltensweisen, entgegengesetzte Eigenschaften werden integriert	Fähigkeiten, interpersonelle Charakteristiken, Vergleiche mit Peers	Positive und negative Bewertungen, zunehmende Genauigkeit
Frühe Adoleszenz	Eigenschaftsbeschreibungen werden zu Abstraktionen zusammengefasst; Alles-oder-Nichts-Denken, entgegengesetzte Abstraktionen werden nicht aufgedeckt und integriert	Soziale Fähigkeiten mit Relevanz für soziale Interaktionen und die eigene soziale Attraktivität	Positive Bewertungen zu einem Zeitpunkt, negative Bewertungen zu einem anderen Zeitpunkt, Übergeneralisierungen
Mittlere Adoleszenz	Erste Verbindungen zwischen einzelnen entgegengesetzten Abstraktionen, kognitive Konflikte durch scheinbare Widersprüche	Differenzierung von Eigenschaften nach verschiedenen Rollen und Beziehungskontexten	Gleichzeitige Berücksichtigung positiver und negativer Eigenschaften, Instabilität, Konfusion, Ungenauigkeiten
Späte Adoleszenz	Abstraktionen höherer Ordnung integrieren einzelne Abstraktionen und lösen Inkonsistenzen und Konflikte	Angleichung verschiedener rollenbezogener Eigenschaften, diese reflektieren persönliche Überzeugungen, Werte u. moralische Standards	Ausbalancierte u. stabile Sicht positiver und negativer Eigenschaften, größere Genauigkeit

Auch die Quellen, aus denen sich das Selbstkonzept speist, wechseln im Laufe
der Entwicklung. Während in der Kindheit Rückmeldungen der Eltern die größte

Relevanz besitzen, gewinnen in der Adoleszenz die Gleichaltrigen und selbstbezogene Informationen, die in der Schule gesammelt werden, an Bedeutung (Moschner & Dickhäuser, 2006).

Aufruhr in der Adoleszenz?

Bei der weiteren Betrachtung der psychischen Entwicklung in der Adoleszenz soll die These des normativen Aufruhrs im Mittelpunkt stehen, also die Annahme, dass signifikante Schwierigkeiten Bestandteil einer gesunden Entwicklung in dieser Altersphase seien. Erste Studien ließen schon in den 60er und 70er Jahren Zweifel an dieser These aufkommen. Sie konnten zeigen, dass ein Großteil, wenn nicht sogar die Mehrzahl der Jugendlichen, diese Altersphase ohne Probleme durchlaufen (z. B. Offer & Offer, 1975). Parallel lieferte die Forschergruppe um Michael Rutter Hinweise darauf, dass, wenn Schwierigkeiten in der Adoleszenz auftreten, diese andauern und mit psychischen Störungen im Erwachsenenalter im Zusammenhang stehen (Rutter, Graham, Chadwick & Yule, 1976). Dass Probleme in der Adoleszenz normal und vorübergehender Natur seien, erschien somit immer unangemessener. Auch Studien der 70er und 80er Jahre, welche gezielt die *frühe* Adoleszenz unter die Lupe nahmen und Auswirkungen der Pubertät auf die psychische Gesundheit untersuchten, konnten keine höheren Raten problematischer Entwicklungsverläufe identifizieren als in anderen Altersgruppen (vgl. Petersen, 1988). Ungeachtet dessen stellen die körperlichen Veränderungen *für einen Teil* der Jugendlichen eine Herausforderung dar. Forschungsbefunde zu den psychischen Folgen der Pubertät liegen insbesondere für Jugendliche vor, die im Vergleich zu ihren Altersgenossen deutlich früher (Akzeleration) oder später reifen (Retardation). Frühreife Jungen sind gegenüber ihren später reifenden Altersgenossen in mehreren Bereichen im Vorteil (Selbstwert, Popularität), tragen aber auch ein höheres Risiko für delinquente Verhaltensweisen, z. B. Drogenkonsum. Für frühreife Mädchen hingegen scheinen die zeitigeren körperlichen Veränderungen mit einer Bedrohung des Ideals von Schlankheit und Grazie einherzugehen. Frühreife steht bei ihnen im Zusammenhang mit emotionalen Problemen (Ge, Conger & Elder, 1996) und mit Verhaltensproblemen (z. B. Caspi & Moffitt, 1991), letzteres insbesondere, wenn weitere Risikofaktoren, wie z. B. häufige Kontakte mit älteren Jungen, hinzutreten (Silbereisen & Schmitt-Rodermund, 1999; Steinberg & Morris, 2001). Andere Untersuchungen beschäftigten sich mit der sprichwörtlichen Launenhaftigkeit von Jugendlichen. Direkte und indirekte Einflüsse der Hormone auf die Gestimmtheit finden sich, wenn überhaupt, in der frühen Adoleszenz, wo hormonelle Fluktuationen mit höherer Reizbarkeit und Aggressivität bei Jungen und Depression bei Mädchen einhergehen können. Die so aufgeklärte Varianz reicht jedoch bei weitem nicht an den Stellenwert sozialer Einflussfaktoren heran, was Steinberg und Morris (2001) zu dem Schluss kommen lässt, dass das Bild der kochenden Hormone und des damit verbundenen Aufruhrs deutlich überspitzt ist.

Dass wir im Verlauf der Adoleszenz trotzdem steigende Werte für Fehlanpassungen beobachten können (z. B. Substanzmissbrauch, Suizid, psychische Störungen), wertet Petersen als Zeichen einer zunehmenden Divergenz zwischen denjenigen, die die durchaus vorhandenen Herausforderungen der Adoleszenz erfolgreich bewältigen und jenen, die dies nicht schaffen (1988, S. 592). Viel versprechend erscheint an dieser Stelle die Beantwortung der Frage, in welchen Punkten sich Jugendliche mit Entwicklungsproblemen von jenen unterscheiden, die die Adoleszenz ohne Probleme durchlaufen.

1.2 Das Konzept der Entwicklungsaufgaben

Im Folgenden soll ein theoretisches Konzept vorgestellt werden, das seit mehr als 50 Jahren Forschungsergebnisse zu dieser Frage zu integrieren vermag. Es geht zurück auf den Erziehungswissenschaftler Robert Havighurst, der Ende der 40er Jahre entwicklungspsychologisches Wissen für Pädagogen aufbereitete und u. a. beeinflusst von den Arbeiten Erik Eriksons (1957) folgende Definition für Entwicklungsaufgaben vorschlug (Havighurst, 1972):

> A developmental task is a task which arises at or about a certain period in the life of the individual, successful achievement of which leads to his happiness and to success with later tasks, while failure leads to unhappiness in the individual, disapproval by the society and difficulty with later tasks. (S. 2)

Aufbauend auf der zentralen Idee von Entwicklung als Lernprozess, der sich über die gesamte Lebensspanne erstreckt, und der Annahme sensitiver Phasen für bestimmte Lernerfahrungen postuliert Havighurst für jede Altersphase Entwicklungsaufgaben, die sich aus drei Quellen speisen:

1.   physische Reifung,
2.   kultureller Druck bzw. gesellschaftliche Erwartungen und
3.   individuelle Aspirationen und Werte (S. 5).

Mittlere Kindheit (6-12 Jahre)	Adoleszenz (12-18 Jahre)	frühes Erwachsenenalter (18-30 Jahre)
1. Erlernen körperlicher Geschicklichkeit, die für gewöhnliche Spiele notwendig ist	1. Neue und reifere Beziehungen zu Altersgenossen beiderlei Geschlechts aufbauen	1. Auswahl eines Partners
2. Aufbau einer positiven Einstellung zu sich als einem wachsenden Organismus	2. Übernahme der weiblichen/männlichen Geschlechtsrolle	2. Mit dem Partner leben lernen
3. Lernen, mit Altersgenossen zurecht zu kommen	3. Akzeptieren der eigenen körperlichen Erscheinung und effektive Nutzung des Körpers	3. Gründung einer Familie
4. Erlernen eines angemessenen männlichen oder weiblichen sozialen Rollenverhaltens	4. Emotionale Unabhängigkeit von den Eltern und anderen Erwachsenen	4. Versorgung und Betreuung der Familie
5. Entwicklung grundlegender Fertigkeiten im Lesen, Schreiben und Rechnen	5. Vorbereitung auf Ehe und Familienleben	5. Ein Heim herstellen; Haushalt organisieren
6. Entwicklung von Konzepten und Denkschmemata, die für das Alltagsleben notwendig sind	6. Vorbereitung auf eine berufliche Karriere	6. Berufseinstieg
7. Entwicklung von Gewissen, Moral und einer Wertskala	7. Werte und ein ethisches System erlangen, das als Leitfaden für Verhalten dient – Entwicklung einer Ideologie	7. Verantwortung als Staatsbürger ausüben
8. Erreichen persönlicher Unabhängigkeit	8. Sozial verantwortliches Verhalten erstreben und erreichen	8. Eine angemessene soziale Gruppe finden
9. Entwicklung von Einstellungen gegenüber sozialen Gruppen und Institutionen		

Abbildung 1: von Havighurst beschriebene Entwicklungsaufgaben (nach Dreher & Dreher, 1985)

Damit ist dieses Konzept anschlussfähig an moderne Entwicklungskonzeptionen, die die Interaktion eines aktiven Individuums mit einer aktiven Umwelt in den

Vordergrund stellen. Abbildung 1 zeigt die von Havighurst postulierten Entwicklungsaufgaben für die Adoleszenz im Übergang zwischen Kindheit und frühem Erwachsenenalter.

Während Entwicklungsaufgaben, die mit physischen Reifungsprozessen in Verbindung stehen (3), noch am ehesten universeller Natur sind, stehen andere (z. B. 6, 7, 8) deutlich im Spannungsverhältnis zwischen individuellen Bedürfnissen und gesellschaftlichen Anforderungen. Dies ist aber von Havighurst durchaus so angelegt; er hebt die kulturelle und auch die historische Relativität von Entwicklungsaufgaben hervor (vgl. Havighurst, 1972, S. 37f.). In (West) Deutschland[3] haben Eva und Michael Dreher in mehreren Untersuchungen die Gültigkeit des Entwicklungsaufgaben-Konzepts überprüft und drei weitere Aufgaben ergänzt: Partnerbeziehungen, Selbstkenntnis und Zukunftsplanung (Dreher & Dreher, 1985). Sie konnten zeigen, dass Entwicklungsaufgaben für Jugendliche von großer Bedeutung sind und dass die Jugendlichen sich auch aktiv mit diesen Aufgaben auseinandersetzen. Für beide Geschlechter und über einen Zeitraum von zehn Jahren erwiesen sich die Aufgabenbereiche Beruf und Peergruppe als besonders bedeutsam (Oerter & Dreher, 2002). Hurrelmann (2004) ergänzt als weitere Entwicklungsaufgabe die Ausbildung „selbständiger Handlungsmuster für die Nutzung des Konsumwarenmarktes einschließlich der Medien und Fähigkeit zum Umgang mit Geld mit dem Ziel, einen eigenen Lebensstil zu entwickeln und zu einem kontrollierten und bedürfnisorientierten Umgang mit den ‚Freizeit' – Angeboten zu kommen" (S. 28).

Kritikwürdig am Entwicklungsaufgabenkonzept ist sicherlich dessen normativer Charakter. Schulenberg, Bryant und O'Malley (2004) schlagen diesbezüglich vor, es eher deskriptiv und nicht präskriptiv zu interpretieren. Demnach würden Entwicklungsaufgaben insbesondere das abbilden, was Menschen innerhalb eines bestimmen sozialen Kontextes tun und nicht was sie tun sollten (S. 1121). Anzuzweifeln ist auch die Annahme einer streng aufeinander aufbauenden Abfolge von Entwicklungsaufgaben, die nur in dieser vorgegebenen Reihenfolge zu absolvieren sind. Hervorzuheben ist hingegen die Integrationsfähigkeit des Ansatzes (Oerter & Dreher, 2002), die Kompatibilität mit aktuellen theoretischen Perspektiven sowie das seit Jahrzehnten ungebrochene Potenzial dieses Ansatzes, Forschung anzuregen.

---

[3] In dieser Studie werden Schüler aus dem Osten Deutschlands befragt, deren Eltern und Lehrer maßgeblich in der ehemaligen DDR sozialisiert sind. Es liegen jedoch keine ostdeutschen wissenschaftlichen Veröffentlichungen aus dieser Zeit vor, die geeignet sind, die heutigen Bedingungen des Aufwachsens dieser Jugendlichen besser zu beschreiben, als jene von westdeutschen Autoren.

1.3 Die soziale Umwelt von Jugendlichen

Jugendliche bewältigen Entwicklungsaufgaben nicht für sich allein. Zu einem umfassenden Verständnis der Entwicklung in der Adoleszenz gehört die soziale Umwelt, in der diese Vorgänge stattfinden. Dabei ist das Verhältnis von Subjekt und Umwelt kein unidirektionales, sondern eines, das durch wechselseitige Interaktionen gekennzeichnet ist (Lerner & Lerner, 1989). Jugendliche nehmen ihre Umwelt unterschiedlich wahr, verändern sie, wählen sich passende Kontexte aus und schaffen sich so erweiterte oder eingeschränkte Handlungsspielräume.

Ziel dieses Abschnitts ist es, einen Einblick in die soziale Umwelt von Jugendlichen zu gewinnen. Es ist die Frage zu beantworten, wie sich diese in der Adoleszenz verändert, welchen Stellenwert sie für die Entwicklung hat und mit welchen Begriffen sie sich theoretisch erfassen lässt.

Die Ökologie der Entwicklung in der Adoleszenz

Dass die Berücksichtigung der sozialen Umwelt in empirischen Untersuchungen immer selbstverständlicher wird, ist das zentrale Verdienst Urie Bronfenbrenners. Seine Konzeption der „Ökologie menschlicher Entwicklung" (Bronfenbrenner, 1979) als komplexes dynamisches Gefüge hat bis heute nichts von ihrer Bedeutung verloren. Er entwirft ein Modell ineinander geschachtelter Strukturen, das sich auf der untersten Ebene aus den verschiedenen Lebensbereichen (*Mikrosysteme*) zusammensetzt, die für das Individuum bedeutsam sind: für Jugendliche z. B. die Familie, die Schulklasse, die Gleichaltrigengruppe, der Sportverein. Von zentraler Bedeutung ist jedoch die Gesamtheit der Mikrosysteme und die Interaktionen zwischen ihnen (*Mesosystem*). So wächst die Zahl der Kontexte von der Kindheit zum Jugendalter deutlich an; mehr oder weniger vereinbare Einflüsse müssen folglich verarbeitet werden. Aus der Sicht Bronfenbrenners sind es insbesondere die Übergänge und Kontakte zwischen den Lebensbereichen und die dort gemachten gleichförmigen oder gegensätzlichen Erfahrungen, die entwicklungswirksam werden.

Die größte Aufmerksamkeit von Seiten der Forschung wurde sicherlich dem familiären Kontext geschenkt. Der Transmissionsriemen elterlicher Einflussnahme ist der Erziehungsstil. In einer Vielzahl von Studien hat sich hier die positive Wirkung des von Baumrind (1971) als *autoritativ* bezeichneten Stils bestätigt. Kinder von Eltern mit einem warmherzigen und stabilen Erziehungsverhalten sind kompetenter und psychisch gesünder als ihre Altersgenossen, deren Eltern autoritär, permissiv oder indifferent erziehen. Weiterhin konnte gezeigt werden, dass die These der ‚Generationenkluft' zwischen Eltern und ihren adoleszenten Kindern nicht zutrifft (vgl. Petersen, 1988), obwohl Veränderungen in der Beziehung nachweisbar sind (Fend, 2005; Larson & Richards, 1991). Im Ergebnis führen diese jedoch zu einem egalitäreren und stabileren Verhältnis (Steinberg & Morris, 2001).

Die Berufstätigkeit der Eltern ist nach Bronfenbrenner (1989) ein Beispiel für ein *Exosystem*, also einen Lebensbereich, an dem Jugendliche selbst nicht beteiligt sind, welcher aber ungeachtet dessen Einfluss auf ihre Entwicklung nimmt (vgl. Kohn, Slomczynski & Schoenbach, 1986).

Parallel zu den Veränderungen der Eltern-Kind-Beziehung in der Adoleszenz gewinnt die Gruppe der Gleichaltrigen – die Peers – an Bedeutung. Ihnen wird vor allem in der mittleren Adoleszenz ein großer Einfluss zugeschrieben, der sich sowohl positiv als auch negativ auf die Entwicklung auswirken kann. Einerseits finden sich Zusammenhänge zu schulischer Leistung und prosozialem Verhalten, auf der anderen Seite aber auch zu Problemverhaltensweisen, wie Drogen- und Alkoholkonsum, Rauchen und Delinquenz (Steinberg & Morris, 2001). Für die von einigen Forschern vermutete Rivalität im Mesosystem Familie-Peers finden sich in empirischen Studien jedoch keine Nachweise (vgl. Youniss, 1994, Kap. 5). Fend (1998) konnte in seinen Längsschnittstudien vielmehr zeigen, dass gute Beziehungen zu den Eltern mit positiven Peerbeziehungen einhergehen. Auch scheint ein autoritativer Erziehungsstil negative Effekte von Peerkontakten abzuschwächen (Bogenschneider, Wu, Raffaelli & Tsay, 1998). Jugendliche, die von Peerkontakten isoliert sind, zeigen zwar weniger Problemverhaltensweisen, haben aber auch ein niedrigeres Selbstwertgefühl, weniger Kompetenzbewusstsein und eine geringere Handlungs- und Emotionskontrolle (Fend, 1998). Eine darüber hinaus gehende Schikanierung durch Gleichaltrige begünstigt die Entstehung psychischer Probleme (Baldry & Willem Winkel, 2004; Bilz, 2006).

Neben der Familie ist die Schule der am meisten prägende Lebensraum in der Adoleszenz. Da diese These ein wichtiger Ausgangspunkt für die Analysen dieser Arbeit ist, wird auf sie in einem eigenen Kapitel (2) eingegangen. Zuvor soll jedoch ein Blick auf den Einfluss der Gesellschaft auf die Entwicklung in der Adoleszenz geworfen werden.

Die Rolle des Makrosystems

Die beschriebenen Lebensbereiche von Jugendlichen sind in einen breiteren sozialen Kontext eingebettet, der die Entwicklung indirekt durch die Organisation seiner sozialen Institutionen (z. B. Bildungssystem), durch die Wirtschaft und die Sozialpolitik, aber auch durch Verhaltenserwartungen an Jugendliche und verbreitete Werthaltungen beeinflusst (Crockett & Petersen, 1993). Für Bronfenbrenner (1989) spiegelt sich das, was den sozialen Kontext ausmacht, in der Ausgestaltung von Lebensbereichen auf allen drei schon beschriebenen Ebenen (Mikro-, Meso-, Exosystem) wider. Diese sind sich innerhalb einer Kultur sehr ähnlich und unterscheiden sich von einer Kultur zur anderen deutlich. Er bezeichnet die letzte noch fehlende (Gesellschafts-)Ebene als *Makrosystem* und definiert sie als „formale und inhaltliche Ähnlichkeit der Systeme niedriger Ordnung [...], die in der Subkultur oder der ganzen Kultur bestehen oder bestehen könnten, einschließlich der ihnen zugrunde liegenden Weltanschauungen und Ideologien." (S. 42).

Für die Entwicklung in der Adoleszenz besitzt diese Ebene zusätzlich Relevanz, weil sich ihre Koordinaten und somit auch die Bedingungen des Aufwachsens Jugendlicher in den letzten Jahrzehnten in westlichen Kulturen deutlich verschoben haben. Jugendliche müssen also nicht nur die beschriebenen altersphasenbedingten Veränderungen ihrer sozialen Umwelt bewältigen, sondern sind zudem mit Auswirkungen historischer Veränderungen derselben konfrontiert.

Ulrich Beck (1986) beschreibt diesen Wandel als einen Übergang von der Industriegesellschaft zur *Risikogesellschaft*. Menschen würden „in einem historischen Kontinuitätsbruch aus traditionalen Klassenbedingungen und Versorgungsbezügen der Familie herausgelöst und verstärkt auf sich selbst und ihr individuelles Arbeitsmarktschicksal mit allen Risiken, Chancen und Widersprüchen verwiesen" (S. 116). So sei ein enormer *Modernisierungsschub* in den Bereichen Arbeitsmarkt, Bildung und soziale sowie geographische Mobilität zu verzeichnen, der die soziale Lage aller Schichten deutlich verbessert habe. Ihm gegenüber stehe aber ein *Individualisierungsschub*, der bei bestehender sozialer Ungleichheit Menschen zur Gestaltung ihrer eigenen Biographie ohne überlieferte Sicherheiten zwingt. „Die Pointe der gesellschaftlich-historischen Analyse von Beck besteht in dieser subjektorientierten Zuspitzung. Der sich zunehmend durchsetzende Prozess der Individualisierung stellt die Menschen – und zwar in allen Schichten und Klassen – heute vor wesentlich andere und schwierigere biographische Aufgaben als in den 50er Jahren" (Tillmann, 2000, S. 266). Obgleich gegen Teile des Beck'schen Ansatzes vielfältige Kritik vorgetragen wird, und z. B. die Bedeutungsabnahme der sozialen Schichtung angezweifelt wird, lohnt es sich zu fragen, welche Relevanz die Individualisierung für heute aufwachsende Jugendliche besitzt.

Hurrelmann (2004, Kap. 1) beschreibt die Auswirkungen der Entstrukturierung der Lebensphasen so: Bedingt durch die Vorverlagerung der Pubertät, die besonders seit den 80er Jahren sichtbare Expansion der schulischen, beruflichen und universitären Ausbildung und den immer später erfolgenden Eintritt ins Erwachsenenalter (Gründung einer Familie, Berufseintritt) hat sich die Jugend-

phase bis weit ins dritte Lebensjahrzehnt ausgedehnt. Für die Jugendlichen bedeutet dies, dass sie einerseits einen großen Spielraum bei der selbstbestimmten
Teilhabe am Freizeit- und Konsummarkt, bei der Mediennutzung und bei sozialen Aktivitäten haben, andererseits aber ihre ökonomische Selbständigkeit immer
weiter aufgeschoben wird. Jugendliche leben demnach immer mehr im Spannungsverhältnis von „soziokultureller Selbständigkeit und sozioökonomischer
Unselbständigkeit". Die Jugendphase verliert immer mehr ihren Charakter als
Übergangsphase zwischen Kindheit und Erwachsensein, ist aber als eigenständi-
ge Lebensphase vor allem durch „Statusinkonsistenz" (S. 8f.) gekennzeichnet.

Zinnecker (1991) bezeichnet das neue Modell der Jugendphase, das sich seit
den 70er Jahren in Westeuropa herausgebildet hat, als *Bildungsmoratorium*.
Damit ist nicht nur der zeitliche Aufschub von Verpflichtungen des Erwachsenseins aufgrund der expandierenden Bildung gemeint; es wird vielmehr von
einem „relativ eigenständigen Lebensabschnitt" ausgegangen, „in dessen Rahmen sich spezifische soziale Lebensweisen, kulturelle Formen und politisch-
gesellschaftliche Orientierungsmuster ausbilden" (S. 10). Dennoch ist dieser
Lebensabschnitt nicht frei von Verpflichtungen. Es wird Jugendlichen „bei ein-
geschränktem Ernstcharakter" die Gelegenheit geboten, sich nicht nur in den
Bereichen Arbeit und Familie zu erproben, sondern auch in den gesellschaftlichen Institutionen Markt, Konsum, Öffentlichkeit und Politik (S. 16).

Welche Auswirkungen haben diese Veränderungen auf die Entwicklung Jugendlicher? Heitmeyer und Olk (1995) sehen Folgen der Individualisierung in
den Sozialisationsbedingungen innerhalb der Familien. Von außen betrachtet
spiegeln sich diese in einer Pluralisierung der Lebensformen (seltenere und spätere Heirat, Zunahme von Scheidungen und Ein-Eltern-Familien, Geburtenrück-
gang) wider; intern sei eine größere Intimität zwischen den Partnern und auch
zwischen den Eltern und ihren Kindern zu beobachten. Diese habe zweifellos
positive Auswirkungen auf die Entwicklung von Jugendlichen, aber auch Schat-
tenseiten. Zusammen mit zeitigeren Möglichkeiten für Autonomie, aber längerer
ökonomischer und psychosozialer Abhängigkeit trage sie zu einem insgesamt
schwierigeren Ablösungsprozess zwischen beiden Seiten bei.

1.4 Zusammenfassung

Obwohl die Adoleszenz nicht zwangsläufig mit Entwicklungsproblemen einhergeht, stehen Jugendliche angesichts der tiefgreifenden biologischen und psychischen Veränderungen in dieser Altersphase vor großen Herausforderungen. Eine
Möglichkeit, diese Herausforderungen zu systematisieren und begrifflich zu
fassen, bietet der Begriff der Entwicklungsaufgabe. Entwicklungsaufgaben er-

wachsen nicht nur aus den körperlichen Reifungsprozessen, sie werden auch durch gesellschaftliche Erwartungen und individuelle Aspirationen geformt. Untersucht man die Frage, wie Jugendliche diese Aufgaben bewältigen, lohnt der Blick auf die soziale Umwelt. Am Beispiel der Familie und der Gleichaltrigengruppe kann gezeigt werden, wie sich diese Umwelten in der Adoleszenz verändern und welchen Einfluss sie auf die Entwicklung nehmen. Auch makrostrukturelle Veränderungen, die sich durch den Begriff Individualisierung charakterisieren lassen, haben Auswirkungen auf die Struktur der Jugendphase (Bildungsmoratorium) und damit auch auf die Bedingungen des Aufwachsens Jugendlicher. Die von ihnen zu bewältigenden Entwicklungsaufgaben haben sich in den letzten Jahrzehnten nicht nur deutlich gewandelt, sie stehen „teilweise in Spannung oder sogar in Widerspruch zueinander" (Hurrelmann, 2004, S. 9). Dieser Aspekt kann bei der Analyse von Umweltauswirkungen auf die Entwicklung heute lebender Jugendlicher nicht unberücksichtigt bleiben.

2 Die schulische Entwicklungsumwelt

In dieser Arbeit werden Einflüsse der schulischen Umwelt auf die Bewältigung von Entwicklungsaufgaben im Jugendalter untersucht. Dieses Kapitel soll Antworten auf die Fragen liefern, welche Funktionen die Schule hat, von welchen schulischen Bereichen Einflüsse auf die Entwicklung Jugendlicher zu erwarten sind und wie hoch deren Bedeutung in vorliegende Studien eingeschätzt wird.

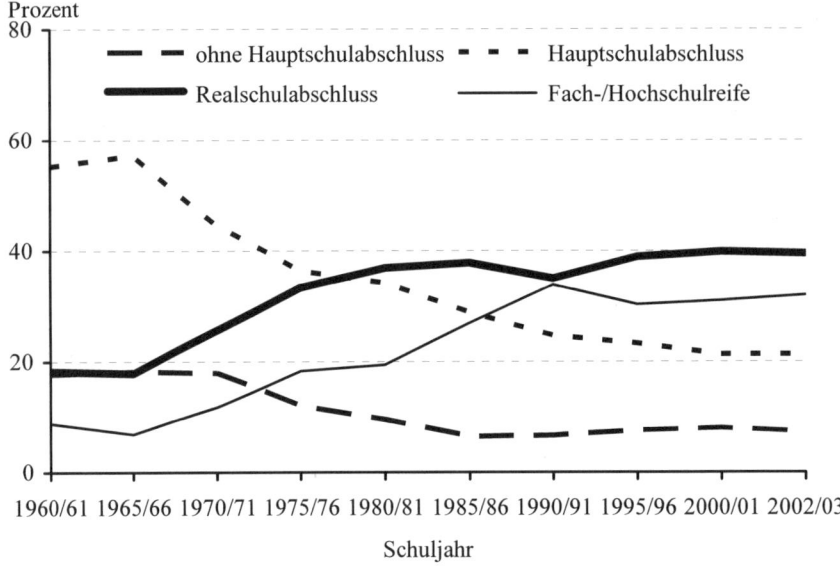

Abbildung 2: Schulabgänger nach Art des Abschlusses in Prozent (bis 1990/91 nur Westdeutschland) (BMBF, 2005)

Fragt man nach dem Stellenwert der Schule für die Entwicklung in der Adoleszenz, kommt man nicht umhin, auch für diesen sozialen Kontext die gesellschaftliche Einbettung sowie die historischen Veränderungen des Bildungswesens in den Blick zu nehmen. So ist die Ausdehnung der höheren Bildung um die Wende des 19. Jahrhunderts gleichsam konstituierend für das gewesen, was wir heute als Jugendphase bezeichnen. Nicht weniger stark sind die Veränderungen des Bildungssektors in den letzten 50 Jahren gewesen. Verließen im Jahre 1961 nur knapp neun Prozent eines Jahrganges die westdeutschen Schulen mit der Hochschul- bzw. Fachhochschulreife, waren dies 2003 in Gesamtdeutschland immerhin fast 32%. Einen ähnlichen Aufschwung erlebte der Realschulabschluss, während der Hauptschulabschluss deutlich an Bedeutung verlor (siehe Abbildung 2). Diese und andere Entwicklungen führen zu einem immer längeren Verbleib von Jugendlichen im Bildungswesen. So befanden sich im Jahr 2003 98.5% aller 16-Jährigen und 92% aller 18-Jährigen in vollzeitlichen Ausbildungsprogrammen (BMBF, 2005).

Die logische Schlussfolgerung, nämlich die Frage nach der Entwicklungswirksamkeit einer Institution, in der Kinder und Jugendliche in einer entscheidenden Phase ihrer Entwicklung die meiste Zeit des Tages verbringen, ist der Gegenstand dieses Kapitels und gleichzeitig eine zentrale Hintergrundbedingung dieser Arbeit. Die folgenden Fragen sollen bei der Sichtung des Forschungsstandes hierzu leitend sein:

1. Welche Aufgaben und Funktionen lassen sich für die Schule aus Sicht der Gesellschaft feststellen und in welchem Verhältnis stehen diese zu Bedingungen des Aufwachsens von Schülerinnen und Schülern?
2. Was bedeutet Schule aus Sicht der Jugendlichen? Lassen sich Einflüsse der Schule auf die Persönlichkeitsentwicklung empirisch nachweisen und gehen diese Effekte über das rein Kognitive hinaus?

2.1 Aufgaben und Funktionen von Schule

Aufbauend auf der strukturfunktionalistischen Theorie von Parsons (1968) werden in der Regel drei gesellschaftliche Hauptfunktionen von Schule unterschieden: Schule soll erstens qualifizieren, und dabei konkrete Wissensinhalte und Fertigkeiten vermitteln, die zur Teilhabe am gesellschaftlichen Leben nötig sind, sie soll zweitens selektieren, also Allokationen zu gesellschaftlichen Positionen vornehmen und sie soll drittens das bestehende politische System gegenüber der nächsten Generation durch Vermittlung von Werten und Normen legitimieren (Fend, 1980). In seiner *Neuen Theorie der Schule* ergänzt Fend (2006) nicht nur die *Enkulturation* als vierte gesellschaftliche Funktion der Schule und meint damit die Vermittlung basaler kultureller Fertigkeiten und Wertorientierungen, die die kulturelle Prägung des Individuums ausmachen, er erweitert seine Sicht auf die Schule auch um eine handlungstheoretische Perspektive. So sei das Bildungswesen insbesondere durch seine Arbeit am Menschen geprägt, demnach ein „institutioneller Akteur der Menschenbildung" (S.169).

> Die Organisation ‚Bildungswesen' erfüllt ihre Aufgaben durch die Arbeit an der ‚Seele' des Menschen. Sie bearbeitet das Können und die Haltungen lernfähiger junger Menschen. ... Ihr Arbeitsfeld ist die psychische Verfassung, sind das Können, das Wissen wie auch die seelischen Einstellungen von Kindern und Jugendlichen. Diese Arbeit ist vom ‚Charakter des Materials' mitbestimmt, wie es die Arbeit an chemischen Reaktionen, an Holz, an Metall, an Blumen usw. ist. Der ‚Charakter des Materials' konstituiert sich durch die Psyche und ihre Gesetzmäßigkeiten. (Fend, 2006, S. 174)

Auch wenn bei der inhaltlichen Auslegung der gesellschaftlichen Funktionen von Schule die Ansichten deutlich auseinander gehen – z. B. bezüglich der zu vermittelnden Werte und Normen – ist eine Konfliktlinie deutlich erkennbar: Die Frage der gesellschaftlichen Integration auf der einen und die der persönlichen Entfaltung auf der anderen Seite (vgl. Sandfuchs, 2001). Hinzu kommen Spannungen zwischen den Aufgaben (z. B. Wissensvermittlung vs. Erziehung) und als nicht zu unterschätzender Faktor die sich verändernden gesellschaftlichen Rahmenbedingungen. Im Folgenden soll auf einige Inkonsistenzen und aktuelle makrostrukturelle Herausforderungen der schulischen Umwelt näher eingegangen werden, die im Zusammenhang mit dem Aufwachsen Jugendlicher stehen.

Eine Vielzahl von Konflikten und m. E. auch der größte Einfluss der Schule auf die Entwicklung von Jugendlichen ergeben sich aus der Selektions- und Allokationsfunktion. Schule hat in einer meritokratischen Gesellschaft die Aufgabe, auf Grundlage individueller Leistungsfähigkeiten soziale Positionen zu verteilen. Diese „Omnipräsenz von Leistung und Selektion" (Hascher, 2004, S. 155) hat in den letzten Jahrzehnten weiter zugenommen. Den Hintergrund dafür bildet einerseits die starke Expansion der höheren Bildung und andererseits die seit den 80er Jahren bestehenden Verunsicherungen beim Übergang in den Beruf (Jugendarbeitslosigkeit, Zunahme befristeter Beschäftigungsverhältnisse, weniger klar strukturierte und planbare Berufslaufbahnen). Immer wichtiger wird deshalb die Erlangung von Bildungszertifikaten, die den Eintritt in weiterführende Bildungseinrichtungen bzw. privilegierte Berufspositionen garantieren sollen. Die Schule vollzieht somit einen Funktionswandel „von einer Instanz der moralischen Erziehung [...] zum Instrument des sozialen Aufstiegs" (Fend, 2005, S. 155). Niederschlag findet dies z. B. in den hohen Bildungsaspirationen der Eltern (Rolff, Holtappels, Klemm, Pfeiffer & Schulz-Zander, 2002), die von einigen Autoren äußerst kritisch gesehen werden. So sind Jopt und Dedering (1985) der Ansicht, dass die Kopplung emotionaler elterlicher Zuwendung an

den Nachweis schulischer Tüchtigkeit als „unglückliche Synthese [...] zwangsläufig zu gravierenden seelischen Belastungen" führe (S.180).
Verschärft wird der Wettstreit um Bildungsabschlüsse durch die nach wie
vor bestehenden sozialen Ungleichheiten bei der Bildungsbeteiligung und beim
Kompetenzerwerb (vgl. Baumert, Watermann & Schümer, 2003; vgl. Blossfeld
& Shavit, 1993).
Als Antwort auf die Frage, wie die Schule ihre Legitimationsfunktion erfüllt, heben viele Autoren den Stellenwert informeller Prozesse hervor. In An-
lehnung an Jackson (1968) werden mit dem Begriff des *heimlichen Lehrplans*
alltägliche Umgangsformen und Spielregeln an Schulen beschrieben, die zur
Internalisierung gesellschaftlicher Werte und Normen beitragen. Fend (2005)
sieht in diesem Zusammenhang die selektive Förderung bestimmter Persönlichkeitseigenschaften durch die Schule gegeben. So würde das Bildungswesen
„eine Haltung der disziplinierten Handlungsregulierung" unter ständiger Selbst-
beobachtung und Selbstkontrolle fördern, die auf vorgegebene Qualitätsmaßstä-
be ausgerichtet sei. Die ständige „Spiegelung des individuellen Lernverhaltens in
Urteilen der Institution" führe zu einer vom Leistungsprinzip getragenen Sicht
der eigenen Person, die durch die die biographische Bedeutsamkeit schulischer
Leistungsrückmeldungen noch verschärft wird. Schon im frühen Jugendalter
bedeutet dies für viele Schüler, „sich eventuell damit abfinden zu müssen, nicht
das gewünschte Niveau an Ausbildung und beruflichen Chancen zu erhalten.
Dies macht die Bewältigung von Schule zu einem oft sehr kritischen Prozeß."
(Fend, 2005, S. 331).
Eine aktuelle Herausforderung für Lehrer und Schüler ist der hohe Evalua-
tionsdruck, dem das deutsche Bildungssystem seit Erscheinen der ersten PISA-
Studie im Jahr 2001 ausgesetzt ist. Diese an sich zu begrüßende Entwicklung,
auch von der Schule empirisch abgesicherte Nachweise über ihre Effektivität
einzufordern (Qualifikationsfunktion!), kehrt sich nämlich genau dann ins Gegenteil, wenn allein die kognitive Entwicklung der Schüler als outcome (sic!)
bilanziert wird bzw. alleiniger Gegenstand der öffentlichen Diskussion wird. Zu
befürchten ist, dass diese von Effizienz und Ökonomie geleitete Herangehensweise in Zukunft eine noch größere Rolle spielen wird und damit die Sicht auf
die soziale und emotionale Entwicklung von Schülern und den Einfluss der
Schule hierauf verstellt.
Unter dem Strich ist festzuhalten, dass der Einfluss der Schule auf die Entwicklung qualitativ auch von den Widersprüchen ihres gesellschaftlichen Auf-
trages geprägt ist, über die kognitiven Anteile der Schülerpersönlichkeit hinaus-
geht und nicht losgelöst von aktuellen gesellschaftlichen Entwicklungen gesehen
werden kann. Jugendliche sehen sich heutzutage viel früher mit größeren Ent-
scheidungsspielräumen für ihre Lebensplanung konfrontiert und müssen diese

selbstverantwortlich bewältigen. Der Ort, an dem viele dieser Entscheidungen getroffen werden, ist die Schule. Hier bekommen sie Rückmeldungen über ihre Kompetenzen nicht nur im Leistungs-, sondern auch im Sozialbereich, lernen eigene Bedürfnisse zurückzustellen und sich den Systemzwängen der Institution Schule anzupassen. Dass das Nichtzurechtkommen mit schulischen Sozial- und Leistungsanforderungen weit reichende Konsequenzen für die weitere Entwicklung hat, ist ein Umstand, der Jugendlichen sicherlich nicht verborgen bleibt.

Im nächsten Abschnitt soll aus Sicht der Schüler und mit Hilfe empirischer Studien zu Entwicklungseinflüssen der Schule geprüft werden, ob sich diese – aus der Analyse der gesellschaftlichen Funktionen der Schule ergebende – kritische Einschätzung aufrecht erhalten lässt.

2.2 Schule und Persönlichkeitsentwicklung

Versucht man, die Bewältigung von Entwicklungsaufgaben in der sozialen Umwelt von Kindern und Jugendlichen (z. B. Familie, Peergruppe) zu verorten, ist die Schule der einzige Ort, der Verbindungen zu faktisch allen Entwicklungsaufgaben in der Kindheit und in der Adoleszenz hat (Havighurst, 1972, S. 36ff.). Neben der Wissens- und Wertevermittlung hat die Schule, nicht zuletzt wegen der Gruppierung von Schülern in Altersgruppen, entscheidenden Anteil an der sozialen Entwicklung von Jugendlichen. Weitere Entwicklungsaufgaben wie die Erlangung emotionaler Unabhängigkeit von den Eltern, die Berufswahl bzw. -vorbereitung und die Übernahme von Geschlechtsrollen sind eng mit der schulischen Umwelt verbunden. Dennoch ist über den Einfluss der Schule auf die soziale und emotionale Entwicklung von Schülerinnen und Schülern bisher nur wenig bekannt (Eccles & Roeser, 1999, S. 505). So haben sich Entwicklungspsychologen vorrangig mit der Familie und der Gleichaltrigengruppe beschäftigt und der Schule wenig Beachtung geschenkt. Gleichzeitig liegt das Interesse von Pädagogen und pädagogischen Psychologen eher bei Einflüssen der Schule auf intellektuelle und evtl. motivationale Variablen.

Die Schülerpersönlichkeit nach Fend

Die Analyse schulischer Einflüsse auf die Entwicklung setzt jedoch ein breiteres Verständnis der Schülerpersönlichkeit voraus. Nach Fend (1997) ist die Auseinandersetzung mit Schule in ein Bedürfnissystem eingebettet, das sich aus drei Komponenten zusammensetzt (Abbildung 3).

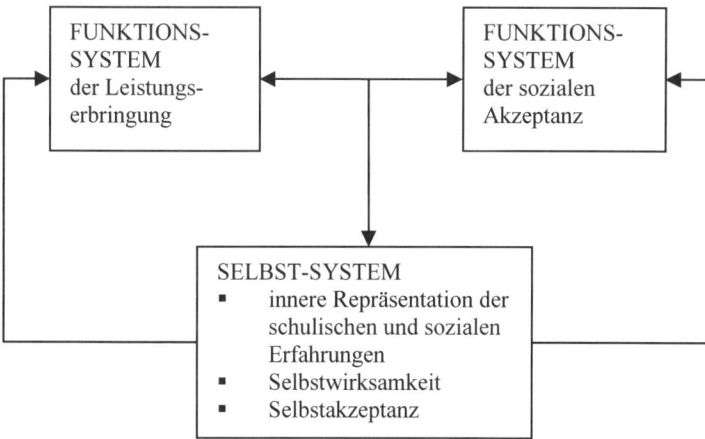

Abbildung 3:   Dimensionen der Schülerpersönlichkeit nach Fend (1997, S. 58)

Dabei repräsentiert das Funktionssystem der Leistungserbringung die basalen Bedürfnisse nach Autonomie, Kompetenz und Kontrolle. Gleichwertig steht es neben dem Funktionssystem der sozialen Akzeptanz, das sich aus dem Bedürfnis nach sozialer Zugehörigkeit und Bindung speist. Die Schule bietet vielfältige Möglichkeiten, soziale und leistungsbezogene Erfahrungen zu sammeln und gibt Rückmeldungen über Kompetenzen in beiden Bereichen. Für die interne Repräsentation dieser Erfahrungen steht das Selbst-System. Hier machen sich Schülerinnen und Schüler anhand ihrer schulischen Erfahrungen ein Bild davon, wer sie sind, was sie können und wie ihre soziale Position ist. Tangiert wird hierbei das Bedürfnis nach positiver Selbstbewertung.

Fend (1997) präsentiert hiermit zugleich ein ideales Bild der Persönlichkeitsentwicklung in Auseinandersetzung mit der Schule. So steht hinter der engen Kopplung zwischen dem leistungsbezogenen und dem sozialen System die Annahme einer Kompatibilität der Erfahrungen in beiden Bereichen, bevor diese mit dem Selbst-System synchronisiert werden können: „Wer in der Schule gut sein möchte, der möchte dies in der Regel nicht mit sozialem Ausschluss erkaufen. Wer sozial anerkannt sein möchte, der sollte dies nicht durch die Demonstration von Leistungsverweigerung tun müssen." (S. 58).

Inwieweit schafft es Schule, diese Grundbedürfnisse zu befriedigen, beim Aufbau eines positiven Selbstkonzepts zu unterstützen und förderlichen Einfluss auf die Entwicklung von Schülerinnen und Schülern zu nehmen?

Die Darstellung der Forschungsbefunde hierzu wird durch eine Systematik schulischer Entwicklungsbedingungen strukturiert, die eine Strukturdimension (z. B. Schulgröße, Schulsystem) von einer Prozessdimension (z. B. Unterricht, Leistungsbewertung) unterscheidet (vgl. Ulich, 1998).

Strukturvariablen der schulischen Umwelt

Objektiven makrostrukturellen Bedingungen der schulischen Umwelt, wie z. B. der Schul- und Klassengröße, dem Lehrplan oder dem Lehrer-Schüler-Verhältnis, wurde vor allem in der frühen Schulforschung viel Beachtung geschenkt. Meist mit dem Lernerfolg von Schülern in Beziehung gesetzt, ergeben sich jedoch – inzwischen durch eine Vielzahl an Meta-Analysen abgesichert – nur äußerst geringe bis keine Effekte, die höchstens vermittelt durch ihre Einflüsse auf proximale Variablen wirksam werden (Schnabel, 2001).

Anders sieht die Forschungslage bei eher subjektiven Strukturmerkmalen der Schulumwelt aus. Mit den Begriffen Schulklima wird hier „die von den Betroffenen wahrgenommene Konfiguration bedeutsamer Merkmale innerhalb der jeweiligen schulischen Umwelt" (Eder, 2006, S. 622), meist als Resultat einer statistischen Mittelwertsbildung, bezeichnet. Für diesen Variablenkomplex ergeben sich nicht nur bedeutsame Zusammenhänge zu Schülerleistungen (Walberg, 1976), die Klimaforschung hat vielmehr auch zeigen können, dass es Auswirkungen auf Schülerverhalten (Delinquenz), schulische Belastungen (Schulangst, Schulstress), Selbstwirksamkeit und die psychische Gesundheit gibt (Eder, 1996; Fend, 1977; Roeser, Eccles & Sammeroff, 2000; Rutter, Maughan, Mortimore & Ouston, 1980). Eccles und Roeser (1999, S. 525) unterscheiden neben dem allgemeinen sozialen Schulklima das akademische Klima an einer Schule. Dieses kann entweder auf Wettbewerb und sozialen Vergleich ausgerichtet sein („school ability orientation") oder Wert auf individuelle Anstrengung, Verbesserung und Aufgabenbewältigung legen („school task orientation"). In mehreren Studien dieser Forschergruppe konnte gezeigt werden, dass eine von den Schülern eingeschätzte Orientierung der Schule an Fähigkeiten mit einem Rückgang der Schülerleistungen und einem Anstieg von Selbstwertproblemen, depressiven Symptomen und Schulabsentismus einhergeht. Im Gegensatz dazu können Schulen, die die Erwartung haben, dass alle Schüler Lernfortschritte machen können, mehr Schüler in den Lernprozess einbeziehen, Frustration sowie Schulangst zurückdrängen und depressiven Symptomen vorbeugen. Das akademische und das soziale Schulklima sind hoch korreliert. An Schulen mit einem aufgabenorientierten akademischen Klima fühlen sich Schüler wohler und berichten eine stärker positive Lehrer-Schüler-Beziehung als an Schulen mit einer Wettbewerbs-Orientierung (Eccles & Roeser, 1999).

Ein weiteres schulisches Strukturmerkmal ist die Gruppierung der Schüler nach Leistung. Hier werden insbesondere bei Schul- und Klassenwechsel Bezugsgruppeneffekte wirksam, die sich vermittelt über das Fähigkeitsselbstkonzept auf die Schulleistungen auswirken können. Gut abgesichert ist der sogenannte ‚Big-fish-little-pond'-Effekt. Er besagt, dass Schüler (‚fishes') mit vergleichbaren Leistungen ein niedrigeres Selbstkonzept entwickeln (‚little fish'), wenn sie eine leistungsstärkere Schule/Klasse (‚big pond') besuchen und ein höher ausgeprägtes Selbstkonzept entwickeln (‚big fish'), wenn sie eine Schule / Klasse mit niedrigerem Leistungsniveau (‚little pond') besuchen (Marsh, 2005). Die Gruppierung nach Leistungsstand kann auch zu einer Konzentration von Schülern mit ähnlichen Entwicklungsrisiken führen. Kellam und Mitarbeiter (1994) untersuchten Aggressivität in US-amerikanischen Grundschulen. Sie fanden Raten aggressiver Schüler in ersten Klassen derselben Schule, die zwischen 7% und 63% lagen. Sie konnten zeigen, dass diese Unterschiede direkt auf schulische Maßnahmen zur Gruppierung nach Leistungsstatus zurückzuführen sind. Gut vorstellbar ist, dass diese Klassen jeweils sehr unterschiedliche Entwicklungsumwelten mit stark differierenden Verhaltensnormen darstellen.

Klaus Ulich (1998) problematisiert Auswirkungen der Struktur der Lehrer-Schüler-Beziehung. Diese sei grundsätzlich asymmetrisch angelegt und durch eine ungleiche Machtverteilung geprägt, was auf Seiten der Schüler die „Internalisierung von Hierarchiestrukturen" befördere (S. 385).

Prozessvariablen der schulischen Umwelt

Näher an der Unterrichtssituation bzw. an den konkreten Vorgängen im Mikrosystem Schulklasse sind die Erkenntnisse zum Klassenklima, von Eder (2006, S. 622) definiert als „das Insgesamt schulischer Merkmale in der Wahrnehmung der Schüler" auf Klassenebene. Er unterscheidet dabei vier Dimensionen: die Schüler-Lehrer-Beziehung, die Schüler-Schüler-Beziehung, verschiedene Merkmale des Unterrichts und die Lernhaltungen der Schüler. Versucht man Schülerverhalten aus diesen Variablen vorherzusagen, ergeben sich Wirkungen, vergleichbar dem Schulklima (vgl. Eder, 1996). Eine genauere Betrachtung verdient dabei die Klassenführung. In diesem Bereich liegen viele Befunde zum Thema Kontrolle und Autonomie vor. Häufig wird der Zusammenhang zwischen diesen Variablen und der Lernmotivation hervorgehoben. Ein stark von Kontrolle geprägtes Klassenklima mit wenigen Mitbestimmungsmöglichkeiten untergräbt die intrinsische Motivation und das Fähigkeitsselbstkonzept und bestärkt externale Kontrollüberzeugungen. In Klassen hingegen, in denen Schüler an Entscheidungen beteiligt und ihre Interessen berücksichtigt werden, etabliert sich eher ein positiver Umgang mit Schule. Die Schüler sind vermehrt intrinsisch motiviert, beim Lernen kognitiv und affektiv stärker beteiligt und berichten über ein stabileres Selbstwertgefühl sowie mehr persönliche Kontrolle (Deci & Ryan, 1985; Eccles & Roeser, 1999; Flink, Boggiano & Barrett, 1990). Der Umgang des Lehrers mit Autorität hat auch Folgen für die Schüler-Schüler-Beziehung: In Klassen mit hoher Partizipation gibt es weniger Isolation und stabilere Freundschaftsbeziehungen zwischen den Schülern als in Klassen mit einer niedrigen Partizipation (Eccles & Roeser, 1999). Erwartungswidrig ist der Befund, dass Lehrer höherer Schulklassen mehr kontrollorientierte Strategien verwenden als in niedrigeren Klassen (Bilz, Hähne & Melzer, 2003; Willower & Lawrence, 1979). Dies könnte insbesondere in der frühen Adoleszenz problematisch sein, wenn Schüler ihrem verstärkten Autonomiebedürfnis Ausdruck verleihen wollen.

Bei der Abschätzung des Stellenwerts der Schüler-Schüler-Beziehung für die Entwicklung muss zwischen der allgemeinen Entwicklungsrelevanz Gleichaltriger (vgl. Youniss, 1980) und den Besonderheiten der Beziehungen in einer Schulklasse unterschieden werden. Spezifisch für die Schulklasse ist nicht nur die Altershomogenität, sondern offenbar auch die Orientierung der Beziehungen am Konkurrenz- und Leistungsprinzip. Die Befundlage hierzu ist sehr uneinheitlich. In der Zusammenschau scheinen insbesondere sehr leistungsschwache, aber auch stark konkurrenzorientierte Schüler Außenseiterpositionen einzunehmen und wenig Solidarität und Unterstützung durch ihre Mitschüler zu erfahren. Insbesondere in der Grundschule spielt auch die Einstellung der Lehrer eine große Rolle: Bei den Lehrern unbeliebte Schüler fühlen sich deutlich häufiger auch von ihren Mitschülern abgelehnt und haben einen niedrigeren soziometrischen Status (Petillon, 1980). Auswirkungen auf die weitere Entwicklung, auch nach der Schulzeit, sind nahe liegend, empirisch jedoch noch nicht systematisch untersucht.

Eine Vielzahl an Forschungsbefunden liegt zum Einfluss von Lehrerüberzeugungen vor. Diese beziehen sich nicht nur auf die durch Rosenthal und Jacobson (1968) angestoßene Forschung zu differentiellen Lehrererwartungen (Pygmalion-Effekt), sie thematisieren auch Kognitionen von Lehrern über ihre Berufsrolle, ihre Wirksamkeitsüberzeugungen und ihre Überzeugungen über die Natur von Schülerfähigkeiten. Förderlichen Einfluss, nicht nur auf die kognitive Entwicklung von Schülern, haben demnach Lehrer, die von ihrer eigenen Wirksamkeit überzeugt sind, die positive Erwartungen an die Leistungen ihrer Schüler haben und die intellektuelle Fähigkeiten eher als ein erworbenes denn als angeborenes Potential betrachten. Starre Einstellungen zur Natur von Fähigkeiten korrelieren mit einem Unterrichtsstil, der von Wettbewerb und sozialem Vergleich geprägt ist und auf Schülerseite mit mehr Ängstlichkeit und negativen Emotionen einhergeht. Bei Schülern mit niedrigeren Fähigkeiten oder negativem

Fähigkeitsselbstkonzept kann dieser Unterrichtsstil sogar zu Reaktionen erlernter Hilflosigkeit führen (Eccles & Roeser, 1999).

Die Auswirkungen von Schulübergängen

Dem Schulwechsel wird allgemein ein hoher Stellenwert für die Entwicklung von Kindern und Jugendlichen beigemessen. Insbesondere der für die in dieser Arbeit zu untersuchende Altersgruppe bedeutsame Wechsel in die Sekundarstufe I wird von einigen Autoren als kritisches Lebensereignis gewertet (Ev Elben, Lohaus, Ball & Klein-Heßling, 2003; Meckelmann, 2004). Dieser geht einher mit einem Wechsel der Bezugsgruppe, neuen Lehrern und neuen schulischen Anforderungen. Die neue Schule ist zumeist größer und weiter vom Elternhaus entfernt. Da die Schüler mit einer höheren Anzahl an Lehrern konfrontiert werden als in der Grundschule, verändert sich auch die Art der Lehrer-Schüler-Beziehung.

In Deutschland durchgeführte Studien zeigen übereinstimmend, dass sich die Noten in der Sekundarstufe I verschlechtern und die schon während der Grundschulzeit deutlich zurückgegangenen Einschätzungen der eigenen Fähigkeiten sich nach dem Wechsel in Abhängigkeit von der Schulform weiter verändern. Bei leistungsstarken an das Gymnasium gewechselten Schülern sinkt das Fähigkeitsselbstkonzept und steigt die Leistungsangst, während bei leistungsschwächeren an die Hauptschule gewechselten Schülern ein steigendes Fähigkeitsselbstkonzept und zurückgehende Leistungsangst zu beobachten ist (Fend, 1997; Schwarzer & Lange, 1983; Valtin & Wagner, 2004). Diese Veränderungen lassen sich gut mit dem schon erwähnten ,Big-fish-little-pond'-Effekt, also dem Wechsel der leistungsbezogenen Bezugsgruppe und dem unterschiedlichen Anforderungsniveau der Schulformen erklären.

Zu längerfristigen Folgen des Schulwechsels für die Entwicklung liegen im deutschsprachigen Raum kaum Befunde vor, so dass an dieser Stelle auf eine Studie von Jacquelynne Eccles und Mitarbeitern (Eccles, Lord, Roeser, Barber & Jozefowicz, 1997) verwiesen werden soll. Untersucht wurde hier, wie sich der Selbstwert der Schüler im Zuge des Wechsels auf die Junior High School nach der sechsten Klasse veränderte. Bei Schülern, deren Selbstwert zu Beginn der siebenten Klasse nach dem Wechsel sank, zeigten sich zum Ende der siebenten Klasse höhere Depressionswerte und mehr Drogen- und Alkoholkonsum als bei Schülern, deren Selbstwert im Zuge des Wechsels gestiegen oder gleich geblieben war (zwischen den drei Gruppen gab es keine Selbstwert-Unterschiede am Ende der sechsten Klasse vor dem Wechsel). Erstaunlich ist jedoch, dass diese Unterschiede auch noch am Ende der 12-jährigen Schulzeit an der High School nachweisbar waren. Die Schüler, die auf den Schulwechsel mit einem Rückgang des Selbstwertes reagiert hatten, wiesen auch nach sechs Jahren einen erhöhten Substanzkonsum, höhere Depressionswerte und einen niedrigeren Selbstwert auf. Jungen aus dieser Gruppe hatten zudem die High School häufiger als in den anderen beiden Gruppen vorzeitig verlassen.

Das Mesosystem Elternhaus-Schule

Den Annahmen Bronfenbrenners (1979) folgend sind Entwicklungseffekte vor allem an den Verbindungsstellen von Mikrosystemen zu erwarten. Die nur spärlich vorhandenen Forschungsbefunde zum Wechselspiel zwischen Elternhaus und Schule fasst Krumm (2001) zusammen. Er verweist auf die Bedeutung der Familie für kognitive und affektive Lernvoraussetzungen, die einen höheren Einfluss auf die Schulleistung hätten als schulbezogene Determinanten. Weiterhin zeigen Studien, dass Kooperation zwischen Eltern und Lehrern nur in einem sehr geringen Ausmaß stattfindet. Erstere wenden sich meist nur bei schulischen Problemen ihrer Kinder an die Lehrer, diese wiederum begrenzen in der Mehrzahl Elternabende und Sprechstunden auf die vorgeschriebene Pflichtzahl. Eine intensivere pädagogische Beratung und Unterstützung finde kaum statt.

2.3 Zusammenfassung

Die Schule ist ein Lebensraum, der vielfältige und z. T. auch widersprüchliche Anforderungen an Jugendliche stellt, die eng mit den gesellschaftlichen Funktionen von Schule verbunden sind. Die in diesem Kapitel dargestellten Befunde zeigen, dass der hohe Stellenwert der schulischen Selektionsfunktion seinen Niederschlag auf der Mikroebene findet: Als Transmissionsriemen schulischer Einflüsse auf die Entwicklung fungieren zumeist Variablen, die mit Leistungserbringung oder Konkurrenz in Verbindung stehen. Dies betrifft nicht nur Aspekte der Schüler-Schüler-Beziehung, sondern z. B auch die Lehrer-Schüler-Beziehung oder das Klassen- und Schulklima.

Schule nimmt auf drei verschiedenen Ebenen Einfluss auf die Entwicklung: Auf der Ebene der Schule als Gesamtheit, auf der Klassenebene und auf der interpersonellen Ebene. Dabei sind die Einschätzungen des schulischen Umfeldes durch die Schüler selbst stärkere Prädiktoren für die Entwicklung als objektive Indikatoren.

Als die größten schulbezogenen Risikofaktoren für die Entwicklung lassen sich hieraus (vor allem subjektiv erlebter) schulischer Misserfolg und oft damit

einhergehende soziale Desintegrationserfahrungen ableiten. Misserfolgserfahrungen sind im deutschen Schulsystem keine Randerscheinung. Allein die Erfahrung mindestens eines der folgenden größeren Misserfolge haben 39% aller 15-
jährigen deutschen Schüler machen müssen: Sitzen bleiben, Zurückstellung vom
Schulbesuch, Abstieg auf eine niedrigere Schulform und Sonderschulüber-
weisung (Schümer, 2004). Gleichzeitig zeigen die Studien aber auch Potentiale
auf, wie Schule auf allen drei Ebenen positiven Einfluss auf die Entwicklung von
Schülern nehmen kann.

3 Entwicklungsprobleme in der Adoleszenz

Während im ersten Kapitel der normale Entwicklungsverlauf Ausgangspunkt der Betrachtungen gewesen ist, soll der Schwerpunkt jetzt auf abweichende Entwicklungen in der Adoleszenz gelegt werden. Welche Kriterien können für die Unterscheidung von angepassten und Fehlentwicklungen herangezogen werden und welche Störungskonzepte gibt es? In welchen Bereichen treten Entwicklungsprobleme auf und welche Modelle zur Erklärung ihrer Ursachen liegen vor?

3.1 Normalität, psychische Störung und Entwicklungsauffälligkeit

Die Verwendung des Begriffes *Entwicklungsauffälligkeit* impliziert, dass es neben der normalen Entwicklung so etwas wie eine gestörte oder problematische Entwicklung gibt. Die Unterscheidung von Normalität und Abweichung ist jedoch im Kindes- und Jugendalter besonders schwierig. Entwicklungsprozesse verlaufen in diesem Alter sehr schnell und gehen z. T. mit großen interindividuellen Unterschieden einher. Viele Entwicklungsabweichungen sind temporärer Natur und können später durchaus wieder ausgeglichen werden. Bestimmte Phänomene, wie z. B. Trennungsängste, werden für eine Altersphase als normal betrachtet, in einer späteren jedoch nicht mehr. Anhand welcher Kriterien ist nun über Normalität vs. Abweichung zu entscheiden?

Die Soziologie hat sich mit dieser Frage intensiv auseinandergesetzt (vgl. Böhnisch, 2006; vgl. Lamnek, 1999). Insbesondere am Beispiel aggressiven Verhaltens oder des Drogenmissbrauchs ist dabei deutlich geworden, dass diese Phänomene erst durch ihre gesellschaftliche Zuschreibung und Sanktionierung zu (von sozialen Erwartungen) *abweichendem Verhalten* werden. Im Jugendalter sei abweichendes Verhalten zudem „geradezu erwartbar", nicht zuletzt weil Jugendliche erst durch Regelverstöße lernen, was gesellschaftlich akzeptiertes Verhalten ist (Schäfers & Scherr, 2005, S. 165). Die Jugendsoziologie kommt somit zu dem Schluss, dass abweichendes Verhalten überwiegend „ubiquitär und transistorisch" sei (Schäfers & Scherr, 2005, S. 161). Für den Bereich der emotionalen Probleme bietet dieser Diskurs allerdings wenige Anknüpfungspunkte. Zwar haben Ängste und Depressionen durchaus eine Verhaltenskomponente, sie bieten sich aufgrund ihrer vorrangig intrapsychischen Etablierung jedoch kaum

für gesellschaftliche Zuschreibungs- und Sanktionierungsprozesse an und sind –
wie für das Jugendalter gezeigt werden konnte – selten vorübergehender Natur
(siehe Kapitel 1). Für psychische Störungen hat die klinische Psychologie bzw. die Psychiatrie im Rahmen ihrer diagnostischen Klassifikationssysteme (DSM-IV, ICD-10)[4]
die folgenden Kriterien formuliert (Petermann, Niebank & Scheithauer, 2004):

- Devianz (von einer statistischen Norm oder von gesellschaftlichen Konventionen),
- Leidensdruck,
- psychosoziale Beeinträchtigung,
- Fremd- oder Selbstgefährdung.

Für Petermann, Niebank und Scheithauer (2004) erweist sich jedes dieser Kriterien bei genauerer Betrachtung als unzureichend, um psychische Störungen zu
identifizieren. Wenngleich auch sie keine Definition von Abweichung vorlegen
können, kritisieren sie für das Kindes- und Jugendalter die qualitative Trennung
von Normalität und Abweichung und betonen, dass psychische Störungen Ergebnisse der gleichen Gesetzmäßigkeiten sind wie normale Entwicklungen und
dass diese in ihrem Entwicklungsverlauf zu betrachten sind. Eine Umsetzung
dieses Gedankens legt Sroufe (1997) mit seinem Modell der Entwicklungspfade
vor. Psychische Störungen entstünden demnach, wenn wiederholte *Fehlanpassungen* (verstanden als Nichtbewältigung von Entwicklungsaufgaben) das Kind
oder den Jugendlichen vom positiven Entwicklungspfad abbringen, wobei jede
Fehlanpassung die Bewältigung nachfolgender Entwicklungsaufgaben erschwert.
Zwei Prinzipien der Entwicklungspsychopathologie können aus diesem Modell
abgeleitet werden: Erstens, dass unterschiedliche Entwicklungspfade zu gleichen
Störungen führen können (*Äquifinalität*) und zweitens, dass unterschiedliche
Störungen auf den gleichen Entwicklungspfad zurückführbar sind (*Multifinalität*). Obwohl die Umkehr auf einen positiven Pfad an vielen Stellen möglich
ist (z. B. durch Umweltveränderungen), wird dies umso unwahrscheinlicher, je
länger ein negativer Entwicklungspfad verfolgt wurde.
    Folgende vier Entwicklungspfade werden von Sroufe (1997) unterschieden:
(A) wiederholte Fehlanpassungen, die in einer psychischen Störung münden, (B)
stabile positive Anpassungen, (C) anfängliche Fehlanpassungen, gefolgt von
einer positiven Veränderung, und (D) anfänglich positive Anpassungen, gefolgt

---

[4] Diagnostisches und Statistisches Manual Psychischer Störungen (DSM-IV), Internationale Klassifi-
kation Psychischer Störungen (ICD-10)

von einer negativen Veränderung in Richtung Störung. Compas, Hinden und
Gerhardt (1995) beschreiben Entwicklungspfade spezifisch für die Adoleszenz
und sehen die folgenden fünf typischen Verläufe als Ergebnis der Forschung
(siehe Abbildung 4) : stabile Anpassung (Pfad 1), stabile Fehlanpassung (Pfad
2), positive Wende in der Adoleszenz (Pfad 3), Rückgang in der Adoleszenz
(Pfad 4) und temporäre Fehlanpassung in der Adoleszenz (Pfad 5). Als Beispiele
für den letzteren Entwicklungsverlauf werden Forschungsbefunde zu aggressi-
vem Verhalten und Delinquenz in der Adoleszenz angeführt, denen keine derar-
tigen Probleme in der Kindheit vorausgehen und die nicht mit antisozialen Problemen im Erwachsenenalter in Verbindung stehen.

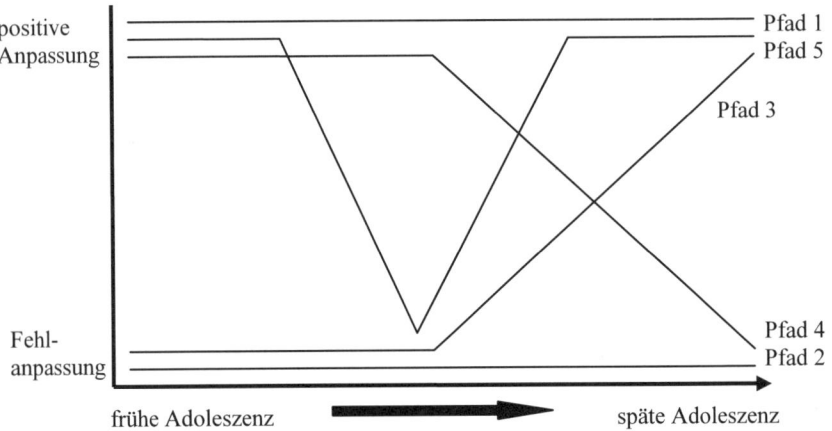

Abbildung 4:   Entwicklungspfade in der Adoleszenz (nach Compas, Hinden &
                  Gerhardt, 1995, S. 272)

Als *Entwicklungsauffälligkeit* kann in diesem Zusammenhang eine signifikante
Abweichung vom angepassten Entwicklungspfad bezeichnet werden, ohne dass
diese die Kriterien einer psychischen Störung mit Krankheitswert erfüllt.

3.2 Die zwei Dimensionen abweichender Entwicklungen in der Adoleszenz

Schon Alfred Adler sei vor rund 100 Jahren aufgefallen, dass es zwei charakteristische Abweichungen von der Normalentwicklung gibt (vgl. Fend, 2005).
Beide seien zerstörerisch und führten entweder auf den Pfad der Selbstablehnung
(selbstschädigend) oder den der Aufkündigung sozialer Integration und Gemein-

schaft (Schädigung anderer). Heute spricht man übereinstimmend von *internalisierenden* und *externalisierenden* Auffälligkeiten. Die Bezeichnung internalisierend verweist darauf, dass sich die Symptome vor allem innerhalb des Individuums etablieren und im Gegensatz zu Verhaltensproblemen (externalisierend) für das soziale Umfeld nicht direkt zu erkennen sind. Internalisierende Probleme setzen sich aus so genannten *überkontrollierten* Verhaltensweisen zusammen, d. h. die betroffenen Individuen versuchen, ein dysfunktional hohes Maß an Kontrolle über ihre Emotionen, ihr Verhalten und ihre Kognitionen aufrecht zu erhalten. Aggressive Verhaltensweisen werden hingegen als *unterkontrolliert* bezeichnet; betroffene Jugendliche haben unzureichende Strategien für die Selbstregulation ihres Verhaltens, ihres Affekts und ihrer Kognitionen entwickelt.

Unterstützung erfährt diese Sortierung problematischer Entwicklungsergebnisse durch empirische Untersuchungen zur Dimensionalität psychischer Störungen in der Adoleszenz. Die faktorenanalytische Suche nach Dimensionen in Sammlungen psychopathologischer Symptome konnte stabil die zwei globalen Dimensionen internalisierend vs. externalisierend identifizieren (vgl. Quay, 1986). Auch im Kulturvergleich haben sie sich als überaus stabil erwiesen (Döpfner et al., 1996; Verhulst & Achenbach, 1995).

Achenbach (1997) konnte zusätzlich zu diesen beiden Breitbandfaktoren empirisch die folgenden acht Syndrome extrahieren: *sozialer Rückzug, körperliche Beschwerden, ängstlich/depressiv* (= internalisierende Auffälligkeiten), *aggressives Verhalten, delinquentes Verhalten* (= externalisierende Auffälligkeiten), *soziale Probleme, Aufmerksamkeitsprobleme* und *psychotische Symptome* (= gemischte Auffälligkeiten). Grundlage seiner Analysen sind Fragebogendaten nicht nur von Kindern und Jugendlichen selbst, sondern auch von Eltern, Lehrern und Gleichaltrigen. Indirekt wurde mit diesen dimensionalen Analysen auch die These der Kontinuität zwischen Normalität und Störung zumindest im Kindes- und Jugendalter bestätigt.

In einigen Modellen wird der Konsum von Alkohol und Drogen als Ausdruck einer dritten übergeordneten Dimension abweichender Entwicklungen angesehen (z. B. Hurrelmann, 2004). Für eine solche Dimension *evadierender* oder ausweichender Auffälligkeiten gibt es jedoch keine empirische Unterstützung. In den faktorenanalytischen Studien von Achenbach (1997) laden die Items zum Alkohol- und Drogenkonsum auf den Breitbandfaktor der externalisierenden Auffälligkeiten (Syndrom: delinquentes Verhalten).

3.3 Ätiologiemodelle abweichender Entwicklungen in der Adoleszenz

Aktuelle Modelle zur Erklärung psychischer Störungen in der Adoleszenz sind zumeist multifaktoriell ausgerichtet. Damit wird die Einseitigkeit herkömmlicher Modelle überwunden, die die Ursachen psychischer Störungen ausschließlich in physiologischen Dysfunktionen (medizinisches Modell), unbewussten Konflikten (psychodynamisches Modell), gelerntem Verhalten (behavioristisches Modell) oder gesellschaftlichen Einflüssen (soziokulturelles Modell) verorten. Es werden die Sichtweisen verschiedener Disziplinen miteinander verbunden und biologische, psychologische und soziokulturelle Einflüsse in ihrer Interaktion analysiert (vgl. Petermann, Niebank & Scheithauer, 2004). Auch hat sich der Blickwinkel weg von einzelnen Traumata in der frühen Kindheit zur Analyse des gesamten Entwicklungsverlaufes hin verschoben (Seiffge-Krenke, 1995a). Im Folgenden sollen einige Modelle vorgestellt werden, die störungsunabhängig Fehlentwicklungen in der Adoleszenz zu erklären versuchen.

Im Zentrum des *biopsychosozialen Modells* steht die Annahme, dass die körperlichen Veränderungen der Pubertät mit psychischen und sozialen Entwicklungsvariablen interagieren. Während anfänglich die kognitiven, emotionalen, verhaltensbezogenen und interpersonalen Auswirkungen der biologischen Prozesse untersucht wurden, rückt aktuell immer mehr die Pubertät als soziales Ereignis in den Fokus der Forschung. Einflüsse hormoneller Veränderungen auf Verhalten und Emotionen werden demnach durch Reaktionen der sozialen Umwelt vermittelt. So konnte gezeigt werden, dass von der Pubertät insbesondere dann Einflüsse auf die psychische Entwicklung ausgehen, wenn sie im Vergleich mit den Gleichaltrigen besonders früh oder spät stattfindet (vgl. Compas, Hinden & Gerhardt, 1995).

Das *Modell der sozialen Informationsverarbeitung* von Dodge (1993) verknüpft frühe Erfahrungen und biologische Prädispositionen mit spezifischen Formen der sozialen Informationsverarbeitung. Wie in Abbildung 5 dargestellt, entwickeln sich aus frühen Erfahrungen von Gewalt oder Verlust jeweils spezifische Sichtweisen der Welt oder der eigenen Person. Daraus resultiert eine verzerrte Wahrnehmung von Umweltsignalen (z. B. als feindselig) und ein eingeschränktes Verhaltensrepertoire (z. B. aggressives Verhalten). Wiederholte Erfahrungen dieser Art bestärken diese Wissensstrukturen, automatisieren die Verarbeitungsprozesse und führen somit zu Verhaltensstörungen oder zu Depressionen.

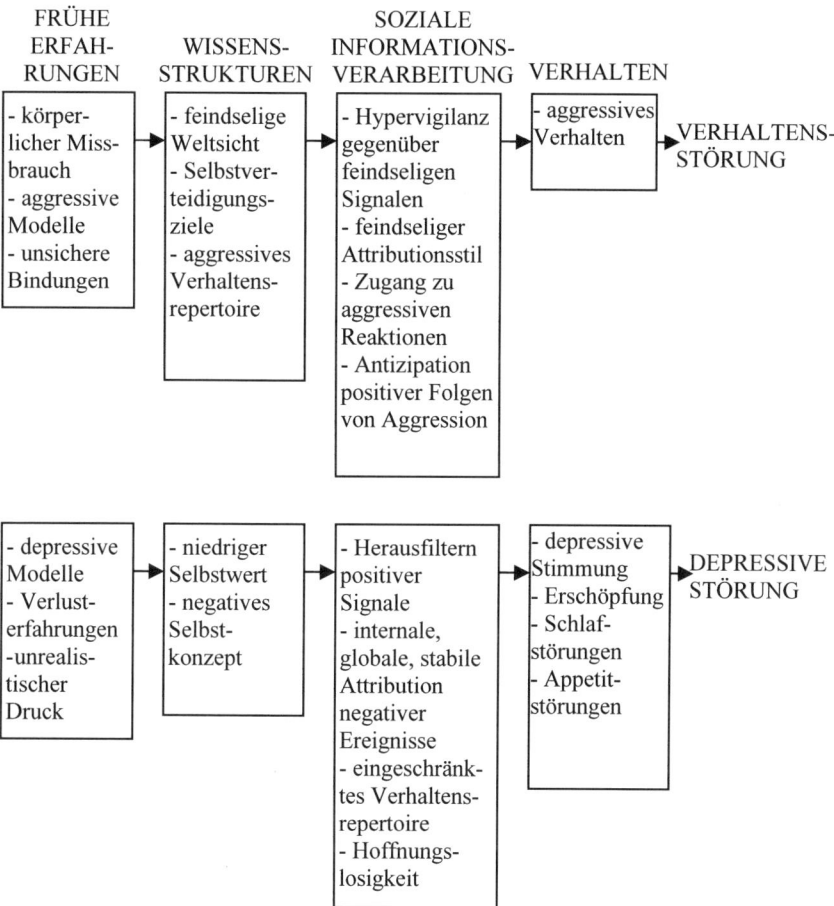

Abbildung 5: Entwicklung von Verhaltensstörungen und Depressionen (nach Dodge, 1993, S. 579)

Das *Belastungs-Bewältigungs-Modell* von Hurrelmann (2004) verbindet stress-theoretische mit sozialisationstheoretischen Ansätzen. Von zentraler Bedeutung für die Entwicklung ist aus seiner Sicht das Gleichgewicht zwischen den Belastungen, die sich aus den Anforderungen der Entwicklungsaufgaben des Jugendalters ergeben und den personalen sowie sozialen Ressourcen, die zu ihrer Bewältigung zur Verfügung stehen (siehe Abbildung 6).

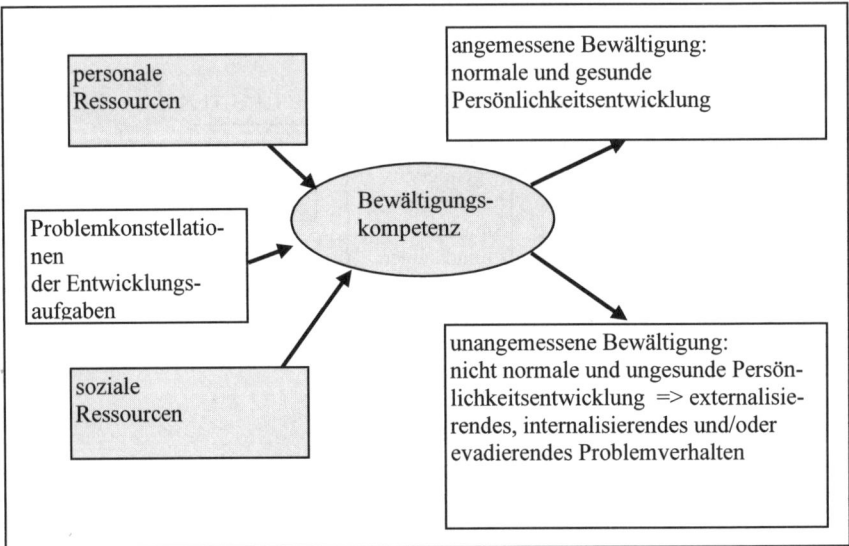

Abbildung 6:   Belastungs-Bewältigungsmodell (nach Hurrelmann, 2004, S. 160)

Probleme im Entwicklungsprozess der Jugendlichen würden sich dann ergeben, wenn unzureichende Ressourcen und/oder übermäßige Belastungen dieses Gleichgewicht und damit die weitere gesunde Persönlichkeitsentwicklung gefährden. Als Folge einer unangemessenen Bewältigung sieht er neben der externalisierenden und der internalisierenden fehlgeleiteten Form der Problemverarbeitung noch eine dritte: So seien nonkonforme und suchtgefährdende Verhaltensweisen Ausdruck einer ausweichenden (evadierenden) Problemverarbeitung, deren Funktion es sei, der aktiven Problembewältigung aus dem Weg zu gehen. Die wiederholte Auseinandersetzung mit Entwicklungsaufgaben führt dabei zur Ausbildung fester Muster der Bewältigung, die als Bewältigungskompetenz wiederum Einfluss auf den Umgang mit zukünftigen Herausforderungen haben.

Aus der Perspektive des Modells der *Person-Umwelt-Passung* ist der Entwicklungsverlauf von Jugendlichen das Ergebnis der Passung zwischen individueller Charakteristik und sozialer Umwelt. Ausgehend von einer dynamischen Interaktion zwischen Person und Umwelt rufen Jugendliche z. B. durch ihr Verhalten oder ihre körperliche Erscheinung Reaktionen ihrer Umwelt hervor und werden durch diese Rückmeldungen wiederum in ihrer Entwicklung beeinflusst. Die Art der Rückmeldung hängt vom Ausmaß der Passung zwischen individuellen Charakteristiken und Erwartungen, Werten und Präferenzen der sozialen

Umwelt ab. Ausgangspunkt problematischer Entwicklungsverläufe sei demnach eine Fehlpassung zwischen den Bedürfnissen des Jugendlichen und den von der Umwelt gebotenen Möglichkeiten (vgl. Compas, Hinden & Gerhardt, 1995). Keines dieser Modelle kann die Bandbreite möglicher Fehlentwicklungen und Störungen in der Adoleszenz vollständig erklären. Einige Bedingungsfaktoren werden in hoher Auflösung beschrieben, andere jedoch vernachlässigt. Dennoch lenken sie die Aufmerksamkeit auf zentrale Faktoren, die mit Störungen in vielen Entwicklungsbereichen zusammenhängen.

3.4 Risikofaktoren der Entwicklung in der Adoleszenz

Als *Risikofaktor* wird laut Kraemer et al. (1997) eine messbare Charakteristik eines Subjekts (einer Person, Familie, Klasse etc.) bezeichnet, wenn sie die Auftretenswahrscheinlichkeit einer Störung signifikant erhöht und ihr zeitlich vorausgeht. Kann der zeitliche Vorrang nicht nachgewiesen werden, handelt es sich um ein *Korrelat*. Risikofaktoren, die sich über die Lebenszeit nicht verändern (z. B. Geschlecht, Geburtsjahr, genetische Belastung) werden als *fixe Marker* bezeichnet; jene die veränderlich sind, als *variable Risikofaktoren*. Nur wenn für einen variablen Risikofaktor der Nachweis geführt werden kann, dass seine Manipulation (z. B. durch Interventionen) die Auftretenswahrscheinlichkeit der Störung verändert, sollte, so Kraemer (1997), der Begriff *kausaler Risikofaktor* verwendet werden. Laucht, Schmidt und Esser (2000) unterscheiden weiterhin zwischen Risikofaktoren, die sich auf Merkmale des Individuums beziehen (*Vulnerabilitäten*) und Risikofaktoren in der Umwelt des Individuums (sogenannte *Stressoren*). Im entgegengesetzten Sinne verringert ein *kompensatorischer Faktor* die Auftretenswahrscheinlichkeit einer Störung.

Die Erforschung umweltbezogener Risikofaktoren, also Stressoren, hat sich lange mit *kritischen Lebensereignissen* beschäftigt. Diese stellen aufgrund ihrer extremen Natur einen „Eingriff in das zu einem gegebenen Zeitpunkt aufgebaute Passungsgefüge zwischen Person und Umwelt" dar (Filipp, 1995, S. 9). In der stresstheoretisch ausgerichteten Lebensereignisforschung wird somit implizit davon ausgegangen, dass kritische Lebensereignisse Stress auslösen und „die Herstellung eines neuen Gleichgewichts fordern" (ebd.). Unterschieden werden können normative von nicht-normativen kritischen Lebensereignissen. Auf normative Stressoren der Adoleszenz wurde bereits in den vorangegangenen Kapiteln eingegangen. Es handelt sich hierbei um Herausforderungen, mit denen die meisten Jugendlichen konfrontiert werden und die sich oft aus den Anforderungen der Entwicklungsaufgaben ergeben. Als typisch für die frühe Adoleszenz gelten Belastungen aus den massiv einsetzenden körperlichen Veränderungen und dem gleichzeitig stattfindenden wichtigen Schulwechsel. Die Kumulation dieser normativen Stressoren zusammen mit den Implikationen, die sie für die Beziehung zu Eltern und Gleichaltrigen haben, kann eine erhebliche Stressbelastung darstellen (Seiffge-Krenke, 1995a).

Nicht normative, also vom Lebensalter weitgehend unabhängig auftretende kritische Lebensereignisse (z. B. Tod von Verwandten oder Freunden, Trennung der Eltern), sind eher selten und treten bei zwei bis fünf Prozent der Jugendlichen auf (Seiffge-Krenke, 1995b). Obwohl es gelang, kritische Lebensereignisse mit psychischer Symptombelastung in Verbindung zu bringen, ergaben sich aus dieser Forschung wenige Erkenntnisse zu den vermittelnden Mechanismen. In der aktuellen Lebensereignisforschung hingegen werden nicht nur Charakteristiken des Individuums (z. B. Bewältigungsstil) und der sozialen Umwelt (z. B. ökonomische Lage der Familie) berücksichtigt; es konnte auch gezeigt werden, dass Langzeitauswirkungen weniger das Ergebnis des Lebensereignisses an sich, sondern der daraus resultierenden chronischen Belastungen und Anforderungen in der sozialen Umwelt sind (Compas, Hinden & Gerhardt, 1995). So korrelieren psychopathologische Auffälligkeiten allgemein höher mit alltäglichen Belastungen (*daily hassles* oder *minor events*) als mit kritischen Lebensereignissen (*major events*).

Ein weiterer stabiler Befund der Risikoforschung im Kindes- und Jugendalter (vgl. Laucht, Schmidt & Esser, 2000) ist, dass es beim Vorliegen mehrerer Risikofaktoren zu additiven Effekten kommt. Außerdem scheinen biologische Risikofaktoren (z. B. geringes Geburtsgewicht) mit steigendem Alter an Bedeutung zu verlieren, während der Stellenwert psychosozialer Risiken (Stressoren) größer wird. Innerhalb der psychosozialen Risikofaktoren dominieren während der Kindheit familienbezogene Faktoren, in der weiteren Entwicklung gewinnen Risikofaktoren aus der schulischen Umwelt und der Gleichaltrigengruppe an Bedeutung. Bei den Auswirkungen von Risikofaktoren ist eine große Variabilität zu beobachten. So können sich hoch belastete Kinder und Jugendliche auch völlig normal entwickeln.

3.5 Schutzfaktoren der Entwicklung in der Adoleszenz

Gerade diese Beobachtung, dass einige Kinder mit hoher Risikobelastung keine Auffälligkeiten aufweisen und große Belastungen scheinbar unbeschadet überstehen, hat vor ca. 20 Jahren den Anstoß zur Erforschung von Schutzfaktoren gegeben. Ein *Schutzfaktor* oder protektiver Faktor ist demnach nicht einfach das Gegenteil eines Risikofaktors (viel soziale Unterstützung vs. wenig soziale Unterstützung), sondern nur in Interaktion mit einem Risikofaktor denkbar. Nach

Rutter (1987) ist Voraussetzung, dass die Reaktion einer Person auf eine Risikobedingung modifiziert wird. Kommt es durch den Faktor zu einer Abfederung
oder Abschwächung der Reaktion auf den Risikofaktor, der unter normalen Umständen zu einer Fehlanpassung führen würde, spricht man von einem Schutzfaktor. Ist hingegen eine Intensivierung oder Verstärkung der Reaktion zu verzeichnen, handelt es sich um einen *Vulnerabilitätsfaktor*.

Tabelle 2: Schutzfaktoren im Kindes- und Jugendalter (nach Laucht, Schmidt
& Esser, 2000, S. 103)

Personale Schutzfaktoren (Resilienzfaktoren)	Soziale Schutzfaktoren
 ▪ weibliches Geschlecht (in der Kindheit) ▪ erstgeborenes Kind ▪ positives Temperament (flexibel, aktiv, offen) ▪ positives Selbstwertgefühl (Selbstwirksamkeit) ▪ überdurchschnittliche Intelligenz ▪ positives Sozialverhalten ▪ aktives Bewältigungsverhalten	Familie: ▪ stabile emotionale Beziehung zu einer Bezugsperson ▪ offenes, unterstützendes Erziehungsklima ▪ familiärer Zusammenhalt ▪ Modelle positiver Bewältigung Umfeld: ▪ soziale Unterstützung ▪ positive Freundschaftsbeziehungen ▪ positive Schulerfahrungen

Auch hier wird zwischen personalen und sozialen Schutzfaktoren unterschieden.
Um den Gegenstandsbereich der personalen Schutzfaktoren herum hat sich unter
dem Begriff der *Resilienz* inzwischen eine eigene Forschungsrichtung etabliert,
wobei Resilienz die Fähigkeit umschreibt, „relativ unbeschadet mit den Folgen
beispielsweise belastender Lebensumstände umgehen und Bewältigungskompe-
tenzen entwickeln zu können" (Petermann, Niebank & Scheithauer, 2004,
S. 344). Während sich die Forschung anfänglich auf personale Schutzfaktoren
einiger resilienter „Superkids" (Kauffman, Grunebaum, Cohler & Gamer, 1979)
oder „Unbesiegbarer" (Werner, 1993) konzentrierte, herrscht inzwischen die
Auffassung vor, dass es sich um ein allgemeines Phänomen handelt und insbesondere auch soziale Schutzfaktoren Beachtung verdienen.

Tabelle 2 listet Schutzfaktoren des Kindes- und Jugendalters auf, denen auf
Grundlage mehrerer Studien eine protektive Wirkung zugeschrieben wird.

3.6 Zusammenfassung

In diesem Kapitel wurde ein Einblick in abweichende Entwicklungen in der Adoleszenz gegeben. Dabei wurde auf die Problematik der Unterscheidung von Normalität und Abweichung eingegangen und es wurden wichtige Begriffe der Psychopathologie eingeführt.

Von zentraler Bedeutung ist, dass Entwicklungsauffälligkeiten oder psychische Störungen keine qualitativ andersartigen Phänomene darstellen, sondern auf einem Kontinuum zwischen Normalität und Abweichung zu verorten sind. Den Verlaufscharakter psychischer Fehlentwicklungen verdeutlicht dabei das Bild der Entwicklungspfade.

Zwei Richtungen abweichender Entwicklungspfade können konzeptionell und empirisch unterschieden werden: Einmal der nach innen gerichtete Weg in die Selbstablehnung, der mit depressiven Gefühlen, Ängstlichkeit und sozialem Rückzug einhergeht, und der nach außen gerichtete Weg, verbunden mit Aggressivität und Delinquenz. Mehrere theoretische Ansätze zur Erklärung abweichender Entwicklungen wurden vorgestellt und auf empirisch untersuchte Risiko- und Schutzfaktoren eingegangen. Dies geschieht im folgenden Kapitel spezifisch für internalisierende Fehlentwicklungen, die Gegenstand dieser Studie sind. Dabei soll deutlich werden, warum gerade diese oft vernachlässigte Form der Fehlentwicklung in der Adoleszenz eine genauere Betrachtung verdient und es nahe liegend ist, sie mit Bedingungen der sozialen Umwelt und dabei insbesondere der Schule in Verbindung zu bringen.

4 Internalisierende Auffälligkeiten in der Adoleszenz

Betrachtet man den Forschungsstand zu Entwicklungsproblemen im Kindes- und Jugendalter fällt auf, dass die Erforschung externalisierender Probleme eine längere und konzeptuell reichere Geschichte hat als die Beschäftigung mit internalisierenden Problemen (Laucht, Esser & Schmidt, 2000; Rubin & Mills, 1991; Steinberg & Morris, 2001). Die Gründe hierfür sind vielfältig. Eine gewichtige Rolle dürfte spielen, dass emotionale Probleme vom Umfeld als weniger störend empfunden werden als dies bei Verhaltensauffälligkeiten der Fall ist. Im schulischen Umfeld stören betroffene Mädchen und Jungen den Unterricht meist kaum; sie bieten mit ihrem überkontrollierten Verhalten vielmehr das Bild eines angepassten Schülers. Die nach innen gerichteten und somit eher verborgenen Symptome machen es auch für Kliniker schwer, internalisierende Störungen zu diagnostizieren. Auch hat es lange Zeit eine Debatte darüber gegeben, ob Kinder und Jugendliche überhaupt depressive Zustände erleben können (vgl. Groen, Pössel & Petermann, 2004).

In diesem Kapitel wird ein Überblick über den Forschungsstand zu internalisierenden Auffälligkeiten in der Adoleszenz gegeben. Warum leiden einige Jugendliche unter diesen Beschwerden und andere nicht? Welchen Anteil an der Ätiologie haben die biologischen, sozialen und psychologischen Veränderungen der Adoleszenz? Warum sind Mädchen häufiger betroffen als Jungen? Und in welchem Zusammenhang stehen diese Auffälligkeiten mit schulischen Faktoren? Bevor der Versuch unternommen wird, Antworten auf diese Fragen zu finden, lohnt ein Blick auf die Verbreitung internalisierender Auffälligkeiten, ihre Ausprägungsformen, ihr Verlauf und auf die Folgen für die Betroffenen.

4.1 Epidemiologie internalisierender Störungen und Auffälligkeiten

Obwohl als Begriff in der Forschungsliteratur inzwischen häufig verwendet, ist nach wie vor unklar, was genau unter internalisierenden Auffälligkeiten zu verstehen ist. So finden sich innerhalb der dimensionalen Betrachtungsweise von Fehlentwicklungen durchaus auch andere Syndromauflistungen als jene von Achenbach (1997). Und auch in der kategorialen Tradition der Psychiatrie mit ihren diagnostischen Klassifikationssystemen (DSM IV, ICD-10) ist nicht völlig klar, welche Störungen diesem Label zuzuordnen sind (Kovacs & Devlin, 1998; Reynolds, 1990). Deshalb soll sich die folgende Darstellung auf die drei Bereiche konzentrieren, über deren Zugehörigkeit zum Spektrum internalisierender Auffälligkeiten weitgehende Einigkeit besteht. Dies wären Störungen und Auffälligkeiten, die mit Ängstlichkeit, Depression und Somatisierung einhergehen.

Die epidemiologische Forschung, auf deren Ergebnisse hier zurückgegriffen wird, bedient sich zumeist kategorialer Diagnosen, die aus standardisierten klinischen Interviews gewonnen werden. Hier können differentialdiagnostische Ausschlusskriterien und Informationen zu Dauer, Schwere und psychosozialer Beeinträchtigung berücksichtigt werden. Dieses Vorgehen ist aber auch mit Schwierigkeiten verbunden. Neben dem hohen Aufwand, der den epidemiologischen Studien meist nur kleine Stichprobengrößen erlaubt, ist man im Jugendalter mit einer Vielzahl unspezifischer Symptome konfrontiert, deren eindeutige Zuordnung zu Diagnosekriterien oft schwierig ist (Seiffge-Krenke, 1995a). Eine immer häufiger verwendete Alternative sind die von Achenbach (1997) entwickelten Fragebögen zur dimensionalen Erfassung psychischer Auffälligkeiten (CBCL – Child Behavior Checklist, YSR – Youth Self Report).

In mehreren Studien wurde die Konvergenz zwischen DSM-Diagnosen und auffälligen Werten in der CBCL untersucht (Edelbrock & Costello, 1988; Kasius, Ferdinand, van den Berg & Verhulst, 1997). Demnach können die meisten affektiven und Angststörungen des DSM-IV mit dem CBCL-Breitbandfaktor internalisierende Störungen in Verbindung gebracht werden. Besonders eng sind die Zusammenhänge zu den Diagnosen ‚Major Depression', ‚Dysthyme Störung', ‚Generalisierte Angststörung', ‚Störung mit Trennungsangst', ‚Spezifische Phobie' und ‚Soziale Phobie'. Keine Verbindungen ergaben sich zu somatoformen bzw. psychophysiologischen Störungen, obwohl die CBCL das Syndrom körperliche Beschwerden erfasst. Diesbezüglich konnten Kasius et al. (1997) nachweisen, dass dieses Syndrom insbesondere mit affektiven Störungen im Zusammenhang steht. Den Hintergrund bildet die Tatsache, dass depressive Störungen im Kindes- und Jugendalter sehr häufig mit körperlichen Beschwerden einhergehen und somatoforme Störungen in den untersuchten klinischen Stichproben kaum diagnostiziert wurden. Da psychophysiologische Symptome im Kindes- und Jugendalter aber durchaus eine Rolle spielen (vgl. Seiffge-Krenke, 1995a), sollen sie neben den Bereichen Depression und Angst ebenfalls Berücksichtigung finden.

Auffälligkeiten im emotionalen Bereich und Depressionen

Gleichwohl Depressionen im Kindes- und Jugendalter erst seit relativ kurzer Zeit im Blickfeld der Forschung stehen, darf die Bedeutung dieser Störung für das Aufwachsen heute lebender Jugendlicher und auch ihre gesamtgesellschaftliche Relevanz nicht unterschätzt werden. Depressionen manifestieren sich immer früher im Entwicklungsverlauf, betreffen immer mehr Jugendliche, sind prädiktiv für psychische Störungen im Erwachsenenalter und haben vielfältige und lang andauernde Auswirkungen auf die Entwicklung. Der Suizid, meist als Folge einer depressiven Störung, ist in Deutschland bei Jugendlichen nach Unfällen die zweithäufigste Todesursache (Bründel, 2001).

Eine Depression äußert sich nicht allein durch anhaltende Traurigkeit, sondern ist durch Episoden charakterisiert, in denen vielfältige emotionale, kognitive, körperliche und verhaltensbezogene Symptome auftreten (siehe Tabelle 3). Dabei ähnelt die Kernsymptomatik im Jugendalter durchaus derjenigen im Erwachsenenalter, wenngleich Symptomakzentuierungen zu beobachten sind. So dominieren bei Jugendlichen im stärkeren Ausmaß Unlust, Hoffnungslosigkeit und negative Zukunftserwartungen die Symptomatik (Groen, Pössel & Petermann, 2004).

Tabelle 3: Symptome einer Depression

Emotionale Symptome	Kognitive Symptome	Verhaltensbezogene Symptome	Körperliche Symptome
Traurigkeit	Konzentrations-	sozialer Rückzug	Appetit-
Reizbarkeit	probleme	Unruhe	störungen
Anhedonie	negatives Selbstbild	Verlangsamung	Schlaf-
Langeweile	Hypochondrie	Abfall schulischer	störungen
Frustration	Pessimismus	Leistungen	Psychosoma-
geringes Selbst-	Hoffnungslosigkeit	Drogen- und Alkohol-	tische Be-
wertgefühl	Hilflosigkeit	konsum	schwerden
Schuldgefühle	Mutlosigkeit		Enuresis
	Suizidgedanken		

Definitorisch lässt sich eine depressive Verstimmung von einem depressiven Syndrom und einer depressiven Störung unterscheiden, wobei diese Gruppen als Subgruppen der jeweils vorherigen zu verstehen sind und sich offenbar zeitlich auch in dieser Reihenfolge ausbilden. Depressive Verstimmungen sind sehr häufig und betreffen ca. 30 – 40% aller Jugendlichen zu einem bestimmten Zeitpunkt in ihrer Entwicklung (Compas, Hinden & Gerhardt, 1995). Ein depressives

Syndrom ist eine überzufällige Häufung mehrerer zentraler depressiver Symptome, wie es z. B. von Achenbach (1997) beschrieben wird. Dauert ein depressives Syndrom bzw. eine depressive Episode länger als zwei Wochen an und werden zudem Kriterien psychosozialer Beeinträchtigung erfüllt, wird die klinische Diagnose einer Depression vergeben (ICD-10, DSM-IV). Eine länger anhaltende (bei Kindern und Jugendlichen länger als ein Jahr), aber weniger schwere Form der Depression wird als Dysthyme Störung oder Dysthymia bezeichnet. Zu beachten ist hierbei, dass die qualitative Unterscheidung von diagnostizierbaren Störungen und subklinischen Auffälligkeiten im Kindes- und Jugendalter umstritten ist. Auf der Grundlage entwicklungspsychopathologischer Befunde (siehe Abschnitt 3.2) wird vielfach für die Annahme extremer Ausprägungen auf einem Spektrum plädiert.

Bei der Abschätzung der Auftretenshäufigkeit von Depressionen kann inzwischen auf eine Vielzahl von Untersuchungen zurückgegriffen werden, deren Grundlage nicht nur klinische, sondern auch unselegierte Stichproben der Normalpopulation sind. Groen und Petermann (2002) fassen Ergebnisse dieser Studien zusammen und berichten für die Diagnose einer Major Depression in der Adoleszenz eine Punktprävalenz (Vorliegen der Diagnose zum Untersuchungszeitpunkt) von 2.4% bis 3.6% und eine Lebenszeitprävalenz (Vorliegen der Diagnose mindestens einmal bis zum Ende der Adoleszenz) von 9.4% bis 18.5%. Dysthyme Störungen treten hingegen seltener auf (Punktprävalenz: 0.5% – 5.8%, Lebenszeitprävalenz: 3.2% – 5.6%).

Studien, deren Erhebungsmethoden einem dimensionalen Verständnis folgen (z. B. mit Selbstbeurteilungsfragebögen), haben die Schwierigkeit, Grenzwerte für Auffälligkeiten festzulegen. Legt man die bei Erwachsenen etablierten Grenzwerte für klinische Relevanz an, werden diese je nach Studie von 20% bis 50% der 11- bis 18-Jährigen überschritten (Kessler, Avenevoli & Ries Merikangas, 2001). Andere Forscher werten Zustimmungen zu einzelnen Items des CBCL-Faktors ängstlich/depressiv als Anzeichen für Auffälligkeit. Demnach sind in einer bundesweit repräsentativen Stichprobe im Urteil der Eltern 9% bis 14% der 11- bis 18-Jährigen auffällig, im Selbsturteil sind es sogar 10% bis 28% (Plück, Döpfner & Lehmkuhl, 2000). Dass ,unterschwellige' Depressionen durchaus Relevanz besitzen, konnten Lewinsohn und Mitarbeiter in mehreren Studien nachweisen. So konnten sie beim Ausmaß der psychosozialen Beeinträchtigung keine Unterschiede zu Depressionen finden, die die diagnostischen Kriterien erfüllen. Auch trugen subklinische depressive Auffälligkeiten zur Vorhersage einer zukünftigen Major Depression in den folgenden fünf Jahren bei (vgl. Lewinsohn & Essau, 2002).

Mit steigendem Alter, insbesondere ab der Pubertät, nimmt die Auftretenshäufigkeit depressiver Störungen deutlich zu und erreicht im Jugendalter die bei

Erwachsenen zu beobachtenden Zahlen. Während sich bei Kindern kaum signifikante Geschlechtsunterschiede zeigen, erfüllen Mädchen ab der Pubertät ungefähr zweimal häufiger die diagnostischen Kriterien einer depressiven Störung als Jungen.

Betroffene Jugendliche sind in vielen Bereichen beeinträchtigt. Sie haben Probleme in der sozialen Interaktion, Konzentrationsschwierigkeiten und häufiger schulische Probleme. Auch die weitere Entwicklung altersgemäßer sozialer, kognitiver und emotionaler Kompetenzen kann behindert sein (Groen & Petermann, 2002).

Komorbidität, also das Vorliegen mehrerer psychischer Störungen, ist bei Depressionen im Jugendalter eher die Regel als die Ausnahme. Die häufigsten komorbiden Erkrankungen sind Angststörungen und Störungen durch Substanzkonsum, aber auch externalisierende Auffälligkeiten wie Hyperaktivität, Aufmerksamkeitsdefizite und aggressiv-dissoziales Verhalten. Das Vorliegen einer komorbiden psychischen Störung ist mit einer höheren psychosozialen Beeinträchtigung und einer schlechteren Prognose für den Krankheitsverlauf verbunden (vgl. Lewinsohn & Essau, 2002).

Der Forschungsstand zu Kohorteneffekten weist für die letzten Jahrzehnte einen Zuwachs depressiver Auffälligkeiten bei Jugendlichen und einen früheren Störungsbeginn aus. Die Gründe für diese Zunahme sind umstritten. Diskutiert werden veränderte soziale Bedingungen des Aufwachsens in der Adoleszenz, z. B. im Bereich der Familie (vgl. Fombonne, 1995).

Ängstlichkeit und Angststörungen

Angst ist eine emotionale, kognitive und körperliche Reaktion auf tatsächliche oder erwartete Bedrohungssituationen, sie hat Warnfunktion und dient der raschen Handlungsvorbereitung (z. B. Flucht). Zu unterscheiden ist die aktuelle Angst in einer konkreten Situation (Zustandsangst) von der dispositionellen, überdauernden Ängstlichkeit (Angst als Persönlichkeitsmerkmal). Pathologisch werden Ängste dann, wenn sie unkontrolliert, unangemessen stark und ohne angemessenen Grund auftreten, wenn sie lange anhalten und wenn sie mit Beeinträchtigungen und Leidensdruck einhergehen (Margraf & Schneider, 2003).

Vielfach werden Angstsymptome als normale Begleiterscheinungen in der Entwicklung von Kindern und Jugendlichen angesehen. Es gibt jedoch Ängste, die mit erheblichen Beeinträchtigungen einhergehen, sehr belastend und in vielen Fällen auch behandlungsbedürftig sind.

Folgende Angststörungen können laut DSM-IV bei Kindern und Jugendlichen diagnostiziert werden:

- Störung mit Trennungsangst (exzessive Angst vor Trennung von den Eltern oder von Bindungspersonen)
- Generalisierte Angststörung / Störung mit Überängstlichkeit (exzessive Angst, die sich nicht auf ein bestimmtes Objekt oder eine bestimmte Situation bezieht)
- Spezifische Phobie (isolierte und andauernde Angst vor bestimmten Objekten oder Situationen)
- Soziale Phobie (ausgeprägte Angst vor sozialen oder Leistungssituationen)
- Panikstörung (wiederholte unerwartete Panikattacken und anhaltende Besorgnis darüber)
- Zwangsstörung (wiederkehrende Zwangsgedanken oder Zwangshandlungen)
- Posttraumatische Belastungsstörung (charakteristische Symptome nach der Konfrontation mit einem extrem traumatischen Ereignis)

Neben den genannten Diagnosen ist im Kindes- und Jugendalter häufig von *Leistungsängsten* die Rede. Gemeint sind pathologische Ängste und Besorgnisse, die im weiten Kontext der Institution Schule auftreten können (z. B. in Prüfungssituationen). Der Begriff Leistungsangst steht jedoch nicht für eine eigene Störungskategorie, er verweist vielmehr auf mögliche auslösende Bedingungen im schulischen Bereich (Rost & Schermer, 2006), auf die später noch ausführlich einzugehen sein wird.

Angststörungen sind verbreiteter als depressive Störungen und betreffen ungefähr 10% (6-Monate-Prävalenz) der Kinder und Jugendlichen. Häufige Diagnosen sind die Störung mit Überängstlichkeit (seit DSM-IV: Generalisierte Angststörung), die Störung mit Trennungsangst und Phobien, wobei häufig mehr als eine Angststörung diagnostiziert wird. Seltener treten Zwangs- und Panikstörungen auf. Während Trennungsängste eher in der frühen und mittleren Kindheit zu beobachten sind, finden sich spezifische Phobien in allen Altersgruppen. Generalisierte Ängste, soziale Phobien und Panikstörungen hingegen sind typischer für die Adoleszenz (Zahn-Waxler, Klimes-Dougan & Slattery, 2000).

Mädchen sind zwei- bis dreimal häufiger betroffen als Jungen, wobei Geschlechtsunterschiede ab dem 12. Lebensjahr augenscheinlich werden. Angststörungen gehen mit vielfältigen psychosozialen Beeinträchtigungen einher (wenige Peer-Kontakte, familiäre und schulische Probleme) und haben eine hohe Persistenz (Essau & Petermann, 1998; Ihle & Esser, 2002). Komorbidität besteht insbesondere mit Depressionen, wobei Ängste oft zuerst auftreten (Stein, Fuetsch, Höfler, Lieb & Wittchen, 2001).

Auch bei den Angststörungen gibt es eine Vielzahl subklinischer Auffälligkeiten. Wittchen und Mitarbeiter finden in einer großen deutschen Stichprobe

14- bis 24-Jähriger nicht nur eine Vielzahl an klassifizierbaren Angststörungen (Lebenszeitprävalenz 14.4%), sondern mit einer Lebenszeitprävalenz von 12.3% auch viele unterschwellige Angstphänomene, die außer dem Beeinträchtigungskriterium alle DSM-IV-Kriterien erfüllen (Wittchen, Nelson & Lachner, 1998).

Als besonders beeinträchtigend gelten soziale Phobien, die häufig in der Adoleszenz ihren Ausgang nehmen und mit Einbußen im Bereich schulischer Leistungen, sozialer Beziehungen und Freizeitaktivitäten einhergehen. Insbesondere das Risiko späterer Depressionen ist bei Jugendlichen mit sozialen Ängsten deutlich erhöht (Beesdo et al., 2007; Wittchen, Stein & Kessler, 1999).

Twenge (2000) untersuchte in einer Metaanalyse, wie sich die allgemeine Ängstlichkeit von 9- bis 17-Jährigen in den USA, gemessen mit der Children's Manifest Anxiety Scale (CMAS), zwischen 1954 und 1981 verändert hat. Er berichtet durchweg hohe Zuwachsraten für diese Zeitspanne (bis zu einer Standardabweichung) und findet Zusammenhänge mit Veränderungen der allgemeinen Bedrohung (z. B. Kriminalitätsraten) und mit der sozialen Verbundenheit (z. B. Scheidungsraten, Anteil Alleinerziehender). Forschungsbefunde zu Geburtskohorteneffekten klinisch bedeutsamer Angststörungen im Jugendalter liegen nach meinem Kenntnisstand nicht vor.

Psychosomatische Beschwerden und Störungen

Der Begriff der psychosomatischen Beschwerden entstand in den 30er Jahren als Reaktion auf die dualistische Sichtweise der somatischen Medizin; er hat seine Vorläufer im Konversionsmodell Sigmund Freuds, das körperliche Symptome als Ausdruck verdrängter Triebimpulse sieht (vgl. Steinhausen, 1998). Eine umfassende Konzeptualisierung der psychosomatischen Medizin legte dann Alexander (1977) vor, der das Konzept der Spezifität einführte, wonach bestimmte unbewusste Konflikte eine bestimmte ,Organwahl' determinierten (z. B. Ulcus pepticum, Asthma, Neurodermitis).

Obwohl das psychoanalytische Modell nach wie vor Einfluss auf die klinische Praxis der Psychosomatik hat, spielt es in der Forschung keine Rolle mehr. So fand sich nicht nur für die Spezifitätsannahme keine empirische Unterstützung, es wuchs auch parallel die Erkenntnis, dass einerseits psychische und soziale Prozesse ebenso bei körperlichen Beschwerden jenseits der klassischen ,Psychosomatosen' eine Rolle spielen (z. B. die Erkenntnisse der Psychoimmunologie) und andererseits psychische Störungen auch mit somatischen Prozessen in Verbindung zu bringen sind. Dies führt im Ergebnis dazu, dass das Feld der psychosomatischen Beschwerden sehr unübersichtlich geworden ist und verschiedenste Erkrankungen diesem Bereich zugeordnet werden. Dabei reicht das

Spektrum von den speziellen psychosomatischen Krankheitsbildern (z. B. Asthma bronchiale, Colitis ulcerosa, Neurodermitis) bis zur relativ breiten Konzeption „psychischer Störungen mit körperlicher Symptomatik" (Steinhausen, 1998, S. 429).

Für diese Arbeit sollen psychosomatische Beschwerden als körperliche Reaktionen auf psychischen Stress verstanden werden, die vermutlich keine organische Grundlage haben. Am ehesten besteht bei dieser Definition eine Nähe zu den somatoformen Störungen des DSM-IV und der ICD-10; psychosomatische Beschwerden sollen hier jedoch explizit nicht kategorial betrachtet werden. Beispielhaft seien Beschwerden genannt, die mit Schmerzen (Rückenschmerzen, Kopfschmerzen), Schlafproblemen und Erschöpfung einhergehen. Unterstützung erfährt diese Konzeption psychosomatischer Beschwerden durch Untersuchungen, die einen engen Zusammenhang zwischen körperlichen Beschwerden und psychischer Auffälligkeit im Jugendalter aufzeigen. Roth (2000) fand dabei eine besonders enge Korrelation mit internalisierenden Störungen und empfiehlt, körperliche Beschwerden bei Jugendlichen als Indikator für psychische Probleme ernst zu nehmen. Egger und Mitarbeiter empfehlen auf Grundlage ihrer Befunde sogar, Jugendliche mit anhaltenden Kopf-, Bauch- oder Muskelschmerzen einem Screening für psychische Störungen zu unterziehen (Egger, Costello, Erkanli & Angold, 1999). Insbesondere bei wiederkehrenden Bauchschmerzen finde sich, so Steinhausen (1998), ungewöhnlich häufig eine emotionale Störung mit Ängsten und depressiven Verstimmungen.

Körperliche Beschwerden sind im Jugendalter sehr verbreitet (Seiffge-Krenke, 1995a) und übersteigen die Auftretenshäufigkeit bei Erwachsenen deutlich (Marschall, 1989; Prehler, Kupfer & Brähler, 1992). Häufig genannte Beschwerden sind Kopf-, Bauch-, Rücken- und Muskelschmerzen, Müdigkeit, Schlafschwierigkeiten, Schwindel, Halsschmerzen, Husten und Taubheitsgefühle. Wie bei anderen internalisierenden Auffälligkeiten berichten Mädchen mehr Beschwerden als Jungen, wobei diese Geschlechtsdifferenzen auch hier erst ab der mittleren Adoleszenz deutlich werden (Holler-Nowitzki, 1994; Roth, 2000). In einer internationalen Gesundheitsstudie der WHO (Torsheim, Välimaa & Danielson, 2004) berichten 2002 mehr als ein Drittel der Mädchen und ca. ein Viertel der Jungen im Alter zwischen 11 und 15 Jahren, dass sie mehrmals pro Woche unter zwei und mehr psychosomatischen Beschwerden (Kopfschmerzen, Rückenschmerzen, Einschlafprobleme, Schwindel etc.) leiden. Bei dieser internationalen Studie gibt es beachtliche Unterschiede zwischen den beteiligten 35 Staaten, wobei die Auftretenshäufigkeiten in Deutschland deutlich unter dem Gesamtdurchschnitt liegen. Der zu beobachtende Ost-West-Gradient bei den europäischen Staaten (höhere Belastung in Osteuropa) wird von den Autoren mit den differierenden sozioökonomischen Bedingungen in Verbindung gebracht.

In einer für Deutschland repräsentativen Studie mit der Child Behaviour Checklist (CBCL) finden Plück, Döpfner und Lehmkuhl (2000) bei ca. sechs Prozent der 11 bis 18-Jährigen Auffälligkeiten auf der Skala ‚Körperliche Beschwerden' im Elternurteil. Im Selbsturteil (Youth Self Report) berichten sogar 9.5% der Jungen und 15.2% der Mädchen auffällige Werte. Sowohl aus Sicht der Eltern als auch im Selbsturteil steigen die Werte bei Mädchen im Alter von 11 bis ca. 15 Jahren deutlich an, während die Werte der Jungen relativ konstant bleiben. Die höchste Komorbiditätsrate ergibt sich zur Skala ‚ängstlich/depressiv' mit mehr als 30%.

Eine deutsche Längsschnitt-Studie, die Jugendliche und junge Erwachsene im Alter von 14 bis 24 Jahren mit Hilfe kategorialer Diagnoseinstrumente untersucht, kommt zu dem Ergebnis, dass somatoforme Störungen (Lebenszeit-Prävalenz: 2.6%) und unterschwellige somatoforme Syndrome (Lebenszeit-Prävalenz: 10.7%) in diesem Alter sehr verbreitet sind.

Sowohl die spezifischen somatoformen Störungen (vor allem Schmerzstörungen) als auch die häufigeren unterschwelligen Syndrome erweisen sich als äußerst zeitstabil. Die Stabilitätsraten (60% bzw. 45% nach vier Jahren) erreichen dabei ein vergleichbares Niveau, wie es bei depressiven Störungen zu beobachten ist und liegen deutlich über der Stabilität von Angststörungen. Sowohl das erstmalige Auftreten als auch die Persistenz somatoformer Störungen und Syndrome ist bei weiblichen Jugendlichen deutlich höher als bei männlichen. Komorbide Störungen sind auch in dieser Studie affektive und Angststörungen (Lieb et al., 2002).

4.2 Erklärungsansätze

Ein zentraler epidemiologischer Befund zu internalisierenden Auffälligkeiten ist die hohe Komorbidität insbesondere von Ängsten und Depressionen. In der Adoleszenz ist das gemeinsame Auftreten von depressiven Symptomen, Ängsten und körperlichen Beschwerden offensichtlich verbreiteter als das Vorliegen der ‚reinen' Formen. Unabhängig davon, ob es sich um empirisch oder in ihrem Verlauf unterschiedliche Bereiche handelt oder gar ein gemeinsamer Faktor „negativer Affektivität" angenommen werden kann (Clark & Watson, 1991), erscheint es nahe liegend, gemeinsame Ursachenfaktoren für internalisierende Auffälligkeiten und Störungen in Betracht zu ziehen (vgl. Graber, 2004). Dies soll im Folgenden geschehen, wobei Faktoren aus verschiedenen Bereichen getrennt aufgeführt werden. Dieses Vorgehen ist dem Umstand geschuldet, dass ein Rahmenmodell zur Ätiologie internalisierender Auffälligkeiten im Kindes- und Jugendalter bisher noch nicht vorliegt. Ein solches Modell müsste nicht nur die

Interaktion der verschiedenen Ursachenfaktoren berücksichtigen, es müsste auch in der Lage sein, die Geschlechtsunterschiede und die Verschiebungen bei den Prävalenzraten in der Adoleszenz zu erklären. Einige der Faktoren, auf die im Folgenden eingegangen wird, beziehen sich ausschließlich auf depressive Auffälligkeiten und Störungen. Da die Depression jedoch das Kernsyndrom einer internalisierenden Fehlanpassung ist, sollen sie hier trotzdem Berücksichtigung finden.

Physiologische Faktoren

In Untersuchungen zu biologischen Mechanismen internalisierender Auffälligkeiten und Störungen wird nach Systemen gesucht, deren Funktionen sich zwischen belasteten und nicht belasteten Individuen unterscheiden. Sowohl Angst als auch Depression lassen sich mit höheren Herzraten, elektrodermalen Veränderungen und Abweichungen in der Funktion von Neurotransmittern (Serotonin, Noradrenalin, GABA) und von hormonellen Regulationssystemen in Verbindung bringen. Ein endokrines System, das häufig mit internalisierenden Auffälligkeiten in Verbindung gebracht wird, ist die Hypothalamus-Hypophysen-Nebennierenrinden-Achse (engl. HPA). Dieses System, das nach der Pubertät Reifungsprozesse durchläuft, ist an der Verarbeitung von Stress beteiligt. Eine gesunde Stressreaktion zeigt sich in einer erhöhten Cortisol-Produktion als Reaktion vor allem auf soziale Stressoren und einem Rückgang der Produktion im Zuge der Stressbewältigung. Eine Störung der Stressreaktion (verursacht z. B. durch kritische Lebensereignisse oder andauernden Stress) führt hingegen zu einer chronischen Überproduktion von Cortisol, was auf Dauer mit Schädigungen von Gehirnstrukturen einhergehen kann. Graber (2004) sieht an mehreren Stellen Verbindungen zwischen der HPA-Achse und internalisierenden Auffälligkeiten in der Adoleszenz. So seien Jugendliche – deren Leben insbesondere durch soziale Stresssituationen geprägt ist – im höheren Maße Glukokortikoiden und ihren potentiell schädlichen Auswirkungen ausgesetzt. In mehreren Studien habe sich gezeigt, dass der Cortisol-Spiegel und die Cortisol-Reaktivität bei Jugendlichen mit internalisierenden Auffälligkeiten im Vergleich zu unauffälligen Jugendlichen oder jenen mit externalisierenden Problemen Unterschiede aufweisen. Auch hätten Tierstudien gezeigt, dass frühe Erziehungserfahrungen zu langfristigen Abweichungen in der HPA-Achse beitragen können.

Ein Hormon der HPA-Achse – das Corticotropin Releasing Hormone (CRH) – wirke gleichzeitig als Neurotransmitter in kortikalen Bereichen, die sowohl mit der Verarbeitung von Gefahr (Amygdala) als auch von Affekten

(Interstitialkern der Stria terminalis) in Verbindung gebracht werden (Graber, 2004). Diese Befunde zur Physiologie internalisierender Auffälligkeiten und Störungen sind weit davon entfernt, Prädiktoren zu identifizieren. Graber (2004) spricht in diesem Zusammenhang von „biological markers" (S. 598), die jedoch in einem biopsychosozialen Modell einen wichtigen Platz einnehmen könnten. Sie hält es für möglich, dass Interaktionen zwischen hormonellen Systemen die Pubertät zu einer Phase der erhöhten Sensitivität für Umweltstressoren machen und somit den Anstieg internalisierender Symptome während der Adoleszenz erklären könnten. Hierbei wird eine angenommene höhere Sensibilität für soziale Stressoren bei Mädchen für die Geschlechtsunterschiede bei internalisierenden Auffälligkeiten und Störungen in Zusammenhang gebracht.

Genetische Faktoren

In einer Vielzahl von Studien zeigt sich, dass genetische Faktoren in einem multifaktoriellen Erklärungsmodell internalisierender Auffälligkeiten und Störungen einen wichtigen Stellenwert besitzen. Insbesondere bei affektiven Störungen ist ihr Einfluss durch mehrere Zwillings- und Adoptionsstudien belegt und kann auf eine Varianzaufklärung von ca. 50% beziffert werden (vgl. Birmaher et al., 1996; vgl. Graber, 2004). Kinder depressiver Eltern haben ein bis zu sechsfach erhöhtes Risiko, ebenfalls eine Depression zu entwickeln (Lewinsohn & Essau, 2002). Es gibt Anhaltspunkte dafür, dass genetische Faktoren vor allem bei Depressionen eine Rolle spielen, die während der Adoleszenz beginnen. Weniger gut ist die Befundlage bei Ängsten, jedoch existieren auch hier deutliche Hinweise auf eine Beteiligung genetischer Faktoren (Zahn-Waxler, Klimes-Dougan & Slattery, 2000). Im Bereich psychosomatischer Auffälligkeiten liegen noch wenige Befunde zu genetischen Einflüssen vor. Jedoch gibt es Hinweise auf eine genetische Determination bei somatoformen Störungen (Steinhausen, 1998).

In den Studien zeigt sich weiterhin keine besonders große Spezifität genetischer Belastungen. So finden sich bei Kindern depressiver Eltern neben Depressionen auch andere psychische Auffälligkeiten. Kendler (1995) vermutet in diesem Zusammenhang eine gemeinsame Vulnerabilität für Ängste und Depressionen, die in Interaktion mit Umwelteinflüssen zu einer der beiden Auffälligkeiten führe.

Familiäre Faktoren

Eine – wenn nicht gar die wichtigste – Quelle von Umwelteinflüssen ist die Familie[5]. Die umfangreichen Befunde der Bindungsforschung zeigen, dass eine sichere Bindung zur primären Bezugsperson (meist der Mutter) im ersten Lebensjahr von elementarer Bedeutung auch für die affektive Entwicklung ist. Von Relevanz ist hier nicht nur die physische und emotionale Verfügbarkeit der Mutter, sondern auch die Sensitivität für die Bedürfnisse und Signale des Säuglings. In den Begriffen der Bindungstheorie entwickeln Individuen aufgrund dieser frühen Erfahrungen mentale Repräsentationen von Bindung, die als sogenannte Arbeitsmodelle zum Prototypen für spätere soziale Beziehungen werden (Bowlby, 1969).

Zwar kann aus dieser theoretischen Perspektive eine Prädisposition für internalisierende Auffälligkeiten abgeleitet werden, laut Graber (2004) bedarf es aber der Interaktion mit weiteren Faktoren um den Anstieg dieser Probleme in der Adoleszenz zu erklären.

Es gibt eine ganze Reihe weiterer Faktoren des Mikrosystems Familie, deren Einfluss auf internalisierende Probleme untersucht wurde. Nur bei wenigen kann klar von einem bereichsspezifischen Einfluss gesprochen werden, oft finden sich Zusammenhänge zu verschiedenen Formen von Fehlentwicklungen. Zu nennen sind hier ungünstige Charakteristiken der Eltern (Feindseligkeit, wenig Wärme), psychische Störungen der Eltern, Konflikte zwischen Eltern und Kindern in der Adoleszenz, Streitigkeiten oder Trennung der Eltern, Misshandlung, sexueller Missbrauch und ökonomische Belastungen der Familie (Cicchetti & Toth, 1998; Graber, 2004; Lewinsohn & Essau, 2002; Rubin & Mills, 1991; Zahn-Waxler, Klimes-Dougan & Slattery, 2000).

Nicht übersehen werden darf, dass Faktoren des Mikrosystems Familie auch bidirektional mit internalisierenden Auffälligkeiten in Verbindung stehen können; z. B. können internalisierende Symptome eines Jugendlichen das Familienleben belasten, zu mehr Konflikten führen und Einfluss auf das Erziehungsverhalten der Eltern nehmen (Graber, 2004).

---

[5] Gerade hier werden die Probleme bei der Trennung von Anlage und Umwelt deutlich. Auch Umwelteinflüsse haben u. U. genetische Komponenten. So könnten genetisch beeinflusste Charakteristiken der Eltern (z. B. ihre Vulnerabilität für internalisierende Probleme) auch ihr Erziehungsverhalten beeinflussen.

Stresserleben

Aufgrund der Bedeutung kritischer Lebensereignisse für die Entwicklung (siehe Abschnitt 3.4) und den Besonderheiten der neurobiologischen Stressantwort bei internalisierenden Auffälligkeiten wurde schon frühzeitig untersucht, ob kritische Lebensereignisse Depressionen und Ängsten vorausgehen. In der Tat findet sich bei belasteten Jugendlichen eine Häufung kritischer Lebensereignisse vor Beginn der Beschwerden. Insbesondere depressive Jugendliche und Erwachsene berichten überdurchschnittlich häufig von Verlusterfahrungen (Tod nahe stehender Personen, Trennungen) in dem Jahr vor der ersten depressiven Phase. Auch bei Angststörungen gibt es Hinweise, dass ihnen kritische Lebensereignisse vorausgehen (Birmaher et al., 1996; Graber, 2004; Lewinsohn & Essau, 2002).

Der Zusammenhang zwischen kritischen Lebensereignissen und internalisierenden Auffälligkeiten wird vermittelt durch das Ausmaß an sozialer Unterstützung, durch die Kontrollierbarkeit des Ereignisses und durch den individuellen Bewältigungsstil. Als ungünstig hat sich ein Bewältigungsverhalten erwiesen, das passiv-vermeidend, emotionsorientiert und wenig problemorientiert ist. Seiffge-Krenke (1995b) hebt in ihrem Modell der Stressverarbeitung hervor, dass die gelungene bzw. misslungene Bewältigung von belastenden Ereignissen über Rückkopplungsschleifen Auswirkungen auf die zukünftige Auseinandersetzung mit Stress hat. So können die Symptome internalisierender Auffälligkeiten durch Probleme in der sozialen Interaktion neuen Stress erzeugen.

Insbesondere die Adoleszenz scheint durch kritische Lebensereignisse geprägt zu sein. Diese ergeben sich aus den körperlichen Veränderungen der Pubertät, betreffen den Bereich der sozialen Beziehungen zu Gleichaltrigen und Eltern sowie den häufig in dieser Altersphase stattfindenden Schulwechsel. Ge und Mitarbeiter können in ihrer Längsschnittstudie zeigen, dass die Anzahl belastender Lebensereignisse in der Adoleszenz ab dem 13. Lebensjahr zunimmt, wobei der Anstieg bei den Mädchen noch stärker ausfällt als bei den Jungen (Ge, Lorenz, Conger, Elder & Simons, 1994). Interessanterweise steht dieser Anstieg nur bei den weiblichen Jugendlichen in einem engen Zusammenhang mit internalisierenden Auffälligkeiten. Aus dieser höheren Vulnerabilität für äußere Stressoren lassen sich aus Sicht der Autoren teilweise die ab der Pubertät deutlich sichtbar werdenden Geschlechtsunterschiede bei internalisierenden Problemen erklären. Graber (2004) verweist in diesem Zusammenhang auf Befunde, dass enge Beziehungen (z. B. die Gleichaltrigengruppe, die Familie und Freundschaften betreffend) im Laufe der Adoleszenz einem starken Wandel unterworfen sind und Mädchen eher mit negativen Emotionen auf belastende Ereignisse reagieren, die sozialer Natur sind.

Psychologische Faktoren

Im Rahmen der Stressforschung ist deutlich geworden, dass individuelle psychologische Charakteristiken herangezogen werden müssen, um zu erklären, warum einige Jugendliche besser mit Herausforderungen umgehen können, andere hingegen internalisierende Auffälligkeiten entwickeln.

Eine Vielzahl an Forschungsbefunden und auch theoretischen Modellen existiert im Bereich kognitiver Variablen. So finden sich enge Zusammenhänge zwischen Depressionen und negativen Selbstkognitionen (negatives Selbstkonzept, niedriger Selbstwert). In einer Altersphase, die durch vermehrte Reflektionen über die eigene Person geprägt ist, neigen betroffene Kinder und Jugendliche dazu, sich selbst und ihre Kompetenzen negativ einzuschätzen. Bei weiblichen Jugendlichen finden sich zudem Assoziationen zwischen dem Körperbild und internalisierenden Auffälligkeiten: Mädchen, die mit ihrem Körper unzufrieden sind, neigen häufiger zu depressiven Symptomen und einem gestörten Essverhalten als Mädchen mit einem positiven Körperselbstbild. Gut belegt sind auch Störungen in der Informationsverarbeitung. So werden selektiv eher negative Ereignisse wahrgenommen und diesen bevorzugt internale, globale und stabile Ursachen zugeschrieben (vgl. Graber, 2004). Groen und Mitarbeiter (2004) sehen erste Hinweise aus Längsschnittstudien, dass diese kognitiven Faktoren nicht nur Symptome internalisierender Störungen sind, sondern ihnen zeitlich auch vorausgehen. Kognitive Erklärungsmodelle der Depression – z. B. von Aaron T. Beck (1999) und Martin E. Seligman (2004) – sind zu zentralen Elementen der psychotherapeutischen Behandlung dieser Störung geworden.

Zahn-Waxler und Mitarbeiter (2000) heben die Bedeutung einer dysfunktionalen Emotionsregulation bei internalisierenden Auffälligkeiten und Störungen hervor. Damit ist nicht gemeint, dass bestimmte Emotionen an sich dysfunktional sind, sondern z. B. ihre Intensität, Dauer oder situationale Angemessenheit. Bei internalisierenden Auffälligkeiten finden sich z. B. häufig Versuche, Emotionen wie Angst oder Traurigkeit zu kontrollieren bzw. zu unterdrücken, was jedoch langfristig zur Verfestigung der Fehlanpassungen beiträgt. Auch psychosomatische Beschwerden werden häufig mit Störungen der Emotionsregulation in Verbindung gebracht. Mit dem Begriff *Alexithymie* wird im Rahmen psychodynamischer Modelle die Unfähigkeit zur Wahrnehmung und zum Ausdruck von Gefühlen bezeichnet, die dann z. B. über Schmerzen ihren körperlichen Ausdruck fänden. Empirisch kann dieser Zusammenhang jedoch nicht überzeugend belegt werden (vgl. Waller & Scheidt, 2006).

Eindeutiger sind die Befunde zu bestimmten Persönlichkeitseigenschaften und ihren Verbindungen zu internalisierenden Auffälligkeiten. Kinder, bei denen schon im Alter von zwei Jahren Anzeichen eines gehemmten und überkontrollierten Temperaments zu beobachten sind (*behavioral inhibition*), haben in der Adoleszenz ein erhöhtes Risiko für internalisierende Auffälligkeiten, insbesondere Angststörungen (Schwartz, Snidman & Kagan, 1999). Eine retrospektiv ermittelte behavioral inhibition in der Kindheit ist ein Risikofaktor für Angststörungen und Depressionen bis ins frühe Erwachsenenalter hinein (Bittner, Wittchen, Beesdo, Höfler & Lieb, 2004). Dieses über die Zeit hinweg relativ stabile Merkmal ist definiert als eine Tendenz zu zurückhaltendem Verhalten in ungewohnten Situationen. Graber (2004) vermutet jedoch weitere vermittelnde oder moderierende Faktoren, die zwischen diesem Vulnerabilitätsmerkmal und internalisierenden Auffälligkeiten stehen.

Umweltfaktoren: Die Rolle der Peers

Wie in Kapitel 1 dargestellt, sind die Ablösung vom Elternhaus und der Aufbau von Beziehungen zu Gleichaltrigen zentrale Entwicklungsaufgaben der Adoleszenz. Gleichaltrige werden zu bedeutsamen Bezugspersonen, ermöglichen soziale Lernerfahrungen und geben relevante Rückmeldungen für den Aufbau des Selbstkonzepts. Obwohl ihr Stellenwert für externalisierende Probleme häufiger Gegenstand der Forschung ist, gibt es deutliche Hinweise auf Zusammenhänge zu internalisierenden Auffälligkeiten. So finden sich häufig interpersonelle Schwierigkeiten und mangelnde soziale Kompetenzen bevor es zu depressiven Fehlentwicklungen kommt (vgl. Graber, 2004; vgl. Groen, Pössel & Petermann, 2004). Dieser Zusammenhang bedarf jedoch aus mehreren Gründen einer differenzierteren Betrachtung. So ist soziale Zurückgezogenheit gleichzeitig ein Symptom internalisierender Auffälligkeiten und z. B. auch Gegenstand des Beeinträchtigungskriteriums bei Depressionen und Angststörungen im DSM-IV (Saß, Wittchen, Zaudig & Houben, 2003). Auch ist davon auszugehen, dass es Verbindungen zwischen anderen Risikofaktoren internalisierender Auffälligkeiten und sozialen Problemen gibt. So kann ein gehemmtes Temperament zur sozialen Isolierung beitragen und soziale Lernerfahrungen behindern. Die Fähigkeit zur Affektregulation und auch (sozial-)kognitive Kompetenzen können Einfluss darauf nehmen, ob man Schwierigkeiten im Umgang mit Gleichaltrigen hat oder diese in besonderer Weise bewertet. Groen und Mitarbeiter (2004, S. 10f) verweisen darauf, dass es diesbezüglich eine Tendenz zur wechselseitigen Verstärkung im Sinne eines Teufelskreises gibt: Mangelhafte soziale Kompetenzen begünstigen negative soziale Rückmeldungen, Ablehnung und Isolation. Resultierende negative Selbstkognitionen führen zu einer erhöhten Sensitivität gegenüber interpersonellen Problemen und einem sich verfestigenden negativen Selbstkonzept. Ein ähnlich gelagerter Teufelskreis trägt zur Aufrechterhaltung und Verstärkung depressiver Symptome und der sie begleitenden sozialen Probleme bei.

Eine höhere Vulnerabilität weiblicher Jugendlicher für interpersonelle Probleme wird häufig als eine Erklärung für die Geschlechtsunterschiede bei internalisierenden Auffälligkeiten herangezogen (Cyranowski, Frank, Young & Shear, 2000).

Resümee und Integration

Betrachtet man diese Auswahl an Ätiologiefaktoren internalisierender Auffälligkeiten im Jugendalter, wird deutlich, dass ein integratives Erklärungsmodell biologische, psychische und soziale Faktoren sowie ihre Wechselwirkungen berücksichtigen muss. Erschwert wird die Integration der Daten durch die nicht gegebene Spezifität einzelner Risikofaktoren, die auch die Auftretenswahrscheinlichkeit anderer Störungen erhöhen. Unklar ist bei vielen Faktoren auch, ob tatsächlich Ursachenfaktoren gefunden wurden oder es sich nicht vielmehr um Symptome und Begleiterscheinungen internalisierender Entwicklungen handelt.

Es zeichnet sich jedoch ab, dass eine Unterscheidung prädisponierender Faktoren (z. B. genetische Belastung, Temperament) von auslösenden Faktoren (z. B. Stress) angemessen zu sein scheint, wobei die Adoleszenz möglicherweise eine Phase der Akzentuierung oder der erhöhten Vulnerabilität ist.

Ein integratives Modell sollte in der Lage sein, die Geschlechtsunterschiede und den Anstieg der Beschwerden in der Adoleszenz zu erklären. Ein solches integratives Rahmenmodell internalisierender Auffälligkeiten und Störungen liegt bisher nicht vor. Deshalb sollen abschließend zwei Modelle vorgestellt werden, die für den Bereich depressiver Entwicklungen einen solchen Integrationsversuch unternommen haben. Während das Modell von Cyranowski und Mitarbeitern (Cyranowski, Frank, Young & Shear, 2000) zu erklären versucht, warum das Depressionsrisiko von Mädchen ab der Adoleszenz ansteigt, bietet das entwicklungspsychopathologische Modell von Cicchetti und Toth (1998) einen Rahmen für die Verbindung biologisch-psychologischer Faktoren mit Einflüssen der sozialen Umwelt.

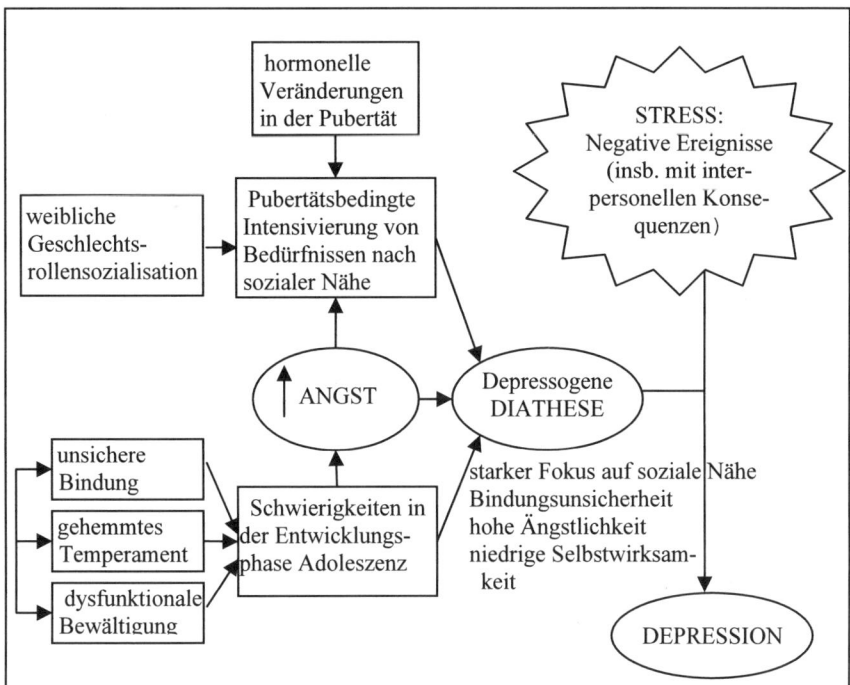

Abbildung 7:   Modell nach Cyranowski et al. (2000, S. 24) zur Erklärung des höheren Depressionsrisikos von Mädchen

Cyranowski und Kollegen (2000) beschreiben die Interaktion von prädisponie-renden Faktoren mit Faktoren der Umwelt, die letztlich zur Ausbildung der De-pression führen (sogenanntes Diathese-Stress-Modell). Die depressogene Diathe-se konstituiert sich einerseits aus Faktoren, die zu Schwierigkeiten in der Über-gangssituation Adoleszenz prädisponieren, dazu zählen negative Bindungserfah-rungen, ein gehemmtes Temperament und dysfunktionale Bewältigungsstile (siehe Abbildung 7). Auf der anderen Seite würden viele Befunde dafür spre-chen, dass sich das sozialisationsbedingt stärker ausgeprägte Bedürfnis von Mädchen nach Nähe, Intimität und sozialer Eingebundenheit durch hormonelle Veränderungen in der Pubertät intensiviert. Diese Veränderungen fallen bei Mädchen mit einer der wichtigsten Entwicklungsaufgaben in der Adoleszenz zusammen: der Ablösung vom Elternhaus und dem Aufbau enger Beziehungen zu Gleichaltrigen beiderlei Geschlechts. Derart gefährdete Mädchen sind zur gleichen Zeit stark auf soziale Nähe fokussiert, fühlen sich jedoch in ihrem Bin-

dungsbedürfnis bedroht, verspüren Angst und sehen sich nicht in der Lage, negative Ereignisse – insbesondere solche sozialer Art – zu bewältigen. Diese treten
jedoch in dieser Altersphase besonders häufig auf; es gibt Anzeichen dafür, dass
Mädchen in der Adoleszenz mehr negative Lebensereignisse bewältigen müssen
als Jungen und dass diese auch enger mit ihren depressiven Symptomen in Verbindung stehen. Nach Ansicht von Cyranowski und Mitarbeitern (2000) sind es
insbesondere interpersonelle Konflikte oder Verlusterfahrungen, die vor dem
Hintergrund dieser depressionsförderlichen Diathese bei mehr Mädchen als Jungen zur Genese einer Depression führen.

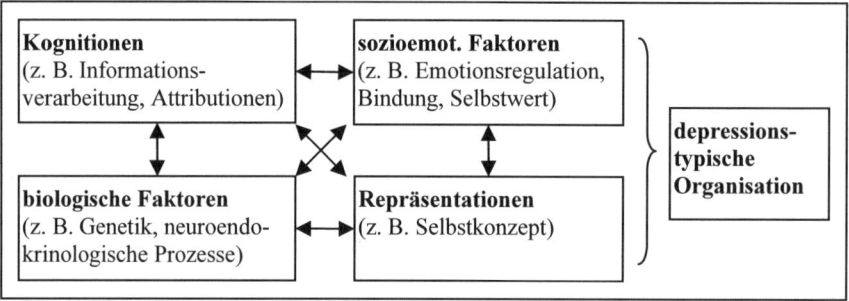

Abbildung 8:   Depressionstypische Organisation biologischer und psychischer
                 Systeme (nach Cicchetti & Toth, 1998, S. 225)

Cicchetti und Toth (1998) hingegen berücksichtigen in ihrem Modell, dass das
breite Spektrum depressiver Zustände durch ganz unterschiedliche Ursachenfaktoren hervorgerufen werden kann (Prinzip der Äquifinalität) bzw. viele der beteiligten Faktoren auch zu anderen Störungen führen können (Prinzip der Multifinalität). Konsens besteht jedoch darüber, dass typische Abweichungen in biologischen, kognitiven, sozioemotionalen und Selbst-Systemen zu beobachten sind,
die sie als „depressotypic organization" (S. 224) bezeichnen (siehe Abbildung 8).
    Diese depressionstypische oder -förderliche Organisation wird nun aus einer
Entwicklungsperspektive heraus betrachtet und in die soziale Umwelt eingebettet
(siehe Abbildung 9). Im Zuge der individuellen Entwicklung (Ontogenese) sind
neben biologischen Risiken, insbesondere die Herausforderungen durch alterstypische Entwicklungsaufgaben des Kindes- und Jugendalters ausschlaggebend.
Die Qualität der Bewältigung dieser Aufgaben beeinflusst, in welcher Weise sich
psychologische und biologische Systeme im Entwicklungsverlauf reorganisieren
und unter Umständen eine depressionstypische Gestalt annehmen. Als Ordnungsrahmen für umweltbezogene Risiko- und Schutzfaktoren verwenden
Cicchetti und Toth (1998) das ökologische Modell Bronfenbrenners (1979) und

unterscheiden Einflüsse des Mikro-, Exo- und Makrosystems. Das dynamische
Zusammenspiel risikoerhöhender und risikovermindernder Bedingungen dieser
Ebenen beeinflusst, wie wahrscheinlich eine depressionstypische Organisation
biologischer und psychologischer Systeme wird und sich in deren Folge
depressive Auffälligkeiten entwickeln.

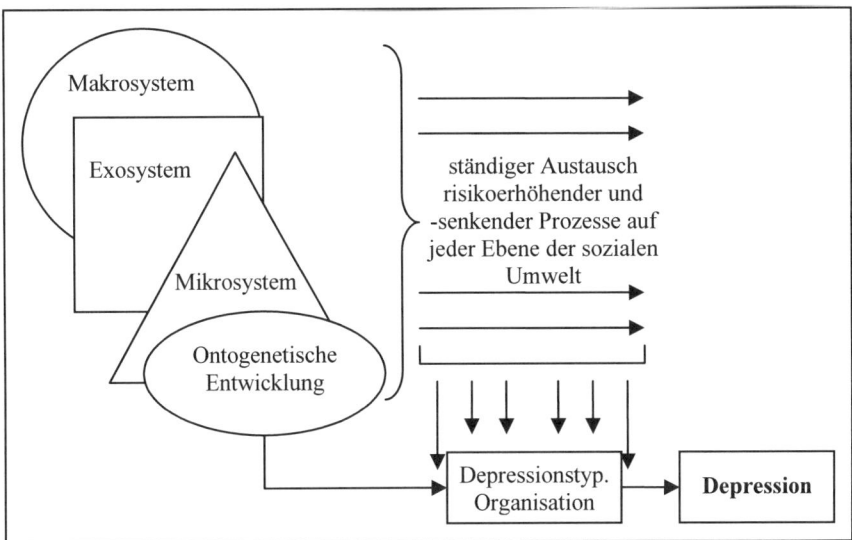

Abbildung 9:   Ökologisch-transaktionales Modell depressiver Entwicklungen in
                  der Adoleszenz (nach Cicchetti & Toth, 1998, S. 225)

Indem die Autoren das Konzept der Risiko- und Schutzfaktoren verwenden,
kommt ihr Modell mit wenigen spezifischen Annahmen aus und bietet sich somit
als Rahmen für zukünftige Forschungsbefunde an, durchaus auch für die breitere
Dimension der internalisierenden Entwicklungen. Es verbindet eine entwick-
lungsbezogene Sichtweise der an der Entstehung depressiver Zustände beteiligten psychologischen und biologischen Funktionssysteme und bettet sie in die
soziale Umwelt ein. Dabei werden die familiären Einflüsse dem Mikrosystem
zugeordnet aber auch gesellschaftlichen Faktoren Bedeutung beigemessen (Makrosystem). Im Bereich des Exosystems nennen Cicchetti und Toth (1998) an
erster Stelle schulische Einflüsse, merken aber an, dass die Forschungslage hierzu äußerst lückenhaft ist. Im nächsten Abschnitt soll auf Befunde zu diesem in
der bisherigen Aufstellung ausgesparten Bereich vertiefend eingegangen werden.

4.3 Internalisierende Auffälligkeiten und schulische Faktoren

Nach dem Modell von Cicchetti und Toth (1998) gehören eine dysfunktionale Informationsverarbeitung und eine negative Sicht der eigenen Person und der eigenen Kompetenzen zu den Kernelementen einer depressiven Organisation des psychischen Systems. In der Adoleszenz als einer Phase der verstärkten Beschäftigung mit der eigenen Person ist die schulische Umwelt nicht nur ein Ort curricularer Kompetenzvermittlung, sondern auch eine wichtige Quelle selbstbezogener Informationen. Rückmeldungen der Lehrer und Mitschüler üben über mindestens neun Jahre Einfluss dahingehend aus, wie junge Menschen sich selbst sehen und wie sie ihre akademischen und sozialen Kompetenzen einschätzen. Hinzu kommt die biographische Bedeutsamkeit der Schullaufbahn, die über Bildungsabschlüsse und berufliche Chancen die weitere Lebensplanung in ihrem Kern berührt (siehe Kap. 2).

Ein weiterer Grund, sich mit internalisierenden Auffälligkeiten im Kontext Schule zu beschäftigen liegt darin, dass schulische und emotionale Probleme offenbar nicht getrennt voneinander zu betrachten sind. Mehrere Studien unterstützen die Sichtweise eines reziproken Zusammenhangs von Schwierigkeiten in beiden Bereichen (vgl. Roeser, Eccles & Strobel, 1998). Demnach können internalisierende Probleme das Zurechtkommen mit schulischen Leistungsanforderungen beeinträchtigen (z. B. durch Konzentrations- und Gedächtnisprobleme oder Prüfungsangst). Andererseits kann schulisches Versagen über motivational-kognitive Variablen (z. B. Attributionen, Bewältigungsstile, Kompetenzerwartungen) zu Gefühlen von Angst, Frustration oder Hoffnungslosigkeit führen und somit das Auftreten internalisierender Auffälligkeiten begünstigen.

Antworten auf die Frage, wie die Schule Einfluss auf die emotionale Entwicklung von Schülern nimmt, könnten helfen, schulische Umwelten so zu gestalten, dass sie das Lernen und die psychische Gesundheit von Schülern gleichermaßen unterstützen. Wie können Lehrer wahrnehmen, ob Schüler durch emotionale Probleme beeinträchtigt sind und wie muss Unterricht und Schule gestaltet sein, um bei Misserfolgserlebnissen Angst und Hoffnungslosigkeit vorzubeugen und Schülerinnen und Schüler letztlich von dem Weg in die Selbstablehnung abzuhalten?

Der Forschungsstand zu diesen Fragen ist äußerst lückenhaft. Zwar gibt es seit ca. 15 Jahren Forschungsarbeiten, die – meist im angloamerikanischen Raum – Schulvariablen mit internalisierenden Auffälligkeiten in Verbindung bringen, nur selten jedoch sind diese beiden Bereiche der zentrale Untersuchungsgegenstand der Studien. Meist werden Einflüsse der Schule auf die allgemeine psychische Gesundheit geprüft oder schulische Variablen als ein Bereich neben anderen

Umwelteinflüssen betrachtet. Dementsprechend mangelt es an spezifischen theoretischen Annahmen und empirischen Befunden zu den vermittelnden Prozessen. Bis auf wenige Ausnahmen ist die Übereinstimmung in den vorliegenden Studien groß, dass seitens der Schule vor allem klimatische Aspekte sowie deren Wahrnehmung und Bewertung durch die Schüler eine zentrale Rolle spielen. Auch ist fast allen Studien eine mehr oder weniger explizite sozial-ökologische Orientierung gemein, die von transaktionalen Zusammenhängen zwischen der Entwicklungsumwelt Schule und dem Individuum ausgeht. Darüber hinaus lassen sich, wenn überhaupt hinterfragt, die Annahmen über vermittelnde Mechanismen grob den zwei folgenden Richtungen zuordnen: Erstens Forschungsarbeiten, die schulbezogenen Stress in den Mittelpunkt stellen und zweitens Forschungsarbeiten, die psychische Beeinträchtigungen als Folge einer Fehlpassung ansehen, und zwar zwischen individuellen, alterstypischen Bedürfnissen und den Möglichkeiten, die von der schulischen Umwelt geboten werden.

Losgelöst von dieser theoretischen Einteilung muss ein dritter Forschungsstrang zum Stellenwert der Schule für internalisierende Auffälligkeiten gesehen werden, der zwar auf eine lange Forschungtradition zurückblicken kann, sich allerdings nur mit einem Ausschnitt internalisierender Fehlentwicklungen beschäftigt hat. Die Rede ist von Arbeiten zum Thema Leistungsangst.

Schule und Schulstress

In der frühen Studie von Holler-Nowitzki (1994) wird die schulische Umwelt als Quelle vielfältiger Belastungen gesehen. Vor dem Hintergrund der Entwicklungsanforderungen an Jugendliche, sich auf einen Beruf vorzubereiten, sieht sie psychosomatische Beschwerden als Folge einer Überforderung durch folgende Stressoren: schulisches Versagen, bedrohte Verwirklichungschancen schulischer bzw. beruflicher Pläne und Konflikte mit den Eltern wegen schulischer Probleme. Diese Annahmen werden mit einer Längsschnittuntersuchung 13- bis 16-jähriger Schülerinnen und Schüler in Nordrhein-Westfalen geprüft, die in Abständen von jeweils einem Jahr viermal schriftlich befragt werden. Zwar können die vermuteten Zusammenhänge im Querschnitt belegt werden (insbesondere, dass die Konflikthäufigkeit mit den Eltern zwischen den Versagenserlebnissen und dem Auftreten von Beschwerden vermittelt), ein längsschnittlicher Zusammenhang zwischen schulbezogenem Stress und psychosomatischen Beschwerden findet sich jedoch nicht.

Auch Torsheim und Wold (2001) untersuchen, ob psychosomatische Beschwerden mit schulischem Stress in Verbindung stehen. Zusätzlich gehen sie der Frage nach, ob zwei klimatische Aspekte der schulischen Umwelt die

Stresswirkungen abpuffern können: die von den Schülern wahrgenommen Unterstützung durch die Lehrer einerseits und durch die Mitschüler andererseits. Anhand einer Querschnittsbefragung 11- bis 15-Jähriger können sie zeigen, dass schulischer Stress mit psychosomatischen Beschwerden korreliert, die Unterstützungsvariablen jedoch nicht als Moderator dieser Beziehung wirksam sind. Vielmehr erhöhen niedrige Ausprägungen von Lehrer- und Mitschülerunterstützung das Beschwerderisiko unabhängig vom Stress zusätzlich. In einer später durchgeführten Studie (Torsheim, Aaro & Wold, 2003) untersuchen sie, ob sich diese Zusammenhänge auch über mehrere Messzeitpunkte hinweg nachweisen lassen, wobei beide Wirkungsrichtungen geprüft werden. Hier ergeben sich insbesondere nach einem Zeitraum von zwölf Monaten stabile Effekte von schulischem Stress und niedriger Unterstützung in Bezug auf die Häufigkeit psychosomatischer Beschwerden. Nur bei einem kürzeren Abstand von sechs Monaten lassen sich parallel auch entgegengesetzte Effekte finden, wonach das Auftreten von Beschwerden zu mehr Stress und weniger Unterstützung führt. Ein mehrebenenanalytisches Varianzkomponentenmodell ergibt zudem, dass der Varianzanteil der schulbezogenen Variablen, der auf Klassenunterschiede zurückzuführen ist, nur von geringem Ausmaß ist (Unterstützung: 13%, Stress: 6%). Die Autoren schlussfolgern daraus, dass Effekte eher von der individuellen als von der geteilten Wahrnehmung der schulischen Umwelt ausgehen.

Buddeberg-Fischer, Klaghofer, Leuthold und Buddeberg (2000) gehen in ihren theoretischen Annahmen über die Vermittlungsprozesse noch einen Schritt weiter. Ihre Überlegungen sind zwar nicht direkt auf internalisierende Auffälligkeiten ausgerichtet, in ihrer Studie werden jedoch vor allem Fehlanpassungen aus diesem Bereich untersucht. Sie vermuten, dass das Unterrichtsklima, verstanden als die Qualität der Interaktionen zwischen Lehrern und Schülern, vermittelt über subjektiv eingeschätzten Stress und moderiert durch das Kohärenzgefühl (vgl. Antonovsky, 1987) die Symptombildungen beeinflusst. An einer Stichprobe 15- bis 20-jähriger Schweizer Gymnasiasten unterlassen sie es leider, die Mediations- und Moderationshypothesen statistisch zu prüfen, können aber bivariate Zusammenhänge zwischen den erwähnten Variablen nachweisen. So korreliert der erlebte Stress sowohl mit dem Unterrichtsklima als auch mit dem Kohärenzgefühl. Weiterhin ergeben sich signifikante Zusammenhänge zwischen verschiedenen internalisierenden Beschwerden (depressive und körperliche Symptome), dem Schulstress und dem Kohärenzgefühl. Als einzige der in diesem Abschnitt ausgewerteten Studien führen Buddeberg-Fischer und Mitarbeiter (2000) an einer Substichprobe standardisierte psychiatrisch-diagnostische Interviews (CIDI) durch. Ihre Analysen ergeben, dass in der Gruppe der Schüler mit hohem Schulstress signifikant mehr undifferenzierte somatoforme Störungen, mehr Schmerzstörungen und auch mehr affektive Störungen vorliegen als in der

Gruppe mit niedrig bis mittel ausgeprägtem Schulstress. Keine Unterschiede in beiden Gruppen ergeben sich für die Häufigkeit von Angststörungen. Little und Garber (2004) finden in ihrer Studie Unterstützung für die These, dass die Wirkung schulischer Stressoren davon abhängt, ob diese einen für das Individuum bedeutsamen Bereich berühren („personality-event congruence hypothesis", S. 64). Sie untersuchen, bei welchen Schülern im Zuge eines Schulwechsels in Klassenstufe 9 interpersonelle und leistungsbezogene Stressoren zu einem Anstieg depressiver oder aggressiver Symptome führen. Im Ergebnis sind beide Arten von Stressoren positiv mit der Anzahl depressiver Symptome verbunden. Eine besondere Gefährdung für depressive Entwicklungen ergibt sich bei Mädchen, die einerseits stark auf soziale Eingebundenheit orientiert sind und gleichzeitig interpersonellen Stressoren ausgesetzt sind. Der Zusammenhang zwischen leistungsbezogenen Stressoren und Depression ist für Mädchen enger als für Jungen, eine Interaktion der leistungsbezogenen Stressoren mit der persönlichen Orientierung auf Leistungserbringung ergibt sich nicht (hingegen für aggressive Entwicklungen bei Mädchen). Für nichtkongruente Stressoren (z. B. interpersoneller Stress × Leistungsorientierung) wird kein Zusammenhang mit depressiven Symptomen nachgewiesen. Somit scheinen sich die Annahmen der personality-event congruence-Hypothese insbesondere für Mädchen zu bestätigen. Einschränkend muss angemerkt werden, dass die Stichprobe einer Hochrisikopopulation entstammt (Kinder depressiver Mütter) und die Ergebnisse nicht ohne weiteres verallgemeinerbar sind.

Stage-Environment-Fit

Eine ganze Reihe von Studien zum Zusammenhang zwischen Schule und psychischer Gesundheit verwenden als Rahmen das ‚Stage-Environment-Fit'-Modell von Eccles und Mitarbeitern (Eccles et al., 1993). Dieses besagt, dass die bei vielen Jugendlichen zu beobachtenden Entwicklungsprobleme auf eine Fehlpassung zwischen den sich in dieser Altersphase stark verändernden individuellen Bedürfnissen auf der einen Seite und den von der sozialen Umwelt eröffneten Möglichkeiten auf der anderen Seite zurückzuführen sind. Häufig wird mit diesem Ansatz, der eine Weiterentwicklung des in Abschnitt 3.3 vorgestellten Modells der Person-Umwelt-Passung (*person-environment-fit*) ist, der Rückgang von schulischem Interesse, Motivation und Leistungsverhalten in der frühen Adoleszenz erklärt. Demnach würden die stärker werdenden Bedürfnisse von Jugendlichen nach Autonomie und engen sozialen Beziehungen nach dem Wechsel auf die Junior High School (ab Klassenstufe 7) häufig frustriert. Dort würde verstärkt nach Leistung gruppiert, Wert auf Wettbewerb und soziale Vergleiche gelegt und weniger Mitbestimmungsmöglichkeiten gewährt als vor dem Schulformwechsel (Eccles et al., 1993). Mehrere Autoren haben diesen Ansatz auch auf den Zusammenhang zwischen Schule und psychischer Gesundheit von Schülerinnen und Schülern angewendet.

So konzipieren Kuperminc, Leadbeater und Blatt (2001) den Einfluss von Schule auf die psychische Gesundheit als eine Interaktion zwischen individuellen Vulnerabilitäten und dem wahrgenommenen sozialen Schulklima, das sie in ähnlicher Weise definieren wie Buddeberg- Fischer, Klaghofer, Leuthold und Buddeberg (2000). Prädisponiert für psychische Fehlentwicklungen sehen sie Schülerinnen und Schüler mit einer intensiven gedanklichen Ausrichtung auf interpersonelle Zurückweisungen, wenig Selbstwirksamkeit und einem hohen Ausmaß an Selbstkritik. Diese Vulnerabilitäten sehen sie zwar nicht als spezifisch für bestimmte Fehlentwicklungen an, untersuchen aber internalisierende und externalisierende Auffälligkeiten getrennt voneinander. In einer Stichprobe 11- bis 15-Jähriger lassen sich die internalisierenden Auffälligkeiten (gemessen mit dem YSR) erwartungsgemäß aus diesen Vulnerabilitätsfaktoren regressionsanalytisch vorhersagen und auch das von den Schülern eingeschätzte soziale Schulklima vermag zusätzlich Varianz aufzuklären (3%). Weiterhin gelingt es, einen Interaktionseffekt zwischen Schulklima und Selbstkritik nachzuweisen. Demnach werden Schüler mit einem Hang zur Selbstkritik durch ein positives soziales Klima vor internalisierenden Auffälligkeiten geschützt. Diese Effekte bleiben auch bestehen, wenn zusätzlich die Stabilität der internalisierenden Auffälligkeiten kontrolliert wird (Messung ein Jahr zuvor). Leider unterlassen es die Autoren, die Zusammenhänge zwischen Schulklima und internalisierenden Beschwerden im Längsschnitt zu prüfen. Berichtet wird lediglich, dass sich das Schulklima nicht aus den internalisierenden Beschwerden ein Jahr zuvor vorhersagen lässt. Demnach haben die Beschwerden der Schüler offenbar keinen Einfluss auf ihre Wahrnehmung des Schulklimas. Auch werden die Zusammenhänge nicht nach Geschlecht getrennt berechnet, wenngleich die Autoren in einer früheren Querschnitts-Untersuchung Zusammenhänge zwischen Schulklima und internalisierenden Auffälligkeiten (im Lehrerurteil und im Selbstreport) nur bei Jungen nachweisen können (Kuperminc, Leadbeater, Emmons & Blatt, 1997).

Ein ähnliches Interaktionsmodell zwischen individuellen Vulnerabilitäten und schulischen Kontextbedingungen prüfen Loukas und Robinson (2004). Ihrer Ansicht nach ist in der frühen Adoleszenz insbesondere die interpersonelle Dimension des Schulklimas entscheidend für die Entwicklung. Auf Schülerseite wird die Wirkung der Temperamentsdimension *effortful control* untersucht. Dieses Konstrukt beschreibt die z. T. biologisch begründete Fähigkeit, die Aufmerksamkeit, das Verhalten und die Gefühle willentlich zu kontrollieren. Eine niedrige Ausprägung dieser Temperamentseigenschaft hat sich, so die Autoren,

in vielen Studien als ein Risikofaktor für externalisierende und auch für internalisierende Auffälligkeiten erwiesen. In ihrer Querschnittsuntersuchung an 10- bis
14-jährigen Schülern prüfen Loukas und Robinson (2004) die direkte und die
interagierende Wirkung des Schulklimas und des Temperaments auf Verhaltens-
probleme und depressive Symptome. Für die an dieser Stelle interessierenden
depressiven Symptome können sie bei Mädchen und Jungen einen starken negativen Einfluss der effortful control auf depressive Symptome nachweisen. Auch
das Schulklima (insbesondere der Aspekt *Reibereien*) steht direkt mit den Beschwerden in Verbindung. Darüber hinaus ergeben sich ausschließlich bei Jungen hochsignifikante Effekte für den Interaktionsterm effortful control × Schulklima. Die Autoren interpretieren dies als einen moderierenden Effekt des
Schulklimas auf die Beziehung zwischen der Temperamentsvariablen und depressiven Symptomen. Demnach puffert die Wahrnehmung von hoher Kohäsion,
wenig Reibereien und einer allgemeinen Zufriedenheit an der Schule die negativen Auswirkungen ungünstiger Temperamentseigenschaften auf depressive
Symptome von Jungen ab.

Auch Gazelle (2006) untersucht das Zusammenspiel von Temperamentseigenschaften und schulischen Faktoren bei der Entstehung von Depressionen,
jedoch ausschließlich für Grundschüler. Sie kann zeigen, dass Erstklässler, die
seit der frühen Kindheit ängstlich, zurückgezogen und schüchtern sind (Eltern-
einschätzung), später in der Grundschule von ihren Mitschülern weniger Akzeptanz erfahren (Jungen) und häufiger schikaniert werden (Mädchen). Bei Mädchen lässt sich diese Prädisposition zusätzlich mit depressiven Symptomen in
Verbindung bringen. Auf diesen Entwicklungspfad nimmt das emotionale Klassenklima, das mit standardisierten Beobachtungen erhoben wurde, in vielfältiger
Weise Einfluss: Es ist in niedriger Ausprägung für Mädchen ein Risikofaktor für
eine fehlende Peerakzeptanz, für Schikanierung sowie Depression und moderiert
bei Jungen die negativen Auswirkungen ungünstiger Temperamentseigenschaften auf die Peerakzeptanz und bei Mädchen auf Schikanierung und Depression.
Für ängstlich-zurückgezogene Mädchen mit einem ohnehin erhöhten Risiko,
schikaniert zu werden, heißt dies, dass sie in Klassen mit einem konfliktbela-
denen Klima solche Erfahrungen noch häufiger machen und in der Folge auch
eher depressive Symptome entwickeln. Umgekehrt kann ein positives emotiona-
les Klassenklima als Puffer eine ausgleichende Wirkung auf den Zusammenhang
zwischen ängstlichem Temperament und Depression haben.

Winkler Metzke und Steinhausen (2001) unternehmen mit ihrer Studie den
Versuch, das stage-environment-fit-Modell auf das Schweizer Schulsystem an-
zuwenden. Schulische Einflussfaktoren auf die psychische Gesundheit vermuten
sie in der Qualität der Beziehung zwischen den Schülern (Anerkennung, Konkurrenz) sowie zwischen Lehrern und Schülern (Kontrolle, Mitbestimmungsmög-

lichkeiten, Leistungsdruck). An einer Stichprobe 10- bis 17-jähriger Schüler gelingt es ihnen nur bei den Mädchen, die internalisierenden Auffälligkeiten drei Jahre später aus den Klimaeinschätzungen vorherzusagen. Prädiktiv für internalisierende Beschwerden sind bei den Schülerinnen hoher Leistungsdruck und fehlende Mitbestimmungsmöglichkeiten. Dass die auf Klassenebene aggregierten Klimavariablen kaum zusätzliche Erklärungskraft besitzen, mag an der fehlenden Berücksichtigung der Varianzkomponenten auf Schüler- und Klassenebene liegen (Mehrebenenmodell). Zusätzlich identifizieren die Autoren clusteranalytisch fünf typische Umwelten und durch die Analyse der Beschwerdehäufigkeiten in diesen Clustern mögliche förderliche und risikobehaftete Umwelten. Zusammenfassend lässt sich sagen, dass förderliche Klassenumwelten eher an Gymnasien zu finden sind und dort auch die Interaktionsprozesse sowohl zwischen den Schülern als auch zwischen Lehrern und Schülern stärker positiv eingeschätzt werden. Das Cluster mit den höchsten Ausmaß internalisierender Auffälligkeiten ist durch hohen Leistungsdruck, viel Konkurrenz zwischen den Schülern und eine starke Kontrolle durch die Lehrperson geprägt. Diesem Cluster, das an allen Schulformen vertreten ist, gehören ca. 10% der untersuchten Schulklassen an. Wie sich die Beschwerden der Schüler in den identifizierten Clustern im Längsschnitt entwickeln, berichten die Autoren leider nicht.

Einen tieferen Einblick in die vermittelnden Prozesse des Zusammenhangs zwischen Schule und psychischer Gesundheit gewähren Roeser, Eccles und Sameroff (1998). Sie betonen die Interaktion zwischen motivationalen, leistungsbezogenen und emotionalen Kompetenzen der Schüler. Die Beeinflussung dieser Entwicklungsvariablen durch die Schule wird aus ihrer Sicht durch die individuellen Bedeutungszuschreibungen der Schüler vermittelt. Diese würden die objektive Umwelt danach beurteilen, inwieweit sie ihnen Möglichkeiten zur Entwicklung von Autonomie, positiven Beziehungen und einem Gefühl personaler Kompetenz bietet. Diesem Ansatz folgend definieren Roeser, Eccles und Sameroff (1998) eine „school psychological environment" (S. 324), die beschreibt, wie Schüler ihrer Schulumwelt subjektiv wahrnehmen und ihr Bedeutung zuschreiben. Die drei Kernelemente dieser psychologischen Schulumwelt bilden die Unterstützung von Kompetenz (Welche Erwartungen haben die Lehrer an mich? Welche Ziele verfolgen sie?), von Autonomie (Wie lebensnah ist der Lehrplan? Inwieweit wird meine Selbständigkeit befördert?) und die Qualität der Beziehungen (Werde ich diskriminiert? Unterstützen mich die Lehrer?). Von Schulumwelten, die diese Anforderungen aus Sicht der Schüler erfüllen, erwarten die Autoren eine positive Beeinflussung der schulischen und emotionalen Schüler-Kompetenzen. An einer Stichprobe von Siebentklässlern, die die Autoren ein zweites Mal am Ende der achten Klasse befragen, werden die Hypothesen untersucht. Eingegangen werden soll an dieser Stelle nur auf die

Befunde zur emotionalen Entwicklung, die mit einem Beschwerdefragebogen und einer Depressionsskala gemessen wird. Folgende Schülereinschätzungen der schulischen Umwelt stehen mit negativen Veränderungen der emotionalen Kompetenzen im Zusammenhang: Eine wahrgenommene individuelle Benachteiligung aufgrund der ethnischen Herkunft und des Geschlechts, eine antizipierte negative Einschätzung der eigenen Leistungen durch die Lehrer und eine generelle Ausrichtung der Schule auf Wettbewerb und sozialen Vergleich. In einer zweiten Teilstudie analysieren Roeser, Eccles und Sameroff (1998) die Daten nicht aus einer variablenorientierten Perspektive heraus sondern mit einem personenorientierten Fokus. Dazu identifizieren sie clusteranalytisch Schülergruppen, die sich bezüglich ihrer motivationalen, leistungsbezogenen und emotionalen Kompetenzen maximal unterscheiden, intern aber möglichst homogen sind. Es ergibt sich eine Vier-Cluster-Lösung mit folgenden Gruppen: Eine große Gruppe mit überdurchschnittlichen Kompetenzen in allen drei Bereichen (40%), eine Gruppe mit wenig schulischer Motivation (14%), eine Gruppe mit emotionalen Problemen (15%) und eine Gruppe mit deutlichen Defiziten in allen drei Kompetenzdimensionen (31%). Anschließend vergleichen die Autoren die Einschätzungen der psychologischen Schulumwelt in diesen Gruppen. Interessant für unsere Fragestellung ist die zweite Gruppe mit emotionalen Beeinträchtigungen. Die Schüler und Schülerinnen dieser Gruppe berichteten die häufigsten Erfahrungen von Diskriminierung aufgrund ihres Geschlechts oder ihrer ethnischen Herkunft und unterscheiden sich einzig in diesen beiden Merkmalen signifikant von der ersten, in allen Bereichen ‚kompetenten' Gruppe. In der vierten Gruppe mit multiplen Kompetenzdefiziten findet sich erwartungsgemäß eine negative Sicht der Schulumwelt in allen untersuchten Dimensionen. Die Autoren heben an dieser Stelle die Bedeutung der Wettbewerbsorientierung hervor und vermuten, dass deren „endemische" (S. 343) Verbreitung an amerikanischen Schulen insbesondere bei denjenigen Schülern fatale Auswirkungen hat, die bereits beeinträchtigt sind oder sich beeinträchtigt fühlen. Obwohl die Konzeptualisierung des Zusammenspiels von individuellen Bedürfnissen und Umweltbedingungen im Modell von Roeser, Eccles und Sameroff (1998) überzeugt, ist es aufgrund der Ausrichtung auf die generelle Kompetenzentwicklung nicht spezifisch genug für die Aufklärung des Zusammenhangs zwischen Schule und internalisierenden Auffälligkeiten. Hierfür liefert die Studie aber dennoch wichtige Hinweise, z. B. hinsichtlich des Stellenwertes von Diskriminierungserfahrungen. Sicherlich ebenfalls von Bedeutung sind die Beziehungen der Schüler untereinander, die von den Autoren in ihrem Modell jedoch nicht berücksichtigt werden. Auch bleiben die Annahmen über Vermittlungsprozesse (Befriedigung von Bedürfnissen nach Autonomie, Kompetenz und sozialer Eingebundenheit) auf einer theoretischen Ebene und werden empirisch nicht umgesetzt.

Die Studie von Reddy, Rhodes und Mulhall (2003) ist einige der wenigen, die auf Schülerseite ausschließlich internalisierende Fehlentwicklungen in den Blick nimmt. Auf Seite der Schule beschränkt sie sich auf den Einfluss der Lehrer und der von ihnen ausgehenden Unterstützung. Diese sei für die Entwicklung in der Adoleszenz von zentraler Bedeutung. Mit latenten Wachstumskurvenmodellen können sie zeigen, dass Veränderungen in der wahrgenommen Lehrerunterstützung in den Klassenstufen 6 bis 8 Veränderungen depressiver Symptome und des Selbstwerts vorhersagen, dergestalt, dass ein Anstieg der Unterstützung mit einer Zunahme des Selbstwertgefühls und einem Rückgang depressiver Symptome einhergeht. Für den entgegengesetzten Zusammenhang (internalisierende Auffälligkeiten beeinflussen Einschätzung der Lehrerunterstützung) ergeben sich keine Hinweise. Auch keine Unterstützung findet die Hypothese, dass die Lehrerunterstützung für die Entwicklung der Mädchen von größerer Bedeutung sei als für die der Jungen.

Die Studie von Anderman (2002) kann ebenfalls dem stage-environment-fit-Ansatz zugeordnet werden. Er geht davon aus, dass Unterschiede in der psychischen Gesundheit von Schülern u. a. darauf zurückzuführen sind, inwieweit es den Schulen gelingt, bei den Schülern ein Zugehörigkeitsgefühl zu erzeugen. Wenn Schulen dies gelingt, würden sie das fundamentale menschliche Bedürfnis nach sozialer Eingebundenheit befriedigen. In einem ersten Schritt zeigt Anderman (2002) an einer Stichprobe Siebent- bis Zwölftklässler, dass das berichtete Zugehörigkeitsgefühl zwischen den untersuchten amerikanischen Schulen variiert und sich nicht nur aus individuellen Einflüssen speist, sondern auch mit Merkmalen der Schulen in Verbindung gebracht werden kann. Bei mehrebenenanalytischer Kontrolle von Schülermerkmalen ist z. B. das Zugehörigkeitsgefühl an Vortort-Schulen stärker ausgeprägt als an innerstädtischen Schulen. Als nächstes wird das Zugehörigkeitsgefühl mit mehreren psychologischen Schülervariablen in Relation gesetzt, u. a. auch mit zwei Aspekten internalisierender Fehlentwicklungen, der sozialen Zurückweisung und der Depression. Dabei wird sowohl der Einfluss des individuell wahrgenommenen als auch des auf Schulebene aggregierten Zugehörigkeitsgefühls geprüft. Hypothesenkonform ist der Zusammenhang mit dem individuell eingeschätzten Zugehörigkeitsgefühl negativ: Je höher es ist, umso seltener werden depressive Symptome und Erfahrungen sozialer Zurückweisung berichtet. Dieser Zusammenhang ist weniger stark an großen Schulen (für soziale Zurückweisung und Depression) und an Schulen, die im Durchschnitt ein hohes Zugehörigkeitsgefühl besitzen (nur für Depression). Für soziale Zurückweisungen ergibt sich auch ein direkter Einfluss des aggregierten Zugehörigkeitsgefühls, der jedoch in eine andere Richtung weist als der Einfluss der individuellen Einschätzung: Je höher das Zugehörigkeitsgefühl im Durchschnitt der Schule ist, umso verbreiteter sind individuelle Erfahrungen sozialer Zurückweisung. Anderman (2002) erklärt sich diesen Befund so, dass individuelle Erfahrungen von Ausgrenzung an ansonsten kohäsiven Schulen besonders intensiv wahrgenommen würden. Gegen diese Interpretation spricht, dass der Interaktionsterm in der Mehrebenenanalyse, der genau dies prüft, keine Signifikanz erreicht. Auch aufgrund des Querschnittsdesigns ist bei der Interpretation der Daten jedoch Vorsicht angeraten, wenngleich die Bedeutung des individuell eingeschätzten Zugehörigkeitsgefühls deutlich geworden ist.

Auch die komplexe Studie von Fend (1997) zum *Umgang mit Schule in der Adoleszenz* kann im weitesten Sinne dem ,Stage-environment-fit'-Modell zugeordnet werden. Mit Bezug zu motivationspsychologischen Ansätzen stellt sich auch für Fend (1997) die Frage nach der *Passung*, und zwar ob „Befriedigungswünsche zentraler Bedürfnisse kompatibel mit den kontextbezogenen Befriedigungsbedingungen" sind (S.56). Da das Handeln der Schüler insbesondere durch das Bedürfnis nach Selbstakzeptanz geleitet sei, steht das Selbstkonzept nicht nur im Zentrum seines Modells der Schülerpersönlichkeit (siehe auch Abschnitt 2.2), es ist auch die zentrale abhängige Variable, deren Beeinflussung durch die Schule empirisch untersucht wird. Indem die Schule Fähigkeitszuschreibungen in verschiedensten Bereichen verteilt, ergibt sich für Fend (1997) „ein Wirkungspfad von schulischen Erfolgs-/ Misserfolgsbilanzen zur generellen Selbstakzeptanz und anderen Bereichen der psychischen Gesundheit wie somatischen Belastungen, Depressivität usw." (S. 255). Diese Überlegungen werden mit Hilfe von Längsschnittsdaten aus Deutschland (sogenannter *Konstanzer Längsschnitt*, Erhebungszeitraum 1979 bis 1983, fünf Messzeitpunkte) und Querschnittserhebungen in der Schweiz (1990, 1992 und 1995) illustriert. Die Altersspanne der befragten Jugendlichen reicht von ca. 12 bis 16 Jahren.

Gegenstand der umfangreichen Analysen sind vor allem die Entwicklungsverläufe und Stabilitäten von Leistungsbereitschaft und Selbstbild der Schülerinnen und Schüler und ihr wechselseitiger Zusammenhang. Aspekte der psychischen Gesundheit und darunter auch Indikatoren einer internalisierenden Fehlentwicklung kommen erst am Ende der Studie ins Blickfeld. Hier soll die Frage beantwortet werden, wie Schüler mit extremen Belastungssituationen (z. B. chronischem Misserfolg, Klassenwiederholungen) umgehen. Fend (1997) kann zeigen, dass derartige Erfahrungen nicht nur das Selbstbild beeinflussen, sondern auch zu einer erhöhten somatischen Belastung und Leistungsangst führen.

In den abschließenden konfigurativen Analysen werden jeweils vier Schülergruppen identifiziert, indem zwei Variablen (z. B. schulische Leistung und Selbstakzeptanz) mit ihren jeweils hohen und niedrigen Ausprägungen gekreuzt werden. Bei der Betrachtung der jeweils resultierenden vier Gruppen kommt man zu dem Schluss, dass insbesondere die Selbstakzeptanz und das soziale Selbstkonzept für internalisierende Auffälligkeiten von Bedeutung sind. Als weniger relevant erweisen sich die Leistungsbereitschaft, die objektiven schulischen Leistungen und die soziometrisch gemessene Sympathie bei den Mitschülern.

Das ebenfalls erhobene Schul- und Klassenklima wird leider nur im ersten Teil der Studie mit der Leistungsbereitschaft in Verbindung gebracht. Zwar erfahren wir, dass das Selbstbild von Gymnasiasten günstiger ausfällt als jenes von Hauptschülern, darüber hinaus gehende Aussagen über Einflüsse der schulischen Umwelt oder des Lehrerverhaltens auf das Selbstbild oder gar die psychische Entwicklung finden sich jedoch kaum. Die Entwicklung des Selbstbildes und der eng damit verbundenen psychischen Gesundheit versucht der Autor vordergründig aus den individuellen Leistungserfahrungen in der Schülerbiographie zu erklären. Dass sich der Zusammenhang zwischen diesen beiden Bereichen hingegen als äußerst schwach erweist, habe seine Ursachen in zwischengeschalteten sozial-kognitiven Prozessen. Hier kommt die (individuell wahrgenommene) Umwelt wieder ins Spiel, denn Fend meint damit „die interpretativen Prozesse, Prozesse der sozialen Definition und Ko-Konstruktion, die von Eltern, Lehrern und Altersgleichen ausgehen" (1997, S. 336f.).

Dass sie die zentrale Rolle des Selbstbildes in der Auseinandersetzung mit Schule herausgearbeitet hat, ist das Verdienst der Fend-Studie. Unabhängig davon, welche schulischen Einflüsse letztlich das Selbstbild formen, scheint der Weg von einer negativen Sicht der eigenen schulischen und sozialen Kompetenzen verbunden mit einer Ablehnung des Selbst bis hin zu internalisierenden Fehlentwicklungen nicht sehr weit zu sein.

Schule und Leistungsängste

Forschungsarbeiten zum Thema Leistungsangst gibt es im deutschsprachigen Raum bereits seit den 1930er Jahren, die systematische empirische Erforschung dieses Phänomens startete in den 1950er Jahren in den USA und hatte ihren Höhepunkt in den 1980er Jahren (vgl. Pekrun, 1992). Bei der folgenden Auswertung des umfangreichen Forschungsstandes sollen Befunde zu schulischen Umwelteinflüssen auf Leistungsängste im Vordergrund stehen; auf die Phänomenologie der Angst wurde bereits an anderer Stelle eingegangen (siehe Abschnitt 4.1).

Aus kognitiver Sicht ist Leistungsangst die „Folge eines wahrgenommenen Ungleichgewichts zwischen selbst- und fremdgesetzten Leistungsansprüchen und der Leistungskapazität" (Rost & Schermer, 2006, S. 406). Folglich sind Einflüsse auf die Leistungsängste von jenen Umweltfaktoren zu erwarten, die am Aufbau von Erwartungen und Valenzen beteiligt sind (Pekrun, 1991), also wie bedeutsam Misserfolg aus Sicht der Schüler ist (subjektive Valenz), wie die eigenen schulischen Kompetenzen subjektiv eingeschätzt werden (Selbst-konzept), wie viel Vertrauen die Schüler in ihre eigene Handlungsfähigkeit haben (Selbstwirksamkeitserwartung) und wie kompetent die Schüler objektiv sind. Pekrun (1991) kann in einer Studie bei Fünft- bis Zehntklässlern längsschnittlich zeigen, dass familiärer Zusammenhalt angstsenkend wirkt, während von den Lehrern ausgehende Bestrafung und Leistungsdruck sowie Bestrafung durch Mitschüler Prüfungsangst erzeugen. Für seine These einer Interaktion zwischen familiärer und schulischer Umwelt findet sich keine empirische Unterstützung. Familiärer Zusammenhalt schützt nicht als protektiver Faktor vor negativen schulischen Einflüssen.

Jerusalem und Schwarzer (1991) untersuchen den Zusammenhang zwischen Leistungsangst und Klassenklima im Längsschnitt. Bei Analysen auf Klassenebene zeigt sich die höchste Angst nach einem Jahr Unterricht in Schulklassen mit negativem Klima (bezüglich Leistungsdruck, Konkurrenzdruck, Anonymität und Chaos) und die niedrigste Angst in Schulklassen mit positivem Klima.

Rost und Schermer (2006, S. 406) fassen den Forschungsstand zusammen und nennen die folgenden umweltbezogenen Bedingungsfaktoren der Leistungsangst:

- Lehrerverhalten (autoritär, Zuwendungsentzug, Nichtbeachtung, Bestrafung etc.),
- Inhalt und Vermittlung des Lehrstoffs (kompliziert, unverständlich, verwirrende Strukturierung, fehlendes Feedback etc.),
- Schulleistungsbewertung (strenge Zensuren, scharfe Selektion, soziale Bezugsnormorientierung, mangelnde Transparenz der Bewertungskriterien etc.),
- Gestaltung von Prüfungssituationen (fremde Umgebung, Ungewissheit über Kriterien der Leistungsbewertung etc.),
- Schüler-Schüler-Verhältnis (Rivalität und Konkurrenz, Hänseleien, Spott etc.) und
- Verhalten und Einstellungen der Eltern (an Leistungserfüllung gekoppelte Zuwendung, emotionale Kälte, überhöhte Leistungsanforderungen etc.).

Der Überblick über die drei Forschungslinien hat viele Hinweise für eine Verbindung zwischen schulischen Faktoren und Aspekten psychischer Auffälligkeiten erbracht, darunter auch solchen internalisierender Art. Auf Seiten der Schule stehen häufig klimatische Aspekte im Zentrum der Untersuchungen, meist auf Schul-, vereinzelt auch auf Klassenebene (Gazelle, 2006; Jerusalem & Schwarzer, 1991; Torsheim, Aaro & Wold, 2003). Dabei zeigt sich, dass die individuelle Wahrnehmung des Klimas einen größeren Stellenwert für interna-

lisierende Auffälligkeiten hat als das auf Klassen- oder Schulebene aggregierte
Klima. Dieser Befund unterstützt eine transaktionale Sichtweise des Verhältnisses zwischen Schüler und schulischer Umwelt. Schule kann als Stressor oder
auch als Quelle von Unterstützung nur dann Einfluss auf die psychische
Gesundheit von Schülerinnen und Schülern nehmen, wenn sie von diesen auch
als stressreich oder unterstützend bewertet und erlebt wird. Diesbezüglich
können Schüler durchaus zu unterschiedlichen Urteilen kommen, wie z. B. die
Studie von Torsheim, Aaro und Wold (2003) zeigt.

Dass die meisten Studien Schüler im Adoleszenzalter untersuchen, kann als
Indiz dafür gewertet werden, dass der Schule gerade in dieser Altersphase eine
große Bedeutung beigemessen wird. Viele Autoren verweisen diesbezüglich auf
wachsende Autonomiebestrebungen, die schrittweise Ablösung vom Elternhaus
und den wachsenden Stellenwert sozialer Erfahrungen mit Gleichaltrigen in der
Adoleszenz. Seltener wird auf die Bedeutung der Schule für die in diesem Alter
virulent werdende Frage nach der beruflichen Perspektiventwicklung hingewiesen (z. B. Holler-Nowitzki, 1994).

Schaut man genauer, welche schulbezogenen Aspekte in den Studien mit
internalisierenden Auffälligkeiten in Verbindung stehen, kristallisieren sich
relativ deutlich zwei relevante Dimensionen heraus. Die erste Dimension umfasst problematische interpersonelle Aspekte der schulischen Umwelt. Dazu
zählt ein fehlendes Zugehörigkeitsgefühl (Anderman, 2002), ausbleibende
gegenseitige Unterstützung (Torsheim, Aaro & Wold, 2003; Torsheim & Wold,
2001), konflikthafte Beziehungen bis hin zum Schikanieren (Gazelle, 2006;
Little & Garber, 2004; Loukas & Robinson, 2004) und eine negative Beziehung
zwischen Lehrern und Schülern (Kuperminc, Leadbeater & Blatt, 2001; Reddy,
Rhodes & Mulhall, 2003). Die zweite Dimension, die mit dem Auftreten internalisierender Auffälligkeiten in Zusammenhang gebracht werden kann, beinhaltet schulische Variablen, die den Bereich der Leistungserbringung berühren.
Dazu gehört sowohl ein auf Wettbewerb und sozialen Vergleich ausgerichtetes
Schulklima als auch Erfahrungen von Schulversagen (Fend, 1997; Holler-
Nowitzki, 1994; Roeser, Eccles & Strobel, 1998). Dieser Bereich erfährt nicht
nur Unterstützung durch die Forschungsarbeiten zur Leistungsangst, ihm können
auch die vielzähligen Befunde zugeordnet werden, die zeigen, dass Schulstress
und Leistungsdruck mit internalisierenden Auffälligkeiten einhergehen
(Buddeberg-Fischer, Klaghofer, Leuthold & Buddeberg, 2000; Little & Garber,
2004; Torsheim, Aaro & Wold, 2003; Winkler Metzke & Steinhausen, 2001).

Auch die Befunde zu Schulumwelteinflüssen beim isolierten Problem der
Leistungsangst offenbaren neben spezifischen Risikobedingungen (z. B. Gestaltung der Prüfungssituation) weitere Einflussfaktoren, die vergleichbar mit jenen
sind, die sich auch für andere internalisierende Auffälligkeiten als relevant er-

wiesen haben. Zu nennen sind hier die Erkenntnisse zum Einfluss des Klassenklimas und der Schüler-Schüler-Beziehung auf die Angst in Leistungssituationen
(Jerusalem & Schwarzer, 1991; Pekrun, 1991; Rost & Schermer, 2006).

Vier der ausgewerteten Studien präsentieren Hinweise dafür, dass schulische Variablen in Interaktion mit personalen Vulnerabilitäten internalisierende
Auffälligkeiten beeinflussen. Bei diesen Vulnerabilitäten handelt es sich um
Temperamentsvariablen (Gazelle, 2006; Loukas & Robinson, 2004) und bestimmte kognitive Stile (Kuperminc, Leadbeater & Blatt, 2001; Little & Garber,
2004), die sowohl für sich genommen als auch in ihrem Zusammenspiel mit dem
Schulklima oder schulischen Stressoren zu internalisierenden Auffälligkeiten
beitragen.

Eine alternative Erklärung für die gefundenen Zusammenhänge zwischen
Schulvariablen und internalisierenden Auffälligkeiten wäre die Annahme, dass
emotionale Probleme Auswirkungen auf die Wahrnehmung der schulischen
Umwelt haben. Gerade weil die Schulklima-Einschätzungen meist im Selbstreport erhoben werden, ist auch dieser Erklärungsansatz zu prüfen. Obwohl viele
der ausgewerteten Studien ein Längsschnittdesign gewählt haben, wird nur in
drei von ihnen der Effekt von psychischer Auffälligkeit auf die Einschätzung der
schulischen Umwelt geprüft (Kuperminc, Leadbeater & Blatt, 2001; Reddy,
Rhodes & Mulhall, 2003; Torsheim, Aaro & Wold, 2003). Im Ergebnis stimmen
sie alle darin überein, dass es mehr Hinweise für eine Beeinflussung der psychischen Auffälligkeiten durch die Schule gibt, als dass sich Unterschiede in der
Wahrnehmung der schulischen Umwelt aus vorangegangenen Beschwerden
erklären ließen.

Eine ganze Reihe von Fragen zum Stellenwert der Schule für internalisierende Auffälligkeiten von Schülern bleibt jedoch offen:

1. Nur zwei der ausgewerteten Studien, die in ihrem Fokus über das isolierte
   Problem der Leistungsangst hinausgehen, wurden in Deutschland durchgeführt (Fend, 1997; Holler-Nowitzki, 1994). Angesichts interkultureller Unterschiede im Bildungssektor bleibt fraglich, ob die Befunde von US-
   amerikanischen Schulen auf die Gegebenheiten an deutschen Schulen über-
   tragbar sind. Auch ist zu beachten, dass die zugrunde liegenden Erhebungen
   z. T. fast 30 Jahre zurückliegen.

2. Bis auf wenige Ausnahmen sind die Annahmen zu den Mechanismen, wie
   Schule mit internalisierenden Auffälligkeiten in Verbindung stehen könnte,
   äußerst unspezifisch. Häufig werden Risikobedingungen definiert, die sowohl die Entstehung internalisierender als auch externalisierender Probleme
   erklären sollen. Offen bleibt, welche schulischen und/oder schülerbezoge-
   nen Faktoren letztlich darüber entscheiden, ob Schüler aggressiv werden

oder depressive, körperliche und Angstsymptome entwickeln. Für die Erklärung internalisierender Fehlentwicklungen bleiben die Annahmen der verwendeten theoretischen Rahmenmodelle (stage-environment-fit, Stresstheo-
rie) zu allgemein.

3. Wenn vorhanden, mangelt es an Versuchen, theoretische Annahmen über
    die vermittelnden Variablen auch empirisch zu testen. Häufig bleiben die
    Analysen auf der Ebene bivariater Zusammenhangsanalysen stehen und er-
    möglichen es somit nicht, die zugrunde liegenden Wirkungszusammenhän-
    ge aufzudecken.

4. Keine befriedigende Antwort kann bisher auf die Frage gegeben werden,
    welche Rolle Geschlechtsunterschiede spielen. In den bisher vorliegenden
    Studien ist kein allgemeiner Trend erkennbar, ob die schulische Umwelt für
    internalisierende Auffälligkeiten bei Jungen oder bei Mädchen von größerer
    Bedeutung ist.

5. Der häufigen Analyse von Klimavariablen auf Schulebene stehen nur weni-
    ge Studien gegenüber, die den Einfluss des Klassenklimas prüfen. Es ist an-
    zunehmen, dass die unmittelbaren Erfahrungen im Mikrosystem Schulklas-
    se – gerade bei jüngeren Schülern in der frühen Adoleszenz – entscheiden-
    der sind, als Wahrnehmungen, die die gesamte Schule betreffen.

6. Neben dem sozialen Charakter, den die schulische Umwelt aus Sicht der
    Schüler zweifellos hat, ist der Unterricht ein weiteres zentrales Element der
    Institution Schule. Er dominiert nicht nur zeitlich, sondern dürfte auch auf-
    grund seines Einflusses auf die Kompetenzentwicklung und auf Erfahrun-
    gen von Erfolg und Versagen mit internalisierenden Auffälligkeiten in Ver-
    bindung stehen. Nur in zwei Studien wurden diesbezügliche Variablen auf-
    genommen (z. B. Erfahrungsnähe des Unterrichts), in den weiteren Analy-
    sen jedoch nicht einzeln auf ihre Zusammenhänge mit internalisierenden
    Auffälligkeiten hin geprüft (vgl. Buddeberg-Fischer, Klaghofer, Leuthold &
    Buddeberg, 2000).

4.4 Zusammenfassung

In diesem Kapitel wurde ein Überblick über die vorliegenden Forschungsbefunde zur Verbreitung und zur Ätiologie von depressiven, psychosomatischen und
Angstbeschwerden gegeben. Die epidemiologischen Befunde zeigen neben dem
höheren Beschwerderisiko von Mädchen und der hohen Komorbidität innerhalb
des Breitbandfaktors internalisierender Auffälligkeiten, dass die Prävalenzraten
in den letzten Jahrzehnten angestiegen sind und die Adoleszenz offenbar eine
wichtige Phase für die Entstehung dieser Probleme ist. Auch die Integration der

Befunde zu biologischen, psychologischen und sozialen Erklärungsfaktoren führt neben der Unterscheidung prädisponierender und auslösender Faktoren zu der Annahme, dass in der Adoleszenz eine erhöhte Vulnerabilität für internalisierende Auffälligkeiten besteht.

Nahe liegend erscheint somit die Frage, welchen Anteil an internalisierenden Fehlentwicklungen ein Bereich der sozialen Umwelt hat, der in der Adoleszenz zunehmend an Bedeutung gewinnt, wenn nicht sogar der bedeutendste ist: die Schule. Die Analyse der wenigen vorliegenden Forschungsarbeiten zu dieser Frage unterstützt die These, dass schulbezogene Faktoren an der Entstehung von internalisierenden Auffälligkeiten beteiligt sind; es verbleiben jedoch viele offene Fragen.

5 Zwischenresümee und Fragestellungen

Bevor der Zusammenhang zwischen schulischer Umwelt und internalisierenden Auffälligkeiten untersucht werden kann, stellen sich mehrere Fragen, die die theoretische Einbettung und den vorliegenden Forschungsstand betreffen. Im Folgenden sollen die in den vorangegangenen Kapiteln gefundenen Antworten auf diese Fragen zusammengefasst und der Ansatzpunkt dieser Studie deutlich gemacht werden.

5.1 Resümee des Forschungsstandes

Am Beginn steht die Frage, welche Besonderheiten die Adoleszenz als Lebensphase auszeichnen und welche Rolle die soziale Umwelt in der Entwicklung von Jugendlichen spielt. Ausgehend von den Überlegungen Havighursts (1972) kann beschrieben werden, wie aus der Interaktion personaler und gesellschaftlicher Faktoren Entwicklungsaufgaben erwachsen, die von jungen Menschen zu bewältigen sind. Viele dieser Entwicklungsaufgaben sind eng mit der Entwicklungsumwelt Schule verknüpft, die dadurch in der Adoleszenz eine zentrale Stellung einnimmt. Bronfenbrenner (1979) bietet mit seinem ökologischen Modell hier einen Rahmen, um die Entwicklungseinflüsse der Schule im Zusammenspiel mit anderen sozialen Umwelten zu betrachten. Dies ist bisher nur in unzureichendem Maße geschehen. Während zum Stellenwert der Familie oder auch der Gleichaltrigengruppe für die psychische Entwicklung in der Adoleszenz viele Erkenntnisse vorliegen, wissen wir über die diesbezügliche Bedeutung der Schule nur sehr wenig.

Ausgehend von ihren gesellschaftlichen Aufgaben wird in einem ersten Schritt analysiert, auf welchen (Exo-, Meso- und Mikro-)Ebenen Entwicklungseinflüsse der Schule zu suchen sind. Führt man die Ergebnisse dieser Analyse mit empirisch abgesichertem Wissen über zentrale Entwicklungsaufgaben der Adoleszenz zusammen (vgl. Oerter & Dreher, 2002), kommt man zu der Hypothese, dass insbesondere zwei Bereiche des schulischen Alltags Entwicklungsrelevanz besitzen dürften:

1. Erfolgs- und Misserfolgserfahrungen bei der Auseinandersetzung mit schulischen Leistungsanforderungen und

2. Erfahrungen sozialer Akzeptanz und Ausgrenzung in Schüler-Schüler-Beziehungen.

Die Bedeutung des ersten Bereiches ergibt sich vor allem auch aus den gesellschaftlichen Aufgaben der Schule und deren Niederschlag im schulischen Alltag; aus Sicht der Schüler berührt er nicht nur eine zentrale Entwicklungsaufgabe des Jugendalters, sondern auch das menschliche Grundbedürfnis nach dem Erleben personaler Kompetenz (vgl. Deci & Ryan, 2000). Kommen Kinder in die Schule, lernen sie sehr schnell, welch zentrale Rolle die Leistungserbringung und deren Quittierung in Form von Lob und Noten spielt. Im weiteren Verlauf, spätestens jedoch im Zuge des Schulformwechsels nach Klassenstufe vier, kommt die Einsicht hinzu, welche Relevanz die schulischen Leistungen, die Zeugnisse und Bildungsabschlüsse für die Zeit nach der Schule besitzen. Das Bewusstsein hierfür und die daraus bei einigen resultierende Verunsicherung ist meines Erachtens auch bei jungen Schülerinnen und Schülern schon vorhanden. Dazu tragen nicht nur die von der Schule vermittelten Werte und Normen bei, sondern wie Holler-Nowitzki (1994) zeigt, auch die Bildungsaspirationen der Eltern.

Auch der zweite Bereich berührt ein menschliches Grundbedürfnis, und zwar jenes nach sozialer Bindung (vgl. Deci & Ryan, 2000). Gleichzeitig erfährt dieser Bereich im Jugendalter wichtige Veränderungen. Jungen und Mädchen stehen in diesem Alter vor der Entwicklungsaufgabe, die enge Bindung an die Eltern schrittweise zu lockern und neue, engere Beziehungen zu Gleichaltrigen beiderlei Geschlechts aufzubauen. Die Institution Schule forciert die Auseinandersetzung mit dieser Entwicklungsaufgabe durch die Gruppierung der Schüler in altershomogenen Klassen. Bei Eintritt in die Schule ist das Mikrosystem Schulklasse für viele Mädchen und Jungen der erste soziale Bezugsrahmen außerhalb der Familie, im Westen Deutschlands noch mehr als im Osten. Hier gilt es, in Auseinandersetzung mit seinen Altersgenossen und den in diesen sozialen Interaktionen gemachten Lernerfahrungen ein soziales Selbstbild zu formen und die eigene Rolle im sozialen Gefüge zu finden. Auch die Auseinandersetzung mit dieser Entwicklungsaufgabe scheint durch den Schulformwechsel nach Klassenstufe vier und die damit einhergehende Neuformierung der Schulklassen vorangetrieben zu werden.

Die beiden genannten Bereiche des schulischen Alltags mit Relevanz für die psychische Entwicklung stehen miteinander in Beziehung. Dies geht nicht nur aus dem Modell der Schülerpersönlichkeit von Fend (1997) hervor, sondern auch aus den in Kapitel 2 vorgestellten Forschungsbefunden zu Prozessmerkmalen der schulischen Umwelt. Hier geben einige Studien Anlass zu der Vermutung, dass

sich die Beziehungen zwischen den Schülern am Leistungs- und Konkurrenzprinzip orientieren.
    Soll geprüft werden, wie diese beiden Aspekte der schulischen Umwelt die
Entwicklung junger Menschen beeinflussen, muss die Frage beantwortet werden,
woran man Auffälligkeiten in der psychischen Entwicklung erkennt und wie man
sie von ‚normalen' Entwicklungen unterscheiden kann. In Kapitel 3 wird gezeigt, dass die Psychiatrie hierauf keine wirklich befriedigende Antwort geben
kann. Vielmehr scheint die Frage falsch gestellt und eine Unterscheidung von
Normalität und Störung gerade im Kindes- und Jugendalter wenig angemessen
zu sein. Die meisten Autoren sehen in diesem Alter einen fließenden Übergang
zwischen angepassten und fehlangepassten Entwicklungen. Die in dieser Arbeit
zu untersuchenden Auffälligkeiten sollen demnach als eine signifikante Abweichung vom (an Anforderungen der Entwicklungsaufgaben) angepassten Entwicklungspfad verstanden werden, über deren Krankheitswert damit jedoch
keine Aussage gemacht werden kann.
    Empirische Analysen von Entwicklungsauffälligkeiten ergeben stabil zwei
große Dimensionen: einerseits internalisierende Auffälligkeiten, also Depressionen, Ängste und körperliche Beschwerden und andererseits externalisierende
Auffälligkeiten, die mit Aggressivität und Delinquenz einhergehen. Die vorgestellten Erklärungsmodelle stimmen darin überein, dass sie ein multifaktorielles
Bedingungsgefüge vermuten, sie unterscheiden sich jedoch in ihrer Gewichtung
einzelner biologischer, psychologischer und sozialer Faktoren. Nur das Modell
von Dodge (1993) bietet einen Erklärungsansatz, welche Aspekte darüber entscheiden könnten, ob Fehlanpassungen mit externalisierenden oder mit internalisierenden Auffälligkeiten einhergehen. Entscheidend ist seiner Ansicht nach, ob
ungünstige frühe Lernerfahrungen zu einer verzerrten Sichtweise der Umwelt
(als feindselig) oder der eigenen Person (negatives Selbstkonzept) führen. Auf
dieser Prädisposition aufbauend würden soziale Informationen dysfunktional
verarbeitet, was wiederum die Verfestigung des Selbst- bzw. Weltbildes und die
Ausbildung depressiver bzw. aggressiver Symptome begünstigt.
    Warum sollte man sich nun gerade mit internalisierenden Auffälligkeiten im
Kontext Schule beschäftigen? Die Antwort auf diese Frage ist recht einfach:
Weil es bisher nur in unzureichendem Maße getan wurde! Während zum Thema
Gewalt und Schule viele Erkenntnisse vorliegen (Melzer, Schubarth & Ehninger,
2004; Olweus, 2006), wissen wir wenig darüber, welchen Anteil die Schule an
emotionalen Problemen der Schüler hat. Mögliche Ursachen für diese Disbalan-
ce wurden genannt; eine davon ist vermutlich, dass betroffene Schüler und Schülerinnen nicht in dem Maße auffallen oder stören, wie es z. B. bei einem hyper-
aktiven oder aggressiven Kind der Fall ist. Die vorgestellten epidemiologischen
Befunde (siehe Kapitel 4) zeigen jedoch, dass internalisierende Auffälligkeiten

mit erheblichen Beeinträchtigungen für die Betroffenen einhergehen, ihre Auftretenshäufigkeiten gerade im Jugendalter ansteigen und ihre Verbreitung insgesamt in den letzten Jahrzehnten zugenommen hat.

Aufgrund der hohen Komorbidität der drei Ausprägungsformen einer nach innen gerichteten Fehlentwicklung (Depressionen, Ängste und psychosomatische Beschwerden) und den vorgestellten Befunden zur Stabilität der Dimension internalisierender Auffälligkeiten erfolgt eine gemeinsame Betrachtung von möglichen Erklärungsfaktoren. Hierbei zeigt sich, dass es keine spezifisch depressionsbezogenen oder angstbezogenen Ursachenfaktoren gibt, sondern dass in einem komplexen Bedingungsgefüge im Einzelfall ganz unterschiedliche Stressoren auf vorhandene Vulnerabilitäten treffen und so zur Entstehung einer oder mehrerer internalisierender Auffälligkeiten beitragen. Integrative Erklärungsmodelle, die solche Entstehungsmechanismen für internalisierende Auffälligkeiten beschreiben, liegen bisher nicht vor. Deshalb muss auf Ansätze zurückgegriffen werden, die diese Integration exemplarisch für die Depression, als Kernsyndrom aus diesem Bereich, leisten. Cyranowski und Kollegen (2000) beschreiben in ihrem Diathese-Stress-Modell, wie innere und äußere Einflüsse die Adoleszenz insbesondere für Mädchen zu einer Phase der erhöhten Sensitivität für interpersonelle Konflikte machen und erklären damit die deutlichen Geschlechtsunterschiede bei depressiven Störungen. Cicchetti und Toth (1998) hingegen bieten mit ihrem Modell einen Rahmen, um zu erklären, wie Umwelteinflüsse verschiedener Ebenen in der Adoleszenz dazu beitragen, dass sich biologische und psychologische Systeme in einer bestimmten depressionsförderlichen Gestalt reorganisieren.

Beim Forschungsstand zu diesen Umwelteinflüssen dominiert der familiäre Kontext. Der Überblick über die wenigen vorliegenden Befunde zum Stellenwert der Schule erbringt Anhaltspunkte dafür, dass ein Zusammenhang insbesondere zu klimatischen Aspekten der schulischen Umwelt besteht. Dabei erweisen sich wiederum schulbezogene Faktoren als relevant, die die beiden Bereiche Leistungserbringung und soziale Beziehungen berühren. Gleichzeitig gibt es eine ganze Reihe von Fragen, die von den vorliegenden Studien nicht beantwortet werden können (siehe Abschnitt 4.3).

5.2 Theoretisches Modell der Untersuchung

Eine wichtige Frage, die mit dieser Arbeit beantwortet werden soll, betrifft die Mechanismen, die den Einfluss der Schule auf depressive, körperliche und Angstsymptome der Schüler vermitteln.

Folgt man dem Modell von Dodge (1993), so ist die negative Sicht der eigenen Person das Element, welches Schüler mit depressiven Symptomen von jenen, die aggressiv reagieren unterscheidet. Während letztere eine Entwicklung genommen haben, die dazu geführt hat, dass sie ihre Umwelt negativ einschätzen und sie als ihnen gegenüber feindselig gestimmt wahrnehmen, richten depressive Schüler die Ablehnung gegen sich selbst. Sie nehmen bevorzugt Informationen wahr, die diese negative Selbstsicht bestätigen und attribuieren negative Ereignisse mit hoher Regelmäßigkeit auf die vermeintliche eigene Unzulänglichkeit. Solche negativen bzw. dysfunktionalen Selbstkognitionen spielen in allen Erklärungsansätzen für internalisierende Auffälligkeiten eine große Rolle. Bei Cicchetti und Toth (1998) sind eine dysfunktionale Informationsverarbeitung, negative Selbstkognitionen und deren emotional getönte Gesamteinschätzung (niedriger Selbstwert) die zentralen Elemente einer depressionsförderlichen Organisation des psychischen Systems. Andere heben die Bedeutung von negativen Selbstkognitionen im Bereich sozialer Interaktionen hervor und betonen deren Relevanz insbesondere für internalisierende Fehlentwicklungen bei Mädchen (Cyranowski, Frank, Young & Shear, 2000). Auch gibt es erste Hinweise, dass dysfunktionale Kognitionen nicht nur ein Symptom internalisierender Auffälligkeiten sind, sondern ihnen zeitlich vorausgehen (Groen, Pössel & Petermann, 2004). Für eine solche Sichtweise spricht auch die Tatsache, dass die gezielte Veränderung von negativen Gedanken über die eigene Person ein zentrales und Erfolg versprechendes Element der psychotherapeutischen Behandlung von Depressionen und Ängsten ist (vgl. A. T. Beck, 1999). Es ist demnach nach schulischen Faktoren Ausschau zu halten, die Einfluss darauf nehmen, wie Schüler über sich selbst und ihre Kompetenzen denken und urteilen.

Wie gezeigt werden konnte, berühren schulische Erfahrungen zwei Bereiche des Selbstbildes junger Menschen: Erstens die Beurteilung ihrer schulischen Kompetenzen und damit auch die Einschätzung, wie gut sie mit zukünftigen Anforderungen (Ausbildung, Beruf) zurechtkommen werden, sowie zweitens ihr soziales Selbstbild, d. h. wie sie ihre sozialen Kompetenzen in der Interaktion mit Gleichaltrigen bewerten. Diese beiden zentralen Dimensionen des Selbstkonzepts (vgl. Shavelson, Hubner & Stanton, 1976) stehen in Verbindung mit der Bewältigung von wichtigen Entwicklungsaufgaben der Adoleszenz. Daraus folgt, dass in einer Phase der verstärkten Beschäftigung mit dem eigenen Selbst (siehe Abschnitt 1.1) Verunsicherungen in diesen Bereichen mit hoher Wahrscheinlichkeit Einfluss auf die weitere Entwicklung haben werden.

Auf der Grundlage des skizzierten Forschungsstandes werden klimatische Aspekte als die hierfür relevanten Bereiche der schulischen Umwelt angesehen. Insbesondere dem Klima auf der Mikroebene der Schulklasse wird das Potenzial zugesprochen, die Selbstkognitionen der Schüler zu beeinflussen. Der Begriff *Klassenklima* steht in diesem Zusammenhang für die subjektive Wahrnehmung bedeutsamer Merkmale der Klassenumwelt durch die Schüler, die relativ stabil und überdauernder Natur sind. Im Kontext der kontroversen Diskussion um den Begriff Schul- und Klassenklima (vgl. Dreesmann et al., 1992; vgl. Eder, 2006) erfolgt damit nicht nur eine Abgrenzung zum Verständnis von Klima als emotionale Grundtönung oder als Set von Werthaltungen und Normen, sondern auch zu Begriffen wie Schulkultur oder Schulqualität. Der in der Schuleffektivitäts- und Schulvergleichsforschung häufig verwendete Begriff der *Schulqualität* dient weniger der Beschreibung der Schulumwelt, sondern am Ende von Bewertungsprozessen der Integration von Aussagen darüber, was eine gute Schule letztlich ausmacht (z. B. Aurin, 1991; Fend, 2001). Bei der *Schulkultur* stehen nach Van Houtte (2005, S. 75) die gemeinsamen Überzeugungen und Werte einer Klasse oder Schule im Vordergrund ("shared beliefs"), wohingegen das Klima für die Wahrnehmung dieser und anderer Aspekte der schulischen Umwelt reserviert ist ("shared perceptions").

Die Bezeichnung Klima soll zudem verdeutlichen, dass die Schülerwahrnehmungen mehr sind, als bloße Widerspiegelungen der Umwelt. Sie sind das Ergebnis kognitiver Verarbeitungsprozesse und repräsentieren das, was aus Sicht der Schüler und vor dem Hintergrund ihrer individuellen Bedürfnisse und Erfahrungen bedeutsam ist. Wenn aber gleichzeitig gefordert wird, Klima als *geteilte* Wahrnehmung der schulischen Umwelt durch die Schüler einer Klasse oder Schule zu verstehen (vgl. Dreesmann et al., 1992), besteht die Gefahr, dass diese individuellen Unterschiede aus dem Blick geraten. An dem in der Forschungspraxis häufig durch statistische Mittelwertsbildung berechneten Klima auf Schul- oder Klassenebene kann somit zurecht kritisiert werden, ein Artefakt ohne Realitäts- und Handlungsbezug zu sein. Eine Möglichkeit, diesem Einwand methodisch zu begegnen, bieten moderne mehrebenenanalytische Verfahren. Sie erlauben die Aufspaltung des aggregierten Klimas in Varianzkomponenten auf Individual- und Klassenebene. Damit ist eine methodische Annäherung an das möglich, was Eder (2006, S. 622) als das „kollektive Klima" bezeichnet. Zusätzlich zu den Wahrnehmungen der Schulumwelt durch den einzelnen Schüler (*individuelles Klima*) und den durchschnittlichen Wahrnehmungen der Schüler einer Klasse (*aggregiertes Klima*) steht dieses kollektive Klima für *ähnliche* Wahrnehmungen der Umwelt in einer Schulklasse.

Um Zusammenhänge zwischen Schule und internalisierenden Auffälligkeiten aufzudecken, sollen inhaltlich Aspekte des Klassenklimas untersucht werden, von denen ein Beitrag zum Aufbau schulischer und sozialer Selbstkognitionen zu erwarten ist. Entsprechend sollen zwei Dimensionen des Klassenklimas unterschieden werden:

1. Die erste Dimension beinhaltet Klimaaspekte, die für das Lernen von Bedeutung sind und somit relevante Informationen für die Einschätzung der eigenen schulischen Kompetenzen liefern. Dies wäre im positiven Fall ein interessant gestalteter und lebensnaher Unterricht, der auf die Bedürfnisse und das Ausgangsniveau der Schüler zugeschnitten ist, im ungünstigen Fall ein häufiges Erleben von Überforderung, Langeweile und fehlender Unterstützung durch die Lehrer.

2. Die zweite Dimension umfasst Elemente des Klassenklimas, die die sozialen Erfahrungen und damit das soziale Selbstkonzept der Schülerinnen und Schüler betreffen. Dem Erleben von Unterstützung zwischen den Mitschülern steht hier dessen Ausbleiben und Erfahrungen von Mobbing und Ausgrenzung gegenüber.

Da sich das individuelle Klima an den Erfahrungen, Erwartungen und Bedürfnissen der Schüler orientiert, ist von ihm eine größere Erklärungskraft für selbstbezogene Kognitionen zu erwarten als vom kollektiven Klassenklima. Da bei letzterem eine größere Nähe zu den objektiven Umweltbedingungen vermutet werden kann, soll es ebenfalls auf Zusammenhänge mit dem Selbstkonzept der Schülerinnen und Schüler und ihren internalisierenden Auffälligkeiten hin überprüft werden.

Zusammengefasst bedeutet dies für den Zusammenhang zwischen Schule und internalisierenden Auffälligkeiten von Schülerinnen und Schülern, dass in der negativen Beeinflussung des schulischen und sozialen Selbstkonzepts durch eine ungünstige Ausrichtung des Klassenklimas der zentrale Wirkmechanismus zu vermuten ist (Abbildung 10). Die Wahrnehmung negativer Lernbedingungen und eines schlechten Sozialklimas bedroht aus Sicht der Jugendlichen den Umgang mit schulischen Leistungsanforderungen sowie den Aufbau von befriedigenden Beziehungen zu Gleichaltrigen und gefährdet damit die Bewältigung von zwei wichtigen Entwicklungsaufgaben der Adoleszenz. Der befürchtete oder tatsächlich vorhandene schulische und / oder soziale Misserfolg führt bei Schülerinnen und Schülern mit entsprechender Prädisposition zu einer Verfestigung von negativen Selbsteinschätzungen in beiden Bereichen und trägt somit zum Auftreten von depressiven, körperlichen und Angstsymptomen bei.

Das Bindeglied zwischen schulischer Umwelt und internalisierenden Auffälligkeiten ist demnach nicht an erster Stelle die Erfahrung von Schulversagen oder sozialer Ausgrenzung, sondern die negative Selbstsicht in diesen Bereichen. Es sind durchaus Konstellationen vorstellbar, in denen bei Schülerinnen und Schülern mit guten schulischen Leistungen und durchschnittlicher sozialer Kompetenz die Wahrnehmung ungünstiger Bedingungen in ihrer schulischen Umwelt zum Aufbau eines negativen Selbstkonzepts beiträgt und somit die Entstehung internalisierender Auffälligkeiten begünstigt. Obwohl Erfahrungen von Misserfolg und ein negatives Selbstkonzept mit höherer Wahrscheinlichkeit gemeinsam auftreten, ist dies nach dem vorgestellten Modell keine Voraussetzung für die Ausbildung internalisierender Auffälligkeiten. Das Selbstkonzept kann auch allein dadurch beeinträchtigt sein, dass man die Bewältigung der beiden skizzierten Entwicklungsaufgaben des Jugendalters als gefährdet ansieht.

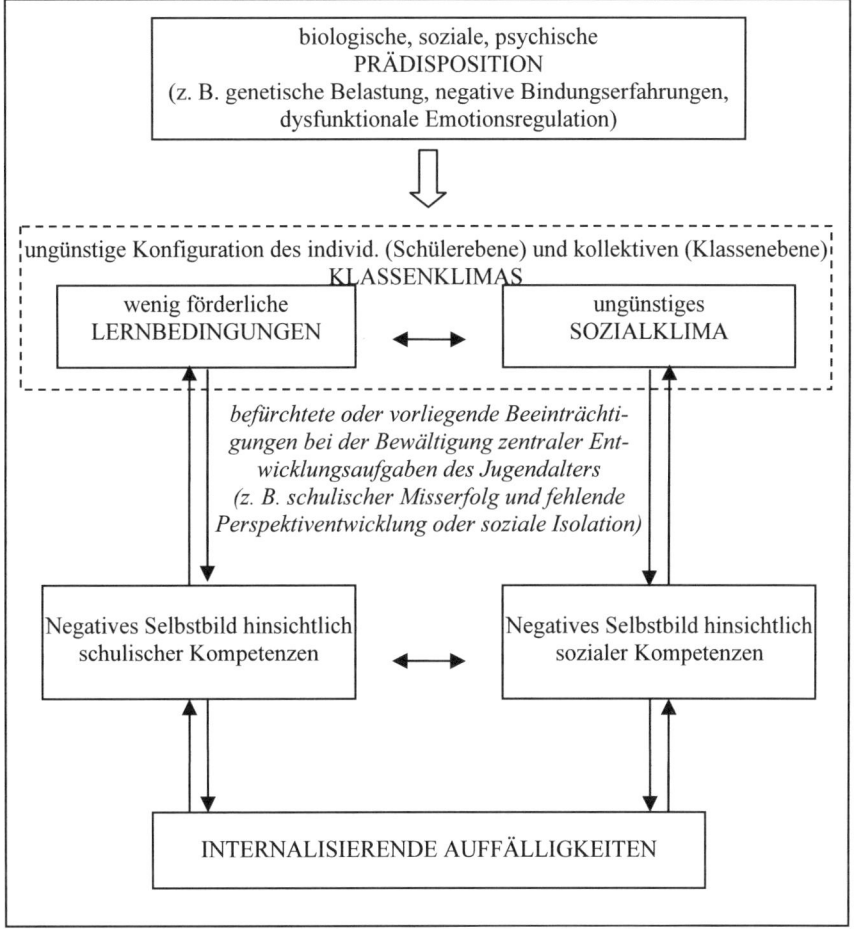

Abbildung 10: Theoretisches Modell: Schule und internalisierende
Auffälligkeiten von Schülerinnen und Schülern

Der skizzierte Wirkmechanismus ist nicht als eine unidirektionale Beeinflussung von Schülermerkmalen durch die Schule zu verstehen. Zu einem vollständigen Bild gehört erstens die Berücksichtigung von vorhandenen Prädispositionen der Schüler, die sie sowohl für die negativen Einflüsse des Klassenklimas empfänglicher machen, als auch die Wahrscheinlichkeit erhöhen, dass sie tatsächliche oder befürchtete Misserfolge auf eigene Unzulänglichkeiten zurückführen. Zweitens ist davon auszugehen, dass internalisierende Auffälligkeiten und ein negatives Selbstkonzept im Sinne von Rückkopplungsschleifen das Risiko zukünftiger schulischer und sozialer Misserfolge erhöhen und im geringen Ausmaß auch die individuelle Einschätzung des Klassenklimas negativ beeinflussen.

5.3 Eigene Vorarbeiten

In zwei Untersuchungen wurde eine Vorläuferversion des hier eingeführten Modells geprüft (Bilz & Hähne, 2006; Bilz, Hähne & Melzer, 2003). Auch diese Arbeiten haben das Ziel, vermittelnde Mechanismen des Zusammenhangs zwischen Schule und der psychischen Gesundheit von 11 bis 16-jährigen Schülern zu identifizieren. Auf Seiten der Schule werden die individuelle Einschätzung der Unterrichtsqualität und der Unterstützung durch die Mitschüler als relevante Faktoren in den Blick genommen. Als Mediatoren des Zusammenhangs dieser beiden Schulvariablen mit der psychischen Gesundheit dienen die Einschätzung der eigenen schulischen Kompetenz und die Schulfreude.

Sowohl für die relativ breit konzipierte Ergebnisvariable *mentale Gesundheit* als auch für die psychosomatischen Beschwerden der Schülerinnen und Schüler kann dieses Mediatormodell mit linearen Strukturgleichungsmodellen bestätigt werden. Demnach befördert eine gute Unterrichtsqualität und eine hohe Mitschülerunterstützung die positive Einschätzung der eigenen schulischen Kompetenz und trägt zur Schulfreude bei. Dies wiederum geht mit einer höheren mentalen Gesundheit und weniger psychosomatischen Beschwerden einher. Der stärkste schulbezogene Prädiktor ist dabei die Unterrichtsqualität. Insgesamt lässt sich mit diesem Modell die Varianz der mentalen Gesundheit besser aufklären (37% Varianzaufklärung bei den Mädchen) als die Varianz der psychosomatischen Beschwerden. Da die Modelle für beide Geschlechter getrennt geprüft werden, lässt sich weiterhin eine stärkere Bedeutung der schulischen Umwelt für die psychische Gesundheit von Mädchen ableiten.

Diese Untersuchungen unterstützen demnach die Sichtweise, dass das akademische Selbstkonzept als Vermittler schulischer Einflüsse wirksam ist. Obwohl soziale Faktoren der Schüler-Schüler-Beziehungen auf Schulebene berücksichtigt werden (Mitschülerunterstützung), fehlt das soziale Selbstkonzept als

Vermittlungsvariable. Bei der untersuchten Schulfreude bleibt hingegen fraglich, inwieweit sie als individuelle Prozessvariable oder als Schulvariable zu betrachten ist.

Das theoretische Modell dieser Arbeit erweitert und konkretisiert diese Überlegungen an folgenden Stellen:

- Es ist gezielter auf die Erklärung internalisierender Auffälligkeiten von Schülern ausgerichtet.
- Es benennt selbstbezogene Kognitionen (über eigene schulische und soziale Kompetenzen) als Vermittlungsvariablen.
- Es berücksichtigt prädisponierende Faktoren der Schüler.
- Es verortet relevante schulische Variablen auf der Klassenebene.
- Es prüft die Wirkung des individuellen und des kollektiven Klassenklimas.

5.4 Fragestellungen und Hypothesen der Untersuchung

Auf der Grundlage des vorgestellten theoretischen Modells sollen in dieser Arbeit folgende Fragestellungen und Hypothesen untersucht werden:

3. Forschungsfragen: Wie verbreitet sind internalisierende Auffälligkeiten an Schulen in Deutschland? Ist es in diesem Bereich in den letzten Jahren zu Veränderungen gekommen und wie belastet sind deutsche Jugendliche im internationalen Vergleich? Welche alters- und geschlechtsbezogenen Verbreitungsmuster lassen sich identifizieren?
Hypothese: Es wird ein höheres Ausmaß internalisierender Auffälligkeiten bei Mädchen erwartet.

4. Forschungsfragen: Wie schätzen Schülerinnen und Schüler das Klima in ihren Schulklassen auf den beiden Dimensionen Lernbedingungen und Sozialklima ein und in welchem Zusammenhang stehen diese Einschätzungen mit dem Alter, dem Geschlecht und der Schulform? Wie groß sind die Überschneidungen in den Urteilen von Schülern einer Klasse (das kollektive Klima) und wie groß ist der Anteil der subjektiven Wahrnehmung?
Hypothesen: Auf der Grundlage des berichteten Forschungsstandes ist mit einer proportional zum Alter pessimistischer werdenden Einschätzung des Klassenklimas zur rechnen. Der Varianzanteil des Klassenklimas auf der individuellen Ebene wird vermutlich deutlich größer sein, als der Varianzanteil auf der Klassenebene.

5. Forschungsfrage: Erweist sich das vorgestellte theoretische Modell zum Zusammenhang zwischen Klassenklima und internalisierenden Auffällig-

keiten als gültig, insbesondere die Vermittlungsfunktion des schulischen und sozialen Selbstkonzepts?

Hypothesen: Es wird ein enger Zusammenhang, insbesondere zwischen dem individuellen Klassenklima und der Häufigkeit internalisierender Auffälligkeiten erwartet. Auf der Grundlage des Forschungsstandes und der Ergebnisse in den Vorstudien ist mit einer größeren Bedeutung des Klassenklimas für die Auffälligkeiten bei Mädchen zu rechnen, insbesondere ausgehend von der sozialen Dimension des Klassenklimas. Aufgrund der im Vergleich mit Prozessvariablen geringeren Bedeutung schulischer Strukturmerkmale für die Entwicklung werden keine Unterschiede in der Häufigkeit internalisierender Auffälligkeiten zwischen verschiedenen Schulformen vermutet. Ein Großteil des Zusammenhangs zwischen Klassenklima und internalisierenden Auffälligkeiten wird über das Selbstkonzept schulischer und sozialer Kompetenzen vermittelt.

6.   Forschungsfragen: Lassen sich an einer Substichprobe, für die Daten zu zwei Messzeitpunkten vorliegen, Zusammenhänge zwischen dem Klassenklima und internalisierenden Auffälligkeiten über einen Zeitraum von vier Jahren hinweg nachweisen? Finden die kausalen Annahmen des theoretischen Modells zum Zusammenhang zwischen Klassenklima und Selbstkonzept sowie zwischen Selbstkonzept und internalisierenden Auffälligkeiten mit Hilfe des Panels empirische Unterstützung?

Hypothesen: Schulische Faktoren beeinflussen im stärkeren Maße internalisierende Auffälligkeiten, als dass umgekehrt internalisierende Auffälligkeiten die Wahrnehmung der Schule einfärben. Ebenso wird erwartet, dass kausale Effekte eher vom Klassenklima ausgehend das Selbstkonzept beeinflussen und Veränderungen des Selbstkonzepts weniger ein Symptom internalisierender Auffälligkeiten sind, sondern ihnen vielmehr zeitlich vorausgehen.

TEIL B:
EMPIRISCHE UNTERSUCHUNG

6 Methodischer Zugang

In diesem Abschnitt soll erläutert werden, mit welchen Methoden die Fragestellungen untersucht werden. Dazu wird das HBSC (*Health Behaviour in School-aged Children*)-Forschungskonsortium vorgestellt, in dessen Rahmen diese Studie durchgeführt wird (Abschnitt 6.1). Es wird auf die verschiedenen Stichproben eingegangen, die für die Analysen herangezogen werden (Abschnitt 6.2), über Befragungsmethode und -instrumente informiert (Abschnitte 6.3 und 6.4) und auf das Verfahren der Mehrebenenanalyse eingegangen (Abschnitt 6.5).

6.1 Die HBSC-Studie (Health Behaviour in School-aged Children)

Bei der HBSC-Studie handelt es sich um ein internationales Forschungsprojekt, das von einem länderübergreifenden Netzwerk von Forschungsgruppen in Zusammenarbeit mit der Weltgesundheitsorganisation (WHO) durchgeführt wird. Das zentrale Anliegen der Studie ist es, die Gesundheit und das Gesundheitsverhalten von Jugendlichen im Alter von 11 bis 16 Jahren zu untersuchen. Ausgehend von einem breiten Verständnis der Gesundheit als Zustand körperlichen, psychischen und sozialen Wohlbefindens und nicht nur des Freiseins von Krankheit geht es einerseits um eine regelmäßige Bestandsaufnahme der Gesundheit junger Menschen mit verschiedenen Gesundheitsindikatoren. Andererseits liegt der Fokus auf der sozialen Umwelt, in der Jugendliche aufwachsen, und auf den Faktoren aus den Bereichen Familie, Schule und Peers, die Einfluss auf die Gesundheit und das Gesundheitsverhalten nehmen (Currie & Roberts, 2004).

Während die wissenschaftlichen Wurzeln der HBSC-Studie in den Verhaltens- und Sozialwissenschaften liegen, hat die Interdisziplinarität der beteiligten Forschergruppen in den letzten Jahren stark zugenommen. Dies hat zu einer schrittweisen Abkehr vom anfangs favorisierten Lebensstil-Ansatz geführt, der allein im individuellen Lebensstil mit seinen gesundheitsbezogenen Verhaltensweisen den Mittler zwischen der sozialen Umwelt und der Gesundheit sieht. Das aktuelle Rahmenkonzept der Studie, das von Currie (2001) als· sozial-ökologisch („social contextual approach", S. 13) bezeichnet wird, soll mit seiner breiteren Ausrichtung ermöglichen, dass die Daten für Forschungsarbeiten mit einer größeren Bandbreite theoretischer Ansätze genutzt werden können.

Die Datenerhebungen für die HBSC-Studie werden seit 1982 in einer wachsenden Anzahl von Ländern im vierjährigen Turnus durchgeführt. An der letzten Erhebung im Jahre 2006 haben 41 Länder teilgenommen. Dabei handelt es sich zum größten Teil um europäische Staaten, darüber hinaus gibt es HBSC-Erhebungen in Israel, Kanada und den USA.

Die nationalen Datenerhebungen werden von Forscherteams in den Mitgliedsländern nach gemeinsam festgelegten Kriterien durchgeführt, die in einem Forschungsprotokoll fixiert sind (vgl. Currie, Samdal, Boyce & Smith, 2001).

Deutschland ist seit 1994 mit dem Bundesland Nordrhein-Westfalen an der HBSC-Studie beteiligt. Seit der Erhebungswelle 2002 sind zusätzlich die Bundesländer Hessen, Sachsen und Berlin, seit 2006 auch Hamburg vertreten. Koordiniert von der Fakultät Gesundheitswissenschaften an der Universität Bielefeld (Leitung: Prof. Dr. Klaus Hurrelmann) haben sich die beteiligten Forschergruppen der Fachhochschule Frankfurt am Main, des Robert-Koch-Instituts in Berlin und der Technischen Universität Dresden im Jahr 2001 zu einem Forschungskonsortium zusammengeschlossen. Der Autor ist Mitglied der sächsischen HBSC-Forschergruppe.

6.2 Die Stichproben

In jedem der fünf beteiligten Bundesländer wird gemäß den Vorgaben des internationalen HBSC-Konsortiums eine Stichprobe gezogen. Die Zielpopulation sind Schulkinder im Alter von 11, 13 und 15 Jahren. In Deutschland wird dies durch eine Befragung von Fünft-, Siebent- und Neuntklässlern mit einer Abweichung von einem halben Jahr realisiert. Die Zufallsauswahl der Schulklassen oder der Schulen erfolgt unter Berücksichtigung der Verteilung der Schüler auf die verschiedenen Schulformen und die Regionen in der Grundgesamtheit (*geschichtete Klumpenstichprobe*).

Der sächsische HBSC-Datensatz

Die zentrale Datenbasis der vorliegenden Arbeit ist die sächsische Stichprobe von 2006. Sie beruht auf einer Zufallsauswahl von 20 Mittelschulen und 10 Gymnasien. Grundlage der regionalen und schulformbezogenen Quotierung sind die Schülerzahlen des sächsischen Landesamtes für Statistik. An jeder gezogenen Schule werden alle fünften, siebenten und neunten Klassen in die Befragung einbezogen. Tabelle 4 informiert über die realisierte Stichprobe, die 4 367 Schüler aus 221 Schulklassen umfasst. Auf der Schülerebene liegt die Responserate bei 86% (Anteil der teilnehmenden Schüler aus den an der Studie teilnehmenden Schulen). Gründe für eine Nicht-Teilnahme der Schüler waren in erster Linie die krankheitsbedingte Abwesenheit am Befragungstag oder eine nicht vorliegende Einverständniserklärung der Eltern.

Tabelle 4: HBSC-Datensatz Sachsen 2006 nach Klassenstufe und Geschlecht

	Gesamt	**Jungen**		**Mädchen**	
	N	Prozent	(n)	Prozent	(n)
Klassenstufe 5	1 227	50.3	(617)	49.7	(610)
Klassenstufe 7	1 207	48.0	(579)	52.0	(628)
Klassenstufe 9	1 933	50.4	(974)	49.6	(959)
Gesamt	4 367	49.7	(2 170)	50.3	(2 197)

Der deutsche HBSC-Datensatz

Um einen gesamtdeutschen Datensatz zu erzeugen, wird aus den Befragungsdaten aller fünf Bundesländer (N = 15 385) eine Zufallsauswahl gezogen. Diese Auswahl erfolgt gewichtet nach dem Bevölkerungsanteil der Bundesländer, dem Alter, dem Geschlecht und der Schulform.

Tabelle 5: Der deutsche HBSC-Datensatz nach Bundesländern

Bundesland	**n**	**Prozent**
Nordrhein-Westfalen	4 324	59.4
Hessen	1 338	18.4
Sachsen	686	9.4
Berlin	608	8.4
Hamburg	318	4.4
GESAMT	7 274	100.0

Dieser *strukturtypische Datensatz* umfasst die Befragungsdaten von N = 7 274 Jugendlichen und kann mit kleinen Einschränkungen als repräsentativ für deutsche Schüler der entsprechenden Altersgruppe gelten. Tabelle 5 beschreibt die Verteilung der Bundesländerdaten im deutschen HBSC-Datensatz. Zusammen mit den Datensätzen der 40 weiteren an der HBSC-Studie beteiligten Staaten fließen die deutschen Daten in einen internationalen Datensatz ein, der für interkulturelle Vergleiche herangezogen werden kann.

Der sächsische Panel-Datensatz

Da die beiden Befragungen in Sachsen 2002 und 2006 zum Großteil an denselben Schulen durchgeführt wurden, konnten wir zusätzlich eine Längsschnittbefragung realisieren. Dies wird erreicht, indem die Fünftklässler des Jahres 2002 vier Jahre später als Neuntklässler erneut befragt werden. Da eine Verknüpfung der Daten beider Messzeitpunkte aus Gründen des Datenschutzes nur im Nachhinein mit Hilfe eines von den Schülern gebildeten Pseudonyms möglich ist, muss eine hohe Drop-out-Rate in Kauf genommen werden (ca. 53.2%)[6]. Für die Längsschnittbefragung können z. B. jene Schüler nicht erreicht werden, die im Laufe der vier Jahre die Schule gewechselt haben oder ein Schuljahr wiederholen mussten. Demzufolge sind in diesem Datensatz (N = 636) vermutlich erfolgreichere Schülerbiographien überrepräsentiert.

Vergleicht man die Schüler im Panel-Datensatz mit den Fünftklässlern, für die nur die Daten zum ersten Messzeitpunkt vorliegen, zeigt sich, dass im Paneldatensatz mehr Mädchen vertreten sind (52.8%) als bei jenen, für die keine Verknüpfung mit dem zweiten Messzeitpunkt möglich ist (46.5%). Während diese Differenz statistische Signifikanz erreicht (χ^2 = 5.37, df = 1, p < .05), ergeben sich keine signifikanten Unterschiede hinsichtlich der Schulform (χ^2 = 0.56, df = 1, p = n.s.) oder dem Wohlstand der Familie (T = 1.90, df = 1 332, p = n.s.), gemessen mit der *Family Affluence Scale (FAS)* von Currie, Elton, Todd und Platt (1997). Dieser Panel-Datensatz soll in dieser Arbeit nur für sekundäre Datenanalysen herangezogen werden.

Abbildung 11 veranschaulicht die in dieser Arbeit verwendeten Datensätze. Da auch Zeitvergleiche von Interesse sind, enthält die Abbildung die Kennzahlen der aktuellen (2006) und der 2002er HBSC-Erhebung.

---

[6] Von den 1 359 Fünftklässlern, die 2002 an der Befragung teilgenommen haben und an deren Schule auch 2006 eine Befragung durchgeführt wurde, konnten von 636 Schüler die Daten beider Messzeitpunkte miteinander verknüpft werden (= 46.8%).

Erhebung 2002   Erhebung 2006

Abbildung 11: Die verwendeten Datensätze der HBSC-Studie

6.3 Das Erhebungsinstrument

Den Kern des eingesetzten Fragebogens bildet eine Fragenbatterie, die in Abstimmung der beteiligten nationalen Forschergruppen entworfen, getestet und weiterentwickelt wird und in allen HBSC-Staaten gleichermaßen zum Einsatz kommt. Dieser in die jeweilige Landessprache übersetzte Teil des Fragebogens soll die internationale Vergleichbarkeit gewährleisten. Diesem Ziel dient auch das Vorgehen, dass alle Fragen vom Englischen in die Landessprache und von dritter Seite noch einmal ins Englische zurück übersetzt werden. Dieser Kernfragebogen kann durch die nationalen Forschergruppen um weitere Fragen ergänzt werden. So ist z. B. das Thema ,Soziale Ungleichheit' ein gemeinsamer Schwerpunkt des deutschen HBSC-Konsortiums. Im sächsischen Fragebogen konnten wir darüber hinaus Erhebungsinstrumente unterbringen, die differenzierter als im Kernfragebogen Aspekte der schulischen Umwelt und der psychischen Gesundheit erfassen. Aus diesem Grund bildet der sächsische Datensatz die zentrale Grundlage für die Analysen dieser Arbeit. Um die Lesbarkeit der Arbeit zu erhöhen, wird auf die einzelnen verwendeten Erhebungsinstrumente in den jeweiligen Kapiteln näher eingegangen.

Umgang mit fehlenden Werten

Fehlende Werte sind in den verwendeten Stichproben nur selten zu beklagen. So fehlen z. B. im sächsischen Datensatz bei den beiden abhängigen Variablen der Untersuchung in 2.5% (psychosomatische Beschwerden) bzw. 1.5% (emotionale Probleme) der Fälle die Angaben bei mindestens einem Item der jeweiligen Skala. Die weiteren Analysen ergeben, dass das Fehlen der Werte nicht mit den Ausprägungen auf den vorhandenen Items der jeweiligen Untersuchungsvariable zusammenhängt (*missing at random*), dass es nicht mit dem Geschlecht, der Schulform oder der sozialen Lage in Verbindung steht, aber häufiger bei den Fünft- und Siebentklässlern als bei den Neuntklässlern zu verzeichnen ist. Bei den jüngeren Schülern wurden einzelne Items vermutlich häufiger übersehen, vergessen oder nicht verstanden. Da relativ häufig nur ein bis zwei Items je Skala fehlen, wird für diesen Fall das von Sijtsma und van der Ark (2003) vorgeschlagene *Two-way-imputation* (*TW*)-Verfahren zur Ersetzung fehlender Werte bei psychometrischen Skalen eingesetzt (S. 514). Das einfache Ersetzen des fehlenden Wertes durch den Personenmittelwert der verbleibenden Skalenitems (*PM*) würde nur unter der Annahme gleicher Itemschwierigkeiten zu sinnvollen Schätzungen führen (vgl. Lüdtke, Robitzsch, Trautwein & Köller, 2007). Deshalb berücksichtigt dieses Verfahren zusätzlich den Stichprobenmittelwert der Skala (*SM*) und den Stichprobenmittelwert des zu ersetzenden Items (*IM*)[7]. Da sich die Stichprobenmittelwerte in den drei Altersstufen unterscheiden, wird das Imputationsverfahren getrennt für Fünft-, Siebent- und Neuntklässler angewendet. Zwei fehlende Items pro Skala werden ersetzt, wenn die Skala insgesamt mindestens vier Items umfasst, ein Item, wenn sie mindestens zwei Items umfasst. Fehlen mehr Items pro Skala, wird der Fall von den Analysen ausgeschlossen (*listwise deletion*). Da dies nur wenige Fälle betrifft (z. B. 0.8% bei der Skala ‚Psychosomatische Beschwerden' und 0.4% bei der Skala ‚Emotionale Probleme') und deshalb keine verzerrten Parameterschätzungen zu erwarten sind, wird auf den Einsatz aufwändigerer Imputationsverfahren (z. B. *multiple imputation*) verzichtet.

---

[7] *TW* = *PM* + *IM* - *SM*; imputiert werden ganzzahlige Werte. Ergibt sich z. B. *TW* = 2.56, wird der Itemscore 2 imputiert, wenn der Wert der Zufallszahl aus der Bernoulli-Verteilung mit dem Parameter 0.56 gleich null ist; Itemscore 3 wird imputiert, wenn die Zufallszahl gleich eins ist (vgl. Sijtsma & van der Ark, 2003).

6.4 Die Durchführung der Untersuchung

Die Befragung der sächsischen Schüler erfolgte als anonyme schriftliche Gruppenbefragung in den fünften, siebenten und neunten Klassen der teilnahmebereiten Schulen unter Aufsicht von Vertretern der Forschergruppe im Januar 2006. Die Befragung nahm ca. eine Unterrichtsstunde in Anspruch. Die Schüler und ihre Eltern wurden zuvor über die zentralen Fragestellungen und Ziele der Studie informiert und um ihr Einverständnis gebeten. Die Schüler wurden nur dann befragt, wenn sie sich zur Teilnahme bereit erklärten und die unterschriebene Einverständniserklärung der Eltern vorlag.

6.5 Die Mehrebenenanalyse als Auswerungsverfahren

Die zu analysierenden Daten entstammen keiner Zufallsstichprobe auf Individualebene, sondern einer Klumpenstichprobe, bei der ganze Schulen gezogen wurden. Geht man, wie es die Forschungshypothesen nahelegen, davon aus, dass die Gruppierung von Schülern in Klassen oder Schulen nicht ohne Einfluss auf die zu untersuchenden Variablen bleibt, muss die größere Ähnlichkeit von Schülern, die in einer Klasse oder einer Schule unterrichtet werden, statistisch berücksichtigt werden. Anders als klassische OLS (ordinary least squares) – Regressionen gestattet es die *Mehrebenenanalyse*, die hierarchische Struktur von Daten zu modellieren. Da in der Schul- und Unterrichtsforschung häufig Daten mit einer Mehrebenenstruktur anzutreffen sind, wird in der pädagogischen und pädagogisch-psychologischen Forschung der Ruf immer lauter, mehrebenenanalytische Auswertungsverfahren einzusetzen (Ditton, 1998; Helmke & Weinert, 1997; Nezlek, Schröder-Abé & Schütz, 2006; Schwetz & Subramanian, 2005). Für die in dieser Arbeit interessierenden schulischen Einflüsse auf das Individuum ist besonders relevant, dass Untersuchungsvariablen auf verschiedenen Ebenen *gleichzeitig* auf ihre Zusammenhänge hin untersucht werden können. Diese Verfahren beruhen auf der Grundannahme, dass in einem Regressionsmodell sowohl die Regressionskonstante (intercept) als auch der Regressionskoeffizient (slope) variable Größen sind und aus Kontextmerkmalen erklärt werden können. Für die Durchführung der Mehrebenenanalysen wird in dieser Arbeit die Software MLWIN Version 2.02 (Rasbash, Steele, Browne & Prosser, 2005) verwendet.

7 Internalisierende Auffälligkeiten bei Schülerinnen und Schülern

Mit zwei Indikatoren nähert sich diese Studie internalisierenden Auffälligkeiten von Jugendlichen an: Der Häufigkeit emotionaler Probleme und der Häufigkeit psychosomatischer Beschwerden. Im Folgenden werden die beiden Erhebungsinstrumente vorgestellt und mit ihrer Hilfe die Verbreitung dieser Auffälligkeiten bei deutschen Schülerinnen und Schülern untersucht (vgl. Hypothese 1).

7.1 Emotionale Probleme

Der Strengths and Difficulties Questionnaire (SDQ)

Die emotionalen Probleme der Schüler werden mit einer Skala des *Strengths and Difficulties Questionnaire (SDQ)* von Goodman (1997) gemessen. Bei diesem Fragebogen handelt es sich um ein mehrdimensionales Instrument zur Erfassung von Verhaltensstärken und -auffälligkeiten bei Kindern und Jugendlichen im Alter von 4 bis 16 Jahren. Es existiert eine Version für Eltern, Lehrer und eine altersadäquat formulierte Selbstbericht-Version für Jugendliche ab 11 Jahren, die in der sächsischen Befragung zum Einsatz kommt. Das bereits gut validierte englische Original wird zunehmend in Forschung und Praxis eingesetzt (z. B. beim aktuellen Kinder- und Jugendgesundheitssurvey des Robert-Koch-Instituts), ist inzwischen in über 40 Sprachen übersetzt worden und liegt seit 1997 auch in deutscher Sprache vor (Klasen, Woerner, Rothenberger & Goodman, 2003). Erste Validierungsstudien der deutschen Version können zeigen, dass die Faktorenstruktur mit der englischen Version übereinstimmt, dass der SDQ (Selbstbericht) hoch mit dem „goldenen Standard" (S. 496) – der Child Behaviour Checklist – Youth Self-Report (CBCL-YSR) – korreliert und die Eltern-Version des SDQ besser zwischen einer klinischen und einer Feldstichprobe diskriminiert, als die Eltern-Version der CBCL (Klasen et al., 2000). Zu einem ähnlichen Ergebnis kommen auch Bettge und Mitarbeiter (Bettge, Ravens-Sieberer, Wietzker & Hölling, 2002), die zeigen können, dass CBCL und SDQ (Eltern-Version und Selbstbericht) gleichermaßen gut eine durch ein diagnostisches Interview festgestellte psychische Störung erkennen. Dies ist umso bemerkenswerter, da die CBCL mit 112 Items erheblich umfangreicher ist als der SDQ mit nur 25 Items. Klasen und Mitarbeiter nennen die folgenden Anwendungsbereiche für den SDQ: Screening (insbesondere für Hyperaktivität und Depressionen), klinische Diagnostik (z. B. Eingangsdiagnostik), Evaluierung von Therapieverläufen, epidemiologische Studien und Forschungen (Klasen, Woerner, Rothenberger & Goodman, 2003, S. 499f.).

Die Items der in dieser Studie verwendeten SDQ-Skala ‚Emotionale Probleme' zielen auf depressive Symptome, Ängste und körperliche Beschwerden ab. Die Skala korreliert hoch ($r = .73$) mit dem Breitbandfaktor internalisierende Störungen der CBCL/YSR (Klasen et al., 2000). Die mit Cronbach's $\alpha = .68$ noch ausreichende Reliabilität der Skala in der sächsischen Stichprobe liegt gleichauf mit der von Goodman (2001) berichteten Messgenauigkeit der englischen Version in einer Stichprobe 5 bis 15-Jähriger ($\alpha = .66$) und etwas niedriger als die von Becker und Mitarbeitern (Becker, Hagenberg, Roessner, Woerner & Rothenberger, 2004) in einer klinischen Stichprobe 11 bis 17-Jähriger gefundene der deutschen Fassung ($\alpha = .77$).

Emotionale Probleme bei sächsischen Jugendlichen

Die hier verwendete Skala ‚Emotionale Probleme' des SDQ umfasst fünf Items, die jeweils mit „nicht zutreffend", „teilweise zutreffend" oder „eindeutig zutreffend" markiert werden können. Tabelle 6 berichtet nach Geschlechtern getrennt die prozentualen Anteile, mit denen die befragten Jugendlichen bei jedem der fünf Items „eindeutig zutreffend" angekreuzt haben.

Die höchste Zustimmung erfährt das Item Nr. 2 („Ich mache mir häufig Sorgen") mit 13.5%. Wie bei allen anderen Items der Skala liegen die Angaben der Mädchen (17.3%) hochsignifikant über jenen der Jungen (9.6%). Am weitesten gehen die Zustimmungsraten bei Item Nr. 3 auseinander: Während nur 3.3% der Jungen angeben, dass sie „oft unglücklich oder niedergeschlagen" sind und „häufig weinen" müssen, stimmen dieser Aussage fast dreimal so viel Mädchen „eindeutig" zu (9.4%).

Kodiert man die Antwortmöglichkeiten „nicht zutreffend" (= 0) bis „eindeutig zutreffend" (= 2) mit Zahlen, ergibt sich durch Aufsummierung eine Summenskala mit Skalenwerten zwischen 0 und 10. Grundlage der folgenden Auswertungen sind die so berechneten Mittelwerte ($\bar{x}$). Der Gesamt-Mittelwert in der sächsischen Stichprobe ist $\bar{x} = 2.44$, die Standardabweichung beträgt $SD = 2.11$.

Tabelle 6: Emotionale Probleme (SDQ) nach Geschlecht (HBSC Sachsen
2006, N = 4 364)

Item	Prozent für „eindeutig zutreffend"			
	Mädchen	**Jungen**	**Gesamt**	**Geschlechts-effekt (χ^2)**
1. „Ich habe häufig Kopf-schmerzen, Bauchschmerzen oder mir ist schlecht."	13.2	5.4	9.3	$p < .001$
2. „Ich mache mir häufig Sor-gen."	17.3	9.6	13.5	$p < .001$
3. „Ich bin oft unglücklich oder niedergeschlagen, ich muss häufig weinen."	9.4	3.3	6.4	$p < .001$
4. „Neue Situationen machen mich nervös; ich verliere leicht das Selbstvertrauen."	12.6	8.1	10.4	$p < .001$
5. „Ich habe viele Ängste; ich fürchte mich leicht."	6.8	3.5	5.2	$p < .001$

Die getrennte Darstellung der Mittelwerte nach Geschlecht und Klassenstufe in
Abbildung 12 zeigt, dass sich der Effekt der Klassenstufe zwischen den beiden
Geschlechtern unterscheidet (Klassenstufe × Geschlecht: $F = 23.57$, $df = 2$,
$p < .001$). Während sich die Mittelwerte der Jungen zwischen den drei Klassen-
stufen nicht signifikant unterscheiden ($F = 1.71$, $df = 2$, $p =$ n.s.), steigen die
Mittelwerte der Mädchen mit jeder Klassenstufe signifikant an ($F = 32.39$,
$df = 2$, $p < .001$). Insgesamt sind die Werte der Mädchen deutlich höher als die
der Jungen ($F = 315.88$, $df = 1$, $p < .001$). Da der SDQ ausschließlich in der
sächsischen Befragung 2006 eingesetzt wird, sind keine Aussagen zu zeitlichen
Veränderungen oder Bundesländer- und Staatenvergleiche möglich.

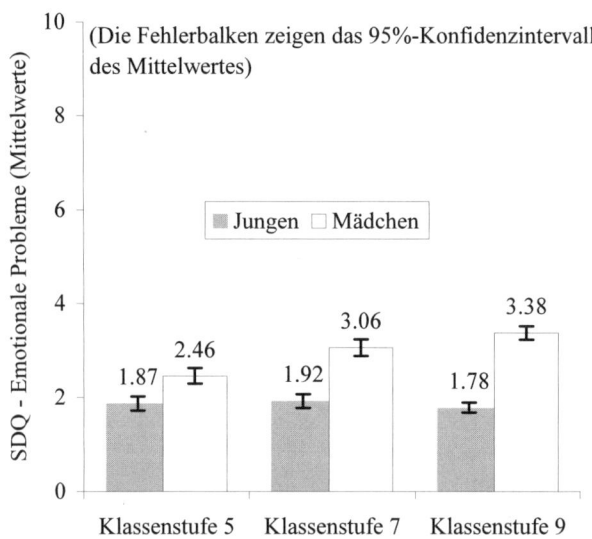

Abbildung 12: Emotionale Probleme (SDQ) nach Klassenstufe und Geschlecht (HBSC Sachsen 2006, N = 4 367)

Identifikation einer Gruppe stark belasteter Jugendlicher

Die Anlage des SDQ als Screening-Instrument erlaubt es, auf der Grundlage von populationsbasierten Grenzwerten zu Urteilen über besonders gefährdete Jugendliche zu kommen. Dieser Umstand soll in dieser Arbeit genutzt werden, um bei der Datenauswertung über eine variablenorientierte Perspektive hinauszugehen. Ziel einer zusätzlichen personenorientierten Auswertungsstrategie ist es, den Blick auf möglicherweise differierende Eigenschafts- und Bedingungskonstellationen innerhalb einzelner Gruppen von Jugendlichen zu lenken (vgl. Bergman & Magnusson, 1997). Eine solche näher zu betrachtende Gruppe sind Jugendliche mit extrem hohen Werten auf der Skala ‚Emotionale Probleme' des SDQ. Als ‚grenzwertig' gelten nach Angabe der SDQ-Autoren Skalenwerte von 6 und als ‚auffällig' Werte von 7 und höher (Meltzer, Gatward, Goodman & Ford, 2000). Diese Grenzwerte beruhen jedoch auf englischen Normierungsstudien und sind nicht nach Alter und Geschlecht differenziert. Für die deutsche Selbst-bericht-Version des SDQ liegen noch keine alters- und geschlechtsspezifischen Normen vor. Bettge und Mitarbeiter kommen bei ihren Analysen mit 11 bis 17-Jährigen deutschen Jugendlichen deshalb zu dem Schluss, dass bei der Anwendung der englischen SDQ-Grenzwerte fälschlicherweise viele Fälle als unauffällig klassifiziert werden (Bettge, Ravens-Sieberer, Wietzker & Hölling, 2002). Für die Identifikation der Gruppe mit hohen Belastungen durch Ängste und depressive Symptome wird in dieser Studie deshalb ein Skalenwert von 6 als Trennwert herangezogen. Es ist zu vermuten, dass die Jugendlichen dieser Risi-ko-Gruppe mit erhöhter Wahrscheinlichkeit unter einer klinisch relevanten internalisierenden Störung leiden.

Dieser Risiko-Gruppe mit einem Skalenwert von 6 bis 10 gehören 9.7% (n = 420) der befragten Jugendlichen in Sachsen an. Die Angaben zu Geschlecht und Klassenstufe der Jugendlichen in der Hoch-Belastungsgruppe in Tabelle 7 zeigen, dass diese zu drei Viertel weiblich und zur Hälfte in Klassenstufe 9 zu finden sind.

Tabelle 7: Risiko-Gruppe stark belasteter Jugendlicher nach Geschlecht und Klassenstufe

	Klassenstufe 5		Klassenstufe 7		Klassenstufe 9		Gesamt	
	Prozent	(n)	Prozent	(n)	Prozent	(n)	Prozent	(n)
Jungen	8.1	(34)	6.9	(29)	8.6	(36)	23.6	(99)
Mädchen	13.1	(55)	22.4	(94)	40.9	(172)	76.4	(321)
Gesamt	21.2	(89)	29.3	(123)	49.5	(208)	100.0	(420)

Im Vergleich mit den unauffälligen Jugendlichen der sächsischen Stichprobe sind die Mitglieder der Risiko-Gruppe signifikant häufiger weiblich ($\chi^2 = 126.52$, $df = 1$, $p < .001$) und in höheren Klassenstufen zu finden ($\chi^2 = 10.81$, $df = 2$, $p < .01$). Analysiert man die Verteilung auf die Klassenstufen getrennt nach den Geschlechtern, ergibt sich ausschließlich für die Mädchen ein signifikanter Klassenstufeneffekt ($\chi^2 = 23.48$, $df = 2$, $p < .001$). Die Verteilung der männlichen Jugendlichen mit extrem hohen SDQ-Werten auf die drei Klassenstufen unterscheidet sich hingegen nicht von jener der unauffälligen ($\chi^2 = 3.36$, $df = 2$, $p = $ n.s.).

7.2 Psychosomatische Beschwerden

Die HBSC-Symptom-Checklist (HBSC-SCL)

Die psychosomatischen Beschwerden der Jugendlichen – verstanden als körperliche Reaktionen auf psychischen Stress, die vermutlich keine organische Grundlage haben (siehe Kapitel 4) – werden mittels der *HBSC-Symptom-Checklist (HBSC-SCL)* erhoben, die in allen HBSC-Befragungen seit 1986 zum Einsatz kommt. Einleitend werden die Schüler gefragt: „In den letzten sechs Monaten: Wie oft hattest du die folgenden Beschwerden?". Auf einer fünfstufigen Antwortskala, die von „fast täglich" bis „selten oder nie" reicht, ist dann die Auftretenshäufigkeit der folgenden acht Beschwerden einzuschätzen: Kopf-, Bauch-, Rückenschmerzen, Niedergeschlagenheit, Gereiztheit, Nervosität, Einschlafschwierigkeiten und Benommenheit. Untersuchungen haben ergeben, dass die Skala eine somatische und eine psychische Subdimension besitzt, die in einer Gesamtdimension psychosomatischer Belastung zusammenfließen (Haugland, Wold, Stevenson, Aaroe & Woynarowska, 2001; Hetland, Torsheim & Aaro, 2002). Validitätsstudien zeigen, dass die Items der Skala sensitiv gegenüber psychosomatischen Störungen sind und dass die genannten Beschwerden von Jugendlichen valide eingeschätzt und berichtet werden können. Die Retest-Reliabilität der Skala ist befriedigend, die Werte für die interne Konsistenz reichen in skandinavischen Studien von Cronbach's $\alpha = .70$ bis $\alpha = .80$ (Haugland & Wold, 2001; Haugland, Wold, Stevenson, Aaroe & Woynarowska, 2001). In der deutschen HBSC-Erhebung von 2002 beträgt die interne Konsistenz Cronbach's $\alpha = .81$ (Bilz, Hähne & Melzer, 2003) und in der aktuellen Erhebung von 2006 ergibt sich Cronbach's $\alpha = .80$ (deutscher HBSC-Datensatz) bzw. $\alpha = .82$ (sächsischer HBSC-Datensatz).

Die Korrelation zwischen den beiden Indikatoren internalisierender Auffälligkeiten ‚Psychosomatische Beschwerden' und ‚Emotionale Probleme' beträgt $r = .632$ ($p < .001$), wobei berücksichtigt werden muss, dass ein Item der SDQ-Skala auch nach körperlichen Beschwerden fragt. Dieser Zusammenhang ist bei den Mädchen enger ($r = .648$, $p < .001$) als bei den Jungen ($r = .538$, $p < .001$).

Psychosomatische Beschwerden bei sächsischen Jugendlichen

In Tabelle 8 sind für jedes der acht Items und nach Geschlechtern getrennt die prozentualen Anteile aufgeführt, mit denen die Jugendlichen in Sachsen die beiden höchsten Antwortkategorien „fast täglich" oder „mehrmals pro Woche" wählen.

Tabelle 8: Psychosomatische Beschwerden nach Geschlecht (HBSC Sachsen 2006, N = 4 364)

Item	Prozent für „fast täglich" u. „mehrmals pro Woche"			
	Mädchen	Jungen	Gesamt	Geschlechtseffekt (χ^2)
1. „Kopfschmerzen"	16.3	6.7	11.5	$p < .001$
2. „Bauchschmerzen"	10.9	3.1	7.0	$p < .001$
3. „Rückenschmerzen"	12.2	6.1	9.2	$p < .001$
4. „fühle mich niedergeschlagen"	13.2	5.7	9.5	$p < .001$
5. „bin gereizt oder schlecht gelaunt"	15.8	10.4	13.1	$p < .001$
6. „fühle mich nervös"	8.7	6.1	7.4	$p < .01$
7. „kann schlecht einschlafen"	19.9	12.3	16.2	$p < .001$
8. „fühle mich benommen, schwindelig"	8.3	3.8	6.1	$p < .001$

Das am häufigsten genannte psychosomatische Symptom sind Einschlafstörungen. Fast jedes fünfte befragte Mädchen und 12.3% der Jungen geben an, mindestens zweimal pro Woche schlecht einschlafen zu können. Es folgen als häufig genannte Beschwerden: Gereiztheit, Kopfschmerzen, Niedergeschlagenheit und Rückenschmerzen. Alle acht Symptome werden von Mädchen signifikant häufiger berichtet als von Jungen. Am deutlichsten gehen die Angaben von Mädchen und Jungen bei Kopfschmerzen, Bauchschmerzen und Niedergeschlagenheit auseinander.

Durch Kodierung der Antwortkategorien mit Zahlen von 0 („selten oder nie") bis 4 („fast täglich") und Aufsummierung über die acht Items hinweg ergibt sich eine Summenskala mit einem Wertebereich von 0 bis 32. Der so berechnete Gesamt-Mittelwert für die Skala ‚Psychosomatische Beschwerden' in der sächsischen Stichprobe beträgt $\bar{x} = 6.54$ ($SD = 5.77$).

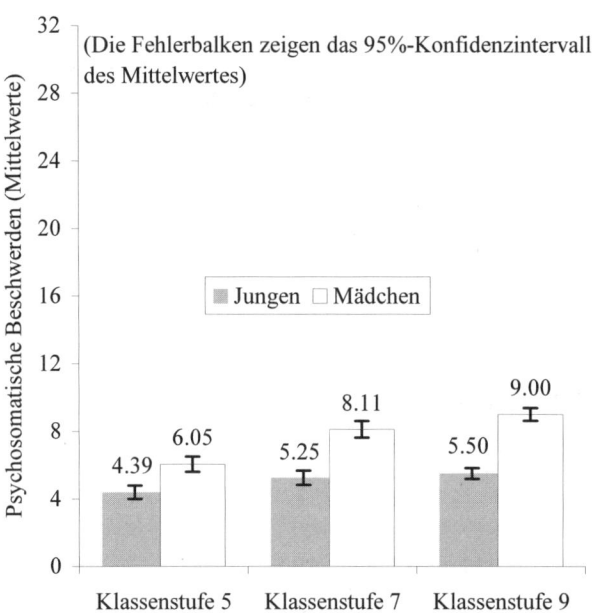

Abbildung 13: Psychosomatische Beschwerden nach Klassenstufe und
Geschlecht (HBSC Sachsen 2006, N = 4 367)

Bei der Berechnung der Mittelwerte getrennt nach Klassenstufe und Geschlecht
(Abbildung 13) ergibt sich ein ähnliches Bild wie für die Skala ‚Emotionale
Probleme'. Am stärksten ist der Geschlechtseffekt: Mädchen berichten deutlich
mehr psychosomatische Beschwerden als Jungen ($F = 241.09$, $df = 1$, $p < .001$).
Mit steigender Klassenstufe steigt die Häufigkeit psychosomatischer Beschwerden an ($F = 50.92$, $df = 2$, $p < .001$), bei den weiblichen Jugendlichen jedoch
noch deutlicher als bei den Jungen (Klassenstufe × Geschlecht: $F = 10.34$, $df = 2$,
$p < .001$).

Wie stark sind die Jugendlichen in der anhand der SDQ-Skala ‚Emotionale
Probleme' identifizierten Risiko-Gruppe (siehe Abschnitt 7.1) durch psychosomatische Beschwerden belastet? Abbildung 14 veranschaulicht, dass der Mittelwert für die ‚Psychosomatischen Beschwerden' in dieser Subgruppe deutlich
über jenem der unauffälligen Jugendlichen liegt ($F = 700.63$, $df = 1$, $p < .001$).
Der Mittelwert von $\bar{x} = 14.6$ ($SD = 6.65$) in der Gruppe stark belasteter Jugendlicher lässt darauf schließen, dass die betroffenen Jugendlichen im Durchschnitt

bei jedem der acht psychosomatischen Symptome „fast jede Woche" als Häufigkeit angeben. Die am häufigsten genannten Beschwerden in dieser Gruppe sind Einschlafstörungen (Mädchen: 45.0%, Jungen: 39.8%), Gereiztheit (Mädchen: 43.4%[8], Jungen: 44.9%) und Niedergeschlagenheit (Mädchen: 47.2%; Jungen: 29.6%).

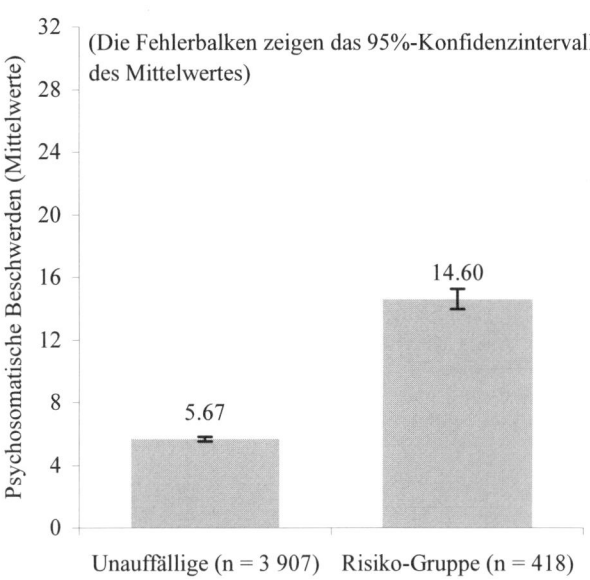

Abbildung 14: Psychosomatische Beschwerden in der Gruppe stark belasteter Jugendlicher und bei unauffälligen Jugendlichen (HBSC Sachsen 2006, N = 4 367)

---

[8] Die Prozentzahlen beziehen sich wie in Tabelle 8 auf die beiden zusammengefassten Kategorien „fast täglich" und „mehrmals pro Woche".

Psychosomatische Beschwerden bei deutschen Jugendlichen

Wie verbreitet sind psychosomatische Beschwerden in der gesamtdeutschen Stichprobe und welche Veränderungen haben sich seit der letzten Erhebung 2002 ergeben? Der Mittelwert im gesamtdeutschen HBSC-Datensatz (2006) beträgt $\bar{x}$ = 6.98 (*SD* = 5.82) und liegt damit bei Kontrolle von Klassenstufe und Geschlecht signifikant höher als im sächsischen Datensatz (*F* = 27.61, *df* = 1, *p* < .001).

Vergleicht man die Mittelwerte der Skala ‚Psychosomatische Beschwerden' in den gesamtdeutschen Datensätzen der aktuellen Erhebung und der Erhebung im Jahr 2002, ergibt sich ein signifikanter Zeiteffekt: Der Mittelwert liegt bei Kontrolle von Geschlecht- und Klassenstufeneffekt für das Erhebungsjahr 2006 höher als im Jahr 2002 (*F* = 33.70, *df* = 1, *p* < .001).

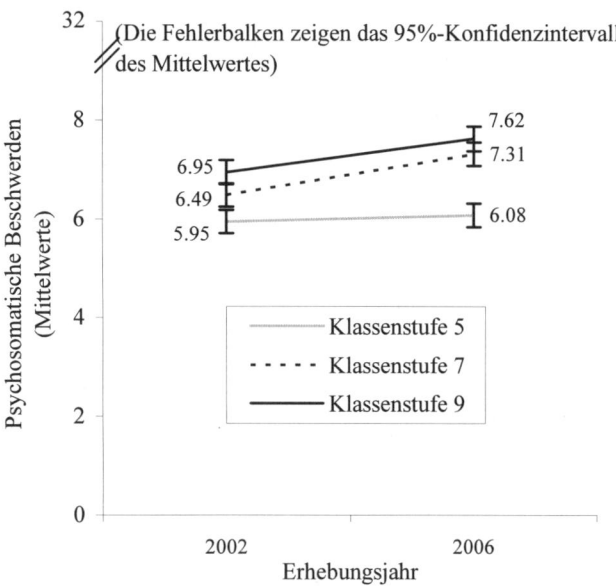

Abbildung 15: Psychosomatische Beschwerden nach Klassenstufe und Erhebungsjahr (HBSC Deutschland 02/06, N = 5 650 / 7 274)

Abbildung 15 zeigt, dass dieser Zeiteffekt für die verschiedenen Klassenstufen unterschiedlich ausfällt (Erhebungsjahr × Klassenstufe: $F = 5.15$, $df = 2$, $p < .01$). Die größten Anstiege sind demnach in den Klassenstufen sieben und neun zu verzeichnen, während der Mittelwert der Fünftklässler weitgehend konstant geblieben ist. Der Interaktionseffekt Erhebungsjahr × Geschlecht erreicht keine statistische Signifikanz.

Betrachtet man die Entwicklung bei den sächsischen Jugendlichen, ist nur bei den Jungen eine statistisch bedeutsame Veränderung nachweisbar. So liegt ihr Mittelwert für ,Psychosomatische Beschwerden' 2006 etwas niedriger als 2002 ($F = 12.39$, $df = 1$, $p < .001$), während sich die Werte der Mädchen nicht verändert haben ($F = 0.40$, $df = 1$, $p = $ n.s.).

Psychosomatische Beschwerden deutscher Jugendlicher im internationalen Vergleich

Für den internationalen Vergleich können nur die Daten der Erhebung von 2002 herangezogen werden. Zwei Länder-Datensätze (Grönland, Malta) werden von den Analysen ausgeschlossen, da der Anteil fehlender Werte größer als fünf Prozent ist. Die Mittelwerte für die Skala ,Psychosomatische Beschwerden' in den verbleibenden 30 Staaten unterscheiden sich stark voneinander (Abbildung 16).

Nur in wenigen Staaten (z. B. Österreich, Niederlande) weisen die Schüler einen niedrigeren Wert auf als in Deutschland, wobei sich die Mittelwerte in diesen Ländern nicht mehr signifikant vom Mittelwert der deutschen Stichprobe unterscheiden. Statistisch abgesichert ist hingegen der Abstand Deutschlands von den Ländern, die im HBSC-Durchschnitt liegen (grauer Rahmen). Die höchsten Werte für ,Psychosomatische Beschwerden' sind bei Jugendlichen in Israel und Italien zu beobachten. Weitere – getrennt nach Geschlecht und Klassenstufe durchgeführte – Analysen bestätigen in allen Subgruppen die niedrigere Ausprägung psychosomatischer Beschwerden bei deutschen Jugendlichen im Vergleich mit den anderen HBSC-Staaten.

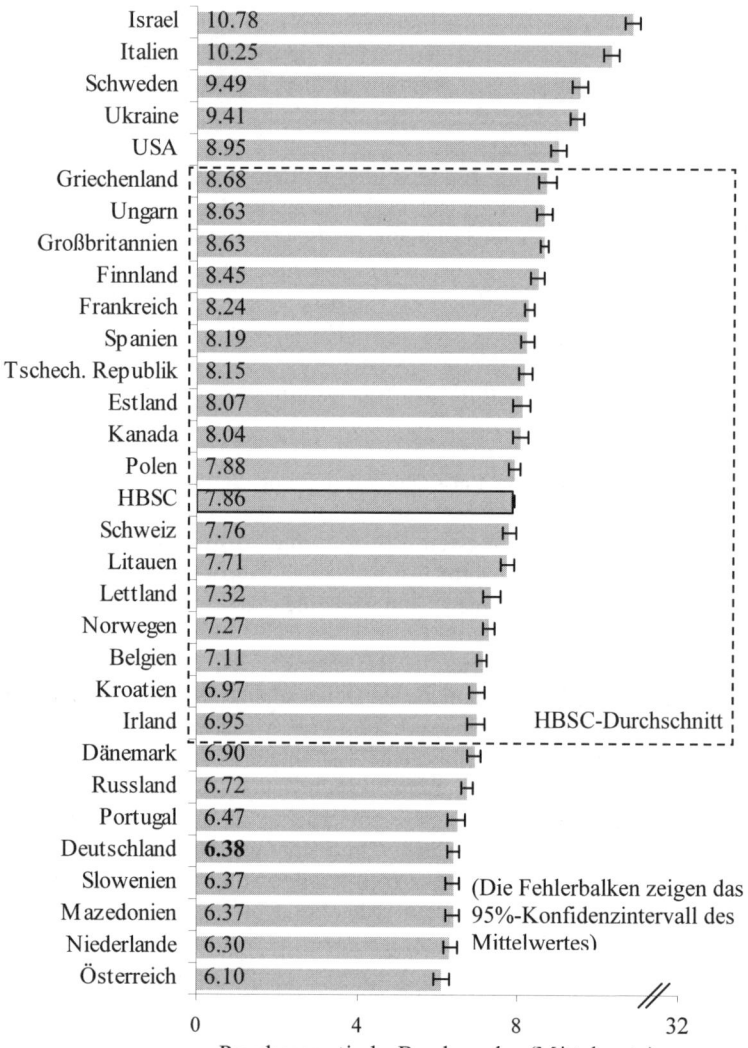

Abbildung 16: Psychosomatische Beschwerden im internationalen Vergleich
(HBSC International 2002, N = 162 305)

7.3 Zusammenfassung und Diskussion

Ziel dieses Kapitels war es, die beiden in dieser Studie verwendeten Indikatoren für internalisierende Auffälligkeiten vorzustellen und mit ihrer Hilfe die Verbreitung derartiger Beschwerden bei Jugendlichen im Alter von 11 bis 16 Jahren zu beschreiben.

Beim ersten Indikator, dem SDQ handelt es sich um ein sehr verbreitetes und zuverlässiges Screening-Instrument, dessen Subskala ‚Emotionale Probleme' breit nach Ängsten, körperlichen Beschwerden und depressiven Symptomen fragt. Die HBSC-Skala ‚Psychosomatische Beschwerden' erhebt hingegen gezielt körperliche Beschwerden, die mit internalisierenden Problemen einhergehen. Während der SDQ nur den sächsischen Jugendlichen vorgelegt wird, hat dieses Instrument den Vorteil, dass es in allen HBSC-Staaten zum Einsatz kommt und mit seiner Hilfe die Verbreitung psychosomatischer Beschwerden international verglichen werden kann. Dass beide Indikatoren hoch miteinander korrelieren, kann als Bestätigung für eine gemeinsame latente Dimension ‚Internalisierende Auffälligkeiten' gewertet werden.

Im Ergebnis zeigt sich anhand beider Indikatoren ein sehr ähnliches Verbreitungsmuster internalisierender Auffälligkeiten. So sind Mädchen generell stärker durch Ängste, depressive Symptome und psychosomatische Beschwerden belastet als Jungen, wobei dieser Geschlechtsunterschied insbesondere ab der Klassenstufe 7 in Erscheinung tritt. Es bestätigen sich somit die in Kapitel 4 referierten Befunde zur Epidemiologie internalisierender Störungen, die insbesondere bei Mädchen ab der Pubertät eine erhöhte Belastung sehen. Dass die Geschlechtsunterschiede bei den emotionalen Problemen etwas stärker ausfallen als bei den psychosomatischen Beschwerden könnte daran liegen, dass sich der Umgang von Jugendlichen mit psychischen Belastungen an geltenden Geschlechterrollen orientiert. Während es Mädchen leichter fällt, Ängste und Sorgen zu äußern, nutzen Jungen möglicherweise eher körperliche Beschwerden, um psychisches Leid zu kommunizieren (Roth, 2000).

Wenngleich im Rahmen dieser Studie keine kategorialen psychischen Störungen diagnostiziert werden können und die Erhebung einem dimensionalen Verständnis psychischer Probleme folgt, wird die Eignung des SDQ als Sreening-Instrument genutzt, um eine Risiko-Gruppe zu identifizieren. Mit der Hilfe dieser Gruppe, deren Mitglieder nach englischer Normierung deutlich erhöhte Werte auf der SDQ-Skala ‚Emotionale Probleme' aufweisen, sollen Eigenschafts- und Bedingungskonstellationen am oberen Ende des Spektrums internalisierender Probleme untersucht werden. Auch in dieser Risiko-Gruppe, der fast zehn Prozent der sächsischen Jugendlichen zuzuordnen sind, finden sich vorrangig weibliche Jugendliche ab der Pubertät (Klassenstufe 9).

Da die sächsische Stichprobe die Daten-Grundlage der Analysen dieser Arbeit ist, sollen die bei sächsischen Jugendlichen gefundenen Muster durch nationale und internationale Vergleiche eingeordnet werden. Hierfür kann die Skala ‚Psychosomatische Beschwerden' herangezogen werden, die in allen HBSC-Staaten und somit auch in der gesamtdeutschen Erhebung (strukturtypisch zusammengesetzt aus den Länderstichproben von NRW, Hessen, Sachsen, Berlin und Hamburg) zum Einsatz kommt. Die Analysen der aktuellen Daten von 2006 zeigen, dass sächsische Jugendliche mit ihren psychosomatischen Beschwerden etwas unter dem gesamtdeutschen Durchschnitt liegen. Für den internationalen Vergleich können nur die Daten von 2002 ausgewertet werden. Hier zeigt sich, dass deutsche Jugendliche seltener unter psychosomatischen Beschwerden leiden, als ihre Altersgenossen in den meisten anderen europäischen und nordamerikanischen Staaten. Zu einem ähnlichen Ergebnis kommen Crijnen, Achenbach und Verhulst (1999), die die mit der CBCL erhobene psychische Auffälligkeiten von 6- bis 17-Jährigen aus neun Ländern vergleichen (Australien, Deutschland, Israel, Jamaika, Niederlande, Puerto Rico, Schweden, Thailand, USA). Auch hier gehören die deutschen Kinder und Jugendlichen zu denjenigen mit den geringsten Beschwerden, insbesondere auch bei den körperlichen Beschwerden und dem CBCL-Syndrom ‚Ängstlich/Depressiv'. Eine Erklärung hierfür zu finden, fällt schwer. Wenig überzeugend ist der Ansatz von Torsheim, Välimaa und Danielson (2004), die sozioökonomischen Bedingungen in den untersuchten Ländern für die Unterschiede verantwortlich zu machen. Diese spiegeln sich aus ihrer Sicht in einem Ost-West-Gradienten wider, wonach sich für Jugendliche in ost- und zentraleuropäischen HBSC-Ländern auf mehreren Gesundheitsindikatoren höhere Beeinträchtigungen ablesen lassen als bei westeuropäischen Jugendlichen. Für die psychosomatischen Beschwerden, bei denen sich dieses Muster nicht zeigt (Abbildung 15), muss nach anderen Faktoren Ausschau gehalten werden. Nicht zuletzt sind hier auch methodische Aspekte zu bedenken. Neben linguistischen Unterschieden kann sich zwischen den Kulturen auch der Schwellenwert unterscheiden, ab dem bestimmte Probleme berichtet werden (Crijnen, Achenbach & Verhulst, 1999).

Für die deutschen Jugendlichen kann aus diesen Befunden keine Entwarnung abgelesen werden. Der deutsche Kohortenvergleich offenbart, dass psychosomatische Beschwerden insbesondere bei Siebent- und Neuntklässlern 2006 stärker verbreitet sind als noch vier Jahre zuvor. Besorgniserregender ist jedoch die deutlich höhere Beeinträchtigung von Mädchen durch internalisierende Auffälligkeiten. Nach den in Kapitel 4 vorgestellten Erklärungsansätzen sind die Ursachen hierfür in der höheren Vulnerabilität von Mädchen für soziale Stressoren ab der Pubertät zu suchen. Für die in dieser Arbeit zu untersuchende Fragestellung bedeutet dies, dass soziale Aspekte der schulischen Umwelt für Ängste, depressive Symptome und psychosomatische Beschwerden von Mädchen vermutlich bedeutsamer sind als für internalisierende Auffälligkeiten von Jungen.

8 Die schulische Umwelt aus der Sicht von Schülerinnen und Schülern

Während im vorherigen Kapitel die Indikatoren internalisierender Auffälligkeiten als abhängige Variable dieser Studie eingeführt wurden, stehen jetzt mit Aspekten der schulischen Umwelt die – im weitesten Sinne – unabhängigen Variablen im Zentrum der Betrachtung. Unterschieden werden sollen strukturelle von klimatischen Bedingungen der Schule.

8.1 Strukturelle Bedingungen der schulischen Umwelt

Schulformen in Sachsen

Im Freistaat Sachsen kann die Schulstruktur in der Sekundarstufe I mit dem Begriff „Zwei-Säulen-Modell" charakterisiert werden (Melzer, 1998, S. 41). Neben den Förderschulen existieren ausschließlich Gymnasien und Mittelschulen. Letztere können als teilintegrierte Systeme verstanden werden, die ab der 7. Klasse den Haupt- und Realschulbildungsgang umfassen, entsprechende Abschlüsse ermöglichen und die Schülerinnen und Schüler mit unterschiedlichen Differenzierungskonzepten (homogene und heterogene Lerngruppen) zu diesem Ziel führen. Im Schuljahr 2005/2006 besuchten 95 622 sächsische Schülerinnen und Schüler ein Gymnasium (entspricht 45.9%) und 112 823 eine Mittelschule (54.1%) (Statistisches Landesamt des Freistaates Sachsen, 2006, S. 112f.).

Die dieser Arbeit zugrunde liegende sächsische HBSC-Stichprobe von 2006 umfasst 2 025 Gymnasiasten (53.6%) sowie 2 342 Mittelschüler (46.4%) und bildet somit die Verteilung in der Grundgesamtheit sehr gut ab. Befragt werden Schülerinnen und Schüler an zehn Gymnasien und 17 Mittelschulen. Demzufolge können diese beiden Schulformen in den folgenden Analysen berücksichtigt werden. Dies bedeutet jedoch nicht, dass direkte Einflüsse auf die interessierenden Schülervariablen erwartet werden. Vielmehr soll die Schulform mit ihren vielfältigen Implikationen für andere möglicherweise nicht erfasste Prozessvariablen als Kontrollfaktor dienen.

Die Schul- und Klassengröße

Die Schul- und Klassengröße als objektives strukturelles Merkmal der schulischen Umwelt hat insbesondere in frühen Studien zu Entwicklungseinflüssen der Schule eine Rolle gespielt (siehe Kapitel 2). So ergeben sich für Schüler und Lehrer an Schulen mit niedrigerer Schülerzahl auf mehreren Entwicklungsdimensionen bessere Werte als an größeren Schulen. An diesen Befunden wird aber zu Recht kritisiert, dass die Prozessebene sowohl theoretisch als auch empirisch vernachlässigt wird und Aspekte des internen Schullebens sowie des Klimas nicht berücksichtigt werden (vgl. Eccles & Roeser, 1999, S. 505). Wenn die Schul- und Klassengröße im Folgenden als Strukturmerkmal zur Beschreibung der schulischen Umwelt Verwendung findet, wird dies mit der Prämisse getan, dass sich eventuell ergebende Verbindungen zu internalisierenden Auffälligkeiten auf der Prozessebene durch die ebenfalls berücksichtigten Klimadimensionen aufklären lassen.

Sächsische Mittelschulen sind im Schnitt kleiner als Gymnasien. Während an einer durchschnittlichen Mittelschule im Schuljahr 2005/2006 rund 266 Schüler lernten, waren es an Gymnasien im Durchschnitt ca. 655 Schüler (Statistisches Landesamt des Freistaates Sachsen, 2006). Mit Hilfe der *Sächsischen Schuldatenbank* (Sächsisches Staatsministerium für Kultus, 2007) können zusätzlich Informationen zu den tatsächlichen Schülerzahlen der 27 Befragungsschulen eruiert werden. Tabelle 9 sind die Angaben zur Schülergesamtzahl der Befragungsschulen zu entnehmen.

Die Mittelschulen der sächsischen HBSC-Stichprobe haben eine durchschnittliche Schülerzahl von 365 ($SD = 109.2$) Schülern und sind damit signifikant kleiner als die Gymnasien mit einer durchschnittlichen Schülerzahl von 567 ($SD = 161.8$) Schülern ($T = 3.89$, $df = 25$, $p < .01$). Damit sind die Mittelschulen in der Stichprobe etwas größer als die Mittelschulen in der Grundgesamtheit und die Gymnasien in der Stichprobe etwas kleiner als in der Grundgesamtheit.

Angaben zu der tatsächlichen Schülerzahl in jeder Befragungsklasse liegen leider nicht vor. Hier muss die Anzahl der befragten Schüler im Datensatz als Schätzwert für die *Klassengröße* herangezogen werden, womit die tatsächliche Klassengröße allerdings unterschätzt wird. Die so ermittelte durchschnittliche Schülerzahl pro Klasse beträgt $\bar{x} = 19.8$ ($SD = 4.9$) mit einem Modalwert von 22. Sie ist für die 126 Mittelschulklassen der sächsischen Stichprobe mit $\bar{x} = 18.6$ ($SD = 4.9$) signifikant niedriger als für die 95 Gymnasialklassen ($\bar{x} = 21.3$, $SD = 4.5$; $T = 4.23$, $df = 219$, $p < .001$). Bezüglich der drei Klassenstufen fünf, sieben und neun finden sich keine signifikanten Unterschiede in der Klassengröße.

Tabelle 9:   Schülerzahlen der befragten sächsischen Schulen

Mittelschulen	Gesamtschülerzahl lt. Sächsischer Schuldatenbank (alle Klassenstufen)	Gymnasien	Gesamtschülerzahl lt. Sächsischer Schuldatenbank (alle Klassenstufen)
Mittelschule A	166	Gymnasium A	274
Mittelschule B	251	Gymnasium B	386
Mittelschule C	286	Gymnasium C	435
Mittelschule D	288	Gymnasium D	535
Mittelschule E	288	Gymnasium E	599
Mittelschule F	302	Gymnasium F	608
Mittelschule G	316	Gymnasium G	637
Mittelschule H	327	Gymnasium H	653
Mittelschule I	363	Gymnasium I	751
Mittelschule J	368	Gymnasium J	790
Mittelschule K	372		
Mittelschule L	397		
Mittelschule M	410		
Mittelschule N	426		
Mittelschule O	505		
Mittelschule P	516		
Mittelschule Q	616		

8.2 Klimatische Aspekte der schulischen Umwelt

Gemäß der Forschungshypothesen dieser Arbeit wird davon ausgegangen, dass schulische Einflüsse auf die psychische Gesundheit weniger von den strukturellen Bedingungen der schulischen Umwelt (z. B. Schulform, Klassengröße) ausgehen, sondern eher bei Klimavariablen zu suchen sind. Im folgenden Abschnitt werden die verwendeten Klima-Indikatoren vorgestellt und es wird mit ihrer Hilfe nachgezeichnet, wie Schüler ihre schulische Umwelt wahrnehmen (vgl. Hypothese 2).

Das Klima in der schulischen Umwelt – Die Erhebungsinstrumente

Das in Abschnitt 5.2 entwickelte theoretische Modell dieser Studie benennt zwei Klima-Dimensionen der schulischen Umwelt, die für die Entwicklung internalisierender Auffälligkeiten von Schülerinnen und Schülern als bedeutsam angesehen werden: Erstens Schülerwahrnehmungen, die sich auf die schulischen *Lernbedingungen* beziehen und zweitens Einschätzungen des *sozialen Klimas*, das sich zwischen den Schülern etabliert.

Aus den schulbezogenen Erhebungsinstrumenten der HBSC-Studie werden fünf Skalen ausgewählt, um diese beiden Aspekte zu beschreiben. Dabei sollen sich die Skalen ‚Unterrichtsqualität', ‚Schulische Überforderung' und ‚Schülerautonomie' der Dimension Lernbedingungen annähern, während das Sozialklima durch die ‚Mitschülerunterstützung' und die ‚Mobbing-Opfererfahrungen' gemessen werden soll.

Unterrichtsqualität. Der Großteil der von Jugendlichen in der Schule verbrachten Zeit besteht aus Unterrichtszeit. In welchem Ausmaß es Lehrern gelingt, diese Zeit ansprechend und ertragreich zu gestalten, bleibt vermutlich nicht ohne Wirkung für die Entwicklung der Schüler. Gemessen wird die didaktische Qualität des Unterrichts mit einer Skala der Forschungsgruppe Schulevaluation (1998), die seit der Erhebung im Jahr 2002 Teil der nationalen Ergänzung des HBSC-Instrumentariums in Deutschland ist. Mit insgesamt fünf Items wird nach der Angemessenheit des Lerntempos, der Anschaulichkeit des Unterrichts und den Fähigkeiten der Lehrer, Sachverhalte verständlich zu erklären sowie einen abwechslungsreichen, nicht langweilen Unterricht gestalten zu können, gefragt. Von den Schülern wird hierbei verlangt, für die Beantwortung dieser Fragen auf Wahrnehmungen ihrer Lehrer ‚im Allgemeinen' zu abstrahieren. Bisherige Erfahrungen im Umgang mit diesem Verfahren zeigen, dass Schüler hierzu durchaus in der Lage sind und sich die Skala als Erklärungsvariable für z. B. gesundheitsbezogene (Bilz & Hähne, 2006; Bilz, Hähne & Melzer, 2003) oder aggressive (Melzer, Mühl & Ackermann, 1998) Verhaltensweisen von Schülern bewährt hat.

Schulische Überforderung. Bei der Beurteilung der Anforderungsstruktur der schulischen Umwelt ist die Frage entscheidend, ob die Arbeitsanforderungen die Fähigkeiten der Schüler übersteigen. Ist dies der Fall, verfehlen sie ihr Ziel, Schülern Erfahrungen von Selbstwirksamkeit und Kompetenzzuwachs zu ermöglichen und gehen stattdessen mit Versagenserlebnissen einher. Mit der um ein Item gekürzten Skala *school demands* von Torsheim, Aaro und Wold (2003) wird der Versuch unternommen, diesen Aspekt zu erfassen. Mit zwei Items wird danach gefragt, ob die Schüler für die Schule zu viel arbeiten müssen und ob sie das Lernen in der Schule schwer finden. Das Item „Ich finde das Lernen in der Schule ermüdend" wird nicht berücksichtigt, da es in sich bereits den zu untersuchenden Zusammenhang – Schule beeinflusst psychosomatische Beschwerden – enthält.

Schülerautonomie. Wie intensiv sich Schüler am Geschehen im Unterricht und in der Schule beteiligt fühlen, hat weit reichende Konsequenzen für ihre Motivation und den Schulerfolg (Eccles & Roeser, 1999). Im Rahmen der HBSC-Studie wird mit der Kurzversion einer Skala von Fraser (1989) nach Partizipationsmöglichkeiten im Unterricht gefragt. Im Einzelnen thematisieren die vier Items die Wertschätzung des individuellen Arbeitstempos, das Mitspracherecht bei Lerninhalten, bei der Nutzung der Unterrichtszeit, bei Schulaktivitäten und bei der Auswahl von Partnern für Gruppenarbeiten.

Mitschülerunterstützung. Soziale Beziehungen sind ein zentrales Element in der Entwicklung junger Menschen. Konfrontiert mit schulischen Anforderungen kommt der informellen sozialen Unterstützung durch die Mitschüler neben der eher formalen Unterstützung durch die Lehrer eine entscheidende Bedeutung zu. Soziale Unterstützung wird hierbei als Ressource im Umgang mit externalen Anforderungen oder Stressoren gesehen. Diese Sichtweise verbietet es jedoch, scheinbar objektive Kriterien zur Erfassung sozialer Unterstützung heranzuziehen (z. B. die Anzahl enger Freunde), da das Ausmaß der benötigten und erhaltenen Unterstützung durch die aktuellen Anforderungen bestimmt ist. Die Autoren der eingesetzten Skala ‚classmate support' (Torsheim, Wold & Samdal, 2000) verwenden deshalb das Konzept der *wahrgenommenen Unterstützung* („perceived support") und definieren diese als „wahrgenommene Zufriedenheit mit und Nützlichkeit sowie Verfügbarkeit von Unterstützung" (S. 197, Ü. d. V.). Die vier Items der Skala erfragen, ob die Schüler einer Klasse gern zusammen sowie nett und hilfsbereit sind und ob sie sich von ihren Mitschülern unterstützt und akzeptiert fühlen.

Mobbing-Opfererfahrungen. Der Forschungsüberblick in Abschnitt 4.3 hat gezeigt, dass Erfahrungen sozialer Ausgrenzung zu den größten schulbezogenen Risikofaktoren für internalisierende Entwicklungen zu zählen sind. Anders als bei der Mitschülerunterstützung stellt sich hier also die Frage, wie konfliktbeladen die sozialen Beziehungen der Schüler sind. Das verwendete Instrument von Olweus (1992) fragt hierzu mit fünf Items nach ganz konkreten individuellen Erfahrungen von physischer sowie psychischer Gewalt, Schikane und sozialer Ausgrenzung. Damit steht zwar weniger die Konflikthaftigkeit des Klimas auf

Klassenebene im Zentrum der Betrachtung, die individuellen Aussagen können jedoch als Indikator für ein problematisches Sozialklima herangezogen werden. Nach der Definition von Olweus (2006) ist der Begriff Mobbing zu verwenden, wenn ein Schüler "wiederholt und über eine längere Zeit den negativen Handlungen eines oder mehrerer anderer Schüler oder Schülerinnen ausgesetzt ist". Eine negative Handlung liegt vor „wenn jemand absichtlich einem anderen Verletzungen oder Unannehmlichkeiten zufügt." (S. 22).

Tabelle 10 führt für jeden der fünf Klimaindikatoren die Anzahl der Items, die Reliabiltätskoeffizienten (Cronbach's α) auf Individualebene und ein Beispiel-Item im Original-Wortlaut auf. Die Antwortskalen sind bei allen Klimaindikatoren fünfstufig und haben den Wortlaut: „stimmt genau" – „stimmt ziemlich" – „weder/noch" – „stimmt nicht" – „stimmt überhaupt nicht". Bei der Mobbingskala beschreiben die fünf Antwortkategorien Häufigkeiten: „Ich wurde in den letzten Monaten nicht schikaniert" – „ein- oder zweimal" – „zwei- bis dreimal im Monat" – „ungefähr einmal pro Woche" – „mehrmals pro Woche".

Tabelle 10: Items und interne Konsistenz der Klimaindikatoren (HBSC Sachsen 2006, N = 4 367)

Klimaindikator	Beispielitem	α	Anzahl Items
1. Unterrichtsqualität	*„Im Unterricht gehen die Lehrer/innen viel zu schnell vor, man kommt gar nicht mit." (-)[1]*	.71	5
2. Schulische Überforderung	*„Für die Schule muss ich zu viel arbeiten."*	.69	2
3. Schülerautonomie	*„Die Schüler dürfen nach ihrem eigenen Tempo arbeiten."*	.66	4
4. Mitschülerunterstützung	*„Wenn es einem Schüler mal schlecht geht, hilft ihm jemand aus der Klasse."*	.69	4
5. Mobbing-Opfererfahrungen	*„Andere Schüler haben über mich Lügen und Gerüchte verbreitet und haben versucht, mich bei den anderen unbeliebt zu machen." (in den letzten Monaten)*	.78	5

1 – Dieses Item geht invertiert in die Berechnung der Skala ein

Die Messgenauigkeit der Klimaindikatoren ist, mit Ausnahme der Mobbing-Skala, als nicht sehr hoch einzustufen. Besonders gering ist sie bei der Skala 'Schülerautonomie', deren Reliabilität als gerade noch ausreichend einzuschätzen ist.

Durch Kodierung der Antwortkategorien mit Zahlen von 0 („stimmt überhaupt nicht" bzw. „Ich wurde nicht schikaniert") bis 4 („stimmt genau" bzw. „mehrmals pro Woche") und Aufsummierung über die verschiedenen Items hinweg, ergibt sich für jede Skala ein Summenwert. Tabelle 11 gibt einen Überblick über die resultierenden Mittelwerte, Standardabweichungen und Interkorrelationen der Klimavariablen.

Tabelle 11: Interkorrelationen, Mittelwerte und Standardabweichungen der Klimavariablen (HBSC Sachsen 2006, N = 4 367)

Klimaindikator (Wertebereich)	1.	2.	3.	4.	$\bar{x}$	SD
1. Unterrichts-qualität (0 – 20)		-.448***	.353***	.288***	11.0	3.41
2. Schulische Überforderung (0 – 8)	-.448***		-.086***	-.082***	4.05	1.89
3. Schülerautono-mie (0 – 16)	.353***	-.086***		.287***	8.35	3.17
4. Mitschülerunter-stützung (0 – 16)	.288***	-.082***	.287***		12.57	2.46
5. Mobbing-Opfer-erfahrungen (0 – 20)	-.077***	.088***	-.042**	-.264***	1.02	2.34

** $p < .01$, *** $p < .001$

Die Zusammenhänge zwischen den Klimavariablen können als schwach bis mittel eingestuft werden (vgl. Cohen, 1988). Am stärksten ist der (negative) Zusammenhang zwischen der Unterrichtsqualität und der schulischen Überforderung. In keinem nennenswerten Zusammenhang mit den anderen Klimaindikatoren stehen die Mobbing-Opfererfahrungen, ein schwach negativer Zusammenhang besteht hier einzig zur Mitschülerunterstützung.

Lassen sich diese fünf Klimavariablen als Ausprägungen übergeordneter Klimadimensionen interpretieren? Eine Faktorenanalyse (Hauptkomponenten-analyse, Varimax-Rotation) legt nach dem Kaiser-Guttman-Kriterium eine Zwei-Faktoren-Lösung nahe, die 59% der Gesamtvarianz aufklärt, wobei 32% auf den ersten Faktor und 27% auf den zweiten Faktor entfallen. Tabelle 12 führt die zugehörigen Faktorladungen und die Kommunalitäten[9] der fünf Klimavariablen auf.

Tabelle 12: Hauptkomponentenanalyse der Klimavariablen, rotierte Lösung (HBSC Sachsen 2006, N = 4 367)

Klimaindikator	Faktor 1 (,Lernbedingungen')	Faktor 2 (,Sozialklima')	h^2
1. Unterrichtsqualität	**.846**	.170	.745
2. Schulische Über-forderung	**-.772**	.110	.608
3. Schülerautonomie	.489	.370	.376
4. Mitschülerunter-stützung	.242	**.768**	.649
5. Mobbing-Opfererfahrungen	.087	**-.754**	.575
Aufgeklärte Varianz	32.3%	26.7%	

Faktorladungen > .500 sind fett gedruckt

Die resultierenden Faktoren lassen sich inhaltlich gut als Klimadimensionen ,Lernbedingungen' (mit hohen Ladungen von der Unterrichtsqualität und der schulischen Überforderung) und ,Sozialklima' (Mitschülerunterstützung, Mobbing) interpretieren. Weniger gut fügt sich die Skala Schülerautonomie in diese Faktorenstruktur ein, sie verfügt über Ladungskoeffizienten mittlerer Höhe zu beiden Faktoren und lässt sich somit nur schwer einer der beiden Dimensionen zuordnen. Dies lässt sich auch an dem niedrigen Wert für die Kommunalität (h^2 = .376) der Skala Schülerautonomie ablesen. Eine Wiederholung der Fakto-

---

[9] Die Kommunalität (h^2) ist der durch alle Faktoren gemeinsam aufgeklärte Varianzanteil einer Variablen.

renanalyse ohne die Skala Schülerautonomie repliziert die Zwei-Faktoren-Lösung mit einer gestiegenen Gesamtvarianzaufklärung von 69% (Faktor Lernbedingungen: 37%, Faktor Sozialklima: 32%) und einer noch deutlicheren Zuordnung der vier Klimavariablen zu den beiden Dimensionen.

Ungeachtet des Wissens um diese Faktorenstruktur werden bei den folgenden Analysen die einzelnen Klimaindikatoren betrachtet. Einzig die zwei Klimadimensionen als unabhängige Variablen zu nutzen, würde bedeuten, auf differenziertere Aussagen zu verzichten. So könnte sich innerhalb des Sozialklimas die Bedeutung der Mobbing-Opfererfahrungen für internalisierende Auffälligkeiten von jener der Mitschülerunterstützung unterscheiden.

Gleichwohl bestätigen die Ergebnisse der Faktorenanalyse, dass die beiden im Theoriemodell der Arbeit als relevant erachteten Komponenten des Klassenklimas mit je zwei Indikatoren gut abgebildet sind.

Die Klimaeinschätzungen der sächsischen Schülerinnen und Schüler

Nachdem die Erhebungsinstrumente für das Klassenklima vorgestellt wurden, soll jetzt inhaltlich beschrieben werden, wie sächsische Schüler das Klima in ihren Schulklassen und Schulen einschätzen. Als erklärende Hintergrundbedingungen werden dabei das Geschlecht der Schüler, die Klassenstufe und die Schulform berücksichtigt.

Die *Unterrichtsqualität* wird von den Schülern ambivalent eingeschätzt. Mit 81.2% findet sich die höchste Zustimmungsrate („stimmt genau" + „stimmt ziemlich") bei dem Item „Die meisten unserer Lehrer/innen können gut erklären" und fast zwei Drittel (62.1%) erleben den Unterricht abwechslungsreich. Mehr als die Hälfte (58.8%) der Schüler geben aber auch an, dass sie sich im Unterricht langweilen und jeweils ein Drittel findet, dass das Unterrichtstempo zu schnell ist (36.1%) bzw. der Unterricht von den Lehrern nicht anschaulich gestaltet wird (35.4%).

Betrachtet man den Skalenmittelwert (Wertebereich 0 – 20) getrennt nach Altersgruppen und Schulformen ergeben sich die in Abbildung 17 dargestellten Werte. Die Unterschiede zwischen den drei Alters- bzw. Klassenstufen erreichen dabei eine hohe Effektstärke[10] ($F = 508.70$, $df = 2$, $p < .001$), wonach die Einschätzung der Unterrichtsqualität mit steigender Klassenstufe kritischer wird. Dieser negative Trend ist bei den Mittelschülern etwas stärker ausgeprägt als bei

---

[10] Die Aussagen zu Effektstärken beruhen auf dem Effektstärkemaß η^2 (Eta) und den Konventionen zu geringen ($\eta^2 > .01$), mittleren ($\eta^2 > .06$) und starken ($\eta^2 < .14$) Effektgrößen nach Cohen (1988).

den Gymnasiasten (Klassenstufe × Schulform: $F = 11.57$, $df = 2$, $p < .001$), die auch insgesamt die Unterrichtsqualität etwas höher einschätzen als die Mittelschüler ($F = 22.20$, $df = 1$, $p < .001$). Jungen beurteilen die Unterrichtsqualität etwas besser als Mädchen ($F = 6.71$, $df = 1$, $p < .05$).

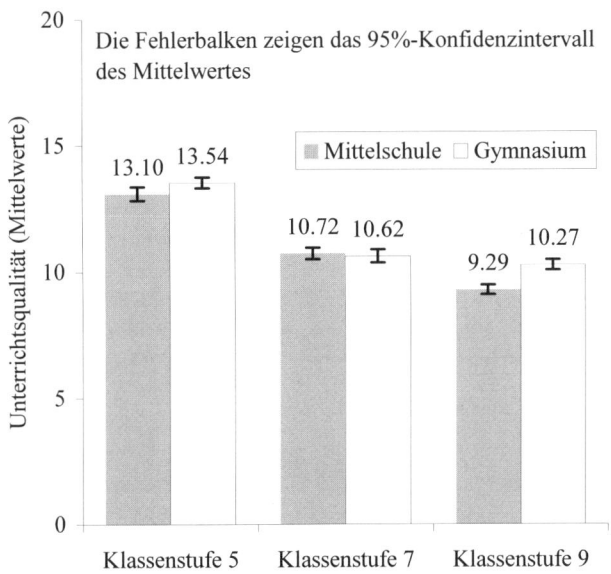

Abbildung 17: Unterrichtsqualität nach Klassenstufe und Schulform (HBSC Sachsen 2006, N = 4 367)

Analysen mit den strukturtypischen Datensätzen der HBSC-Erhebungen von 2002 und 2006 (Bilz & Melzer, in Druck) zeigen, dass deutsche Schüler die Unterrichtsqualität in der letzten Erhebung etwas besser einschätzen als vier Jahre zuvor.

Dies trifft auch auf die *Schulische Überforderung* zu, die 2006 deutschlandweit etwas niedriger eingeschätzt wird als 2002 (Bilz & Melzer, in Druck). In Sachsen geben 38.8% der Schüler an, für die Schule zuviel arbeiten zu müssen und 31.4% finden das Lernen in der Schule schwierig. Abbildung 18 ist zu entnehmen, dass auch hier mit zunehmender Klassenstufe mehr Überforderung berichtet wird ($F = 77.17$, $df = 2$, $p < .001$); die Stärke dieses Effekts ist jedoch weitaus niedriger als bei der Unterrichtsqualität. Gleich ist jedoch, dass die Zunahme der wahrgenommen Überforderung mit steigender Klassenstufe bei den Mittelschülern etwas stärker ausgeprägt ist als bei den Gymnasiasten (Klassenstufe × Schulform: $F = 4.81$, $df = 2$, $p < .01$) und Gymnasialschüler sich auch insgesamt weniger überfordert fühlen als Mittelschüler ($F = 42.84$, $df = 1$, $p < .001$). Die Angaben von männlichen und weiblichen Jugendlichen zu diesem Klassenklimaaspekt unterscheiden sich nicht signifikant voneinander ($F = 3.15$, $df = 1$, $p = $ n.s.).

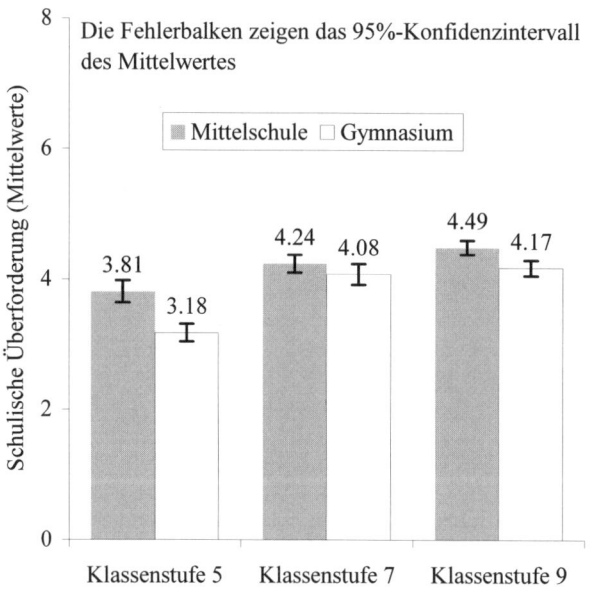

Abbildung 18: Schulische Überforderung nach Klassenstufe und Schulform (HBSC Sachsen 2006, N = 4 367)

Die *Schülerautonomie* ist der Klimaaspekt mit den stärksten Veränderungen in den letzten vier Jahren: Deutschlandweit nehmen Schülerinnen und Schüler 2006 mehr Partizipationsmöglichkeiten wahr als 2002 (Bilz & Melzer, in Druck). In Sachsen geben 70.5% der Schüler an, bei Gruppenarbeiten ihre Partner selber auswählen zu dürfen und 47.2% meinen, dass sie nach ihrem eigenen Tempo arbeiten dürfen. Eine Mitsprache bei Lerninhalten sowie Schulaktivitäten

(29.6%) oder der Nutzung der Unterrichtszeit (22.9%) sieht nur eine Minderheit der Befragten als gegeben an. Die Analyse des Skalenmittelwertes (siehe Abbildung 19) zeigt, dass mit ansteigender Klassenstufe deutlich weniger Mitbestimmungsmöglichkeiten berichtet werden ($F = 218.87$, $df = 2$, $p < .001$). Diesmal ist die kritischere Einschätzung bei den Gymnasiasten vorzufinden ($F = 218.87$, $df = 2$, $p < .001$), die insbesondere in Klassenstufe sieben weniger Partizipation wahrnehmen als Mittelschüler (Klassenstufe $\times$ Schulform: $F = 9.80$, $df = 2$, $p < .001$). Weibliche Jugendliche geben eine leicht geringere Schülerautonomie an als männliche Jugendliche ($F = 17.49$, $df = 1$, $p < .001$).

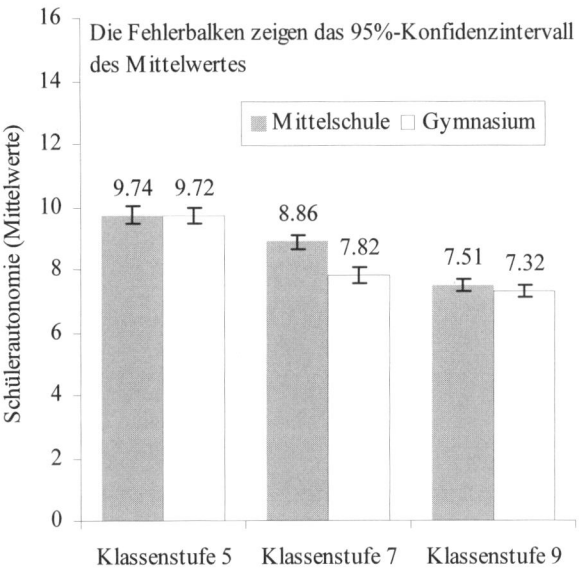

Abbildung 19: Schülerautonomie nach Klassenstufe und Schulform (HBSC Sachsen 2006, N = 4 367)

Die Zustimmungsraten zu den Items der Skala *Mitschülerunterstützung* sind durchweg hoch und liegen bei allen vier Items über 80%. Die Jugendlichen sind gern mit ihren Mitschülern zusammen (89.5%) und fühlen sich von ihnen akzeptiert (86.0%). Zustimmung erfahren auch die Aussagen, dass Schülern geholfen wird, wenn es ihnen schlecht geht (82.4%) und dass die meisten Mitschüler der

Klasse nett und hilfsbereit sind (81.1%). Der Skalenmittelwert für Mitschülerunterstützung (Abbildung 20) geht mit ansteigender Klassenstufe leicht zurück
($F = 88.55$, $df = 2$, $p < .001$) und ist bei Schülern an Gymnasien etwas höher als
an Mittelschulen ($F = 12.73$, $df = 1$, $p < .001$). Mädchen berichten eine etwas
höhere Unterstützung durch ihre Mitschüler als Jungen ($F = 25.76$, $df = 1$,
$p < .001$). Anhand der gesamtdeutschen HBSC-Daten lässt sich keine Veränderung der Mitschülerunterstützung in Deutschland von 2002 zu 2006 nachweisen
(Bilz & Melzer, in Druck).

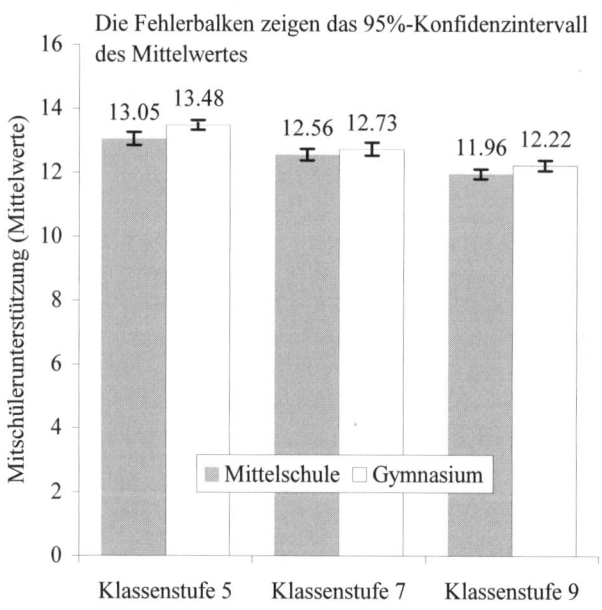

Abbildung 20: Mitschülerunterstützung nach Klassenstufe und Schulform
(HBSC Sachsen 2006, N = 4 367)

Bei den *Mobbing-Opfererfahrungen* geben 18.6% der Schülerinnen und Schüler
an, in den letzten Monaten wenigsten einmal beschimpft oder gehänselt worden
zu sein, davon berichten 2.6%, dass ihnen dies mehrmals pro Woche geschieht.
Genauso häufig sind Erfahrungen mit dem Verbreiten von Lügen oder Gerüchten
(19.0%, davon 1.7% mehrmals pro Woche). Seltener sind soziale Ausgrenzungs-
versuche (9.8%, davon 0.8% mehrmals pro Woche) und Erfahrungen mit sexuel-

len Kommentaren oder Witzen (8.7%, davon 0.9% mehrmals pro Woche). Relativ selten berichten die sächsischen Schüler von körperlicher Gewalt (6.7%, davon 0.8% mehrmals pro Woche). Analysiert man den Skalenmittelwert (siehe Abbildung 21) finden sich häufigere Erfahrungen als Mobbing-Opfer bei Mittelschülern als bei Gymnasialschülern ($F = 42.19$, $df = 1$, $p < .001$). Dabei gibt es die häufigsten Mobbing-Erfahrungen in der Mittelschule in Klasse 5 und am Gymnasium in Klasse 7 (Klassenstufe × Schulform: $F = 5.25$, $df = 2$, $p < .01$). Insgesamt betrachtet sind Erfahrungen mit Mobbing bei Neuntklässlern seltener als bei Fünft- und Siebentklässlern ($F = 7.87$, $df = 2$, $p < .001$). Die Häufigkeit von Mobbing-Erfahrungen bei Mädchen und Jungen unterscheidet sich nicht ($F = 0.84$, $df = 1$, $p =$ n.s.).

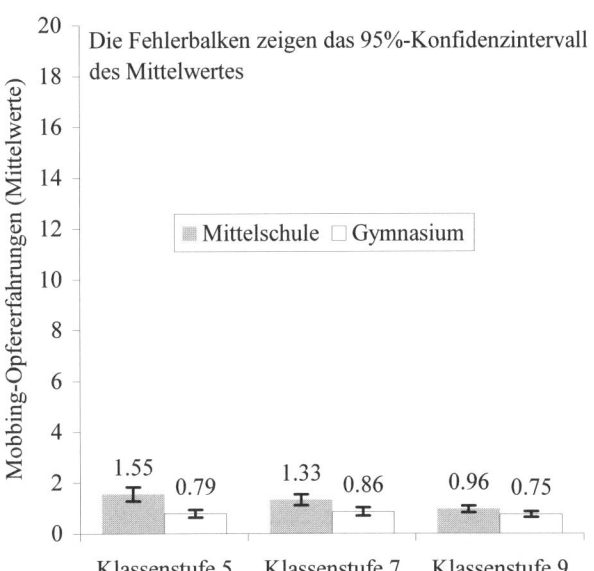

Abbildung 21: Mobbing-Opfererfahrungen nach Klassenstufe und Schulform (HBSC Sachsen 2006, N = 4 367)

Da dieses Instrument in der letzten HBSC-Erhebungswelle zum ersten Mal eingesetzt wurde, sind mit dieser Skala keine Aussagen über zeitliche Veränderungen möglich. Auswertungen eines einzelnen Items, mit dem sowohl 2002 als auch 2006 nach dem Schülermobbing gefragt wurde, legen nahe, dass es in den letzten vier Jahren keine Veränderungen gegeben hat (Melzer, Bilz & Dümmler, in Druck).

Die verschiedenen Ebenen der schulischen Umwelt

Wofür stehen die Schülerangaben zum Klima? Lassen sie sich ausschließlich auf interindividuelle Unterschiede der Schüler zurückführen oder sind sie auch Ausdruck geteilter Wahrnehmungen in der schulischen Umwelt? Wenn dem so ist: Machen die Schüler ihre Einschätzungen von ihren unmittelbaren Erfahrungen in der Schulklasse oder in der Schule als ganze abhängig? Statistisch betrachtet ist hier die Frage zu beantworten, ob sich die Varianz der vier Klimavariablen neben der Individualebene auch auf der Klassen- oder Schulebene verorten lässt. Zusätzlich zur Reliabilität auf Individualebene (Tabelle 10) lassen sich so auch Informationen darüber gewinnen, wie messgenau die Variablen das Klima auf Klassen- und Schulebene beschreiben.

Dazu wird für jeden Indikator der schulischen Umwelt ein mehrebenenanalytisches Varianzkomponentenmodell geschätzt (Tabelle 13). Das Varianzkomponentenmodell ohne Prädiktoren informiert darüber, wie sich die Gesamtvarianz der untersuchten Variablen aus der Fehlervarianz auf Schülerebene, der Varianz auf Klassenebene und der Varianz auf Schulebene zusammensetzt. Da die Regressionskonstante auf jeder Aggregatebene frei variieren darf, handelt es sich um ein sogenanntes *random intercept* Modell. Die so gewonnenen Informationen zu Varianzanteilen auf den verschiedenen Ebenen können zur Berechnung von Reliabilitäts-Indizes für Kontextmerkmale herangezogen werden. Gemäß den Empfehlungen von Lüdtke, Trautwein, Kunter und Baumert (2006) für Analysen von Lernumwelten werden Intraklassenkorrelationen (*ICC*) berichtet. Der *ICC(1)* gibt dabei den Anteil der Gesamtvarianz an, der auf Unterschiede zwischen den Aggregateinheiten (z. B. Klassen) zurückzuführen ist. Im vorliegenden Fall mit drei Ebenen (Schüler, Klasse, Schule) berechnet sich der *ICC(1)* für die Klassenebene folgendermaßen:

$$ICC(1)_{Klasse} = \frac{\sigma^2_{Klasse}}{\sigma^2_{Schule} + \sigma^2_{Klasse} + \sigma^2_e} \qquad (1)$$

wobei σ^2_{Klasse} für die Varianz zwischen den Klassen, σ^2_{Schule} für die Varianz zwischen den Schulen und σ^2_e für die verbleibende Varianz auf Individualebene

steht. Analog wird beim *ICC(1)* für die Schulebene die Varianz zwischen den
Schulen ins Verhältnis mit der Gesamtvarianz gesetzt. Je höher der Wert des
ICC(1) ist, umso eher könnte der Klassen- oder Schulmittelwert durch ein indi-
viduelles Schülerurteil ersetzt werden.

Da die Reliabilität der Angaben auf Aggregatebene mit steigender Schülerzahl pro Klasse und Schule steigt, wird zusätzlich der *ICC(2)* angegeben. Er
informiert über die Messgenauigkeit des über alle Schüler einer Klasse bzw.
Schule gemittelten Urteils und kann nach folgender Gleichung aus dem *ICC(1)*
geschätzt werden (vgl. Lüdtke, Trautwein, Kunter & Baumert, 2006):

$$ICC(2) = \frac{k \times ICC(1)}{1 + (k-1) \times ICC(1)} \tag{2}$$

Dabei steht *k* für die durchschnittliche Anzahl der Schüler pro Klasse bzw. Schule.

Tabelle 13: Reliabilitäten der Schulumweltmerkmale auf Klassen- und
Schulebene (HBSC Sachsen 2006, N = 4 367)

Klimavariablen	ICC(1)	
	Klassenebene (n = 221)	Schulebene (n = 27)
Unterrichtsqualität	.282	.001
Schulische Überforderung	.078	.019
Schülerautonomie	.167	.022
Mitschülerunterstützung	.139	.011
Mobbing-Opfererfahrungen	.011	.012

Die Angaben zum *ICC(1)* in Tabelle 13 zeigen, dass die Varianz der Klimavariablen zuallererst auf Individuumsebene zu verorten ist. Am höchsten ist dieser
schülerbezogene Varianzanteil[11] mit 97.7% bei den Mobbing-Opfererfahrungen
und am niedrigsten bei der Unterrichtsqualität (71.1%). Darüber hinaus finden

---

[11] Die Varianz auf Schülerebene ist der verbleibende Varianzanteil, der nicht auf der Klassen- oder
Schulebene verortet werden kann.

sich bedeutsame Varianzanteile eher auf Klassen- und weniger auf Schulebene. Der Varianzanteil auf Klassenebene ist bei den Einschätzungen zur Unterrichtsqualität am höchsten. Hier kann fast ein Drittel der Gesamtvarianz (28.2%) auf Unterschiede zwischen den Klassen zurückgeführt werden. Es folgen in absteigender Reihenfolge die Schülerautonomie (16.7%), die Mitschülerunterstützung (13.9%), die schulische Überforderung (7.8%) und die Mobbing-Opfererfahrungen (1.1%). Die Varianzanteile auf Schulebene sind bedeutend geringer und liegen zwischen 2.2% bei der Schülerautonomie und 0.1% bei der Unterrichtsqualität.

Diese Ergebnisse sprechen dafür, dass die Schüler bei ihren Klimaeinschätzungen eher die Gegebenheiten in ihrer unmittelbaren Klassenumwelt und weniger die der gesamten Schule vor Augen haben. Dies rechtfertigt einerseits die Verwendung des Begriffs Klassenklima und ist andererseits die Grundlage dafür, dass bei den mehrebenenanalytischen Datenauswertungen in den folgenden Kapiteln 9 und 10 neben der Schülerebene zusätzlich die Klassenebene berücksichtigt wird.

Die mit dem $ICC(2)$ geschätzte Reliabilität der Klimavariablen auf Klassenebene beträgt für die Unterrichtsqualität $ICC(2) = .886$, für die schulische Überforderung $ICC(2) = .626$, für die Mitschülerunterstützung $ICC(2) = .762$, für die Mobbing-Opfererfahrungen $ICC(2) = .180$ und für die Schülerautonomie $ICC(2) = .798$. Somit ist einzig bei den Mobbing-Opfererfahrungen die Messgenauigkeit des Klassenmittelwertes als nicht ausreichend einzustufen, weshalb dieser Indikator nur als individuelles Merkmal in die Mehrebenenanalysen einfließen wird.

8.3 Zusammenfassung, Diskussion und Typologie des Klassenklimas

Auf den vorangegangenen Seiten wurden die Informationen präsentiert, die in dieser Untersuchung zur Beschreibung und Analyse der schulischen Umwelt und ihres Einflusses auf die psychische Gesundheit von Schülern verwendet werden. Dazu zählen neben strukturellen Bedingungen, wie Schulform, Klassen- und Schulgröße, insbesondere Angaben der sächsischen Schüler zum wahrgenommenen Klima. Mit vier der untersuchten fünf Klimavariablen lassen sich die beiden Klimadimensionen Lernbedingungen (,Unterrichtsqualität', ,Schulische Überforderung') und Sozialklima (,Mitschülerunterstützung', ,Mobbing-Opfererfahrung') gut abbilden, womit in dieser Studie zwei wichtige der von Eder (2006) beschriebenen Dimensionen des Klassenklimas vertreten sind[12].

---

[12] Eder (2006, S. 625) unterscheidet vier Klimadimensionen: „Schüler-Lehrer-Beziehung", „Schüler-Schüler-Beziehung", „Merkmale des Unterrichts" und „Lernhaltungen der Schüler".

Wirft man einen inhaltlichen Blick auf das Klassenklima, wird eines sehr deutlich: Die Schule wird von den Jugendlichen mit zunehmender Verweildauer in den Schulen immer stärker negativ eingeschätzt. Die befragten Neuntklässler beurteilen die schulische Umwelt auf allen Indikatoren kritischer als die Fünftklässler. Obwohl dieser Befund nicht neu ist und wohl kaum auf Kohorteneffekten beruhen dürfte, sollte er Anlass zu der Frage geben, wie sich diese Distanz zur Schule in der Schullaufbahn aufbaut. Ebenfalls durchgängig finden sich stärker negative Klimaeinschätzungen an Mittelschulen als an Gymnasien. Einzige Ausnahme ist die Schülerautonomie. Hier geben Gymnasiasten weniger Mitbestimmungsmöglichkeiten an als Mittelschüler. Dieser Befund zeigte sich auch in der HBSC-Studie von 2002. Schüler an Gymnasien schätzen deutschlandweit die Partizipation am niedrigsten ein, während ihre Einschätzungen der schulischen Umwelt ansonsten stärker positiv ausfallen oder gleichauf mit jener von Schülern anderer Schulformen liegen (Bilz, Hähne & Melzer, 2003). Darüber hinaus ist der Forschungsstand uneinheitlich. Während Fend (1977) von deutlichen Klima-Unterschieden zwischen Hauptschulen, Realschulen und Gymnasien berichtet, finden sich in der PISA-Studie 2000 nur geringe Schulform-Unterschiede (Tillmann & Meier, 2001). Eine mit ansteigender Klassenstufe stärker negativ werdende Wahrnehmung des Klimas wird auch von anderen Autoren berichtet (vgl. Eder, 2002). Zu unterschiedlichen Wahrnehmungen von Mädchen und Jungen finden sich jedoch kaum Forschungsbefunde. Bei den in dieser Arbeit befragten Jugendlichen ergeben sich nur geringe Unterschiede zwischen den Geschlechtern. Jungen schätzen die Unterrichtsqualität und die Schülerautonomie etwas höher ein, Mädchen hingegen fühlen sich stärker als Jungen durch ihre Mitschüler unterstützt. Keine Unterschiede in den Klimaeinschätzungen sind bei der schulischen Überforderung und bei den Mobbing-Opfererfahrungen zu beobachten. Aus anderen Studien wissen wir jedoch, dass Jungen häufiger als Mädchen Mobbing-Täter sind (Bilz & Hähne, 2006).

Die Analysen auf Itemebene ergeben bei der Dimension Lernbedingungen, dass die Unterrichtsqualität von den Schülern ambivalent eingeschätzt wird und sich ca. ein Drittel in der Schule überfordert fühlt. Auf der Sozialklima-Dimension wird die Unterstützung durch Mitschüler als durchweg hoch eingeschätzt. Die meisten Schüler fühlen sich im Kreise ihrer Mitschüler wohl und können auf soziale Unterstützung zurückgreifen. Die Angaben zu Mobbing-Opfererfahrungen offenbaren jedoch, dass einige Schüler sozial nicht eingebunden sind und mit psychischer und zum Teil auch physischer Gewalt konfrontiert sind. Etwas optimistisch stimmt, dass sich bei drei Klimavariablen ein positiver Trend seit der letzten Befragung im Jahre 2002 ablesen lässt. Dass sich dieser insbesondere bei den Indikatoren zeigt, die direkt oder indirekt mit dem Handeln der Lehrer in Verbindung stehen (Schülerautonomie, Unterrichtsqualität, Schulische Überforderung), könnte als Indiz für eine partielle Neuorientierung der deutschen Lehrerschaft im Anschluss an Bildungsdebatten, die durch die großen internationalen Schulleistungsvergleiche ausgelöst wurden, gewertet werden.

Das mehrebenenanalytische Varianzkomponentenmodell hat gezeigt, dass sich die Klimabeschreibungen der Schüler vor allem auf ihre unmittelbare Klassenumwelt und weniger auf die gesamte Schule beziehen. Der größte Varianzanteil entfällt jedoch auf die Individuumsebene. Klimaeinschätzungen von Schülern orientieren sich demnach zuallererst an individuellen Bedürfnissen und Erwartungen. Deutlich wird dies z. B. bei den Einschätzungen zur Schülerautonomie. Dass diese mit zunehmender Klassenstufe niedriger eingeschätzt wird, dürfte weniger auf einen Rückgang der Mitbestimmungsmöglichkeiten zurückzuführen sein, sondern sich vielmehr aus einer zunehmenden Fehlpassung zwischen gewährter Partizipation und dem mit dem Alter steigenden Autonomiebedürfnis der Jugendlichen erklären. Schülerangaben zum Klassenklima dürfen deshalb nicht als Beschreibungen objektiver Gegebenheiten in den Schulklassen missverstanden werden. Zwar zeigen die Daten, dass Schüler bei der Einschätzung bestimmter Klimaaspekte zu partiell übereinstimmenden Urteilen gelangen, es bleiben jedoch individuelle Wahrnehmungen.

Eine weiterer Grund für den hohen Varianzanteil auf Individuumsebene könnten Subgruppen oder Cliquen sein, die sich innerhalb von Klassen bilden und ein eigenes Klima etablieren.

In den folgenden mehrebenenanalytischen Berechnungen zum Zusammenhang zwischen Schule und internalisierenden Auffälligkeiten der Schüler soll deshalb neben der Schülerebene auch die Klassenebene berücksichtigt werden.

Typologie von Schulklassen anhand des Klassenklimas

Bevor dies getan wird, soll auf Klassenebene nach typischen Klimakonstellationen gesucht werden. Ziel ist es, über die variablenorientierte Beschreibung des Klassenklimas hinauszugehen und zu prüfen, wie sich das Klima in einzelnen Schulklassen konkret etabliert. Ausgangspunkt dieser Analysen sind die Klimavariablen, denen auf Klassenebene eine ausreichende Messgenauigkeit bescheinigt werden kann (Tabelle 13) und die sich zur Beschreibung der beiden Dimensionen Sozialklima und Lernbedingungen eignen (Tabelle 12): Unterrichtsqualität, schulische Überforderung und Mitschülerunterstützung.

In den vorangegangen Analysen ist deutlich geworden, dass das Klassenklima sehr eng mit der Klassen- bzw. Altersstufe zusammenhängt: Neuntklässler beurteilen sowohl das Sozialklima als auch die Lernbedingungen deutlich kritischer als die Fünftklässler. Dieser Umstand führt bei einer clusteranalytischen

Suche nach typischen Konstellationen dazu, dass die gefundenen Cluster insbesondere die Unterschiede zwischen den drei untersuchten Klassenstufen abbilden und sich der Erkenntnisgewinn somit in Grenzen hält. Aus diesem Grund wird ein Vorgehen gewählt, welches die Schulklassen der fünften, siebenten und neunten Jahrgangsstufe jeweils separat nach vorgegebenen Anordnungen der beiden Klimadimensionen hin untersucht. Folgende Konstellationen der beiden Dimensionen sind vorstellbar:

- Typ A ('solidarisches Klima'): das durch wenig förderliche Lernbedingungen und (als Reaktion?) ein hohes Ausmaß sozialer Unterstützung zwischen den Schülern charakterisiert ist,
- Typ B ('positives Klassenklima'): mit einem hohen Ausmaß förderlicher Lernbedingungen und einem unterstützendem Sozialklima zwischen den Schülern,
- Typ C ('negatives Klassenklima'): bei dem die Unterrichtsqualität niedrig ist, die Schüler sich überfordert fühlen und wenig soziale Unterstützung zwischen den Schülern verfügbar ist und
- Typ D ('Konkurrenzklima'): bei dem die Lernbedingungen sehr gut sind, die Schüler sich jedoch untereinander wenig soziale Unterstützung gewähren.

Um diese Klimatypen identifizieren zu können, wird folgendermaßen vorgegangen. Die Klassenmittelwerte der Klimavariablen Unterrichtsqualität und Schulische Überforderung werden entsprechend ihrer Ladungen auf einen Faktor 2. Ordnung regressionsanalytisch zu einer Variablen zusammengefasst, um die Dimension Lernbedingungen abzubilden. Die Dimension Sozialklima ist allein durch die Klimavariable Mitschülerunterstützung repräsentiert, da die Mobbing-Opfererfahrungen auf Klassenebene nicht ausreichend reliabel sind (Tabelle 13). Die Variablen für beide Dimensionen werden getrennt für jede der drei Klassenstufen auf Klassenebene standardisiert ($\overline{x} = 0$, $SD = 1$) und am Mittelwert geteilt. Anhand der sich ergebenden vier Quadranten (Abbildung 22 veranschaulicht dies beispielhaft für die Klassenstufe 5) können die Schulklassen den vier beschriebenen Klimatypen zugeordnet werden. Jeder einzelne Punkt in Abbildung 22 repräsentiert somit eine der 62 untersuchten sächsischen Schulklassen der Jahrgangsstufe fünf und ihre spezifischen Positionen auf den Dimensionen Sozialklima und Lernbedingungen. Die Nulllinien markieren eine jeweils durchschnittliche Ausprägung auf Klassenebene.

Der korrelative Zusammenhang beider Klimadimensionen auf Klassenebene ist sehr hoch ($r = .509$, $p < .001$), vermutlich auch aufgrund der höheren Reliabilität der aggregierten Schülerurteile. Das heißt, dass in Schulklassen mit förderlichen Lernbedingungen mit höherer Wahrscheinlichkeit auch ein positives Sozialklima vorzufinden ist. Demzufolge ist mit einer größeren Verbreitung der Klimatypen B und C und einem selteneren Auftreten der Typen A und D zu rechnen.

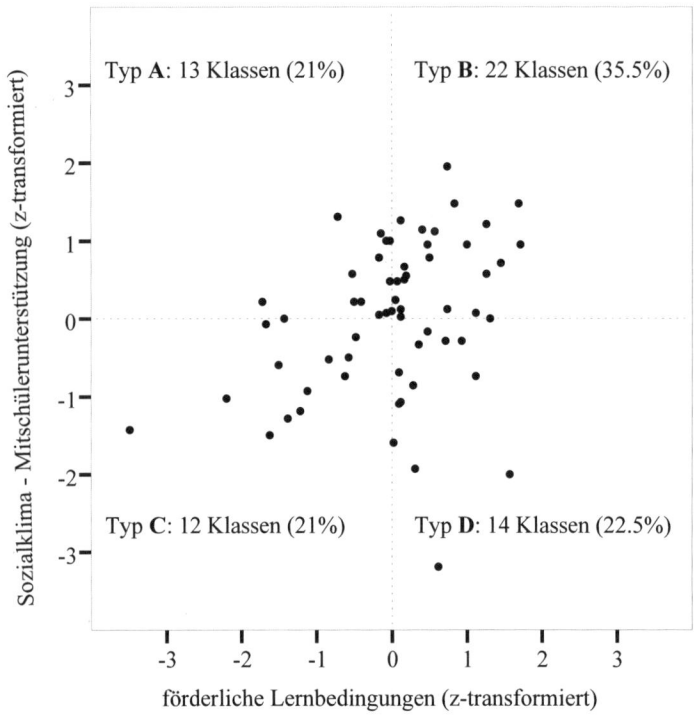

Abbildung 22: Sozialklima und Lernbedingungen auf Klassenebene,
5. Klassenstufe (HBSC Sachsen 2006, n = 63 Klassen)

Während in der Jahrgangsstufe fünf auch viele Klassen des Typs D (‚Konkurrenzklima') vorzufinden sind (Abbildung 22), zeigt sich über alle drei Klassenstufen hinweg die Dominanz der Typen B (‚positives Klassenklima') und C (‚negatives Klassenklima'). Tabelle 14 gibt einen Überblick über die Verbreitung der vier Klimatypen in der sächsischen Stichprobe und setzt sie mit den drei Hintergrundmerkmalen Schulform, Klassenstufe und Geschlecht in Verbindung. Demnach ist der Typ B mit überdurchschnittlichen Werten auf beiden Klimadimensionen mit 34.4% am häufigsten anzutreffen, gefolgt von Klassen mit negativem Klassenklima (Typ C: 27.1%) und solidarischem Klima (Typ A: 19.9%). Am seltensten sind Klassen des Typs D mit einem konkurrenzorientierten Klima (18.6%).

Tabelle 14: Die 4 Klimatypen nach Schulform, Klassenstufe und Geschlechterverhältnis (HBSC Sachsen 2006, N = 221 Klassen)

Merkmal	Typ A (solidarisches Klima)	Typ B (positives Klima)	Typ C (negatives Klima)	Typ D (Konkurrenzklima)	Gesamt	Sign. (*p*)
Anzahl Klassen	44 (19.9%)	76 (34.4%)	60 (27.1%)	41 (18.6%)	221 (100%)	-
Anteil						
Klassenstufe 5	29.5%	28.9%	21.7%	34.1%	28.1%	
Klassenstufe 7	22.8%	26.4%	30.0%	36.6%	28.5%	n.s.
Klassenstufe 9	47.7%	44.7%	48.3%	29.3%	43.4%	
Anteil						
Gymnasialkl.	31.8%	57.9%	26.7%	51.2%	43.0%	
Mittelschulkl.	68.2%	42.1%	73.3%	48.8%	57.0%	< .001
durchschnittl.						
Anteil Mädchen	55.2%	52.4%	46.0%	46.0%	50.0%	
Anteil Jungen	44.8%	47.6%	54.0%	54.0%	50.0%	< .01

Es sind signifikante Verbindungen der vier Klimatypen zu den Hintergrundmerkmalen Schulform und Geschlecht zu beobachten. Demnach sind Klassen mit einem positiven oder einem konkurrenzorientierten Klima vermehrt an Gymnasien vorzufinden, während Klassen mit negativem oder solidarischem Klima eher an Mittelschulen verbreitet sind. In Klassen mit solidarischem und positivem Klima sind im Schnitt mehr Mädchen anzutreffen als Jungen, während in Klassen mit negativem oder konkurrenzorientiertem Klima der Jungenanteil höher ist. Hierfür könnte die etwas höhere Einschätzung der Mitschülerunterstützung durch die Mädchen verantwortlich sein. Auch wenn eine leichte Tendenz erkennbar ist, dass Klassen des Typs D ('Konkurrenzklima') vermehrt in den Jahrgangsstufen fünf und sieben und weniger in Klassenstufe neun anzutreffen sind, erreicht dieser Zusammenhang keine statistische Signifikanz.

Zusätzlich zu den variablenorientierten Analysen zum Zusammenhang zwischen Klassenklima und psychischer Gesundheit ist im nächsten Kapitel somit auch zu prüfen, welche der mit diesen vier Klimatypen beschriebenen Konstellationen Risikoumwelten für internalisierende Auffälligkeiten darstellen.

9 Schulbezogene Risikobedingungen für internalisierende Auffälligkeiten

Ziel dieses Kapitels ist es, die internalisierenden Auffälligkeiten der Mädchen und Jungen mit der schulischen Umwelt in Verbindung zu bringen. Welche Bedeutung hat das Klassenklima für emotionale Probleme und psychosomatische Beschwerden von Schülerinnen und Schülern (vgl. Hypothese 3)?

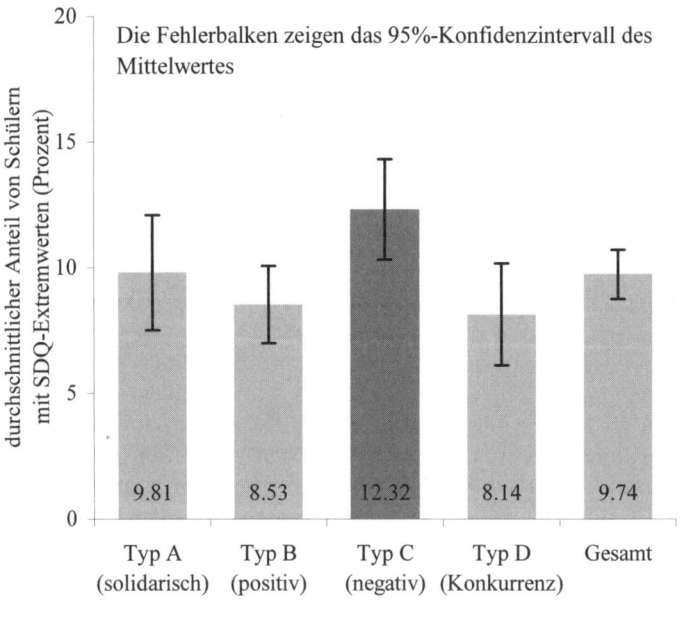

Abbildung 23: Anteil von Schülern mit SDQ-Extremwerten in Klassen mit verschiedenen Klimakonstellationen (HBSC Sachsen 2006, N = 221 Klassen)

Der Abbildung 23 kann man entnehmen, dass in einer Schulklasse vom Typ C (‚negatives Klassenklima') durchschnittlich 12.3% der Schülerinnen und Schüler der in Kapitel 7 beschriebenen Risiko-Gruppe mit extrem hohen Ausprägungen (> 5) auf der SDQ-Skala ‚Emotionale Probleme' angehören. Der Anteil dieser Risiko-Schüler ist in durchschnittlichen Klassen ca. 2.5% niedriger und in Schulklassen des Typs B oder D sogar ca. vier Prozent niedriger. Diese Differenz ist bei varianzanalytischer Kontrolle von Schulform, Klassenstufe sowie Geschlechterverhältnis statistisch signifikant ($F = 5.19$, $df = 3$, $p < .01$) und entspricht bei einer durchschnittlichen Klassengröße von 19.8 Schülern ungefähr einem zusätzlich belasteten Jungen oder einem zusätzlich belasteten Mädchen in einer Klasse mit ungünstigem Klima.

Zwar eignet sich dieser Befund auf Klassenebene, um die Relevanz des Klimas für internalisierende Auffälligkeiten zu veranschaulichen, er erlaubt jedoch kaum eine Aussage darüber, wie diese Unterschiede im Ausmaß internalisierender Auffälligkeiten zustande kommen. Da in diese Analyse nur die gemittelten Klimaeinschätzungen auf Klassenebene eingegangen sind, ist keine Aussage darüber möglich, ob letztlich das individuelle oder das kollektive Klima Einfluss auf die internalisierenden Auffälligkeiten nimmt. Welche Klimaspekte bergen Risiken für die Entwicklung und über welche Wirkmechanismen beeinflussen sie letztlich die psychische Gesundheit von Jugendlichen?

Das theoretische Modell dieser Studie enthält konkrete Annahmen über mögliche vermittelnde Prozesse dieses Zusammenhangs. Um seine Gültigkeit zu testen, sind variablenorientierte Analysen nötig, die im Folgenden vorgestellt werden. Bevor die empirische Umsetzung des Modells erläutert wird, muss auf die Operationalisierung der noch ausstehenden Vermittlungsvariablen eingegangen werden.

9.1 Selbstkognitionen als Vermittlungsvariablen

Nach dem in Kapitel 5 vorgestellten theoretischen Modell liegt in der Beeinflussung selbstbezogener Kognitionen durch das Klassenklima der vermutete Wirkmechanismus des Zusammenhangs zwischen schulischer Umwelt und internalisierenden Auffälligkeiten. Die Ausgangspunkte dieser Überlegungen sind einerseits das Wissen um die sich im Umfeld Schule aktualisierenden Entwicklungsaufgaben des Jugendalters und andererseits Erkenntnisse zur verstärkten Beschäftigung mit dem eigenen Selbst in der Adoleszenz sowie zur Bedeutung einer verzerrten Sicht der eigenen Person für internalisierende Fehlentwicklungen. Demnach befördert die Wahrnehmung ungünstiger Lernbedingungen und eines negativen Sozialklimas in der Schulklasse, dass Schülerinnen und Schüler ihre schulischen und sozialen Kompetenzen zunehmend negativ einschätzen und bei entsprechender Prädisposition Gefahr laufen, den Weg in die Selbstablehnung zu beschreiten.

Die Operationalisierung der Vermittlungsvariablen

Im Rahmen der HBSC-Studie wird das Selbstkonzept mit einer von Wichstrom (1995) überarbeiteten Version des verbreiteten *Self-Perception Profile for Adolescents (SPPA)* von Harter (1982) gemessen. Grundlage dieses Instruments ist die Annahme, dass Selbstkognitionen bereichsspezifisch organisiert sind und entsprechend zu operationalisieren sind (siehe Abschnitt 1.1). Der SPPA fragt nach Selbstwahrnehmungen in acht Bereichen, z. B. Kompetenzen in engen Freundschaften, im schulischen oder im sozialen Bereich. Die in dieser Arbeit eingesetzten Skalen zur schulischen und sozialen Kompetenz setzen sich aus jeweils fünf Items zusammen. In Tabelle 15 sind die Reliabilitäten und je Skala ein Item im Originalwortlaut aufgeführt. Die Antwortvorgaben sind bei beiden Skalen vierstufig und lauten: „beschreibt mich überhaupt nicht" – „beschreibt mich schlecht" – „beschreibt mich gut" – „beschreibt mich ganz genau".

Tabelle 15: Items und interne Konsistenz der Selbstkonzept-Skalen (HBSC Sachsen 2006, N = 4 367)

Skala	Beispielitem	α	Anzahl Items
1. Schulische Kompetenz	*„Ich fühle mich genauso klug wie andere in meinem Alter. "*	.65	5
2. Soziale Kompetenz	*„ Mir fällt es schwer, Freunde zu finden. " (-)[1]*	.70	5

1 – Dieses Item geht invertiert in die Berechnung der Skala ein

Die Reliabilitätskoeffizienten (Cronbach's α) beider Skalen liegen niedriger als die von Wichstrom (1995) bei 13- bis 20-jährigen norwegischen Jugendlichen gefundenen Werte (Schulische Kompetenz: $\alpha = .69$, Soziale Kompetenz: $\alpha = .76$) und können als noch ausreichend messgenau eingestuft werden. Ursache der geringeren internen Konsistenz könnte die niedrigere Stabilität des Selbstkonzepts in der untersuchten Altersgruppe sein.
    Als Validitätskriterium für die schulische Kompetenz wird der Notendurchschnitt der letzten Zeugnisnoten in Mathematik und Deutsch herangezogen, als

Kriterium für die soziale Kompetenz dient die Anzahl enger Freunde und Freundinnen. Die in Tabelle 16 dargestellten Ergebnisse sprechen sowohl für eine konvergente als auch für eine divergente Validität beider Skalen. Sie korrelieren ausreichend hoch mit ihrer jeweiligen Kriteriumsvariablen und stehen nur im schwachen Zusammenhang mit dem divergenten Validitätskriterium.

Tabelle 16: Konvergente und divergente Validität der Selbstkonzept-Skalen (HBSC Sachsen 2006, N = 4 367)

Kriterium:	Skalen:	
	Selbstkonzept schulischer Kompetenzen	Selbstkonzept sozialer Kompetenzen
Zeugnisnotendurchschnitt (Mathematik und Deutsch)	-.432***	-.073***
Anzahl enger Freunde und Freundinnen	-.051**	.306***

** $p < .01$, *** $p < .001$

Wichstrom (1995, S. 109) berichtet darüber hinaus von einer nur geringen Verfälschung der Skalen durch sozial erwünschtes Antwortverhalten. Diese Tendenz ist bei der Einschätzung der eigenen schulischen Kompetenzen noch geringer ausgeprägt ($r = .10$) als bei den Angaben zu sozialen Kompetenzen ($r = .16$). Dass der korrelative Zusammenhang beider Selbstkonzeptbereiche mit ansteigender Altersstufe leicht abnimmt (5. Klasse: $r = .342$, $p < .001$; 7. Klasse: $r = .275$, $p < .001$; 9. Klasse: $r = .243$, $p < .001$), kann als Hinweis für eine zunehmende Differenzierung von Selbstbeschreibungen in der Adoleszenz gedeutet werden (Abschnitt 1.1).

Das Selbstkonzept schulischer Kompetenzen von Jugendlichen

Die Analyse der Zustimmungsraten („beschreibt mich gut" + „beschreibt mich ganz genau") zu den einzelnen Items der Skala ‚Schulische Kompetenz' zeigt, dass sich die Mehrzahl der Schülerinnen und Schüler als kompetent einstufen. So schätzen sich über zwei Drittel der befragten Jugendlichen (69.6%) als „genauso klug wie andere" in ihrem Alter ein. Deutlich über die Hälfte geben an „ziemlich intelligent" (57.7%) bzw. „sehr gut bei der Klassenarbeit / in der Schule" zu sein (54.3%). Probleme bei der Beantwortung von Fragen in der Schule haben nach eigenen Angaben 23.5% der Schüler; 21.8% sagen, dass sie „ziemlich langsam bei der Schularbeit" sind.

Abbildung 24 veranschaulicht den Skalenmittelwert (Wertebereich 0 – 15) in Abhängigkeit von Schulform und Klassenstufe. Von den drei untersuchten Hintergrundbedingungen klärt die Schulform die meiste Varianz auf, dennoch erreicht der Schulformunterschied nur eine geringe Effektstärke: Gymnasialschüler schätzen ihre schulischen Kompetenzen etwas höher ein als Mittelschüler ($F = 80.46$, $df = 1$, $p < .001$).

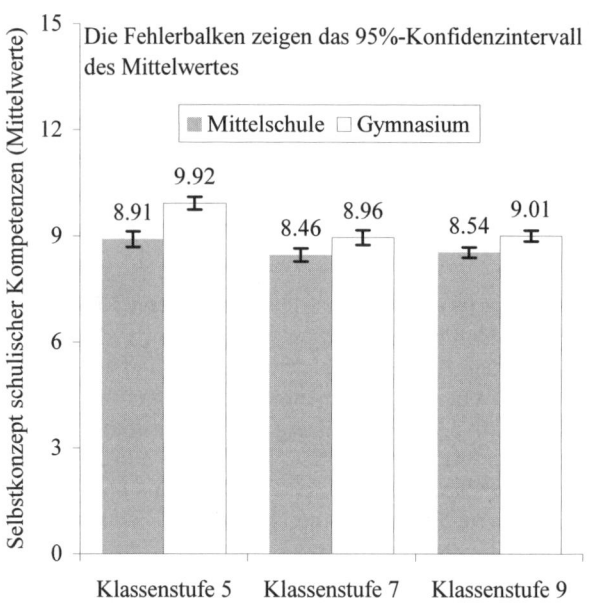

Abbildung 24: Selbstkonzept schulischer Kompetenzen nach Klassenstufe und Schulform (HBSC Sachsen 2006, N = 4 367)

Dass die Selbstsicht der schulischen Kompetenzen in Klassenstufe sieben und neun stärker negativ ist als in Klassenstufe fünf ($F = 33.18$, $df = 2$, $p < .001$) erklärt sich aus dem Schulformwechsel nach Klassenstufe vier. Die Einschätzungen der Fünftklässler sind vermutlich im geringeren Ausmaß durch soziale Vergleichsprozesse in ihren neuen Klassen geprägt, als dies bei den Siebent- und Neuntklässlern der Fall ist. Für die Gültigkeit dieses Bezugsgruppeneffektes spricht, dass der Rückgang nach Klassenstufe fünf an Gymnasien deutlicher ausfällt als an Mittelschulen (Klassenstufe × Schulform: $F = 4.76$, $df = 2$, $p < .01$). Fünftklässler, die an Gymnasien wechseln, müssen sich bei sozialen Vergleichsprozessen mit leistungsstärkeren Mitschülern messen als Fünftklässler, die an eine Mittelschule wechseln. Im Vergleich dazu klärt das Geschlecht nur sehr wenig Varianz auf: Jungen stufen ihre schulischen Kompetenzen etwas höher ein als Mädchen ($F = 28.08$, $df = 1$, $p < .001$).

Das Selbstkonzept sozialer Kompetenzen von Jugendlichen

Bei der Skala zum Selbstkonzept sozialer Kompetenzen erfährt das Item „Ich habe viele Freunde" mit 89.1% die höchste Zustimmung. 87.6% der Mädchen und Jungen fühlen sich von ihrer Umwelt akzeptiert und drei Viertel (76.1%) meinen, dass sie bei anderen in ihrem Alter beliebt sind. Nur eine Minderheit von jeweils exakt 12.8% sagt, dass es schwer sei, sie zu mögen und dass es ihnen nicht leicht fällt, Freunde zu finden.

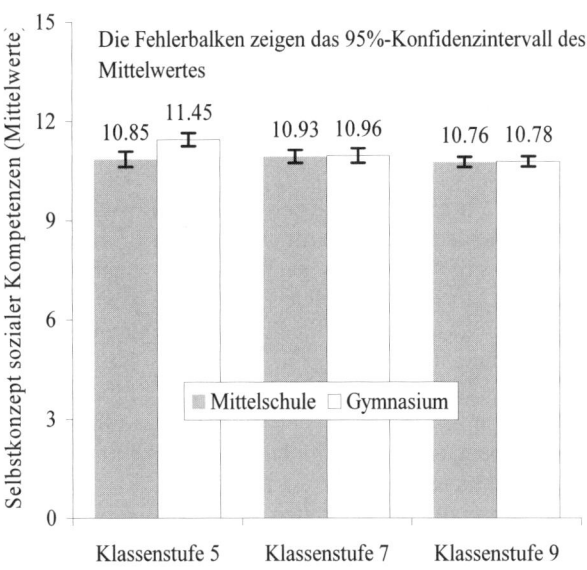

Abbildung 25: Selbstkonzept sozialer Kompetenzen nach Klassenstufe und Schulform (HBSC Sachsen 2006, N = 4 367)

Wie Abbildung 25 zu entnehmen ist, ergibt sich anhand des Skalenmittelwertes (Wertebereich 0 – 15) des Selbstkonzepts sozialer Kompetenzen ein vergleichbares altersstufen- und schulformbezogenes Muster wie für die schulischen Kompetenzen: Jüngere Schüler liegen mit ihren Selbsteinschätzungen etwas höher als ältere Schüler ($F = 7.91$, $df = 2$, $p < .001$) und die Werte der Gymnasiasten etwas über denen der Mittelschüler ($F = 7.08$, $df = 1$, $p < .001$). Diese Effekte gehen jedoch insbesondere auf die deutlichen Unterschiede zwischen Fünftklässlern an Gymnasien und Fünftklässlern an Mittelschulen zurück. Während sich Gymnasiasten der 5. Klassenstufe sozial deutlich kompetenter einschätzen als Gymnasiasten in Klassenstufe 7 und 9, bleibt das selbsteingestufte Kompetenzniveau der Mittelschüler über alle Klassenstufen hinweg konstant (Klassenstufe × Schulform: $F = 5.35$, $df = 2$, $p < .01$). Männliche und weibliche Jugendliche unterscheiden sich nicht signifikant in der Einschätzung ihrer sozialen Kompetenzen ($F = 0.49$, $df = 1$, $p = $ n.s.).

9.2 Klassenklima und internalisierende Auffälligkeiten

Das empirische Untersuchungsmodell

Nachdem alle Erhebungsinstrumente vorgestellt und die mit ihrer Hilfe beschriebenen Variablen eingeführt sind, kann die empirische Umsetzung und Überprüfung des theoretischen Modells zum Zusammenhang zwischen Klassenklima und internalisierenden Auffälligkeiten von Schülern in Angriff genommen werden (Abbildung 25).

Als Indikatoren für eine internalisierende Fehlentwicklung dienen die beiden in Kapitel 7 vorgestellten Skalen zu emotionalen Problemen und psychosomatischen Beschwerden. Die schulische Umwelt als unabhängige Variable ist durch das Klassenklima vertreten, welches sowohl als aggregiertes Merkmal auf Klassenebene als auch in seiner individuellen Wahrnehmung berücksichtigt wird (siehe Kapitel 8). Betrachtet werden dabei die beiden Klimadimensionen Lernbedingungen (Unterrichtsqualität, schulische Überforderung) und Sozialklima (Mitschülerunterstützung, Mobbing-Opfererfahrung). Aufgrund fehlender Reliabilität auf Klassenebene gehen die Mobbing-Opfererfahrungen nur als individuelles Merkmal auf Schülerebene in die Analysen ein.

Das, was die Jugendlichen über sich selbst, ihre schulischen und sozialen Kompetenzen denken, ist als Vermittlungsebene im Modell durch die beiden Skalen zum Selbstkonzept schulischer und sozialer Kompetenzen repräsentiert. Es wird angenommen, dass ein Großteil des Zusammenhangs zwischen Klassenklima und internalisierenden Auffälligkeiten durch diese Ebene vermittelt wird.

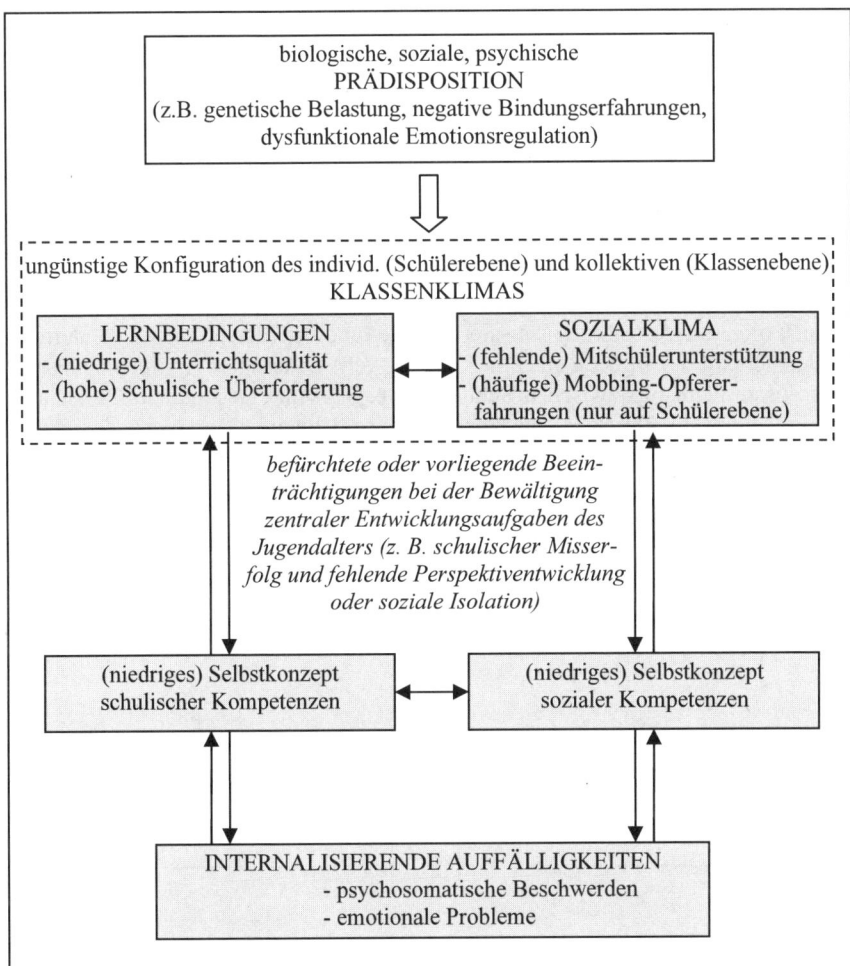

Abbildung 26: Empirisches Modell: Klassenklima und internalisierende
Auffälligkeiten von Schülerinnen und Schülern

Alle empirisch erfassten Elemente des Modells sind in Abbildung 26 grau hinter-
legt. Nicht dargestellt sind die ebenfalls zu berücksichtigenden Kontrollvariablen. Dazu gehört an erster Stelle das Geschlecht der Schüler, dessen Bedeutung
für internalisierende Fehlentwicklungen bei der Sichtung des Forschungsstandes
und in den Analysen des Kapitels 7 deutlich geworden ist. Das Alter der Jugend-

lichen ist durch das Forschungsdesign in Form der verschiedenen Klassenstufen berücksichtigt (Klassenstufe 5: ca. 11.5 Jahre; Klassenstufe 7: ca. 13.5 Jahre; Klassenstufe 9: ca. 15.5 Jahre). Auf Seiten der Schule geht die Schulform als wichtigste Kontrollvariable in die Analysen ein, jedoch wird von dieser strukturellen Bedingung wie auch von der Klassen- und Schulgröße keine bedeutsame Varianzaufklärung erwartet.

Das Modell beinhaltet neben der Wirkung des Klassenklimas auf die psychische Gesundheit der Schüler auch die entgegengesetzte Wirkrichtung einer Beeinflussung des Selbstkonzepts und des Klassenklimas durch internalisierende Auffälligkeiten der Schüler. Das zentrale Anliegen der folgenden Analysen ist jedoch nicht die Aufklärung kausaler Effekte (und ihrer Richtungen), sondern die Untersuchung der in der Forschung bislang vernachlässigten Wirkmechanismen des Zusammenhangs zwischen Schule und psychischer Gesundheit. Ob sich die im Forschungsüberblick (siehe Kapitel 4) abzeichnende Dominanz der erstgenannten Kausalrichtung auch für das in dieser Arbeit zu untersuchende Modell zeigt, soll später in Kapitel 11 mit einer längsschnittlich angelegten Substichprobe untersucht werden.

Die statistische Überprüfung von Mediatoren

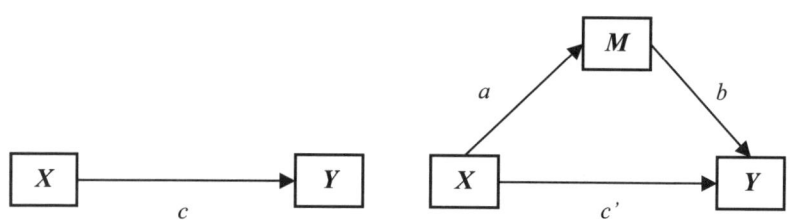

Abbildung 27: Wirkung eines Mediators (M) auf den Zusammenhang zwischen zwei Variablen X und Y

Teil der folgenden Analysen ist die Überprüfung eines sogenannten Mediatormodells. Eine Variable fungiert dann als *Mediator* oder als *intervenierende Variable*, wenn sie den Zusammenhang zwischen einer Prädiktor- und einer Kriteriumsvariable vermittelt. Im vorliegenden Fall wird geprüft, ob die Selbstkognitionen als Mediator den Zusammenhang zwischen Klassenklima (Prädiktor) und internalisierenden Auffälligkeiten (Kriterium) vermitteln. Abbildung 27 veranschaulicht die Wirkung eines Mediators (M) auf den Zusammenhang zwischen einer Prädiktor- (X) und einer Kriteriumsvariable (Y) graphisch. Nach Baron und Kenny (1986) wird eine Variable zum Mediator, wenn die folgenden drei Bedingungen erfüllt sind:

1. Veränderungen der Prädiktorvariable gehen mit Veränderungen des Mediators einher (Pfad a in Abbildung 27).
2. Veränderungen der Mediatorvariable gehen mit Veränderungen des Kriteriums einher (Pfad b).
3. Wenn Pfad a und b statistisch kontrolliert werden, erreicht die zuvor signifikante Verbindung zwischen Prädiktor und Kriterium (Pfad c) keine statistische Signifikanz mehr (Pfad c').

Die Erfüllung des letzten Kriteriums würde für eine vollständige Vermittlung des Effekts durch den Mediator sprechen. Ist im 3. Schritt nur eine Reduzierung des Pfades c zu beobachten, spricht man von einer *partiellen Mediation*. Diesen Kriterien folgend werden Mediationseffekte statistisch durch mehrere Regressionsgleichungen geprüft.

Zuerst wird der Effekt des Prädiktors (X) auf das Kriterium (Y) berechnet (Gleichung 3), wobei der Effekt des Mediators keine Berücksichtigung findet (Pfad c). Im Untersuchungsmodell dieser Arbeit entspricht diese Gleichung der Vorhersage der internalisierenden Auffälligkeiten aus dem Klassenklima.

$$Y = const + c\,X + \varepsilon \qquad (3)$$

In Gleichung 4 wird mit dem Koeffizienten a der Effekt des Prädiktors (Klassenklima) auf den Mediator (Selbstkognitionen) bestimmt.

$$M = const + a\,X + \varepsilon \qquad (4)$$

Mit Gleichung 5 erfolgt die simultane Berechnung des Mediationseffekts (Pfad b) und des Effekts der Prädiktorvariable (Pfad c') auf das Kriterium. Die internalisierenden Auffälligkeiten würden jetzt gleichzeitig aus dem Klassenklima und den Selbstkognitionen vorhergesagt.

$$Y = const + c'\,X + b\,M + \varepsilon \qquad (5)$$

Das Produkt der beiden Koeffizienten a × b ist hierbei ein Schätzer des Mediationseffekts, der häufig auch als *indirekter Effekt* von X auf Y bezeichnet wird (entsprechend steht c' für den *direkten Effekt* von X auf Y). Die Differenz der

Koeffizienten c − c' beziffert den Anteil der indirekten oder Mediationseffekte am Gesamteffekt in Gleichung 3. Wird nur ein einzelner Mediator untersucht, sind a × b und c − c' äquivalent[13].

Klassenklima und internalisierende Auffälligkeiten

Bevor die Vermittlungsebene geprüft werden kann, ist in einem ersten Schritt zu klären, ob überhaupt von einem Zusammenhang zwischen Klassenklima und internalisierenden Auffälligkeiten auszugehen ist. Wie eng dieser Zusammen-

---

[13] Krull und MacKinnon (1999) können mit Simulationsdatensätzen zeigen, dass dieses Vorgehen auch für Mehrebenenmodelle adaptiert werden kann, wenn sich Kriterium und Mediator auf Individuumsebene befinden, der Prädiktor auf Aggregatebene zu verorten ist und einzig der Achsenabschnitt auf Klassenebene frei variiert (random intercept). Diese Voraussetzungen sind im vorliegenden Fall erfüllt: Untersucht werden soll, ob das individuelle und das kollektive Klassenklima (Prädiktoren auf Schüler- und Klassenebene), vermittelt über das Selbstkonzept schulischer und sozialer Kompetenzen (Mediatoren auf Schülerebene), Einfluss auf die Häufigkeit psychosomatischer Beschwerden und das Ausmaß emotionaler Probleme nehmen (Kriterium auf Schülerebene). Da nicht nur Zusammenhänge auf Schülerebene betrachtet werden, sondern die Klassenebene im Mehrebenenmodell Berücksichtigung finden soll, sind die Achsenabschnitte der abhängigen Variablen auf Klassenebene freigesetzt. Das hat zur Folge, dass sich die Vorhersagegleichung im Mehrebenenmodell um eine Ebene erweitert:

Schülerebene:	$Y_{ij} = \beta_{0j} + \beta_{1ij} X_1 + \varepsilon_{ij}$	(6)
Klassenebene:	$\beta_{0j} = \gamma_{00} + u_{0j}$	(7)

Die Ausprägung der abhängigen Variable (z. B. emotionale Probleme) wird jetzt für i Schüler in j Klassen betrachtet. Während in der OLS-Regression (Gleichung 3) die Konstante bzw. der Achsenabschnitt für alle untersuchten Schüler gleich ist, wird die Konstante β_{0j} im Mehrebenenmodell für jede Klasse separat geschätzt. Sie wird dabei als Funktion des Gesamtmittelwertes γ_{00} und der Abweichungen der Klassen (u_{0j}) von diesem Gesamtmittelwert modelliert. Zusätzlich zu dem Fehlerterm auf Schülerebene (ε_{ij}) kommt dadurch ein Fehlerterm auf Klassenebene (u_{0j}) hinzu und ermöglicht die Aufteilung der Varianz der abhängigen Variable auf beide Ebenen. Ergänzt werden können Prädiktoren auf Schülerebene (X_1 – z. B. das individuelle Klassenklima) und auf Klassenebene. Mehrebenenmodelle, bei denen der Achsenabschnitt (intercept) auf Aggregatebene frei um einen Gesamtmittelwert variieren darf, werden als *random intercept models* bezeichnet. Man kann sich dieses Vorgehen auch als simultane Berechnung mehrerer Regressionsanalysen auf Klassenebene vorstellen, wobei die Koeffizienten der einen Analyseebene zu abhängigen Variablen auf der nächsten Analyseebene werden (Nezlek, Schröder-Abé & Schütz, 2006). Die für Mehrebenenanalysen notwendigen Software-Programme schätzen die Koeffizienten dieser Gleichungen nach dem sogenannten *Maximum Likelihood Prinzip*. Dabei werden die Koeffizienten in einem iterativen Verfahren so geschätzt, dass die Wahrscheinlichkeit maximiert wird, dass die in der Stichprobe beobachteten Werte durch die geschätzten Koeffizienten verursacht wurden.

hang ist und welche Aspekte des Klassenklimas dabei besonders bedeutsam sind, soll in diesem Abschnitt analysiert werden.

Die mehrebenenanalytischen Berechnungen erfolgen in mehreren Schritten und für beide Indikatoren internalisierender Auffälligkeiten getrennt. Nachdem das Nullmodell ohne Prädiktoren berechnet ist, um die Aufteilung der Varianz auf die Schüler- und Klassenebene abschätzen zu können, werden zunächst die Kontrollvariablen Geschlecht und Altersstufe eingeführt (Modell 1). Die Analysen in Kapitel 7 haben gezeigt, dass beide Variablen nicht unabhängig voneinander betrachtet werden können. So ist der Unterschied zwischen Jungen und Mädchen im Ausmaß internalisierender Auffälligkeiten bei Neuntklässlern viel größer als bei Fünftklässlern. Deshalb wird in diesem Schritt auch die Interaktion zwischen Klassenstufe und Geschlecht berücksichtigt. Im zweiten Schritt kommen die Variablen hinzu, die strukturelle Bedingungen der schulischen Umwelt beschreiben. Dazu gehören die Schulform, die Klassen- und die Schulgröße (Modell 2). Abschließend wird das Klassenklima in das Modell aufgenommen, zuerst die kollektiven Einschätzungen als Mittelwerte auf Klassenebene (Modell 3), dann die individuellen Einschätzungen auf Schülerebene (Modell 4). Es werden dabei die vier Klimaindikatoren aufgenommen, die am besten die beiden Dimensionen Lernbedingungen (Unterrichtsqualität, schulische Überforderung) und Sozialklima (Mitschülerunterstützung, Mobbing-Opfererfahrung) beschreiben (siehe Kapitel 8). Aufgrund fehlender Reliabilität auf Klassenebene, gehen die Mobbing-Opfererfahrungen nur als individuelle Einschätzungen in das Modell ein. Da angenommen wird, dass sich die Zusammenhänge für Mädchen und Jungen unterschiedlich gestalten, werden im letzten Schritt die Interaktionen zwischen den Klimavariablen und dem Geschlecht geprüft.

Die beiden Indikatoren internalisierender Auffälligkeiten und die individuellen Einschätzungen des Klassenklimas sind auf Schülerebene standardisiert ($\overline{x} = 0$, $SD = 1$), beschreiben also für jeden Schüler die standardisierte Abweichung vom Gesamtmittelwert. Die drei aggregierten Indikatoren des kollektiven Klassenklimas sind auf Klassenebene standardisiert, beschreiben demnach für jede Klasse die standardisierte Abweichung vom Mittelwert aller Schulklassen. Die Klassengröße und die Schulgröße sind am Mittelwert zentriert. Sie stehen demnach für die Abweichung der Schülerzahl jeder Klasse oder Schule von der durchschnittlichen Schülerzahl aller Klassen oder Schulen.

Tabelle 17: Mehrebenenmodell zum Zusammenhang zwischen Klassenklima und emotionalen Problemen (HBSC Sachsen 2006, N = 4 367)

Variablen	Kriterium: ‚Emotionale Probleme' (SDQ)			
	Modell 1 Kontroll- Variablen	**Modell 2** + strukturelle Bedingungen	**Modell 3** + kollektives Klassenklima	**Modell 4** +individuelles Klassenklima
RANDOM PART:				
Konstante (intercept)	**-.275******	**-.194******	**-.133***	**-.210******
FIXED PART:				
Geschlecht[1]:				
weiblich	**.279******	**.279******	**.281******	**.298******
Klassenstufe[2]:				
Klasse 7	.026	.013	-.095	-.043
Klasse 9	-.038	-.049	**-.216****	-.114
Geschlecht × *Klassenstufe[3]:*				
weiblich × *Klasse 7*	**.264******	**.263******	**.262******	**.240******
weiblich x *Klasse 9*	**.479******	**.484******	**.488******	**.455******
Schulform[4]:				
Gymnasium		**-.174******	-.080	-.040
Klassengröße		.005	.004	.003
Schulgröße		.000	.000	.000
Unterrichtsqualität – koll.			-.001	**.077***
Schul. Überforderung – koll.			**.080******	.008
Mitschülerunterstützung – koll.			**-.064****	-.020
Unterrichtsqualität – ind.				**-.114******
Schul. Überforderung – ind.				**.178******
Mitschülerunterstützung – ind.				**-.058******
Mobbing-Opfererfahrg. – ind.				**.241******
Varianz auf Schülerebene (σ^2_{e0}) erkl. Varianz gg.über Null-Modell	.878 (.019) 8.3%	.878 (.019) 8.3%	.878 (.019) 8.3%	.750 (.017) 22.1%
Varianz auf Klassenebene (σ^2_{u0}) erkl. Varianz gg.über Null-Modell	.026 (.007) 27.8%	.021 (.006) 41.7%	.013 (.005) 63.9%	.012 (.005) 66.7%
Deviance (Log-Likelihood) Differenz zum vorh. Schritt (χ^2) (*df*)	11877.61 Δ = 425.54****** 5	11864.46 Δ = 13.15**** 3	11835.70 Δ = 28.76****** 3	10918.16 Δ = 917.54****** 3

* $p < .05$, ** $p < .01$, *** $p < .001$; alle Prädiktoren auf Klassenebene sind kursiv gedruckt; Deviance im Nullmodell = 12303.15; 1 – Referenzkategorie: männlich; 2 – Referenzkategorie: Klassenstufe 5; 3 – Referenzkategorie: Mädchen in Klassenstufe 5; 4 – Referenzkategorie: Mittelschule

Die Ergebnisse zur Vorhersagekraft des Klassenklimas für die emotionalen Probleme der Schüler sind Tabelle 17 zu entnehmen. Nicht aufgeführt sind die Koeffizienten des Nullmodells ohne Prädiktoren. Sie weisen bei alleiniger Berücksichtigung der zwei Analyseebenen folgende Varianzaufteilung aus: 96% der Varianz des Kriteriums ‚Emotionale Probleme' sind auf der Individuumsebene zu verorten und nur knapp vier Prozent auf der Klassenebene.

Ein Viertel (27.8%) dieses Varianzanteils auf Klassenebene kann bereits durch die Berücksichtigung der Kontrollvariablen Geschlecht und Altersstufe sowie der Interaktion beider Variablen in Modell 1 aufgeklärt werden. Der Interaktionseffekt Geschlecht × Altersstufe ist im ersten Analyseschritt enthalten, weil beide Variablen erwiesenermaßen nicht unabhängig voneinander mit internalisierenden Auffälligkeiten in Verbindung stehen. Die inhaltliche Interpretation der Koeffizienten erschwert sich dadurch jedoch.

Generell kennzeichnen die Koeffizienten immer die Veränderung des Kriteriums, wenn der Prädiktor den Wert 1 annimmt. Bei den standardisierten stetigen Prädiktoren (z. B. Unterrichtsqualität) entspricht dies der Erhöhung um eine Standardabweichung, bei den kategorialen Prädiktoren (Geschlecht, Klassenstufe, Schulform) steht der Koeffizient für den Unterschied zur Referenzgruppe[14].

Die Werte der Interaktionsterme in Modell 1 besagen nun, dass das Ausmaß emotionaler Probleme bei Mädchen der 7. Klasse um ca. eine Viertel Standardabweichung ($\beta = .264$, $p < .001$) und bei den Mädchen der 9. Klasse fast eine halbe Standardabweichung ($\beta = .479$, $p < .001$) über der Referenzgruppe – in diesem Fall den Mädchen der Klassenstufe 5 – liegt. Der Haupteffekt des Prädiktors Klassenstufe repräsentiert in Folge nur noch den Klassenstufeneffekt für die Jungen. Da er keine Signifikanz erreicht, kann gefolgert werden, dass sich das Ausmaß emotionaler Probleme zwischen männlichen Fünft-, Siebent- und Neuntklässlern nicht unterscheidet. Es verbleibt ein hoch signifikanter Geschlechtseffekt: Über alle Klassenstufen hinweg liegen die emotionalen Probleme bei weiblichen Jugendlichen ca. eine Viertel Standardabweichung ($\beta = .279$, $p < .001$) höher als bei männlichen Jugendlichen.

Die Konstante im Mehrebenenmodell schätzt immer die Ausprägung des Kriteriums, wenn alle Prädiktoren im Modell den Wert 0 annehmen. In Modell 1 steht sie für das Ausmaß emotionaler Probleme bei Jungen der Klassenstufe 5,

---

[14] Bei den auf Klassenebene zentrierten Variablen (Klassen- und Schulgröße) steht der Wert 1 für die Erhöhung der Schülerzahl pro Klasse oder Schule um einen Schüler im Vergleich zum Durchschnitt aller Klassen oder Schulen.

welches um mehr als eine Viertel Standardabweichung ($\beta = -.275$, $p < .001$) niedriger ausfällt als der Gesamtdurchschnitt aller befragten Schüler[15]. Im zweiten Schritt (Modell 2) werden die Prädiktoren hinzugefügt, die strukturelle Gegebenheiten der schulischen Umwelt beschreiben. Im Vergleich zur Referenzgruppe (Mittelschüler) ist das Ausmaß emotionaler Probleme bei den Gymnasiasten signifikant niedriger. In keiner Verbindung mit den emotionalen Problemen steht die Größe der besuchten Schule oder die Anzahl der Schüler in der Klasse.

In Modell 3 werden die drei Indikatoren des kollektiven Klassenklimas aufgenommen. Dies hat zur Folge, dass sich der Koeffizient für die Schulform deutlich verringert und keine statistische Signifikanz mehr erreicht. Die höhere Verbreitung emotionaler Probleme an Mittelschulen lässt sich demnach durch Klimaunterschiede zwischen Gymnasial- und Mittelschulklassen aufklären. Zwei von drei Klimavariablen erreichen statistische Signifikanz, die Stärke der Effekte ist jedoch nur von geringem Ausmaß[16]. Je stärker die von allen Schülern eingeschätzte Überforderung und je niedriger die kollektiv wahrgenommene Mitschülerunterstützung in einer Schulklasse ist, umso verbreiteter sind emotionale Probleme. Kein Zusammenhang ergibt sich zur kollektiven Unterrichtsqualität. Die nicht aufgeklärte Varianz auf Klassenebene ist in Modell 3 bereits auf ca. ein Drittel der Varianz im Nullmodell geschrumpft. Auf Schülerebene können im Vergleich mit dem Nullmodell bisher nur ca. 8% der Varianz aufgeklärt werden.

Dieser Wert verändert sich jedoch deutlich im vierten Modell, in dem die individuellen Einschätzungen des Klassenklimas berücksichtigt werden. Immerhin 22% der ursprünglichen Varianz auf Schülerebene und 67% der Varianz auf Klassenebene können mit Modell 4 aufgeklärt werden. Alle vier Indikatoren des individuellen Klassenklimas erreichen die höchste Signifikanzstufe. Der stärkste Effekt ist bei der Mobbing-Opfererfahrung zu verzeichnen, gefolgt von der schulischen Überforderung, der Unterrichtsqualität und der Mitschülerunterstützung. Der Wert für die emotionalen Probleme steigt demzufolge, wenn die Schüler häufiger als der Durchschnitt von Erfahrungen als Mobbing-Opfer berichten, wenn sie sich stärker schulisch überfordert fühlen, die Unterrichtsqualität niedriger einschätzen und sich im geringeren Ausmaß von ihren Mitschülern unter-

---

[15] Die Konstante ist auch Ausgangspunkt der Berechnung von Vorhersagewerten mit Hilfe der geschätzten Parameter. Interessiert man sich z. B. für das mit diesem Modell geschätzte Ausmaß emotionaler Probleme bei Mädchen der Klassenstufe 7, errechnet es sich aus der Konstante zuzüglich dem Geschlechtseffekt und dem Effekt, als Mädchen die siebente Klassenstufe zu besuchen (-.275 + .279 + .264 = .268).

[16] Da es sich bei den Klimavariablen um standardisierte Prädiktoren handelt, können die Effektstärken miteinander verglichen werden.

stützt fühlen. Die in Modell 3 signifikanten kollektiven Klassenklima-Indikatoren (schulische Überforderung, Mitschülerunterstützung) verlieren ihre statistische Signifikanz, hinzu kommt dafür ein erwartungswidriger, schwacher Effekt für die kollektive Unterrichtsqualität. Steigt die aggregierte Unterrichtsqualität, ist auch eine leichte Erhöhung der emotionalen Probleme zu beobachten. Dieser Effekt muss jedoch vor dem Hintergrund der gleichzeitig kontrollierten individuellen Einschätzungen der Unterrichtsqualität gedeutet werden. Der Koeffizient für die Schulform verringert sich in diesem Modell noch einmal deutlich und zeigt damit an, dass Schulformunterschiede komplett durch Unterschiede im Klassenklima erklärt werden können. Die Hinzunahme der vier individuellen Klassenklimavariablen hat zur stärksten Erhöhung der Anpassungsgüte des statistischen Modells geführt, was sich an der hochsignifikanten Verringerung des Deviance-Wertes von 11835.7 auf 10918.2 ablesen lässt ($\chi^2 = 917.5$, $df = 4, p < .001)^{17}$.

In Erweiterung des Modells 4 wird für alle sieben Klimaindikatoren (drei auf Klassenebene, vier auf Schülerebene) die Interaktion mit dem Geschlecht geprüft. Ausgangspunkt hierfür ist die Überlegung, dass sich der Zusammenhang zwischen Klassenklima und internalisierenden Auffälligkeiten bei Jungen und Mädchen unterschiedlich gestaltet. Von den sieben geprüften Interaktionstermen erreicht jedoch kein einziger statistische Signifikanz (nicht in Tabelle 17 aufgeführt). Beim Mobbing könnte man eine Tendenz zur höheren Bedeutung von Opfererfahrungen für die emotionalen Probleme von Mädchen ablesen, dieser Effekt verfehlt jedoch die Signifikanzgrenze knapp (Haupteffekt[Jungen]: $\beta = .219$, $p < .001$; Interaktionseffekt [Mädchen vs. Jungen]: $\beta = .048$, $p = $ n.s.). Die Aufnahme dieser sieben Interaktionsterme hat zu einer signifikanten Verbesserung der Anpassungsgüte des Modells beigetragen ($\chi^2 = 18.87$, $df = 7, p < .01$). Die Varianzaufklärung des Gesamtmodells gegenüber dem Nullmodell beträgt am Ende 69% auf der Klassenebene und 22% auf der Schülerebene.

---

[17] Der Deviance-Wert kann bei statistischen Modellen, die mit der Maximum Likelihood Methode geschätzt werden, als Indikator für die fehlende Passung zwischen Modell und Daten angesehen werden. Er kann meist nicht direkt interpretiert werden, jedoch sind die Differenzen zwischen den Werten zweier Modelle, die für denselben Datensatz geschätzt werden, aufschlussreich. Diese Differenzen folgen einer χ^2-Verteilung. Die Anzahl der zugehörigen Freiheitsgrade resultiert aus der Differenz der zu schätzenden festen Regressionsparameter und Varianzkomponenten in den zu vergleichenden Modellen (Langer, 2004, S. 116).

Tabelle 18: Mehrebenenmodell zum Zusammenhang zwischen Klassenklima und psychosomatischen Beschwerden (HBSC Sachsen 2006, N = 4 367)

	Kriterium: ‚Psychosomatische Beschwerden'			
Variablen	**Modell 1** Kontroll- Variablen	**Modell 2** + strukturelle Bedingungen	**Modell 3** + kollektives Klassenklima	**Modell 4** +individuelles Klassenklima
RANDOM PART:				
Konstante (intercept)	**-.374*****	**-.330*****	**-.243*****	**-.292*****
FIXED PART:				
Geschlecht[1]:				
weiblich	**.286*****	**.287*****	**.286*****	**.301*****
Klassenstufe[2]:				
Klasse 7	**.153***	**.148***	.019	.057
Klasse 9	**.196*****	**.191*****	.003	.091
Geschlecht × *Klassenstufe[3]:*				
weiblich × *Klasse 7*	**.204****	**.202****	**.197***	**.170***
weiblich x *Klasse 9*	**.319*****	**.320*****	**.325*****	**.296*****
Schulform[4]:				
Gymnasium		**-.101***	-.029	-.018
Klassengröße		.005	.004	.003
Schulgröße		.000	.000	.000
Unterrichtsqualität – koll.			-.061	.052
Schul. Überforderung – koll.			**.045***	-.022
Mitschülerunterstützung – koll.			-.018	.030
Unterrichtsqualität – ind.				**-.173*****
Schul. Überforderung – ind.				**.164*****
Mitschülerunterstützung – ind.				**-.069*****
Mobbing-Opfererfahrg. – ind.				**.226*****
Varianz auf Schülerebene (σ^2_{e0}) erkl. Varianz gg.über Null-Modell	.901 (.020) 5.9%	.901 (.020) 5.9%	.901 (.020) 5.9%	.762 (.017) 20.5%
Varianz auf Klassenebene (σ^2_{u0}) erkl. Varianz gg.über Null-Modell	.014 (.007) 66.7%	.012 (.006) 71.4%	.007 (.005) 83.3%	.010 (.005) 76.2%
Deviance Differenz zum vorh. Schritt (χ^2) (*df*)	11894.31 $\Delta = 344.02$*** 5	11888.67 $\Delta = 5.64$ n.s. 3	11870.26 $\Delta = 18.41$*** 3	10925.05 $\Delta = 945.21$*** 4

* $p < .05$, ** $p < .01$, *** $p < .001$; alle Prädiktoren auf Klassenebene sind *kursiv* gedruckt; Deviance im Nullmodell = 12238.32; 1 – Referenzkategorie: männlich; 2 – Referenzkategorie: Klassenstufe 5; 3 – Referenzkategorie: Mädchen in Klassenstufe 5; 4 – Referenzkategorie: Mittelschule

Dasselbe Vorhersagemodell wird im Folgenden auf den zweiten Indikator für internalisierende Auffälligkeiten angewendet: die Häufigkeit psychosomatischer Beschwerden. Werden im Nullmodell nur die zwei Ebenen spezifiziert, verteilt sich die Varianz zu 95.8% auf die Schülerebene und zu 4.2% auf die Klassenebene. Tabelle 18 enthält die berechneten Koeffizienten, wenn schrittweise die Prädiktoren in das Mehrebenenmodell aufgenommen werden.

Die Aufnahme der beiden Kontrollvariablen Geschlecht und Altersstufe sowie ihrer Interaktion im Modell 1 klärt bereits zwei Drittel (66.7%) der Klassenebenenvarianz auf. Der aufgeklärte Varianzanteil auf Schülerebene im Vergleich zum Nullmodell beträgt rund 6%. Wieder ist die Häufigkeit psychosomatischer Beschwerden bei Mädchen höher ausgeprägt als bei Jungen und wieder spielt das Alter für die Beschwerdehäufigkeit der Mädchen eine größere Rolle als bei den Jungen. Anders als bei den emotionalen Problemen verbleibt jedoch diesmal bei Berücksichtigung des Interaktionseffekts ein signifikanter Altersstufeneffekt für die Jungen. Männliche Jugendliche in Klassenstufe 7 und 9 berichten mehr psychosomatische Beschwerden als Jungen in Klassenstufe 5. Die signifikanten Interaktionseffekte zeigen jedoch, dass diese Altersstufenunterschiede bei den Mädchen noch ausgeprägter sind. Dies korrespondiert mit den deskriptiven Befunden in Kapitel 7 (Abbildung 12).

Werden im zweiten Modell die strukturellen Bedingungen der schulischen Umwelt aufgenommen, ergibt sich wieder ein signifikanter Schulformeffekt: Schülerinnen und Schüler an Gymnasien haben seltener psychosomatische Beschwerden als Schülerinnen und Schüler an Mittelschulen. Die Anzahl der Schüler in der Klasse und die Gesamtschülerzahl der besuchten Schule stehen hingegen in keinem Zusammenhang mit den psychosomatischen Beschwerden. Insgesamt trägt dieser Variablenblock nicht zur Erhöhung der Vorhersagekraft des Modells bei ($\chi^2 = 5.64$, $df = 3$, $p =$ n.s.).

Die Berücksichtigung des kollektiven Klassenklimas in Modell 3 lässt den Schulformeffekt verschwinden. Das unterschiedliche Ausmaß psychosomatischer Beschwerden an Gymnasien und Mittelschulen kann demnach wie bei den emotionalen Problemen auf Unterschiede im Klima zurückgeführt werden. Dass vermutlich die höhere schulische Überforderung an Mittelschulen der ausschlaggebende Indikator ist (siehe Kapitel 8), zeigt sich auch daran, dass der einzige kollektive Klimaindikator, der bei geringer Effektstärke statistische Signifikanz erreicht, die schulische Überforderung ist: Wenn man Schüler einer Schulklasse ist, in der sich die Schüler im Mittel überforderter fühlen als in anderen Klassen, leidet man unter mehr psychosomatischen Beschwerden, als wenn man in einer Klasse mit geringerer kollektiver Überforderung wäre.

Entscheidender ist jedoch das individuell wahrgenommene Klassenklima. Alle vier individuellen Klimaindikatoren in Modell 4 erreichen die höchste statisti-

sche Signifikanzstufe und überdecken damit die Effekte des kollektiven Klassenklimas. Der stärkste Effekt ist wiederum für die Mobbing-Opfererfahrung zu verzeichnen. Erhöht sich das Ausmaß dieses Prädiktors um eine Standardabweichung,
steigt die Häufigkeit psychosomatischer Beschwerden um fast eine Viertel Standardabweichung an. An zweiter Stelle folgt die Unterrichtsqualität, deren Bedeutung für die psychosomatischen Beschwerden höher ist als für die emotionalen
Probleme: Je höher die Unterrichtsqualität umso seltener sind psychosomatische
Beschwerden. Ebenso führen ein Anstieg der schulischen Überforderung und der
Rückgang der Mitschülerunterstützung zu vermehrten Belastungen.

Die Überprüfung der Interaktionen zwischen Klassenklima und Geschlecht
im letzten Schritt (nicht in Tabelle 18 aufgeführt) ergibt zwei signifikante Interaktionseffekte: Einmal für die individuell eingeschätzte Unterrichtsqualität und
einmal für die kollektive Mitschülerunterstützung. Der Koeffizient für die Interaktion Unterrichtsqualität (individuell) × Geschlecht (weiblich) beträgt $\beta = -.094$
($p < .01$), während der Haupteffekt für die individuelle Unterrichtsqualität auf
$\beta = -.126$ ($p < .001$) schrumpft. Der Haupteffekt steht jetzt für den Zusammenhang in der Referenzgruppe (männliche Jugendliche); der Zusammenhang für die
weiblichen Jugendlichen errechnet sich aus -.126 + (-.094) = -.220. Demnach ist
der (negative) Zusammenhang zwischen individuell wahrgenommener Unterrichtsqualität und den psychosomatischen Beschwerden für Mädchen enger als
für Jungen. Für die Interaktion Mitschülerunterstützung (kollektiv) × Geschlecht
(weiblich) ergibt sich ein Koeffizient von $\beta = .096$ ($p < .05$), wobei der Haupteffekt für die kollektive Mitschülerunterstützung wie in Modell 4 keine Signifikanz erreicht ($\beta = -.012$, $p = $ n.s.). Das bedeutet, dass die kollektive Mitschülerunterstützung einzig bei den Mädchen mit den psychosomatischen Beschwerden
in Verbindung steht. Bei Konstanthaltung der individuellen Einschätzung der
Unterrichtsqualität steigt die Häufigkeit psychosomatischer Beschwerden bei
Mädchen an, je höher die kollektiv eingeschätzte Mitschülerunterstützung in der
Klasse ist. Der errechnete Koeffizient für Mädchen beträgt -.012 + .096 = .084.
Die Aufnahme der sieben Interaktionsterme hat zu einer signifikanten Erhöhung
der Passung zwischen Modell und Daten geführt ($\chi^2 = 30.36$, $df = 7$, $p < .001$).
Im Vergleich zum Nullmodell können 79% der Varianz auf Klassenebene und
21% der Varianz auf Schülerebene mit diesem finalen Modell aufgeklärt werden.

Zusammenfassend kann für den Zusammenhang zwischen Klassenklima
und internalisierenden Auffälligkeiten von Schülerinnen und Schülern festgehal-
ten werden, dass es, wie erwartet, insbesondere das individuelle Klassenklima
ist, von dem Verbindungen zu emotionalen Problemen und psychosomatischen
Beschwerden ausgehen. Die individuellen Einschätzungen des Sozialklimas und
der Lernbedingungen klären hierbei allein 13.8% (emotionale Probleme) bzw.
14.6% (psychosomatische Beschwerden) der Varianz auf Schülerebene auf. Der

vorhersagekräftigste Aspekt ist bei beiden Indikatoren internalisierender Auffälligkeiten die Erfahrung, Opfer schulischen Mobbings zu sein. Schülerinnen und Schüler, die psychischer und körperlicher Gewalt durch ihre Mitschüler ausgesetzt sind, geben eine deutlich höhere Belastung mit emotionalen Problemen und psychosomatischen Beschwerden an. Aber auch von den wahrgenommenen Lernbedingungen gehen Einflüsse aus. Schüler, die sich in der Schule überfordert fühlen und die Qualität des Unterrichts negativ einschätzen, leiden häufiger unter internalisierenden Auffälligkeiten als Schüler, die mit dem schulischen Anforderungsniveau zurechtkommen und die Unterrichtsqualität positiv einschätzen. Weniger eng sind die Zusammenhänge zwischen der Problembelastung und der Mitschülerunterstützung. Aber auch dieser Aspekt des Sozialklimas steht in erwartungskonformer Richtung mit den Auffälligkeiten in Verbindung: Je mehr Unterstützung empfunden wird, umso seltener sind internalisierende Auffälligkeiten zu beobachten. Einzig bei der Unterrichtsqualität sind nennenswerte Unterschiede für die beiden Indikatoren internalisierender Auffälligkeiten zu verzeichnen. Sie hat eine größere Bedeutung für die Häufigkeit psychosomatischer Beschwerden als für das Ausmaß emotionaler Probleme.

Betrachtet man nur das kollektive Klassenklima – also die durchschnittliche Einschätzung aller Schüler einer Klasse –, sind schwache Zusammenhänge zwischen internalisierenden Auffälligkeiten und der kollektiv empfundenen Überforderung sowie dem Ausmaß an kollektiver Unterstützung zwischen den Schülern einer Klasse zu beobachten. Die Zusammenhänge gehen hier in die gleiche Richtung wie beim individuellen Klassenklima, wobei die kollektive Mitschülerunterstützung nur mit dem Ausmaß emotionaler Probleme in Verbindung steht. Aufgrund der dominanten Bedeutung des individuellen Klassenklimas für die untersuchten Auffälligkeiten verschwinden diese Effekte des kollektiven Klimas bei gemeinsamer Betrachtung des individuellen und kollektiven Klassenklimas. Es treten jedoch neue, den Hypothesen (Nr. 3) scheinbar widersprechende, Befunde zutage. So steht bei Kontrolle der individuellen Unterrichtsqualität die kollektive Unterrichtsqualität im positiven Zusammenhang mit dem Ausmaß emotionaler Probleme. Dieser Befund erklärt sich aus der Konstanthaltung der individuellen Einschätzung. Er besagt, dass, wenn Schüler mit ihrer individuellen Einschätzung der Unterrichtsqualität im Durchschnitt aller Schüler liegen, ein Anstieg der kollektiv wahrgenommenen Unterrichtsqualität in der Klasse nicht zu weniger, sondern zu mehr Problemen führt. Hier erwachsen die psychischen Spannungen vermutlich aus diesen konträren Einschätzungen. Die Unterrichtsqualität stärker negativ einzuschätzen als es die Mitschüler tun, könnte auch bedeuten, mit den Lehrern oder der Art des Unterrichts weniger gut zurechtzukommen. Ein ähnlicher Effekt ergibt sich für die Mitschülerunterstützung. Sie steht in ihrer kollektiven Ausprägung bei den Mädchen im positiven

Zusammenhang mit der Häufigkeit psychosomatischer Beschwerden. Auch für diesen Befund scheint die gleichzeitig kontrollierte individuelle Einschätzung der Schlüssel zum Verständnis zu sein. Liegen Mädchen mit ihren individuellen Einschätzungen der sozialen Unterstützung im Durchschnitt, steht ein Anstieg der kollektiv empfundenen Unterstützung in der Klasse u. U. mit dem Gefühl in Verbindung, ‚nicht dazu zu gehören' oder Außenseiterin zu sein. Dass derartige soziale Stressoren insbesondere für internalisierende Fehlentwicklungen von Mädchen bedeutsam sind, ist im Forschungsüberblick des Kapitels 4 deutlich geworden.

Darüber hinaus bestätigt sich die Forschungshypothese zu geschlechtsspezifischen Effekten des Klassenklimas nur zum Teil. Signifikante Unterschiede zwischen Mädchen und Jungen ergeben sich neben der erwähnten kollektiven Mitschülerunterstützung nur bei der individuell eingeschätzten Unterrichtsqualität. Diese ist für die psychosomatischen Beschwerden der Mädchen von größerer Bedeutung als für die Beschwerden der Jungen. Tendenziell lässt sich weiterhin eine engere Verbindung zwischen Mobbing-Erfahrungen und der Belastung mit emotionalen Problemen bei Mädchen ablesen. Dieser Unterschied zwischen weiblichen und männlichen Jugendlichen verfehlt jedoch die Signifikanzgrenze. Die vermutete größere Bedeutung der sozialen Komponente des Klassenklimas für die internalisierenden Auffälligkeiten der Mädchen zeigt sich in dieser Klarheit nicht.

Die als Kontrollvariablen aufgenommenen strukturellen Bedingungen der schulischen Umwelt stehen wie erwartet in keinem Zusammenhang mit den Kriteriumsvariablen. Die in der öffentlichen Diskussion über Schule oft prominent vertretene Klassengröße hat keinerlei Bedeutung für das Ausmaß emotionaler Probleme oder die Häufigkeit psychosomatischer Beschwerden. Anders sieht es hingegen bei der Schulform aus. An sächsischen Mittelschulen sind internalisierende Auffälligkeiten verbreiteter als an Gymnasien. Diese unterschiedliche Belastung kann jedoch vollständig auf Unterschiede im Klima an diesen beiden Schulformen zurückgeführt werden. In den Tabellen 17 und 18 nicht dargestellte Analysen mit einer schrittweisen Aufnahme der sieben Klimavariablen zeigen, dass hierfür insbesondere die an Mittelschulen stärker negativ eingeschätzten Lernbedingungen verantwortlich zu machen sind[18].

---

[18] Die Aufnahme der Klimaindikatoren Unterrichtsqualität und schulische Überforderung (individuell und kollektiv) zum Modell 3 führt zur stärksten Absenkung des Schulformeffekts. Die Analysen in Kapitel 8 haben gezeigt, dass Mittelschüler ihre schulische Umwelt auf beiden Variablen negativer einschätzen.

Das Klassenklima und die Selbstkognitionen von Schülern

Nachdem gezeigt werden konnte, dass das Klassenklima in Verbindung mit den internalisierenden Auffälligkeiten der Schüler steht, sollen in diesem Abschnitt die Variablen der Prozessebene in das Modell aufgenommen werden. Eine Voraussetzung für die Vermittlungsfunktion der Selbstkognitionen ist, dass auch sie im Zusammenhang mit dem Klassenklima stehen. Es ist demnach die Frage zu beantworten, ob das Klassenklima Einfluss darauf nimmt, wie Schülerinnen und Schüler über sich selbst, ihre sozialen und schulischen Kompetenzen denken. Gemäß dem Untersuchungsmodell erklärt sich aus der so mitgeprägten Sicht der eigenen Person der Zusammenhang zwischen Klassenklima und internalisierenden Auffälligkeiten.

Neben dem Klassenklima werden bei der Vorhersage der Selbstkognitionen auch die Hintergrundvariablen aufgenommen, die sich im Abschnitt 9.1 als relevant für das Selbstkonzept sozialer und schulischer Kompetenzen erwiesen haben: Das Geschlecht, die Altersstufe und die Schulform.

Bezüglich der beiden Klimadimensionen wird erwartet, dass das Selbstkonzept schulischer Kompetenzen im engeren Zusammenhang mit den Lernbedingungen steht und beim Selbstkonzept sozialer Kompetenzen die Verbindung zum Sozialklima stärker ist.

Die Aufnahme der Prädiktoren erfolgt wieder in mehreren Schritten: Nach der Prüfung des Varianzkomponentenmodells (Nullmodell) werden zuerst die Kontrollvariablen aufgenommen, dann folgen die strukturellen Bedingungen der schulischen Umwelt und zum Schluss die Variablen des kollektiven und des individuellen Klassenklimas.

Die Varianz der Kriteriumsvariablen schulisches Selbstkonzept verteilt sich im Nullmodell zu 93.7% auf die Schülerebene und zu 6.3% auf die Klassenebene. Die Ergebnisse in Tabelle 19 zeigen, dass die Aufnahme der beiden Kontrollvariablen Geschlecht und Klassenstufe in Modell 1 insbesondere auf der Klassenebene Varianz aufklären kann. Große Unterschiede finden sich zwischen den drei Klassenstufen sowie zwischen den Geschlechtern. Siebent- und Neuntklässler schätzen ihre schulischen Kompetenzen stärker negativ ein als Fünftklässler und Mädchen stärker negativ als Jungen.

Tabelle 19: Mehrebenenmodell zum Zusammenhang zwischen Klassenklima und dem Selbstkonzept schulischer Kompetenzen (HBSC Sachsen 2006, N = 4 367)

Variablen	Kriterium: Selbstkonzept schulischer Kompetenzen			
	Modell 1 Kontroll-Variablen	Modell 2 + strukturelle Bedingungen	Modell 3 + kollektives Klassenklima	Modell 4 +individuelles Klassenklima
RANDOM PART:				
Konstante (intercept)	.303***	.144***	.024	.035
FIXED PART:				
Geschlecht[1]:				
weiblich	-.174***	-.181***	-.177***	-.170***
Klassenstufe[2]:				
Klasse 7	-.325***	-.287***	-.086	-.095
Klasse 9	-.290***	-.267***	.015	.002
Schulform[3]:				
Gymnasium		.320***	.178***	.169***
Klassengröße		-.001	.000	.001
Schulgröße		.000	.000	.000
Unterrichtsqualität – koll.			.051	.005
Schul. Überforderung – koll.			-.119***	.031
Mitschülerunterstützung – koll.			.045*	.011
Unterrichtsqualität – ind.				.083***
Schul. Überforderung – ind.				-.388***
Mitschülerunterstützung – ind.				.067***
Mobbing-Opfererfahrg. – ind.				-.029*
Varianz auf Schülerebene (σ^2_{e0}) erkl. Varianz gg.über Null-Modell	.929 (.020) .9%	.928 (.020) 1.0%	.929 (.020) .9%	.761 (.017) 18.8%
Varianz auf Klassenebene (σ^2_{u0}) erkl. Varianz gg.über Null-Modell	.047 (.009) 25.4%	.029 (.007) 54.0%	.012 (.006) 81.0%	.020 (.006) 68.3%
Deviance	12088.98	12040.34	11989.05	10934.25
Differenz zum vorh. Schritt (χ^2)	$\Delta = 73.93$***	$\Delta = 48.64$***	$\Delta = 51.29$***	$\Delta = 1054.8$***
(*df*)	3	3	3	4

* $p < .05$, ** $p < .01$, *** $p < .001$; alle Prädiktoren auf Klassenebene sind *kursiv* gedruckt; ; Deviance im Nullmodell = 12162.91; 1 – Referenzkategorie: männlich; 2 – Referenzkategorie: Klassenstufe 5; 3 – Referenzkategorie: Mittelschule

In Modell 2 ergibt sich ein hoher Schulformeffekt, der Gymnasiasten ein besseres Selbstbild ihrer schulischen Kompetenzen bescheinigt als Mittelschülern. Letztere liegen mit ihren Selbsteinschätzungen rund eine Drittel Standardabwei-

chung niedriger als Gymnasiasten. Wie auch bei den internalisierenden Auffälligkeiten stehen die Klassengröße und die Schulgröße in keinem signifikanten Zusammenhang mit dem Selbstkonzept schulischer Kompetenzen.[19]
    Ein weiterer deutlicher Zuwachs der Varianzaufklärung auf Klassenebene wird durch die Indikatoren des kollektiven Klassenklimas in Modell 3 erreicht. Den stärksten Einfluss hat die kollektiv eingeschätzte schulische Überforderung: Je überforderter sich die Schüler der eigenen Klasse in der Mehrheit fühlen, umso stärker negativ wird individuell das schulische Selbstkonzept eingeschätzt. Von deutlich geringerem Ausmaß ist der Effekt der kollektiven Mitschülerunterstützung. Hier geht ein Anstieg der geteilten Klasseneinschätzung mit einer leichten Erhöhung des Selbstkonzepts schulischer Kompetenzen einher. In Modell 3 hat sich außerdem der Koeffizient für den Schulformeffekt halbiert. Das heißt, dass die beschriebenen Unterschiede des Selbstkonzepts von Gymnasialschülern und Mittelschülern zum Großteil durch das differierende Klima an den beiden Schulformen erklärt werden können.
    Die größte Erhöhung der Anpassungsgüte des Modells wird im vierten Schritt durch die Variablen des individuellen Klassenklimas erreicht ($\chi^2 = 1054.8$, $df = 4$, $p < .001$), ausgehend insbesondere von jenen Indikatoren, die der Klimadimension Lernbedingungen zuzuordnen sind. Aus diesem Bereich stammt auch der Prädiktor mit der stärksten Vorhersagekraft: die schulische Überforderung. Je stärker sich die Schüler individuell überfordert fühlen, umso niedriger ist das Selbstkonzept schulischer Kompetenzen. Weniger eng ist der Zusammenhang zur Unterrichtsqualität und zur Mitschülerunterstützung. Hier wirken eine hohe Unterrichtsqualität und ein hohes Ausmaß an Unterstützung durch die Mitschüler förderlich auf die Selbsteinschätzung. Verschwindend gering ist der Stellenwert der Mobbing-Opfererfahrungen, die negativ mit dem Selbstkonzept schulischer Kompetenzen in Verbindung stehen.
    Auch der Zusammenhang zwischen Selbstkognitionen und Klassenklima wird auf Unterschiede zwischen den Geschlechtern hin geprüft (nicht in Tabelle 19 aufgeführt). Die Aufnahme der sieben Interaktionsterme (individuelles und kollektives) Klassenklima × Geschlecht trägt signifikant zur Erhöhung der Anpassungsgüte des Modells bei ($\chi^2 = 20.35$, $df = 7$, $p < .01$). Signifikanz erreicht der Interaktionsterm für die individuell eingeschätzte Unterrichtsqualität × weibliches Geschlecht ($\beta = .091$, $p < .05$). Da der Haupteffekt für die Referenzgruppe

---

[19] Das deutliche Absinken des Koeffizienten, der die Konstante (intercept) in Modell 2 schätzt, erklärt sich aus der Aufnahme des kategorialen Prädiktors Schulform. Die Konstante steht jetzt nicht mehr wie im Modell 1 für männliche Schüler in Klasse 5, sondern für männliche Fünftklässler an Mittelschulen.

(Jungen) auf β = .040 (p = n.s.) schrumpft und keine Signifikanz mehr erreicht, kann geschlussfolgert werden, dass die individuell wahrgenommene Unterrichtsqualität nur mit dem weiblichen Selbstkonzept schulischer Kompetenzen im (positiven) Zusammenhang steht. Dieses finale Modell erreicht gegenüber dem Nullmodell eine Varianzaufklärung von 69.8% auf Klassenebene und 19.1% auf Individualebene.

Welchen Stellenwert hat die schulische Umwelt für das Selbstkonzept sozialer Kompetenzen der Schüler? Im Nullmodell lässt sich weniger Varianz der Klassenebene zuordnen (3.2%) als beim Selbstkonzept schulischer Kompetenzen (6.3%). Entsprechend groß ist der Varianzanteil auf Individuumsebene (96.8%).

Tabelle 20 ist zu entnehmen, dass sowohl die Kontrollvariablen im Modell 1 als auch die strukturellen Bedingungen der schulischen Umwelt in Modell 2 nur im geringen Ausmaß zur Aufklärung dieser Varianz beitragen können. Wie bereits in Abschnitt 9.1 deutlich geworden ist, ergeben sich keine Unterschiede in der Selbstsicht sozialer Kompetenz zwischen Mädchen und Jungen. Bezüglich der Altersstufen ergibt sich eine stärker negative Sicht der eigenen sozialen Kompetenzen bei Neuntklässlern im Vergleich zu den Fünftklässlern. Aus dem Set der Schulstrukturvariablen gehen keine Effekte von der Schul- und Klassengröße aus, jedoch von der Schulform: Gymnasialschüler schätzen ihre sozialen Kompetenzen geringfügig besser ein als Mittelschüler.

Dieser Schulformeffekt verschwindet jedoch bereits in Modell 3, wenn die Indikatoren des kollektiven Klassenklimas aufgenommen werden. Der einzige Indikator, der hier signifikant zur Vorhersage des Kriteriums beiträgt, ist die kollektive Mitschülerunterstützung: In einer Klasse mit hoher kollektiv eingeschätzter Mitschülerunterstützung zu sein, hat einen positiven Einfluss auf die Einschätzung eigener sozialer Kompetenzen. Mit den Variablen der Modelle 1 bis 3 kann mehr als ein Drittel der Varianz auf Klassenebene, jedoch keine Varianz auf Schülerebene aufgeklärt werden.

Dies ändert sich jedoch bei Berücksichtigung des individuell wahrgenommenen Klassenklimas in Modell 4. Wie erwartet stehen insbesondere die Indikatoren des Sozialklimas hochsignifikant mit dem sozialen Selbstkonzept in Verbindung. Je mehr Unterstützung von Seiten der Mitschüler wahrgenommen wird und je seltener man Erfahrungen als Mobbing-Opfer machen muss, umso höher werden die sozialen Kompetenzen eingeschätzt. Aber auch aus dem Bereich Lernbedingungen ergeben sich Zusammenhänge zum sozialen Selbstkonzept. Dieses fällt umso stärker negativ aus, je mehr sich die Jugendlichen in der Schule überfordert fühlen. Dass sich darüber hinaus das Vorzeichen des Koeffizienten für die kollektive Mitschülerunterstützung gedreht hat, ist wieder auf die parallele Kontrolle der individuell eingeschätzten sozialen Unterstützung zurückzuführen. Wird diese in Modell 4 statistisch konstant gehalten, führt eine höhere kollektiv eingeschätzte soziale Unterstützung in der besuchten Schulklasse zu einem leichten Absinken des sozialen Selbstkonzepts.

Tabelle 20: Mehrebenenmodell zum Zusammenhang zwischen Klassenklima und dem Selbstkonzept sozialer Kompetenzen (HBSC Sachsen 2006, N = 4 367)

Variablen	Kriterium: Selbstkonzept sozialer Kompetenzen			
	Modell 1 Kontroll- Variablen	Modell 2 + strukturelle Bedingungen	Modell 3 + kollektives Klassenklima	Modell 4 +individuelles Klassenklima
RANDOM PART:				
Konstante (intercept)	**.105****	.046	.001	.057
FIXED PART:				
Geschlecht[1]:				
weiblich	-.025	-.026	-.031	-.057
Klassenstufe[2]:				
Klasse 7	-.088	-.075	-.009	-.025
Klasse 9	**-.157*****	**-.153*****	-.040	-.093
Schulform[3]:				
Gymnasium		.117*	.068	.048
Klassengröße		.002	.002	.001
Schulgröße		.000	.000	.000
Unterrichtsqualität – koll.			.012	-.003
Schul. Überforderung – koll.			-.012	.024
Mitschülerunterstützung – koll.			**.073****	**-.059***
Unterrichtsqualität – ind.				.013
Schul. Überforderung – ind.				**-.092*****
Mitschülerunterstützung – ind.				**.266*****
Mobbing-Opfererfahrg. – ind.				**-.196*****
Varianz auf Schülerebene (σ^2_{e0}) erkl. Varianz gg.über Null-Modell	.969 (.022) -.1%	.968 (.022) 0%	.969 (.022) -.1%	.827 (.019) 14.6%
Varianz auf Klassenebene (σ^2_{u0}) erkl. Varianz gg.über Null-Modell	.027 (.007) 15.6%	.025 (.007) 21.9%	.020 (.007) 37.5%	.023 (.006) 28.1%
Deviance Differenz zum vorh. Schritt (χ^2) (*df*)	11879.27 $\Delta = 12.02^{**}$ 3	11873.46 $\Delta = 5.81$ n.s. 3	11860.13 $\Delta = 13.33^{**}$ 3	11016.7 $\Delta = 843.43^{***}$ 4

* $p < .05$, ** $p < .01$, *** $p < .001$; alle Prädiktoren auf Klassenebene sind *kursiv* gedruckt; Deviance im Nullmodell = 11891.29; 1 – Referenzkategorie: männlich; 2 – Referenzkategorie: Klassenstufe 5; 3 – Referenzkategorie: Mittelschule

Die Überprüfung von geschlechtsspezifischen Zusammenhängen zwischen Klassenklima und der Selbsteinschätzung sozialer Kompetenzen erbringt einen signifikanten Interaktionseffekt für die individuell eingeschätzte schulische Überforderung × Geschlecht (β = .074, p < .05), wobei der Haupteffekt in der Referenzgruppe (Jungen) auf β = -.129 (p < .001) ansteigt. Das heißt, dass die erlebte Überforderung für das soziale Selbstkonzept der Jungen relevanter ist als für das der Mädchen (-.055 = -.129 + .074). Die Varianzaufklärung in diesem letzten Schritt verbleibt bei 14.8% auf Klassenebene und 28.1% auf Schülerebene.

In der Zusammenschau bestätigt sich die Annahme eines Zusammenhangs zwischen dem Klima, das in Schulklassen herrscht, und der Art und Weise, mit der Schüler ihre eigenen Kompetenzen einschätzen. Dabei steht erwartungsgemäß die Klimadimension Lernbedingungen eng mit dem schulischen Selbstkonzept und das Sozialklima eng mit dem sozialen Selbstkonzept in Verbindung. Nachvollziehbar ist auch, dass die klimatischen Bedingungen der schulischen Umwelt eine größere Bedeutung für das schulische Selbstkonzept haben, da das soziale Selbstkonzept vermutlich im stärkeren Maße auch durch (soziale) Erfahrungen außerhalb der Schule geformt wird.

Wie auch bei den internalisierenden Auffälligkeiten ist es insbesondere das individuell eingeschätzte Klassenklima, das Einfluss auf die Selbstkognitionen der Schüler nimmt. Hervorzuheben ist einmal die hohe Relevanz der erlebten schulischen Überforderung für das Selbstkonzept schulischer Kompetenzen und die Bedeutung der sozialen Unterstützung für das soziale Selbstkonzept. Das soziale Selbstbild der Jungen speist sich darüber hinaus auch aus den wahrgenommenen Lernbedingungen. Ein weiterer geschlechtsspezifischer Effekt zeigt sich für die Wirkung der individuell eingeschätzten Unterrichtsqualität, die einzig mit dem schulischen Selbstkonzept von Mädchen in Verbindung steht.

Das kollektive Klassenklima steht in seiner Bedeutung für das Selbstkonzept wieder hinter dem individuellen Klassenklima zurück. Wenn die Wirkung des Klimas auf beiden Ebenen gleichzeitig untersucht wird, dominiert das individuelle Klima die schwachen Effekte des kollektiven Klassenklimas. Einzige Ausnahme ist die kollektive Mitschülerunterstützung, die scheinbar erwartungswidrig negativ mit dem sozialen Selbstkonzept in Verbindung steht. Dies ist jedoch wieder auf die konstant gehaltene individuelle Mitschülerunterstützung zurückzuführen. Liegen die Schüler mit ihren individuellen Einschätzungen im Durchschnitt, steht ein Anstieg der kollektiv eingeschätzten Unterstützung in der Klasse auch für eine zunehmende Diskrepanz zwischen der eigenen Einschätzung und der Mehrheitssicht in der Schulklasse. Gut nachvollziehbar ist, dass unter einer solchen Diskrepanz das Vertrauen in die eigene soziale Kompetenz leidet.

Die untersuchten strukturellen Bedingungen der schulischen Umwelt scheinen kaum eine Verbindung zur Selbstsicht der Schüler zu haben. Das auf den ersten Blick stärker positive Selbstbild der Gymnasiasten kann bei genauerer Analyse auf Klimaunterschiede zwischen Gymnasien und Mittelschulen zurückgeführt werden. Zusätzliche Analysen zeigen, dass hierfür die niedrigere Mitschülerunterstützung und die stärker verbreiteten Erfahrungen von Überforderung an Mittelschulen verantwortlich zu machen sind[20]. Während Unterschiede zwischen Mittelschülern und Gymnasiasten im sozialen Selbstbild so vollständig aufgeklärt werden können, verbleibt beim schulischen Selbstkonzept eine Restdifferenz, die nicht durch das unterschiedliche Klima erklärt werden kann. Die höheren Einschätzungen der schulischen Kompetenzen an Gymnasien sind zum Teil vermutlich auch auf den objektiven Leistungsvorsprung der Gymnasiasten zurückzuführen.

Klassenklima, Selbstkognitionen und internalisierende Auffälligkeiten

Im letzten Auswertungsschritt werden alle bisher einzeln betrachteten Komponenten des Untersuchungsmodells zusammengeführt. Indem die internalisierenden Auffälligkeiten aus dem Klassenklima *und* den Selbstkognitionen gemeinsam vorhergesagt werden, erfolgt die Überprüfung von zwei zentralen, der von Baron und Kenny (1986) formulierten Bedingungen für Mediationseffekte. Bisher konnte nachgewiesen werden, dass es einen Zusammenhang zwischen Klassenklima und internalisierenden Auffälligkeiten gibt (Pfad c in Abbildung 27) und dass das Klassenklima darüber hinaus mit den Selbstkognitionen der Schüler in Verbindung steht (Pfad a). Nun geht es darum aufzuzeigen, dass die Selbstkognitionen relevant für internalisierende Auffälligkeiten sind (hier wird auf der Grundlage des Forschungsstandes in Kapitel 4 ein enger Zusammenhang erwartet – Pfad b) und dass die statistische Berücksichtigung der Selbstkognitionen den Effekt des Klassenklimas ablöst oder verringert (Pfad c'). Dieses Ergebnis würde für eine komplette bzw. teilweise Vermittlung der Klimaeinflüsse durch die Selbstkognitionen der Schüler sprechen. Gemäß dem Untersuchungsmodell (Abbildung 26) ist zu erwarten, dass Einflüsse der Lernbedingungen stärker über

---

[20] Die Aufnahme des Klimaindikators Mitschülerunterstützung (individuell) zum Modell 3 führt beim Selbstkonzept sozialer Kompetenzen zur stärksten Absenkung des Schulformeffekts und die Aufnahme des Indikators Schulische Überforderung (individuell und kollektiv) beim Selbstkonzept schulischer Kompetenzen zum stärksten Absinken des Schulformeffekts. Die Analysen in Kapitel 8 haben gezeigt, dass Mittelschüler ihre schulische Umwelt auf beiden Variablen negativer einschätzen.

das Selbstkonzept schulischer Kompetenzen vermittelt werden und dass das Sozialklima stärker über das Selbstkonzept sozialer Kompetenzen Einfluss auf das Ausmaß internalisierender Auffälligkeiten nimmt.

Tabelle 21: Mehrebenenmodell zum Zusammenhang zwischen emotionalen Problemen, Klassenklima und Selbstkognitionen (HBSC Sachsen 2006, N = 4 367)

Variablen	Kriterium: ,Emotionale Probleme' (SDQ)			
	Modell 1 Klassen- klima	Modell 2 + schulisches Selbstkonzept	Modell 3 + soziales Selbstkonzept	Modell 4 + soziales & schulisches Selbstkonzept
RANDOM PART:				
Konstante (intercept)	-.210***	-.205***	-.213***	-.205***
FIXED PART:				
Unterrichtsqualität – koll.	.077*	.078*	.083**	.083**
Schul. Überforderung – koll.	.008	.013	.011	.015
Mitschülerunterstützung – koll.	-.020	-.015	-.028	-.022
Unterrichtsqualität – ind.	-.114***	-.100***	-.116***	-.106***
Schul. Überforderung – ind.	.178***	.110***	.160***	.108***
Mitschülerunterstützung – ind.	-.058***	-.047**	-.018	-.017
Mobbing-Opfererfahrg. – ind.	.241***	.235***	.210***	.211***
Selbstkonzept schulischer Kompetenzen		-.176***		-.140***
Selbstkonzept sozialer Kompetenzen			-.162***	-.130***
Varianz auf Schülerebene (σ^2_{e0}) erkl. Varianz gg.über Null-Modell	.750 (.017) 22.1%	.728 (.016) 24.4%	.728 (.016) 24.4%	.715 (.016) 25.8%
Varianz auf Klassenebene (σ^2_{u0}) erkl. Varianz gg.über Null-Modell	.012 (.005) 66.7%	.010 (.005) 72.2%	.009 (.005) 75.0%	.008 (.004) 77.8%
Deviance (Log-Likelihood) Differenz zum Modell I (χ^2) (*df*)	10918.16	10702.93 $\Delta = 215.23$*** 1	10441.84 $\Delta = 476.32$*** 1	10296.17 $\Delta = 621.99$*** 2

$* p < .05$, $** p < .01$, $*** p < .001$; alle Prädiktoren auf Klassenebene sind kursiv gedruckt; nicht aufgeführt sind die Koeffizienten der Kontrollvariablen: Geschlecht, Altersstufe, Geschlecht × Altersstufe, Schulform, Klassengröße, Schulgröße

Tabelle 21 präsentiert die Ergebnisse für die emotionalen Probleme, wobei auf die Darstellung der Kontroll- und Schulstrukturvariablen verzichtet wird. Verglichen werden vier Modelle: Das erste mit alleiniger Berücksichtigung des Klassenklimas (identisch mit Modell 4 in Tabelle 17), das zweite mit alleiniger Aufnahme des schulischen Selbstkonzepts, das dritte mit alleiniger Aufnahme des sozialen Selbstkonzepts und das vierte als Gesamtmodell mit beiden Mediatorvariablen.

Die Koeffizienten in Modell 1 entsprechen jenen im finalen Modell der Analyse zum Zusammenhang zwischen emotionalen Problemen und Klassenklima (Tabelle 17). Sie stehen für die Verbindung zwischen Klassenklima und emotionalen Problemen *ohne* Berücksichtigung der Selbstkognitionen als vermittelnde Variablen (Pfad c in Abbildung 27). Wird im zweiten Modell das Selbstkonzept schulischer Kompetenzen aufgenommen, sind erwartungsgemäß die stärksten Veränderungen bei den Koeffizienten der Klimadimension Lernbedingungen zu beobachten. So sinkt der Koeffizient des Indikators Schulische Überforderung von β = -.178 ($p < .001$) auf β = -.110 ($p < .001$). Diese Differenz kann als Schätzung des, über das schulische Selbstkonzept vermittelten, indirekten Effekts der schulischen Überforderung auf die emotionalen Probleme interpretiert werden (c – c' in Abbildung 27)[21]. Auch die Koeffizienten der anderen drei individuellen Klimavariablen reduzieren sich, jedoch in deutlich geringerem Ausmaß. Der signifikante Koeffizient der kollektiven Unterrichtsqualität bleibt unverändert. Das Selbstkonzept schulischer Kompetenzen steht selbst negativ mit den emotionalen Problemen in Verbindung. Je kritischer die Sicht der eigenen schulischen Kompetenzen ist, umso mehr emotionale Probleme sind zu beobachten.

Die Berücksichtigung des Selbstkonzepts sozialer Kompetenzen (Modell 3) führt nur zu geringfügigen Veränderungen bei den Effekten des Klassenklimas. Diese sind jedoch erwartungsgemäß am ehesten bei den Indikatoren des Sozialklimas zu beobachten. Der ohnehin schwache Effekt der Mitschülerunterstützung erreicht keine Signifikanz mehr und der Effekt der Mobbing-Opfererfahrungen reduziert sich leicht von β = .241 ($p < .001$) auf β = .210 ($p < .001$). Das soziale Selbstkonzept steht in gleicher Weise wie das schulische Selbstkonzept negativ mit dem Ausmaß emotionaler Probleme in Verbindung.

Vermutlich aufgrund des jeweils recht spezifischen Zusammenhangs zwischen sozialem Selbstkonzept und Sozialklima sowie schulischem Selbstkonzept und Lernbedingungen ergibt die gleichzeitige Aufnahme beider Mediatoren in

---

[21] Diese Differenz c - c' ist identisch mit dem a × b - Koeffizienten zur Abschätzung des indirekten Effekts: Multipliziert man den Effekt der Schulischen Überforderung auf das schulische Selbstkonzept (-.388, s. Tabelle 19) mit dem Koeffizienten für den Zusammenhang zwischen schulischem Selbstkonzept und Emotionalen Probleme (-.176, s. Tabelle 21) ergibt sich als Schätzung des indirekten Effekts ebenfalls ein Wert von .068.

Modell 4 keine großen Verschiebungen gegenüber den beiden vorherigen Modellen. Die Koeffizienten für den direkten Effekt der Lernbedingungen auf das Kriterium entsprechen weitestgehend jenen in Modell 2 und die Koeffizienten des Sozialklimas jenen in Modell 3. Die um ihre Kovarianz bereinigten Effekte des sozialen und schulischen Selbstkonzepts fallen im vierten Modell etwas niedriger aus. Die Berücksichtigung der Selbstkognitionen hat die Anpassungsgüte des Modells hochsignifikant erhöht ($\chi^2 = 621.99$, $df = 2$, $p < .001$) und sowohl auf Klassen- als auch Schülerebene zusätzliche Varianz aufklären können.

Wird zusätzlich durch Interaktionsterme geprüft, ob sich der Zusammenhang zwischen Selbstkognitionen und emotionalen Problemen zwischen den Geschlechtern unterscheidet, ergibt sich ein hoch signifikanter Interaktionseffekt für Geschlecht (weiblich) × schulisches Selbstkonzept ($\beta = -.093$, $p < .001$) und eine signifikante Interaktion für Geschlecht (weiblich) × soziales Selbstkonzept ($\beta = -.068$, $p < .05$). Die mit Hilfe der Haupteffekte und Interaktionen zu bestimmenden Koeffizienten betragen beim schulischen Selbstkonzept $\beta = -.088$ ($p < .001$) für die Jungen und $\beta = -.181$ ($p < .001$) für die Mädchen. Beim Selbstkonzept sozialer Kompetenzen beträgt der Haupteffekt für die Jungen $\beta = -.097$ ($p < .001$) und errechnet sich für die Mädchen zu $\beta = -.165$ ($p < .05$). Demnach ist die Verbindung der Selbstkognitionen zum Ausmaß emotionaler Probleme bei den Mädchen bedeutend enger als bei den Jungen.

Um zu einer genaueren Einschätzung der über die Selbstkognitionen vermittelten indirekten Effekte des Klassenklimas auf die emotionalen Probleme und ihrer statistischen Bedeutsamkeit zu gelangen, sind diese in der folgenden Tabelle einzeln aufgeführt[22]. Mit anderen Worten: Die indirekten Effekte stehen für die Einflüsse des Klassenklimas auf die emotionalen Probleme, die den Umweg über die Selbstkognitionen nehmen. Ihnen werden die direkten Effekte des Klassenklimas auf die emotionalen Probleme gegenübergestellt, die ungeachtet der Berücksichtigung der Mediatoren verbleiben. Da die bisherigen Analysen gezeigt haben, dass das kollektive Klassenklima kaum Relevanz besitzt, werden nur die vom individuellen Klassenklima ausgehenden Effekte betrachtet.

---

[22] Die indirekten Effekte werden geschätzt durch das Produkt des Pfades Klassenklima – Selbstkognitionen (Pfad a, s. Tabelle 19 und 20) und des Pfades Selbstkognitionen – Emotionale Probleme (Pfad b, s. Tabelle 21 und 23). Für die Berechnung der Standardfehler des Schätzers a × b wird folgende von Krull und MacKinnon (1999, S. 424) für Untersuchungen mit mehr als 100 Gruppen vorgeschlagene Formel verwendet:

$$s_{ab} = \sqrt{s_a^2 b^2 + s_b^2 a^2 - s_a^2 s_b^2}$$

Der Vergleich der direkten und indirekten Effekte in Tabelle 22 zeigt, dass bei den meisten Klimaindikatoren der direkte Zusammenhang zwischen Klassenklima und emotionalen Problemen dominiert. Dies betrifft insbesondere die Unterrichtsqualität und die Mobbing-Opfererfahrungen, bei denen nur ein Bruchteil des Zusammenhangs durch die Selbstkognitionen vermittelt wird. Eine größere Gültigkeit kommt dem Mediationsmodell bei der schulischen Überforderung und der Mitschülerunterstützung zu. Fast die Hälfte des von der schulischen Überforderung ausgehenden Effektes (46%) wirkt sich über das Selbstkonzept schulischer Leistungen auf die emotionalen Probleme aus. Bei der Mitschülerunterstützung kann sogar von einer kompletten Mediation insbesondere durch das Selbstkonzept sozialer Kompetenzen gesprochen werden, da kein signifikanter direkter Pfad bestehen bleibt. Erwartungsgemäß vermittelt das schulische Selbstkonzept vorrangig Einflüsse der Lernbedingungen und das soziale Selbstkonzept Einflüsse des Sozialklimas.

Tabelle 22: Zusammenfassung: Direkte und indirekte Effekte des Klassenklimas auf emotionale Probleme (HBSC Sachsen 2006, N = 4 367)

Prädiktoren: individuelles Klassenklima	Kriterium: ‚Emotionale Probleme' (SDQ)		
	Indirekte Effekte des Klassenklimas[19]		Verbleibende direkte Effekte des Klassenklimas (Modell 4 in Tabelle 21)
	vermittelt über das Selbstkonzept schulischer Kompetenzen	vermittelt über das Selbstkonzept sozialer Kompetenzen	
Unterrichtsqualität	-.015***	-.002	-.106***
Schul. Überforderung	.068***	.015***	.108***
Mitschülerunterstützung	-.012***	-.043***	-.017
Mobbing-Opfererfahrungen	.005*	.032***	.211***

$* p < .05$, $** p < .01$, $*** p < .001$

Berücksichtigt man zusätzlich die gefunden Geschlechtsunterschiede, ist von einer größeren Gültigkeit des Mediationsmodells bei den Mädchen auszugehen. Da die Selbstkognitionen bei ihnen stärker mit den emotionalen Problemen verknüpft sind, ist auch der über die Selbstkognitionen vermittelte Einfluss des Klassenklimas auf die emotionalen Probleme der Mädchen größer als bei den Jungen.

Welche Rolle spielt das Selbstkonzept für die Verbindung zwischen Klassenklima und psychosomatischen Beschwerden der Schüler? Die erste Spalte in

Tabelle 23 (Modell 1) führt die Koeffizienten für den Zusammenhang zwischen Klassenklima und der Häufigkeit psychosomatischer Beschwerden auf. Wird in Modell 2 das schulische Selbstkonzept als Prädiktor aufgenommen, ist einzig bei der schulischen Überforderung ein deutliches Absinken des Koeffizienten von $\beta = .164$ ($p < .001$) auf $\beta = .121$ ($p < .001$) zu beobachten. Die anderen drei Klimaindikatoren bleiben nahezu unverändert.

Tabelle 23: Mehrebenenmodell zum Zusammenhang zwischen psychosomatischen Beschwerden, Klassenklima und Selbstkognitionen (HBSC Sachsen 2006, N = 4 367)

	Kriterium: ,Psychosomatische Beschwerden'			
	Modell 1 Klassenklima	**Modell 2** + schulisches Selbst-konzept	**Modell 3** + soziales Selbst-konzept	**Modell 4** + soziales & schulisches Selbstkonzept
Variablen				
RANDOM PART:				
Konstante (intercept)	**-.292*****	**-.276*****	**-.272*****	**-.258*****
FIXED PART:				
Unterrichtsqualität – koll.	.052	.055	.057	.060
Schul. Überforderung – koll.	-.022	-.016	-.016	-.011
Mitschülerunterstützung – koll.	.030	.030	.023	.023
Unterrichtsqualität – ind.	**-.173*****	**-.167*****	**-.178*****	**-.173*****
Schul. Überforderung – ind.	**.164*****	**.121*****	**.156*****	**.120*****
Mitschülerunterstützung – ind.	**-.069*****	**-.061*****	**-.042****	**-.041***
Mobbing-Opfererfahrg. – ind.	**.226*****	**.224*****	**.209*****	**.211*****
Selbstkonzept schulischer Kompetenzen		**-.110*****		**-.094*****
Selbstkonzept sozialer Kompetenzen			**-.090*****	**-.070*****
Varianz auf Schülerebene (σ^2_{e0}) erkl. Varianz gg.über Null-Modell	.762 (.017) 20.5%	.755 (.017) 21.2%	.756 (.017) 21.1%	.752(.017) 21.5%
Varianz auf Klassenebene (σ^2_{u0}) erkl. Varianz gg.über Null-Modell	.010 (.005) 76.2%	.009 (.005) 78.6%	.009 (.005) 78.6%	.009 (.005) 78.6%
Deviance (Log-Likelihood) Differenz zum Modell I (χ^2) (*df*)	10925.05	10804.61 Δ = 120.44*** 1	10558.54 Δ = 366.51*** 1	10466.03 Δ = 459.02*** 2

* $p < .05$, ** $p < .01$, *** $p < .001$; alle Prädiktoren auf Klassenebene sind kursiv gedruckt; nicht aufgeführt sind die Koeffizienten der Kontrollvariablen: Geschlecht, Altersstufe, Geschlecht × Altersstufe, Schulform, Klassengröße, Schulgröße

Die Aufnahme des Selbstkonzepts sozialer Kompetenzen in Modell 3 führt zu einem leichten Rückgang der beiden Indikatoren des Sozialklimas, bei der Mitschülerunterstützung von $\beta = .069$ ($p < .001$) auf $\beta = .042$ ($p < .01$) und bei den Mobbing-Opfererfahrungen von $\beta = .226$ ($p < .001$) auf $\beta = .209$ ($p < .001$).

Im Gesamtmodell mit beiden Mediatorvariablen (Modell 4) zeigt sich ein schwach negativer Zusammenhang zwischen der Selbsteinschätzung schulischer sowie sozialer Kompetenzen und der Häufigkeit psychosomatischer Beschwerden. Dieser Zusammenhang fällt schwächer aus als bei den emotionalen Problemen. Der Blick auf die Klimaindikatoren zeigt, dass bei der Unterrichtsqualität praktisch keine Veränderung des Koeffizienten zu verzeichnen ist. Die Berücksichtigung der Selbstkognitionen hat zu einer starken Erhöhung der Anpassungsgüte des Modells geführt und im geringen Umfang zusätzliche Varianz auf Schüler- und Klassenebene aufgeklärt.

Die Überprüfung der Interaktionen zwischen Geschlecht und Selbstkognitionen erbringt einen signifikanten Interaktionseffekt für Geschlecht (weiblich) × schulisches Selbstkonzept (β -.084, $p < .01$). Da der Haupteffekt für die Jungen auf $\beta = -.047$ ($p < .05$) schrumpft und sich der Koeffizient für die Mädchen als $\beta = -.131$ ($p < .01$) errechnet, kann von einer engeren Verbindung zwischen schulischem Selbstkonzept und der Häufigkeit psychosomatischer Beschwerden bei den Mädchen ausgegangen werden. Die Bedeutung des sozialen Selbstkonzepts für die Beschwerdehäufigkeit unterscheidet sich zwischen Mädchen und Jungen nicht (Geschlecht × soziales Selbstkonzept: $\beta = .013$, p = n.s.).

Tabelle 24: Zusammenfassung: Direkte und indirekte Effekte des Klassenklimas auf psychosomatische Beschwerden (HBSC Sachsen 2006, N = 4 367)

Prädiktoren: individuelles Klassenklima	Kriterium: ‚Psychosomatische Beschwerden'		Verbleibende direkte Effekte des Klassenklimas (Modell 4 in Tabelle 23)
	Indirekte Effekte des Klassenklimas[19]		
	vermittelt über das Selbstkonzept schulischer Kompetenzen	vermittelt über das Selbstkonzept sozialer Kompetenzen	
Unterrichtsqualität	-.009***	-.001	-.173***
Schul. Überforderung	.043***	.008***	.120***
Mitschülerunterstützung	-.007***	-.024***	-.041*
Mobbing-Opfererfahrungen	.003*	.018***	.211***

$* p < .05, ** p < .01, *** p < .001$

Die Gegenüberstellung der direkten und indirekten Effekte in Tabelle 24 zeigt, dass wiederholt nur bei der schulischen Überforderung und bei der Mitschüler-unterstützung von relevanten Vermittlungseffekten gesprochen werden kann. Der Anteil der über die Selbstkognitionen vermittelten Effekte beträgt bei der schulischen Überforderung 30% und bei der Mitschülerunterstützung 43%. Dennoch kann auch beim Zusammenhang zwischen Klassenklima und psychosomatischen Beschwerden von einer spezifischen Vermittlung der Effekte der Lernbedingungen über das schulische Selbstkonzept und der Effekte des Sozialklimas über das soziale Selbstkonzept gesprochen werden. Angesichts der größeren Bedeutung des schulischen Selbstkonzepts für die Beschwerdehäufigkeit der Mädchen kann davon ausgegangen werden, dass die von den Lernbedingungen ausgehenden indirekten Effekte bei ihnen noch stärker ausfallen, als in Tabelle 24 für beide Geschlechter gemeinsam angegeben.

In der Zusammenschau bestätigt sich die Vermittlungshypothese des theoretischen Modells nur zum Teil. Die Annahme, dass der Zusammenhang zwischen Klassenklima und internalisierenden Auffälligkeiten dadurch erklärt werden kann, dass ein ungünstiges Klima die negative Sicht der eigenen schulischen und sozialen Kompetenzen befördert, gilt mit folgenden Einschränkungen:

1. Bei fast allen individuellen Klimaindikatoren ist jenseits des über die Selbstkognitionen vermittelten Einflusses ein dominanter direkter Effekt zu beobachten. Hier sind vermutlich andere, in dieser Arbeit nicht untersuchte, Prozessvariablen wirksam. Besonders deutlich wird dies bei der Unterrichtsqualität. Dass die Beschwerdehäufigkeit bei Schülern steigt, die die Qualität des Unterrichts negativ einschätzen, scheint wenig mit dem Selbstkonzept der Mädchen und Jungen zu tun zu haben.
2. Eine größere Gültigkeit besitzt die Vermittlungshypothese bei der individuell erlebten Überforderung. Dass dieser Aspekt des Klassenklimas mit internalisierenden Auffälligkeiten zusammenhängt, erklärt sich zum großen Teil daraus, dass überforderte Schüler an ihren schulischen Kompetenzen zweifeln. Ähnliches gilt für die Unterstützung durch die Mitschüler. Obwohl dieser Klimaindikator nur schwach mit den emotionalen Problemen und psychosomatischen Beschwerden zusammenhängt, ist diese Verbindung fast vollständig darauf zurückzuführen, dass die Wahrnehmung fehlender sozialer Unterstützung mit einem stärker negativen Selbstbild eigener sozialer Kompetenzen einhergeht.
3. Die Vermittlungshypothese beschreibt die Mechanismen des Zusammenhangs zwischen Klassenklima und internalisierenden Auffälligkeiten bei den Mädchen besser als bei den Jungen. Dies beruht auf der größeren Be-

deutung der Selbstkognitionen für die internalisierenden Auffälligkeiten der Mädchen.

Für den Anteil des Zusammenhanges zwischen Klassenklima und internalisierenden Auffälligkeiten, der den Annahmen des theoretischem Modells gemäß über die Selbstkognitionen vermittelt wird, bestätigt sich die Hypothese einer spezifischen Vermittlung des Sozialklimas über das soziale Selbstkonzept und der Lernbedingungen über das schulische Selbstkonzept.

Schulnoten, soziale Einbindung und internalisierende Auffälligkeiten

Angesichts der nur partiellen Bestätigung der Modellannahmen könnte man einwenden, dass sich die Wirkung des Klassenklimas auf die internalisierenden Auffälligkeiten jenseits des Selbstkonzepts auch durch objektivere Kriterien für die Bewältigung von Entwicklungsaufgaben aufklären ließe. Die eingangs verwendeten Validitätskriterien der Selbstkonzeptskalen (siehe Tabelle 16) sollen jetzt herangezogen werden, um diese Alternativhypothese zu testen. Steht das Klassenklima mit dem Notendurchschnitt (Mathematik und Deutsch) des letzten Zeugnisses oder dem Ausmaß der sozialen Einbindung (Anzahl enger Freunde und Freundinnen) in Verbindung und nimmt es über diesen Umweg Einfluss auf die internalisierenden Auffälligkeiten?

Wenn dies zuträfe, müsste die Aufnahme des Notenmittelwertes und der Anzahl der Freunde[23] in das finale Mehrebenenmodell (Modell IV in Tabellen 21 und 23) zu einem weiteren Absinken der Klassenklimaeffekte führen. Dies ist jedoch nicht der Fall. Nur der Notendurchschnitt steht als Klassenmerkmal mit dem Ausmaß emotionaler Probleme ($\beta = .125$, $p < .05$) und der Häufigkeit psychosomatischer Beschwerden ($\beta = .135$, $p < .05$) in Verbindung. In einer Klasse mit niedrigerem Notenniveau Schüler zu sein, geht demzufolge mit einem leicht erhöhten Risiko für psychosomatische Beschwerden und emotionale Probleme einher. Da das niedrigere Notenniveau vermutlich auch für höhere Anforderungen an die Schüler in diesen Klassen steht, weist dieser Befund in eine ähnliche

---

[23] Es wird davon ausgegangen, dass die Schulnoten und mit Abstrichen auch die soziale Einbindung jeweils vor dem Hintergrund der Verhältnisse in der Klasse gesehen werden müssen. Beide Variablen gehen deshalb als kollektives Merkmal (Notendurchschnitt der Klasse und durchschnittliche Anzahl der Freunde in der Klasse) und als individuelles Merkmal (Differenz zwischen individuellem Notendurchschnitt/Freundeszahl und Klassenmittelwert) in die Analysen ein. Somit bilden die individuellen Prädiktoren ab, ob man relativ zur Klassennorm bessere oder schlechtere Noten bzw. mehr oder weniger enge Freunde hat.

Richtung wie die Ergebnisse zu den Auswirkungen schulischer Überforderung. Signifikante Zusammenhänge zur Anzahl der Freunde oder dem individuellen Notendurchschnitt ergeben sich nicht. Auch eine Absenkung der Koeffizienten des Klassenklimas ist nicht zu verzeichnen. Der sich in den Noten widerspiegelnde Schulerfolg und die soziale Einbindung im Kreis der Gleichaltrigen tragen somit nicht zur Aufklärung des Zusammenhangs zwischen Klassenklima und internalisierenden Auffälligkeiten bei.

Die Berücksichtigung dieser Variablen führt jedoch zu einem leichten Anstieg der von den Selbstkognitionen ausgehenden Effekte, sowohl bei den emotionalen Problemen (soziales Selbstkonzept: $\beta = -.139$, $p < .001$; schulisches Selbstkonzept: $\beta = -.152$, $p < .001$) als auch bei den psychosomatischen Beschwerden (soziales Selbstkonzept: $\beta = -.081$, $p < .001$; schulisches Selbstkonzept: $\beta = -.096$, $p < .001$). Dies ist vermutlich auf Suppressionseffekte zurückzuführen. Der Notendurchschnitt und die Anzahl enger Freunde unterdrücken bei den Selbstkognitionen die Varianzanteile, die im weitesten Sinne eine objektive Einschätzung der eigenen Kompetenzen darstellen. Dass die Effekte der um diese Anteile ‚bereinigten' Selbstkognitionen ansteigen, bestätigt um ein weiteres Mal die Bedeutung einer verzerrten Selbstsicht für internalisierende Auffälligkeiten.

9.3 Klimaeinschätzungen hoch belasteter Jugendlicher

Bei den bisherigen Analysen wurde implizit davon ausgegangen, dass die Verbindung zwischen internalisierenden Auffälligkeiten und Klassenklima über das gesamte Spektrum der Belastungen hinweg gleich ist, dass also z. B. das gleiche Ausmaß an Überforderungserleben sowohl bei einer emotional wenig belasteten als auch bei einer emotional bereits stark belasteten Schülerin mit dem gleichen Anstieg emotionaler Probleme verbunden ist.

In diesem Abschnitt werden die Klimawahrnehmungen der in Kapitel 7 identifizierten Risiko-Gruppe internalisierender Auffälligkeiten, der 9.7% der befragten Jugendlichen angehören, genauer analysiert. Dabei soll geprüft werden, ob für die Konstituierung dieser Subgruppe, mit extrem hohen Werten auf der SDQ-Skala ‚Emotionale Probleme', andere Klimaaspekte eine Rolle spielen, als in den vorangegangen Analysen für die Mehrheit der Schüler mit dem gesamten Schweregrad-Spektrum emotionaler Probleme. Mit Hilfe welcher Klimaaspekte lässt sich die Zugehörigkeit der Schülerinnen und Schüler zu dieser Gruppe am besten vorhersagen?

Da es sich um eine binäre abhängige Variable handelt (1 – in der Risiko-Gruppe, 0 – nicht in der Risiko-Gruppe), wird ein mehrebenenanalytisches Logit-Modell gerechnet[24] (vgl. Rasbash, Steele, Browne & Prosser, 2005, Kap. 9). Die Interpretation der Koeffizienten eines solchen Logit-Modells kann durch die Berechnung sogenannter *Odds Ratios (OR)*[25] auf der Grundlage der Beta-Werte erleichtert werden ($OR = \exp[\beta]$).

Die Auswahl der Prädiktorvariablen orientiert sich an dem im vorherigen Abschnitt eingeführten Modellen zum Zusammenhang zwischen internalisierenden Auffälligkeiten und dem Klassenklima. Tabelle 25 zeigt die resultierenden Beta-Koeffizienten und die Odds Ratios.

Die im Nullmodell ausgewiesene Varianz auf Klassenebene erreicht keine statistische Signifikanz ($\sigma^2_{u0} = .125$, p = n.s.), d. h., der Anteil der Schüler in der Risiko-Gruppe variiert nicht bedeutsam zwischen den Klassen.

Aus dem Kreis der Kontrollvariablen trägt neben dem Geschlecht insbesondere die Interaktion Klassenstufe × Geschlecht zur Vorhersage der Risiko-Gruppen-Zugehörigkeit bei. Die Chance eines Mädchens der Klassenstufe 9, in der Risiko-Gruppe zu sein, ist fast viermal höher als bei einem Mädchen der Klassenstufe 5 (= Referenzgruppe). Keinen Einfluss darauf, ob Schüler extrem hohe Werte auf der SDQ-Skala ,Emotionale Probleme' erreichen, hat die Schulform oder die Schul- und Klassengröße.

Aus dem Set der Klassenklimavariablen sind nur für die Indikatoren des individuellen Klassenklimas signifikante Effekte zu verzeichnen, die Koeffizienten des kollektiven Klassenklimas erreichen keine statistische Signifikanz[26]. Liegen die eingeschätzten Überforderungserlebnisse einer Schülerin oder eines Schülers eine Standardabweichung über dem Stichprobendurchschnitt, erhöht sich die Chance, in der Risiko-Gruppe zu sein, um das 1.65fache. Anhand der Beta-Koeffizienten kann die Stärke des Einflusses der Prädiktoren verglichen werden. Gleichauf mit der schulischen Überforderung liegen die Mobbing-Opfer-

---

[24] Die Gleichungen 8 und 9 zeigen die Grundform des berechneten Logit-Modells mit random intercept und zwei Ebenen i und j, wobei π_{ij} für die Wahrscheinlichkeit steht, der Risikogruppe anzugehören.

$$\text{logit } (\pi_{ij}) = \beta_{0j} + \beta_{1}x_{ij} \tag{8}$$
$$\beta_{0j} = \beta_0 + u_{0j} \tag{9}$$

[25] Das Odds Ratio beziffert das Verhältnis zweier Chancen (Odds) zueinander, also z. B. die ,Chance', als Raucher einen Herzinfarkt zu bekommen und die ,Chance', als Nichtraucher einen Herzinfarkt zu bekommen. Das Odds Ratio kann Werte zwischen Null und Unendlich annehmen, wobei 1 für den Fall steht, dass sich die Chancen beider Gruppen (oder Bedingungen) nicht unterscheiden.
[26] Die Odds Ratios dieser stetigen Variablen setzen die Chance der Gruppenzugehörigkeit bei durchschnittlicher Ausprägung des Prädiktors ins Verhältnis mit der Chance der Gruppenzugehörigkeit bei Anstieg des Prädiktors um eine Standardabweichung.

erfahrungen. Etwas geringer ist der Stellenwert der Unterrichtsqualität und der Mitschülerunterstützung. Die Wahrscheinlichkeit, der Risiko-Gruppe anzugehören, erhöht sich bei einem Anstieg des Mobbings und erniedrigt sich bei einem Anstieg der Unterrichtsqualität und der Mitschülerunterstützung.

Tabelle 25: Logit-Mehrebenenmodell zum Zusammenhang zwischen Klassenklima und der Zugehörigkeit zur SDQ-Risiko-Gruppe (HBSC Sachsen 2006, N = 4 367)

Variablen	β	$\exp(\beta)$ = Odds Ratio
Kriterium: Zugehörigkeit zur SDQ-Risiko-Gruppe		
RANDOM PART:		
Konstante (intercept)	-2.95***	.05***
FIXED PART:		
Geschlecht[1]:		
weiblich	.56*	1.74*
Klassenstufe[2]:		
Klasse 7	-.37	.69
Klasse 9	-.66*	.52*
Geschlecht × *Klassenstufe[3]:*		
weiblich × *Klasse 7*	.85*	2.34*
weiblich x *Klasse 9*	1.35***	3.87***
Schulform[4]:		
Gymnasium	-.16	.85
Klassengröße	.01	1
Schulgröße	.00	1
Unterrichtsqualität – koll.	.20	1.22
Schulische Überforderung – koll.	.00	1
Mitschülerunterstützung – koll.	-.11	.90
Unterrichtsqualität – ind.	-.26***	.77***
Schulische Überforderung – ind.	.50***	1.65***
Mitschülerunterstützung – ind.	-.14*	.87*
Mobbing-Opfererfahrg. – ind.	.42***	1.52***

$* p < .05$, $** p < .01$, $*** p < .001$; alle Prädiktoren auf Klassenebene sind *kursiv* gedruckt; 1 – Referenzkategorie: männlich; 2 – Referenzkategorie: Klassenstufe 5 (Jungen); 3 – Referenzkategorie: Mädchen in Klassenstufe 5; 4 – Referenzkategorie: Mittelschule

Anhand des Logit-Modells kann die Wahrscheinlichkeit geschätzt werden, mit der die Jugendlichen der Risiko-Gruppe angehören. Auf der Grundlage der Beta-

Koeffizienten errechnet sich z. B. für ein Mädchen der neunten Klasse, das von häufigen Erfahrungen als Mobbing-Opfer (+ 1 SD) berichtet und von Seiten der Mitschüler keine Unterstützung erfährt (- 1 SD), eine Wahrscheinlichkeit von $\hat{\pi}$ = .38, der Risiko-Gruppe mit einer hohen Belastung durch emotionale Probleme anzugehören. Das heißt, dass im Durchschnitt mindestens jedes dritte Mädchen mit diesen ungünstigen Voraussetzungen der Risiko-Gruppe angehört. Zum Vergleich: Bei einem Mädchen der neunten Klasse, das bezüglich der Mitschülerunterstützung und der Mobbing-Erfahrungen im Durchschnitt liegt, wird die Wahrscheinlichkeit auf $\hat{\pi}$ = .26 geschätzt, bei einem Jungen der Klassenstufe 9 mit einer durchschnittlichen Einschätzung des Klimas liegt sie bei nur $\hat{\pi}$ = .03.

Um die Anpassungsgüte des Modells an die Daten abzuschätzen, wird das R^2 nach Menard (1995) berechnet, das mit entsprechenden Koeffizienten in linearen Modellen vergleichbar ist.[27] Die so berechnete Enge des Zusammenhanges zwischen vorhergesagten und beobachteten Werten kann auf R^2 = .125 beziffert werden und liegt somit niedriger als die im linearen Modell zum Zusammenhang zwischen Klassenklima und emotionalen Problemen aufgeklärte Varianz auf Schülerebene (22.1%, siehe Tabelle 17). Allein der Block der vier Indikatoren des individuellen Klassenklimas kommt dabei für zwei Drittel der Vorhersagekraft auf ($R^2_{Zuwachs}$ = .082). Konkret können auf der Grundlage des statistischen Modells 90.4% der Schüler korrekt einer der beiden Gruppen zugeordnet werden, wobei die Sensitivität (Anteil der Risiko-Schüler, die korrekt zugeordnet werden) mit 7% deutlich niedriger ausfällt als die Spezifität (Anteil der Nicht-Risiko-Schüler, die korrekt zugeordnet werden) mit 99.3%.

Es bestätigt sich die in Abschnitt 9.2 gemachte Aussage zum Zusammenhang zwischen Klassenklima und internalisierenden Auffälligkeiten auch für diese Risiko-Gruppe mit übermäßig hohen Belastungen. Eine besondere Rolle fällt wieder dem individuellen Klassenklima zu, wo insbesondere schulische Überforderungserlebnisse und Erfahrungen mit psychischer und physischer Gewalt das Risiko erhöhen, unter starken emotionalen Problemen zu leiden. Anders als bei der Analyse des Zusammenhangs über das ganze Spektrum emotionaler Probleme hinweg, stehen in dieser Risiko-Gruppe nicht die Mobbing-Erfahrungen an erster Stelle (vgl. Tabelle 17), sondern die schulische Überforderung.

---

[27] Menard (1995) schlägt vor, mit linearen Regressionen oder Varianzanalysen den Zusammenhang zwischen den beobachteten (als UV) und den mit Hilfe der logistischen Regressionsgleichung vorhergesagten Werten (als AV) zu bestimmen. Das resultierende R^2 bzw. η^2 (identisch bei zwei verwendeten Variablen) kann als R^2 der logistischen Regression verwendet werden, um die Anpassungsgüte des statistischen Modells abzuschätzen.

Nach dem Geschlecht und der Altersstufe lässt sich anhand dieses Klimaindikators die Zugehörigkeit der Schüler zur Risiko-Gruppe am besten vorhersagen. Das kollektive Klassenklima erweist sich hingegen auch hier als nicht relevant. Damit müssen die eingangs getroffenen Aussagen zur Verteilung der Risiko-Gruppe auf Klassen mit unterschiedlichem kollektiven Klima relativiert werden (vgl. Abbildung 23). Zwar ist je nach Klimatyp ein unterschiedlich hoher Anteil von Schülern mit starken emotionalen Problemen in den Klassen zu beobachten, die inferenzstatistische Überprüfung hat jedoch gezeigt, dass für die Konstituierung dieser Gruppe andere Faktoren eine Rolle spielen als das kollektive Klassenklima.

9.4 Zusammenfassung und Diskussion

Ziel dieses Kapitels war die Beantwortung der Frage, wie eng der Zusammenhang zwischen schulischer Umwelt und internalisierenden Fehlentwicklungen von Schülern ist und auf welche Wirkungsmechanismen diese Verbindung zurückzuführen ist. Dabei wurde auf der Grundlage des Forschungsstandes von folgenden Hypothesen ausgegangen:

Das Klassenklima ist das Merkmal der schulischen Umwelt, von dem am ehesten Einflüsse auf internalisierende Auffälligkeiten zu erwarten sind, insbesondere von den individuellen Einschätzungen auf den zwei Klimadimensionen Sozialklima und Lernbedingungen. Strukturellen Bedingungen der schulischen Umwelt wird hingegen nur eine geringe Erklärungskraft zugesprochen.

Das theoretische Modell der Untersuchung teilt den Selbstkognitionen der Schüler die vermittelnde Funktion zwischen Klassenklima und internalisierenden Auffälligkeiten zu, wobei das Sozialklima vermutlich mit dem sozialen Selbstkonzept und die Lernbedingungen mit dem schulischen Selbstkonzept in Verbindung stehen. Insgesamt wird erwartet, dass das Klassenklima, und hierbei insbesondere das Sozialklima, eine größere Bedeutung für die Auffälligkeiten der Mädchen hat.

Im Folgenden werden die Ergebnisse der empirischen Überprüfung dieser Hypothesen resümierend dargestellt und diskutiert.

Das individuelle Klassenklima und internalisierende Auffälligkeiten

Erwartungsgemäß steht insbesondere das individuell wahrgenommene Klassenklima eng mit dem Ausmaß internalisierender Auffälligkeiten in Verbindung. Mit dem höchsten Anstieg emotionaler Probleme und psychosomatischer Beschwerden geht dabei die Erfahrung einher, von Mitschülern schikaniert zu werden. Dies korrespondiert mit Befunden anderer Autoren, die zeigen, dass insbesondere indirekte Formen schulischer Gewalt das Risiko für Depressionen und sogar für Suizidgedanken bei Jugendlichen erhöhen (Baldry & Willem Winkel, 2004; van der Wal, de Wit & Hirasing, 2003). Nicht nur deshalb verdient und erfährt das Thema Mobbing eine gesonderte Betrachtung im Rahmen der Forschung (vgl. z. B. Olweus, 2006). Im Rahmen dieser Untersuchung dient es als Indikator für ein Klima, das durch problematische Beziehungen zwischen den Schülern einer Klasse geprägt ist. Bei einer vertieften Analyse des Mobbings und seiner Ursachen ist sicherlich auch eine Sichtweise vorstellbar, die das Phänomen Mobbing als Folge eines dysfunktionalen Klassenklimas konzipiert.

Die Mitschülerunterstützung als zweiter Aspekt des Sozialklimas steht ebenfalls in hypothesenkonformer Richtung mit den Auffälligkeiten in Verbindung: Fühlen sich Jugendliche von ihren Mitschülern unterstützt, verringert sich das Risiko unter internalisierenden Beschwerden zu leiden bzw. es erhöht sich, wenn die Unterstützung ausbleibt. Dafür, dass dieser Zusammenhang eher schwach ausfällt, kommen mehrere Ursachen in Betracht: Die Mitschülerunterstützung korreliert im mittleren Ausmaß mit den Mobbing-Opfererfahrungen, die vermutlich einen großen Teil der Erklärungskraft an sich ziehen. Denkbar wäre aber auch, dass die Mitschülerunterstützung weniger als Stressor, sondern vielmehr als eine soziale Ressource erst dann ihre protektive Kraft entfaltet, wenn die Jugendlichen andere (z. B. familiäre) Belastungen bewältigen müssen.

Stärker ausgeprägt ist die Verbindung zwischen den wahrgenommenen Lernbedingungen und den internalisierenden Auffälligkeiten. Schülerinnen und Schüler, die mit der Gestaltung des Unterrichts durch die Lehrer zurechtkommen und sich durch die an sie gestellten Anforderungen nicht überfordert fühlen, leiden seltener unter psychosomatischen Beschwerden, Ängsten und depressiven Symptomen als Schüler, die die Qualität des Unterrichts negativ bewerten und in der Schule Überforderung erleben.

Im Gegensatz zum individuellen Klassenklima scheint das kollektive Klassenklima, als die geteilte Sicht aller Schüler einer Klasse, nur wenig Einfluss auf die Beschwerden der Schüler zu nehmen. Dies ist vor dem Hintergrund einer interaktionistischen Sichtweise des Verhältnisses von Person und Umwelt (siehe Abschnitt 1.3) gut nachvollziehbar. Geprägt durch individuelle Erfahrungen (in anderen Umwelten) und mit jeweils eigenen Bedürfnissen nehmen Jugendliche die schulische Umwelt sehr unterschiedlich wahr und erleben unterschiedliche Ausprägungen von Unterstützung durch Lehrer oder Mitschüler als belastend oder hilfreich.

Dennoch hat die Berücksichtigung des kollektiven Klassenklimas den Blick auf Bezugsgruppeneffekte gelenkt, die über die Untersuchungshypothesen hinausweisen. So hat sich gezeigt, dass Schülerinnen und Schüler ihre eigenen Wahrnehmungen des Klassenklimas auch mit der Mehrheitseinschätzung in der Klasse in Beziehung setzen. Kommt es hier zu größeren Diskrepanzen (schätzen also z. B. die Mitschüler die Unterrichtsqualität oder die Mitschülerunterstützung besser ein als man selbst) erhöht sich das Risiko, mit internalisierenden Auffälligkeiten zu reagieren. Ähnliche Effekte beobachtet auch Anderman (2002) in seiner Studie zur Rolle des schulbezogenen Zugehörigkeitsgefühls für die psychische Gesundheit (siehe Kapitel 4). Während es als individuell eingeschätztes Merkmal förderliche Auswirkungen hat, geht der Anstieg des kollektiv eingeschätzten Zugehörigkeitsgefühls auf Schulebene mit einer Zunahme der Auffälligkeiten einher. Sich nicht zugehörig zu fühlen, so Anderman (2002), habe stärker negative Auswirkungen, wenn man Schüler einer besonders kohäsiven Schule ist.

Die Analyse der Risiko-Gruppe, deren Auffälligkeiten mit erhöhter Wahrscheinlichkeit klinische Relevanz besitzen, hat zu vergleichbaren Ergebnissen geführt, wie auch in der Gesamtstichprobe, bei der sich die internalisierenden Auffälligkeiten über das gesamte Schweregrad-Spektrum erstrecken. Die identifizierten schulischen Risikobedingungen stehen demnach nicht nur mit leichten bis mittelschweren Symptomen in Verbindung, sie eignen sich auch dazu, die Zugehörigkeit zu dieser Subgruppe mit schweren Belastungen vorherzusagen.

Dass bei alleiniger Berücksichtigung des ‚objektiveren' kollektiven Klassenklimas eine schwache Verbindung zu den emotionalen Problemen und psychosomatischen Beschwerden beobachtbar ist, kann auch als Hinweis dafür gedeutet werden, dass der gefundene Zusammenhang zwischen Klassenklima und internalisierenden Auffälligkeiten nicht allein auf eine durch die Beschwerden eingefärbte Wahrnehmung der Klassenumwelt zurückzuführen ist. Gleichwohl ist auf der Grundlage der in diesem Kapitel präsentierten Daten keine Aussage zu kausalen Effekten möglich. Folgt man den in Abschnitt 3.4 vorgestellten Begriffsdefinitionen von Kraemer et al. (1997), wurden bisher keine Risikofaktoren, sondern ausschließlich *Korrelate* internalisierender Auffälligkeiten identifiziert. Die Analyse der im begrenzten Umfang vorliegenden Längsschnittdaten soll in Kapitel 10 die Frage beantworten helfen, ob sich über einen Zeitraum von vier Jahren hinweg Auswirkungen des Klassenklimas auf die Häufigkeit psychosomatischer Beschwerden nachweisen lassen.

Die Rolle des Selbstkonzepts

Wie steht es um die Vermittlungsrolle des Selbstkonzepts beim Zusammenhang zwischen Klassenklima und internalisierenden Auffälligkeiten? Ist der gefundene

Zusammenhang zwischen den Klimaeinschätzungen der Schüler und ihren psychosomatischen Beschwerden, Ängsten und depressiven Symptomen darauf
zurückzuführen, dass das Klassenklima Einfluss auf die Entwicklung des Selbstkonzepts nimmt? Um diese Annahme des theoretischen Modells zu prüfen, wurde in einem ersten Schritt die Verbindung zwischen dem Klima und den Selbstkognitionen untersucht. Die Ergebnisse zeigen, dass – wie auch bei der psychischen Gesundheit – die Effekte weniger vom kollektiven, sondern fast ausschließlich vom individuellen Klassenklima ausgehen. Es wird deutlich, dass das
Klassenklima insbesondere für das Selbstkonzept schulischer Kompetenzen
bedeutsam ist, während für die Selbsteinschätzungen sozialer Fähigkeiten die
Schule eine etwas geringere Rolle spielt. In der pädagogischen Forschung wird
das Klassenklima meist mit dem (kognitiven) Schulerfolg in Verbindung gebracht. Die wenigen Studien, die jenseits dieses Trends Zusammenhänge zum
Selbstkonzept untersuchen, berichten ebenfalls von engen Verbindungen zwischen dem Klassenklima und dem Selbstkonzept der Schüler (Jerusalem &
Schwarzer, 1991; Pekrun, 1985). Jerusalem und Schwarzer (1991) können mit
einem längsschnittlichen Kausalmodell sogar zeigen, dass für diesen Zusammenhang eher der Einfluss des Klimas auf das Selbstkonzept verantwortlich zu
machen ist und sich für die entgegengesetzte Kausalrichtung (Selbstkonzept
beeinflusst Wahrnehmung des Klimas) keine Anhaltspunkte finden. Auf der
Grundlage weiterer Analysen kommen sie zu dem Schluss, dass für die Etablierung des Klassenklimas Verhaltensweisen der Lehrer von Bedeutung sind. Die
u. a. untersuchte Bezugsnormorientierung, Objektivität, Toleranz und Hilfsbe-
reitschaft der Lehrer nehmen danach durch ihre, das Klima konstituierende Wirkung Einfluss auf die Entwicklung der Schüler.

Schaut man genauer, von welchen Aspekten des Klassenklimas die Einflüsse ausgehen, sind es in der vorliegenden Arbeit erwartungsgemäß die klimatischen Lernbedingungen, die mit dem schulischen Selbstkonzept in Verbindung
stehen, während das Sozialklima für das soziale Selbstkonzept Erklärungskraft
besitzt. Die einzige bedeutsame Ausnahme von diesem Trend bildet das soziale
Selbstkonzept der Jungen, das auch durch die Lernbedingungen mitgeformt wird.
Wenn männliche Jugendliche sich in der Schule überfordert fühlen, hat dies auch
Auswirkungen auf ihre Einschätzungen der eigenen sozialen Kompetenz. Es ist
zu vermuten, dass Leistungsaspekte für die soziale Anerkennung und die soziale
Stellung von Jungen in der Klasse eine größere Bedeutung haben als für die der
Mädchen.

Wenn im letzten Schritt die vom Klassenklima und Selbstkonzept ausgehenden Verbindungen zu den internalisierenden Auffälligkeiten gemeinsam
untersucht werden, bestätigt sich die Annahme einer Vermittlung klimatischer
Einflüsse durch die Selbstkognitionen nur zum Teil. Am ehesten besitzt sie Gül-

tigkeit für die schulische Überforderung und die Mitschülerunterstützung. Demnach führt die Wahrnehmung zu hoher schulischer Anforderungen auch deshalb zu internalisierenden Auffälligkeiten, weil eine derartige Ausrichtung des Klimas Zweifel an den eigenen schulischen Kompetenzen begünstigt. Ähnliches gilt im geringeren Ausmaß für die erlebte Unterstützung durch die Mitschüler, die, wenn sie fehlt, zu einer negativen Selbstsicht bezüglich sozialer Kompetenzen beiträgt und somit den Boden für internalisierende Fehlentwicklungen bereitet.

Darüber hinaus dominieren direkte Einflüsse des Klassenklimas auf die emotionalen Probleme und die psychosomatischen Beschwerden der Schüler, die unabhängig von den beiden untersuchten Bereichen des Selbstkonzepts ihre Wirkung entfalten. Diese direkten Verbindungen sind in der revidierten Fassung des Modells zum Zusammenhang zwischen Klassenklima und internalisierenden Auffälligkeiten in Abbildung 28 ergänzt worden.

Wie sind diese direkten Effekte zu erklären? Hierfür kommen z. B. nicht berücksichtigte Aspekte des Selbstkonzepts in Frage. So könnte zusätzlich zu den untersuchten Selbsteinschätzungen der sozialen und schulischen Kompetenzen die subjektive Valenz dieser selbst eingestuften Kompetenzen eine wichtige Rolle spielen. Das heißt, dass aus individueller Schülersicht die Diskrepanz zwischen vorhandenen und erwünschten sozialen oder schulischen Fähigkeiten (Ideal-Selbst) für die psychische Entwicklung bedeutsam ist (vgl. Higgins, 1987). In diese Richtung weisen auch die Ergebnisse der in Abschnitt 4.3 dargestellten Untersuchung zur „personality-event congruence hypothesis" von Little und Garber (2004).

Sucht man außerhalb des theoretischen Modells nach Erklärungen, könnte man aus den direkten Effekten auch eine Unterstützung für die Annahmen jener Autoren sehen, die den Zusammenhang zwischen Schule und psychischer Gesundheit mit dem Stressmodell erklären (Buddeberg-Fischer, Klaghofer, Leuthold & Buddeberg, 2000; Holler-Nowitzki, 1994; Torsheim, Aaro & Wold, 2003; Torsheim & Wold, 2001). Die in der vorliegenden Untersuchung gefundenen insbesondere von der Qualität des Unterrichts und den Mobbingerfahrungen ausgehenden direkten Effekte könnten auch dahingehend interpretiert werden, dass ein jeden Tag aufs Neue als langweilig oder überfordernd erlebter Unterricht oder die alltägliche Schikane durch die Mitschüler mit enormem Stress einhergehen und so die psychische Gesundheit beeinträchtigen. Hier ist auf die in Kapitel 3 berichteten Befunde zu verweisen, die insbesondere den sogenannten Mikrostressoren oder *daily hassles* ein die Gesundheit gefährdendes Potential zuschreiben.

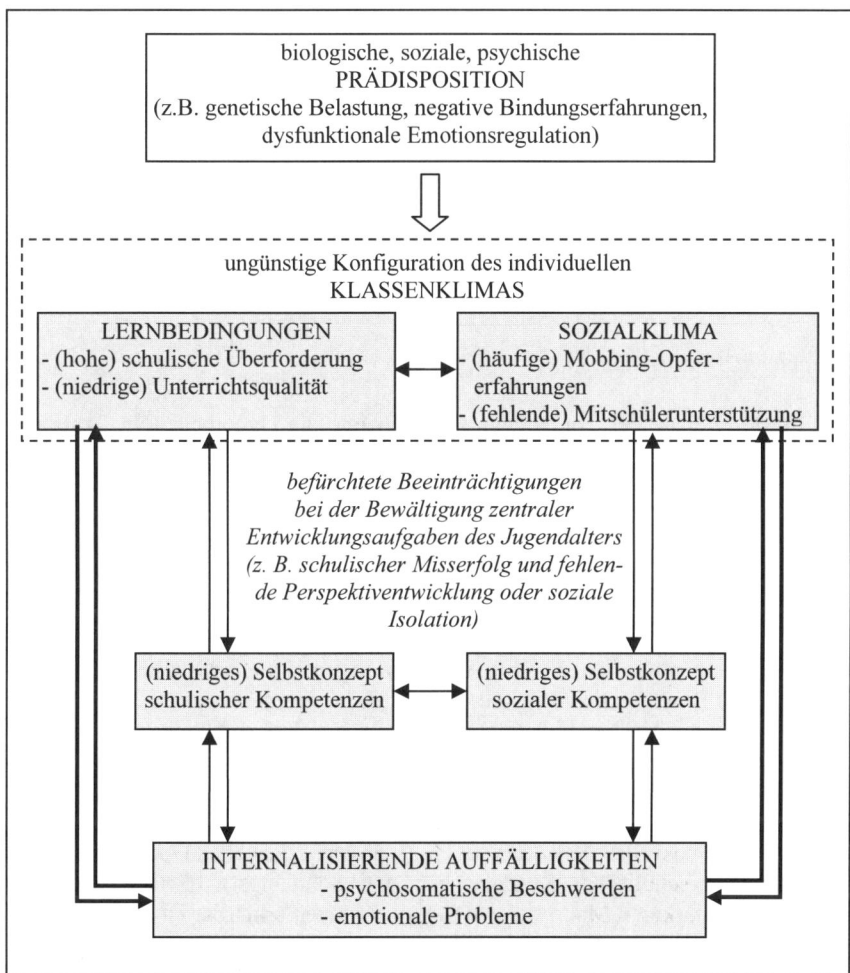

Abbildung 28: Revidiertes Modell: Klassenklima und internalisierende Auffälligkeiten von Schülerinnen und Schülern

Analog zu der in Kapitel 4 besprochenen Studie von Fend (1997) kann der mehr oder weniger objektive Erfolg bei der Bewältigung von Entwicklungsaufgaben den Zusammenhang zwischen Klassenklima und internalisierenden Auffälligkeiten nicht aufklären. So sind die individuellen Schulnoten der Schüler und die Anzahl ihrer engen Freunde in der vorliegenden Studie für das Ausmaß der Auffälligkeiten ohne Belang. Eine vermittelnde Funktion fällt den Schulleistungen und auch dem Ausmaß der sozialen Einbindung nicht zu. Die höheren Effekte der um diese objektiveren Anteile bereinigten Selbstkognitionen im Modell zeigen vielmehr, dass insbesondere ein negativ verzerrtes Selbstkonzept mit internalisierenden Auffälligkeiten einhergeht. Aufgrund des komplexen Bedingungsgefüges zwischen Schulerfolg und schulischem Selbstkonzept (vgl. Dickhäuser, 2006) ist zu vermuten, dass den Schulleistungen bei längsschnittlicher Betrachtung des Entwicklungsverlaufs von Schülern eine größere Bedeutung zugesprochen werden muss.

Geschlechtsspezifische Befunde

Auf der Grundlage des Forschungsstandes wurde die Hypothese (Nr. 3) formuliert, dass die schulische Umwelt und hierbei insbesondere soziale Aspekte für die internalisierenden Auffälligkeiten der Mädchen eine größere Rolle spielen als für die der Jungen. Und tatsächlich gestaltet sich der in diesem Kapitel analysierte Zusammenhang zwischen Klassenklima, Selbstkognitionen, emotionalen Problemen und psychosomatischen Beschwerden in einigen Punkten für Mädchen anders als für Jungen. Diese Unterschiede betreffen nicht allein die vom Sozialklima ausgehenden Effekte, sondern auch die Auswirkungen ungünstiger Lernbedingungen. So hat die individuell wahrgenommene Qualität des Unterrichts für die Beschwerdehäufigkeit der Mädchen eine größere Bedeutung als für die der Jungen. Darüber hinaus spielt es nur für das weibliche Selbstkonzept schulischer Kompetenzen eine Rolle, wie hoch die Unterrichtsqualität eingeschätzt wird. Dass das schulische Lernen und der Schulerfolg für das Selbstbild der Mädchen wichtig ist, zeigen auch die Befunde von Horstkemper (1987). Sie kann zeigen, dass das Selbstvertrauen (Konstrukt bestehend aus Selbstwert, Selbstkonzept schulischer Kompetenzen und Schulangst) 10 bis 15-jähriger Mädchen im stärkeren Maße aus den Schulleistungen erklärbar ist als das Selbstvertrauen der Jungen. Dass das Selbstvertrauen der von Horstkemper (1987) untersuchten Mädchen (trotz höherer Leistungen) in seiner absoluten Ausprägung viel niedriger ausfällt als bei den Jungen, zeigt sich in den vorliegenden Daten in dieser Deutlichkeit nicht. Zwar gibt es beim schulischen Selbstkonzept einen kleinen Vorsprung für die Jungen, beim sozialen Selbstkonzept sind jedoch keine Unterschiede zu beobachten. Eine Ursache ist vermutlich, dass bei der Operationalisierung von Selbstvertrauen bei Horstkemper (1987) auch Aspekte des psychischen Wohlbefindens eingeflossen sind.

Nur bei den Mädchen ist zu beobachten, dass eine im Vergleich zur Klassenmehrheit stärker negative individuelle Sicht der sozialen Unterstützung mit

einem Anstieg psychosomatischer Beschwerden einhergeht. Auch bei den Mobbingerfahrungen gibt es Anzeichen dafür, dass diese die psychische Gesundheit
der Mädchen im stärkeren Maße beeinträchtigen als die der Jungen.

Die größten Geschlechtsdifferenzen ergeben sich jedoch für den Zusammenhang zwischen dem Selbstkonzept und den internalisierenden Auffälligkeiten. Ängste, depressive Symptome und psychosomatische Beschwerden gehen
bei den weiblichen Jugendlichen in stärkerem Maße mit einer negativen Sichtweise eigener schulischer und auch sozialer Kompetenzen einher. Umgekehrt
sind sie auch eher als ihre männlichen Altersgenossen durch ein positives Selbstbild vor diesen Problemen geschützt. Alsaker und Bütikofer (2005) verweisen in
diesem Zusammenhang auf eine stärkere Neigung von Frauen, über Probleme zu
grübeln und sie damit noch zu verstärken, während sich Männer eher ablenken
würden. Noch ungeklärt ist aus ihrer Sicht, inwieweit Mädchen zu einem früheren Zeitpunkt als Jungen dahingehend sozialisiert werden, dysfunktionale
Selbstkognitionen zu entwickeln.

Die engere Verbindung zwischen Selbstkognitionen und internalisierenden
Auffälligkeiten bei den Mädchen führt dazu, dass das Selbstkonzept bei ihnen
stärker zwischen Klassenklima und Beschwerden vermittelt als bei den Jungen,
das Mediationsmodell für sie somit eine größere Gültigkeit besitzt. Die mit dem
Klassenklima beschriebene Wahrnehmung der schulischen Umwelt durch die
Schüler hat demnach hypothesenkonform für die internalisierenden Auffälligkeiten der Mädchen eine größere Bedeutung als für die der Jungen. Allerdings nicht
wie vermutet allein von den sozialen Bedingungen der Klassenumwelt ausgehend, sondern auch hinsichtlich der vorzufindenden Lernbedingungen.

Risikofaktor Mittelschule?

Wie erwartet sind die Schul- und Klassengröße keine Korrelate internalisierender
Auffälligkeiten. Mit wie vielen Mitschülern man in einer Klasse zusammen lernt
oder wie groß die besuchte Schule ist, steht in keiner Verbindung zum Ausmaß
der psychosomatischen Beschwerden, der depressiven Symptome oder der Ängste. Obwohl sich die relative Bedeutungslosigkeit dieses schulischen Merkmals
für den Lernerfolg und die Entwicklung der Schüler auch in anderen Studien
gezeigt hat (zusammenfassend: von Saldern, 2001), überrascht die dominierende
Rolle der Klassengröße in der bildungspolitischen Diskussion, z. B. als zentraler
Qualitätsindikator für das Bildungswesen der Länder im aktuellen *Familienatlas*
der Bundesregierung (BMFSFJ, 2007). Sowohl Schnabel (2001) als auch von
Saldern (2001) verweisen aber auch darauf, dass die Verkleinerung von Klassen
durchaus mit positiven Effekten für den Schulerfolg einhergehen *kann*. Diese

Effekte stellen sich jedoch nicht automatisch ein, sondern verlangen von den Lehrern eine aktive Nutzung der größer gewordenen Handlungsspielräume. Eines ist in der vorliegenden Untersuchung sehr deutlich geworden: Es macht für die psychische Gesundheit einen Unterschied, ob man Schüler oder Schülerin eines sächsischen Gymnasiums oder einer sächsischen Mittelschule ist. So ist nicht nur das soziale und schulische Selbstkonzept von Mittelschülern stärker negativ als das von Gymnasiasten, darüber hinaus sind auch nach Kontrolle von Alters- und Geschlechtseffekten emotionale Probleme und psychosomatische Beschwerden an Mittelschulen verbreiteter als an Gymnasien. Dass sich diese strukturell ungleiche Verteilung von Einschränkungen der psychischen Gesundheit auf der Prozessebene durch klimatische Unterschiede aufklären lässt, hebt ein weiteres Mal die Bedeutung des Klassenklimas für internalisierende Auffälligkeiten hervor. In eine ähnliche Richtung weist der von Winkler Metzke und Steinhausen (2001) berichtete Befund, wonach für die psychische Gesundheit förderliche Klassenumwelten in der Schweiz eher an Gymnasien vorzufinden sind (siehe Kapitel 4). Die Berechnungen der vorliegenden Arbeit zeigen darüber hinaus, dass die höhere Belastung der Mittelschüler darauf zurückzuführen ist, dass die Qualität des Unterrichts an Mittelschulen schlechter eingeschätzt wird und Erfahrungen von Überforderung verbreiteter sind als an Gymnasien. Auch wenn eingewendet werden könnte, dass die unterschiedliche Zusammensetzung der Schülerschaft an beiden Schulformen zur Entstehung dieser Klimaunterschiede beitrage, ist es doch erklärtes Ziel der sächsischen Mittelschule, „dass die Förderung und optimale Entwicklung der einzelnen Schüler im Vordergrund" steht (Sächsisches Staatsministerium für Kultus, 2006, S. 4). Die konsequente Umsetzung dieses Anliegens könnte helfen, schulischer Überforderung und internalisierenden Auffälligkeiten vorzubeugen.

10 Klassenklima und internalisierende Auffälligkeiten im Entwicklungsverlauf

Die bisherigen Analysen mit Hilfe des sächsischen HBSC-Datensatzes von 2006 haben wichtige Erkenntnisse zu den Wirk*mechanismen* des Zusammenhanges zwischen der schulischen Umwelt und den internalisierenden Auffälligkeiten der Schülerinnen und Schüler erbracht. Die Frage nach der Wirk*richtung* dieses Zusammenhanges ist jedoch bisher unbeantwortet geblieben. Auf der Grundlage des in Kapitel 4 skizzierten Forschungsstandes wurde bisher davon ausgegangen, dass im stärkeren Maße eine Beeinflussung der psychischen Gesundheit durch das Klassenklima erfolgt, als dass umgekehrt internalisierende Auffälligkeiten die Wahrnehmung der schulischen Umwelt einfärben.

In diesem Kapitel wird über die Querschnitts-Betrachtung des Forschungsgegenstandes hinausgegangen, indem die kausalen Annahmen des theoretischen Modells mit Hilfe des sächsischen Panel-Datensatzes geprüft werden (vgl. Hypothesen 3 und 4, Abschnitt 5.4). Dieser Datensatz umfasst die Daten von Schülern, die zum ersten Mal im Jahre 2002 als Fünftklässler und zum zweiten Mal 2006 in der neunten Klasse befragt werden konnten (siehe Abschnitt 6.2). Im Einzelnen werden die folgenden Hypothesen geprüft:

1. Das individuelle Klassenklima in Klasse 5 steht kausal mit der Entwicklung psychosomatischer Beschwerden bis Klassenstufe 9 in Verbindung. Es wird nicht angenommen, dass vorliegende internalisierende Auffälligkeiten bei Fünftklässlern in bedeutsamem Ausmaß die Wahrnehmung des Klassenklimas in der Klasse 9 einfärben.

2. Das Klassenklima in Klassenstufe 5 nimmt Einfluss darauf, wie sich die Selbsteinschätzungen schulischer und sozialer Kompetenzen über vier Jahre hinweg verändern. Demgegenüber wird im geringeren Maße erwartet, dass das Selbstkonzept in Klassenstufe 5 ursächlich mit den veränderten Einschätzungen des Klassenklimas in Klassenstufe 9 zusammenhängt.

3. Es wird angenommen, dass das schulische und das soziale Selbstkonzept der Schüler in Klassenstufe 5 in stärkerem Maße Einfluss auf die Entwicklung internalisierender Auffälligkeiten vier Jahre später nimmt, als dass

umgekehrt internalisierende Auffälligkeiten in Klasse 5 kausal Einfluss auf die Selbstkonzeptentwicklung bis Klassenstufe 9 nehmen.

Angesichts des langen Zeitraums von vier Jahren, der zwischen beiden Messzeitpunkten liegt, sind, wenn statistisch überhaupt nachweisbar, nur schwache kausale Effekte zu erwarten. Ihr Nachweis könnte auch als Zeichen für eine gewisse Robustheit der Effekte gedeutet werden. Die beiden Hypothesen zu den auf die Selbstkognitionen einwirkenden bzw. von ihnen ausgehenden Effekten verfolgen nicht das Ziel, ein zweites Mal die Vermittlungshypothese zu testen. Im Vordergrund steht vielmehr die Überprüfung der im Modell formulierten Wirkrichtungen.

Bevor diese Hypothesen empirisch geprüft werden, soll kurz auf die Besonderheiten der verwendeten Längsschnittdaten eingegangen werden.

10.1 Methodisches Vorgehen bei den Längsschnittanalysen

Der sächsische Panel-Datensatz

Entwicklungsveränderungen können nur bei den Variablen untersucht werden, die zu beiden Messzeitpunkten mit denselben Erhebungsinstrumenten gemessen werden. Bei der ersten Erhebung im Jahre 2002 wurden die internalisierenden Auffälligkeiten nur mit Hilfe des Indikators ‚Psychosomatische Beschwerden' erhoben, der Strengths and Difficulties Questionnaire (SDQ) wurde 2002 noch nicht eingesetzt. Dies trifft auch auf die Skala zum Mobbing von Olweus (1992) zu. Nach Erfahrungen als Mobbing-Opfer wurden die Schüler 2002 nur mit einem einzigen Item gefragt[28], das jedoch in gleicher Form auch 2006 zum Einsatz kam.

In Kapitel 6 wurde bereits erläutert, dass im Panel-Datensatz aufgrund des Erhebungsdesigns keine Schüler vertreten sind, die im Laufe der vier Jahre zwischen beiden Messzeitpunkten die Schule gewechselt oder ein Schuljahr wiederholt haben. Vergleicht man die 2002er Daten der Schüler im Panel mit den 2002er Daten der Schüler, die vier Jahre später an den Befragungsschulen nicht ‚wiederzufinden' sind, zeigt sich diese Überrepräsentation erfolgreicher Schüler-

---

[28] Nach einer kurzen Erläuterung zum Begriff Mobbing (i. S. von Olweus, 2006) werden die Schüler gefragt: „Wie oft bist Du in den letzten Monaten von Mitschülern gemobbt worden?". Antwortkategorien: „Ich wurde in den letzten Monaten nicht gemobbt" – „ein- oder zweimal" – „zwei- bis dreimal im Monat" – „ungefähr einmal pro Woche" – „mehrmals pro Woche"

biographien im Panel z. B. anhand des schulischen Selbstkonzepts. Die 636 Schülerinnen und Schüler, für die zu zwei Messzeitpunkten Daten vorliegen, berichten ein höheres Selbstkonzept schulischer Kompetenzen ($\bar{x}$ = 9.50, $SD = 2.62$) als die Schüler, für die nur zum ersten Messzeitpunkt Daten verfügbar sind ($\bar{x}$ = 9.10, $SD = 2.80$). Diese Differenz bleibt auch bei Kontrolle des Geschlechts- und Schulformeffekts statistisch signifikant (F = 8.94, df = 1, $p < .01$); es ist zu vermuten, dass dieser Unterschied am Ende der Vier-Jahres-Frist noch ausgeprägter ist. Keine Unterschiede zwischen beiden Gruppen ergeben sich beim Selbstkonzept sozialer Kompetenzen (F = 2.59, df = 1, p = n.s.), bei den psychosomatischen Beschwerden (F = 0.63, df = 1, p = n.s.), den Einschätzungen zur Unterrichtsqualität (F = 1.43, df = 1, p = n.s.), zur schulischen Überforderung (F = 2.53, df = 1, p = n.s.) und zur Mitschülerunterstützung (F = 0.14, df = 1, p = n.s.).

Bei der Interpretation der folgenden Berechnungen ist zu berücksichtigen, dass Daten von eher erfolgreichen Schülern analysiert werden, deren Verhältnis zur schulischen Umwelt vermutlich stärker positiv ausfällt, als dies im sächsischen Durchschnitt der Fall ist. Auch können Antworten auf die Forschungsfrage zu Wirkrichtungen des Zusammenhangs zwischen Schule und internalisierenden Auffälligkeiten nur hinsichtlich der psychosomatischen Beschwerden beantwortet werden.

Obwohl diese Einschränkungen existieren, sollen die Längsschnittdaten hier genutzt werden, um die bislang präsentierten Befunde zur Enge des Zusammenhanges zwischen Klassenklima und internalisierenden Auffälligkeiten sowie möglichen Wirkmechanismen um Einblicke in die Kausalität des Zusammenhanges anzureichern. Es ist nicht zu erwarten, dass die geschilderten Besonderheiten des Panel-Datensatzes dazu führen, dass Befunde zu kausalen Strukturen weniger verlässlich sind.

Der Zeitraum von vier Jahren zwischen beiden Messzeitpunkten gestattet nur, eher langfristige oder sich über die Zeit kumulierende kausale Zusammenhänge einzufangen. Dabei ist es aber durchaus plausibel anzunehmen, dass Schwierigkeiten bei der Auseinandersetzung mit schulbezogenen Entwicklungsaufgaben bei den Fünftklässlern zu Beginn der Adoleszenz und nach dem Wechsel auf eine weiterführende Schulform Spuren in der Entwicklung hinterlassen, die sich in der mittleren Adoleszenz bei den Neuntklässlern als Einschränkungen der psychischen Gesundheit niederschlagen.

Da für einige Schulklassen im Panel-Datensatz die Daten nur weniger Schüler vorliegen, wird die Berücksichtigung der Klassenebene im Längsschnitt erschwert. Angesichts der Befunde im vorherigen Kapitel, die dem kollektiven Klassenklima kaum eine Bedeutung für das Auftreten internalisierender Auffälligkeiten zuschreiben, wird es als vertretbar erachtet, die längsschnittlichen Analysen vorerst ausschließlich auf der individuellen Ebene durchzuführen. Gemäß den Analysen in Kapitel 8 ist dabei jedoch zu beachten, dass diese individuellen Einschätzungen zu einem erheblichen Anteil auch Gegebenheiten auf Klassenebene widerspiegeln (siehe Tabelle 13). Am Ende des Kapitels wird eine Strategie präsentiert, die mit Hilfe der in Kapitel 8 vorgestellten Klimatypologie eine Annäherung an die langfristigen Effekte des kollektiven Klassenklimas erlauben soll.

Kausalanalysen mit dem Cross-Lagged-Panel Design

Das *Cross-Lagged-Panel Design (CLPD)* wurde von Lazarsfeld und Fiske (1938) entwickelt, um kausale Strukturen mit Längsschnittdaten zu untersuchen. Während sich das Grundprinzip des CLPD seitdem nicht verändert hat, wurden die verwendeten statistischen Analyseverfahren ständig weiterentwickelt (vgl. Reinders, 2006). Im Grunde geht es beim CLPD darum, zeitverzögerte Kreuzkorrelationen (*cross-lagged correlations*) zwischen Variablenpaaren im Längsschnitt zu berechnen. Abbildung 29 veranschaulicht dieses Prinzip für den Fall zweier Variablen X und Y, die zu zwei Messzeitpunkten (MZP) bei denselben Individuen gemessen werden.

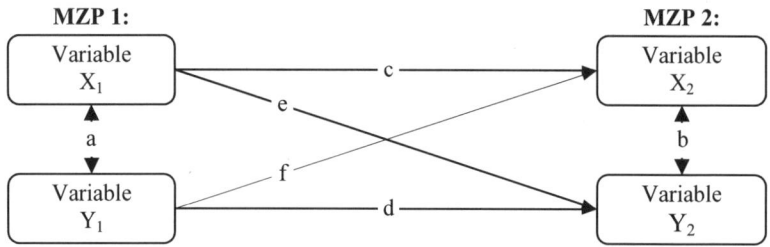

Abbildung 29: Grundprinzip des Cross-Lagged-Panel Designs (CLPD)

Während die Pfade a und b für die jeweils zeitsynchronen Korrelationen zwischen der Variablen X und der Variablen Y zu den beiden Messzeitpunkten stehen, wird über die Pfade c und d die Stabilität der Variablen über die Zeit hinweg bestimmt. Im Rahmen des CLPD interessieren jedoch vorrangig die Pfade e und f, die den zeitverzögerten Effekt von X auf Y (Pfad e) und von Y auf X (Pfad f) erfassen. Von einem kausalen Effekt wird dann ausgegangen, wenn nur einer der beiden Kreuzpfade einen signifikanten Zusammenhang aufdeckt oder einer der Kreuzpfade signifikant höher ausfällt als der andere. Es werden somit zwei konkurrierende (sich aber nicht zwangsläufig ausschließende) Hypothesen über den kausalen Zusammenhang zwischen X und Y parallel getestet (Reinders, 2006).

Die Interpretation mittels CLPD gefundener Effekte als *kausal* erfolgt mit der einschränkenden Bedingung, dass es keine Drittvariable gibt, die mit beiden untersuchten Variablen X und Y kovariiert und erklärungsmächtiger für die Veränderung der Variable Y über die Zeit hinweg ist. Auch ist zu berücksichtigen, dass lediglich *mittlere* Kausalitäten bestimmt werden, die für eine Gruppe von Individuen gelten (Reinders, 2006).

Inzwischen hat sich die Erkenntnis durchgesetzt, dass die Überprüfung des CLPD mittels bivariater Korrelationen nicht geeignet ist, kausale Strukturen aufzudecken (Finkel, 1995). Ist man z. B. am kausalen Effekt von X auf Y interessiert, kann bei diesem Vorgehen nicht überprüft werden, ob *Veränderungen* der Variable Y über die Zeit hinweg mit der Ausprägung der Variable X zum ersten Messzeitpunkt zusammenhängen. Mit bivariaten Korrelationen kann nur die absolute Ausprägung von Y zum zweiten Messzeitpunkt aus der absoluten Ausprägung von X zum ersten Messzeitpunkt vorhergesagt werden.

Mit Hilfe von multiplen Regressionen oder Partialkorrelationen kann diesem Einwand begegnet werden, indem die Stabilität von Y regressionsanalytisch kontrolliert wird. Der Prädiktor X_1 klärt dann nur noch den Teil der Varianz von Y_2 auf, der nach der Herauspartialisierung der Stabilität übrig bleibt und somit für die Veränderung von Y über die Zeit hinweg steht. Auch bei diesem Verfahren ist jedoch keine parallele Überprüfung beider Kreuzpfade möglich, da multiple Regressionsanalysen nur mit einer einzigen abhängigen Variablen berechnet werden können. Reinders (2006) schlägt deshalb vor, das CLPD mit linearen Strukturgleichungsmodellen umzusetzen.

Lineare Strukturgleichungsmodelle bzw. Pfadanalysen erlauben es, komplexe Zusammenhänge zwischen mehreren unabhängigen und abhängigen Variablen gleichzeitig zu untersuchen. Die Pfadkoeffizienten werden dabei aus der Kovarianz- bzw. Korrelationsstruktur der verwendeten Variablen mit Hilfe spezieller Softwarepakete (z. B. LISREL, EQS oder AMOS) bestimmt. Ähnlich wie bei der Mehrebenenanalyse werden die Koeffizienten in einem iterativen Verfahren so geschätzt, dass die Wahrscheinlichkeit maximiert wird, dass die in der Stichprobe beobachteten Kovarianzen durch die geschätzten Koeffizienten verursacht wurden. Um die Passung zwischen dem statistischen Modell und den Daten in der Stichprobe zu bestimmen, stehen mehrere sogenannte *Fit-Indizes* zur Verfügung (vgl. Backhaus, Erichson, Plinke & Weiber, 2003; vgl. Kaplan, 2000).

10.2 Individuelles Klassenklima, Selbstkonzept und psychosomatische Beschwerden

Zur Berechnung der Pfadanalysen in dieser Arbeit wird das Programm LISREL in der Version 8.51 verwendet (Jöreskog & Sörbom, 1996). Dabei werden alle exogenen Variablen als endogen behandelt. Auf die Spezifizierung eines Messmodells wird verzichtet, um die Einschränkungen für alle Variablen konstant zu halten (vgl. Finkel, 1995). Ausgangspunkt der Modellprüfung ist jeweils das Stabilitätsmodell. Dieses Stabilitätsmodell enthält neben den Autokorrelationen der Variablen (Pfad c und d in Abbildung 29) ausschließlich die Korrelation der Variablen zum ersten Messzeitpunkt (Pfad a) und die Korrelation der Residuen zum zweiten Messzeitpunkt (Pfad b)[29]. Den Empfehlungen der Modifikationsindizes folgend, werden anschließend schrittweise die Kreuzpfade e und f hinzugefügt und beibehalten, wenn sie statistische Signifikanz erreichen und die Passung des Modells an die Daten verbessern[30]. Präsentiert werden die standardisierten Pfadkoeffizienten des jeweils letzen optimierten Modells.

Das individuelle Klassenklima und die Entwicklung psychosomatischer Beschwerden

Die ersten vier Pfadanalysen beleuchten den kausalen Zusammenhang zwischen den vier Indikatoren des Klassenklimas und der Häufigkeit psychosomatischer Beschwerden. Folgt man den Hinweisen der mehrebenenanalytischen Befunde im Querschnitt (Kapitel 9), sind Effekte zu erwarten, die insbesondere von den Mobbing-Opfererfahrungen, der Unterrichtsqualität und der schulischen Überforderung ausgehen. Den Abbildungen 30 bis 33 sind die Ergebnisse der Pfadanalysen zu entnehmen.

---

[29] Zur Spezifikation korrelierter Residuen in Panelmodellen vgl. Engel & Reinecke (1994, Kap. 2.1)
[30] Beide Bedingungen sind bei allen hier berechneten Modellen immer gleichzeitig erfüllt. Erreicht ein zusätzlicher Kreuzpfad statistische Signifikanz, verbessert sich auch die an den Fit-Indizes abzulesende Passung des Modells an die Daten.

$\chi^2 = .42$, $df = 1$, $p = .517$, RMSEA $= 0$, GFI $= 1$, AGFI $= 1$, CFI $= 1$, NFI $= 1$

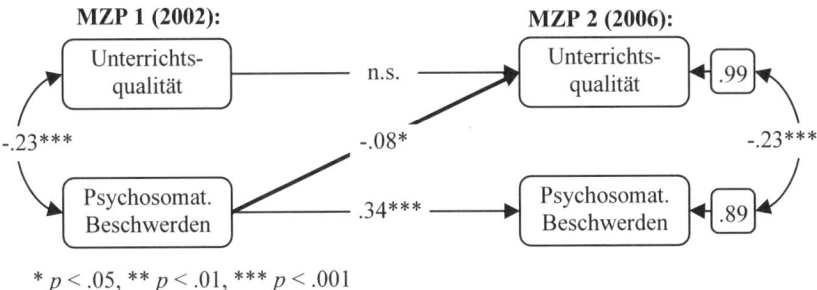

* $p < .05$, ** $p < .01$, *** $p < .001$

Abbildung 30: Längsschnittlicher Zusammenhang zwischen Unterrichtsqualität und psychosomatischen Beschwerden (HBSC Sachsen 02/06, N = 636)

$\chi^2 = .74$, $df = 1$, $p = .388$, RMSEA $= 0$, GFI $= 1$, AGFI $= .99$, CFI $= 1$, NFI $= 1$

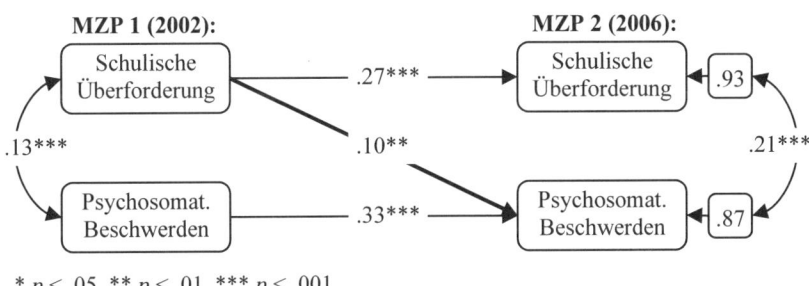

* $p < .05$, ** $p < .01$, *** $p < .001$

Abbildung 31: Längsschnittlicher Zusammenhang zwischen schulischer Überforderung und psychosomatischen Beschwerden (HBSC Sachsen 02/06, N = 636)

$\chi^2 = .71$, $df = 2$, $p = .702$, RMSEA = 0, GFI = 1, AGFI = 1, CFI = 1, NFI = 1

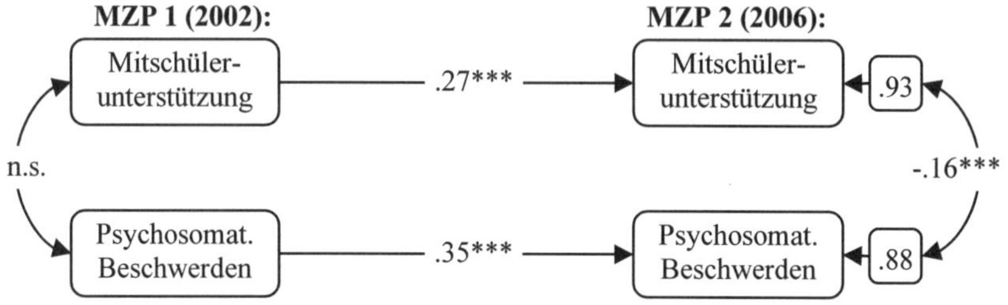

MZP 1 (2002):   **MZP 2 (2006):**

Mitschüler-
unterstützung   —— .27*** ——▶ Mitschülerunterstützung ◀─ .93

n.s.   -.16***

Psychosomat.
Beschwerden   —— .35*** ——▶ Psychosomat.
Beschwerden ◀─ .88

* $p < .05$, ** $p < .01$, *** $p < .001$

Abbildung 32: Längsschnittlicher Zusammenhang zwischen Mitschülerunterstützung und psychosomatischen Beschwerden (HBSC Sachsen
02/06, N = 636)

$\chi^2 = .12$, $df = 1$, $p = .729$, RMSEA = 0, GFI = 1, AGFI = 1, CFI = 1, NFI = 1

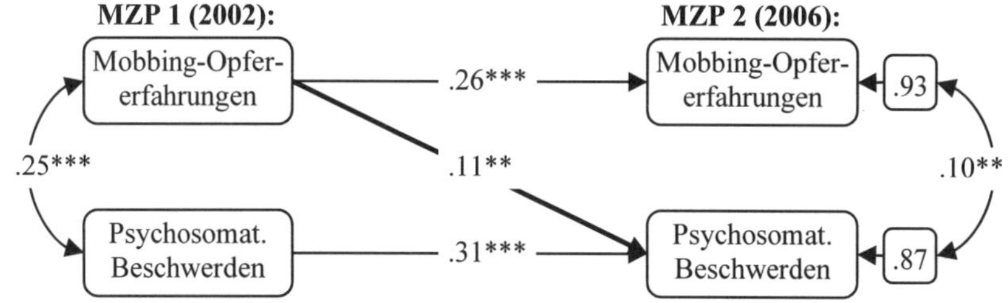

MZP 1 (2002):   **MZP 2 (2006):**

Mobbing-Opfer-
erfahrungen   —— .26*** ——▶ Mobbing-Opfererfahrungen ◀─ .93

.25***   .11**   .10**

Psychosomat.
Beschwerden   —— .31*** ——▶ Psychosomat.
Beschwerden ◀─ .87

* $p < .05$, ** $p < .01$, *** $p < .001$

Abbildung 33: Längsschnittlicher Zusammenhang zwischen Mobbing-Opfererfahrungen und psychosomatischen Beschwerden (HBSC
Sachsen 02/06, N = 636)

Das Pfadmodell zum längsschnittlichen Zusammenhang von Unterrichtsqualität
und psychosomatischen Beschwerden in Abbildung 30 zeigt, dass beide Variablen zum ersten Messzeitpunkt im mittleren Ausmaß kovariieren ($\beta = -.23$,
$p < .001$). Bezüglich der zeitlichen Stabilität ergeben sich erhebliche Unterschiede. Während die Einschätzung der Unterrichtsqualität in Klasse 5 in keinem
signifikanten Zusammenhang mit der wahrgenommenen Unterrichtsqualität in
Klasse 9 steht, findet sich für das Ausmaß psychosomatischer Beschwerden eine

zeitliche Stabilität mittlerer Höhe ($\beta = .34$, $p < .001$). Die Ursache für die geringe Stabilität der Unterrichtsqualität ist in dem Umstand zu suchen, dass bei diesem Klimaindikator ein erheblicher Varianzanteil auf Klassenebene zu verorten ist (siehe Tabelle 13). Die nicht signifikante Autokorrelation steht somit nicht nur für eine hohe Variabilität der individuellen Schülereinschätzungen, sondern vermutlich auch für die Veränderungen der kollektiven Unterrichtsqualität selbst.

Die Residuen (kleine Rechtecke) stehen im Modell für die Varianzanteile der Unterrichtsqualität und der psychosomatischen Beschwerden zum zweiten Messzeitpunkt, die durch das statistische Modell nicht aufgeklärt werden können. Dafür, dass diese Residuen relativ hoch ausfallen (.99 für die Unterrichtsqualität und .89 für die psychosomatischen Beschwerden), ist der lange Zeitraum von vier Jahren zwischen beiden Messungen verantwortlich zu machen. Die Korrelation der Residuen beider Variablen ($\beta = -.23$, $p < .001$) ist vermutlich auf kurzfristigere kausale Effekte im Querschnitt zurückzuführen (sogenannter "short causal lag", vgl. Engel & Reinecke, 1994, S. 26). Darüber hinaus erreicht ausschließlich der Kreuzpfad von den psychosomatischen Beschwerden in Klasse 5 zur Unterrichtsqualität in Klasse 9 statistische Signifikanz ($\beta = -.08$, $p < .05$). Je häufiger die Beschwerden zum ersten Messzeitpunkt sind, umso stärker negativ wird die Unterrichtsqualität vier Jahre später eingeschätzt. Aufgrund der hohen Unterschiede in den Stabilitäten beider Variablen (vgl. Reinders, 2006) und des nur knappen Erreichens der Signifikanzgrenze ($p = .04$) sollte dieser erwartungswidrige Befund jedoch mit Vorsicht interpretiert werden. Darüber hinaus bescheinigen die Fit-Indizes dem statistischen Modell eine sehr gute Passung an die Daten.

Beim zweiten Indikator der Klimadimension Lernbedingungen, der schulischen Überforderung (Abbildung 31), fällt die zeitliche Stabilität höher aus ($\beta = .27$, $p < .001$) als bei der Unterrichtsqualität; vermutlich auch, weil diese Variable im stärkeren Ausmaß individuumsbezogene Erfahrungen beschreibt (siehe Tabelle 13). Von den beiden möglichen Kreuzpfaden erreicht erwartungsgemäß jener statistische Signifikanz, der für einen kausalen Effekt der schulischen Überforderung in Richtung der psychosomatischen Beschwerden steht ($\beta = .10$, $p < .01$). Je stärker die Überforderung in Klassenstufe 5, umso häufiger werden psychosomatische Beschwerden in Klassenstufe 9 berichtet. Auch die Anpassungsgüte dieses Modells ist sehr gut; es können ca. 13% der Varianz der psychosomatischen Beschwerden aufgeklärt werden.

Das Modell in Abbildung 32 liefert keine Unterstützung für die Annahme kausaler Effekte zwischen Mitschülerunterstützung und psychosomatischen Beschwerden über einen Zeitraum von vier Jahren. Zusätzlich zum Stabilitätsmodell erreicht kein Kreuzpfad statistische Signifikanz. Neben der mittleren Stabilität des Sozialklima-Indikators ($\beta = .27$, $p < .001$) ist bemerkenswert, dass die Mitschülerunterstützung in Klasse 5 nicht mit der Beschwerdehäufigkeit korreliert, in Klassenstufe 9 aber eine signifikante Korrelation der Residuen beider Variablen zu verzeichnen ist (β = -.16, p < .001). Es ist zu vermuten, dass diese Korrelation Ausdruck eines negativen querschnittlichen Zusammenhangs beider Variablen ist, der erst in Klasse 9 zutage tritt. Anhand der Fit-Indizes ist von einer sehr guten Anpassung des Modells an die Daten auszugehen.

Auch im vierten Modell zum Zusammenhang zwischen den Mobbing-Opfererfahrungen und der Häufigkeit psychosomatischer Beschwerden (Abbildung 33) ergibt sich ein kausaler Effekt in hypothesenkonformer Richtung. Die Erfahrungen der Schüler als Mobbing-Opfer in Klasse 5 nehmen Einfluss auf die psychosomatischen Beschwerden vier Jahre später (β = .11, p < .01). Der Pfad für die entgegengesetzte Wirkrichtung erreicht keine statistische Signifikanz und trägt nicht zur Erhöhung der bereits sehr guten Anpassungsgüte des Modells bei.

Die beiden Befunde zur Wirkung der schulischen Überforderung und der Mobbing-Opfererfahrungen auf die Häufigkeit psychosomatischer Beschwerden bestätigen die eingangs formulierten Hypothesen. Die Analysen zeigen, dass beide Aspekte des Klassenklimas nicht nur im Querschnitt, sondern auch im Längsschnitt über einen Zeitraum von vier Jahren hinweg die Wahrscheinlichkeit erhöhen, dass Schülerinnen und Schüler unter psychosomatischen Beschwerden leiden. Dass sich diese Effekte für diesen Zeitraum nachweisen lassen, ist sicherlich auch darauf zurückzuführen, dass die erste Erhebung zu einem kritischen Zeitpunkt in der Schullaufbahn erfolgt ist (Schulformwechsel). Die relative Bedeutungslosigkeit der Mitschülerunterstützung hat sich bereits bei den Mehrebenenanalysen im Querschnitt gezeigt. Insoweit überrascht es nicht, dass von ihr keine kausalen Effekte ausgehen. In eine andere Richtung deutet der Befund für die Unterrichtsqualität. Hier ergeben sich Hinweise dafür, dass die Beschwerdehäufigkeit Einfluss auf die Wahrnehmung der Lernbedingungen nimmt. Aufgrund der fehlenden Stabilität der Unterrichtsqualität über die Zeit hinweg (siehe Abbildung 30) sollte dieser Befund jedoch zurückhaltend interpretiert werden.

Das individuelle Klassenklima und die Entwicklung des Selbstkonzepts

Eine Annahme des theoretischen Modells lautet, dass das Klassenklima Einfluss darauf nimmt, wie Schüler über ihre schulischen und sozialen Kompetenzen denken. Auch dieser Zusammenhang soll im Folgenden kausalanalytisch untersucht werden. Lässt sich das soziale und schulische Selbstkonzept von Neuntklässlern aus ihren Klimaeinschätzungen in Klasse 5 vorhersagen?

$\chi^2 = 8.55$, $df = 5$, $p = .128$, RMSEA $= .034$, GFI $= 1$, AGFI $= .98$, CFI $= .99$, NFI $= .97$

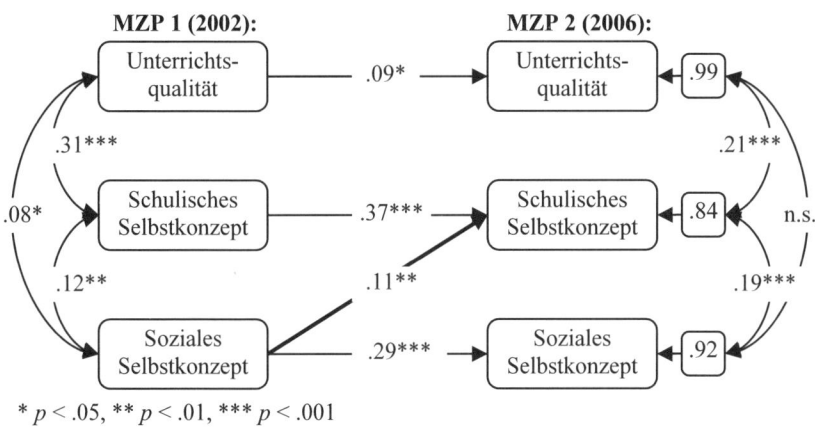

* $p < .05$, ** $p < .01$, *** $p < .001$

Abbildung 34: Längsschnittlicher Zusammenhang zwischen Unterrichtsqualität und Selbstkonzept (HBSC Sachsen 02/06, N = 636)

$\chi^2 = 0.78$, $df = 2$, $p = .679$, RMSEA $= 0$, GFI $= 1$, AGFI $= 1$, CFI $= 1$, NFI $= 1$

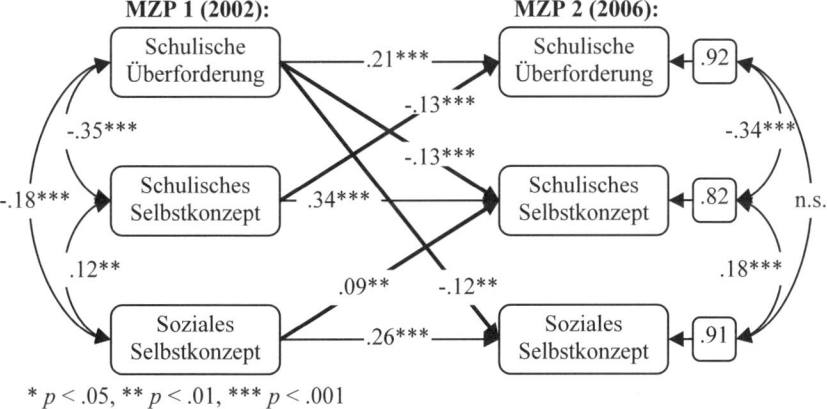

* $p < .05$, ** $p < .01$, *** $p < .001$

Abbildung 35: Längsschnittlicher Zusammenhang zwischen schulischer Überforderung und Selbstkonzept (HBSC Sachsen 02/06, N = 636)

$\chi^2 = 2.72$, $df = 3$, $p = .437$, RMSEA = 0, GFI = 1, AGFI = .99, CFI = 1, NFI = .99

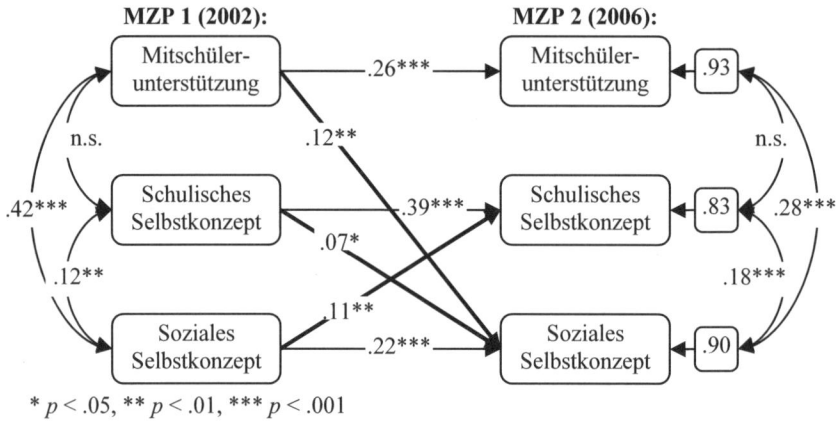

$* p < .05, ** p < .01, *** p < .001$

Abbildung 36: Längsschnittlicher Zusammenhang zwischen Mitschülerunterstützung und Selbstkonzept (HBSC Sachsen 02/06, N = 636)

$\chi^2 = 4.99$, $df = 2$, $p = .082$, RMSEA = .049, GFI = 1, AGFI = .97, CFI = .99, NFI = .99

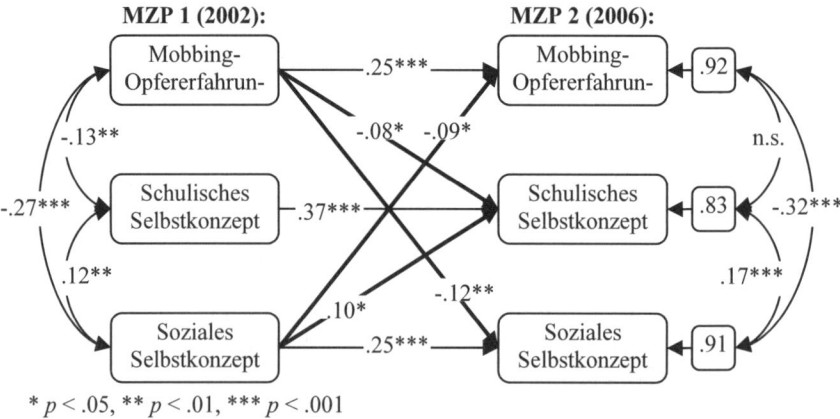

$* p < .05, ** p < .01, *** p < .001$

Abbildung 37: Längsschnittlicher Zusammenhang zwischen Mobbing-Opfererfahrungen und Selbstkonzept (HBSC Sachsen 02/06, N = 636)

Die querschnittlichen Befunde in Kapitel 8 (Tabellen 19 und 20) lassen Effekte der Mitschülerunterstützung auf das soziale Selbstkonzept und Effekte der erlebten schulischen Überforderung auf das schulische Selbstkonzept erwarten. Die Abbildungen 34 bis 37 zeigen die berechneten Modelle der Kausalanalysen für jeden Klimaindikator und beide Bereiche des Selbstkonzepts.

Im Modell zum Zusammenhang zwischen der Unterrichtsqualität und dem Selbstkonzept (Abbildung 34) erreicht der Pfad, der für die zeitliche Stabilität der Unterrichtsqualität steht, diesmal knapp die Signifikanzgrenze (β = .09, p < .05). Darüber hinaus steht die Unterrichtsqualität aber nur im Querschnitt mit dem Selbstkonzept in Verbindung. Während in Klasse 5 Verbindungen zum schulischen und in schwacher Ausprägung auch zum sozialen Selbstkonzept bestehen, ist in Klasse 9 anhand der Residualkorrelationen nur eine Verbindung zum Selbstkonzept schulischer Kompetenzen zu verzeichnen. Da kein Kreuzpfad in Richtung der Selbstkonzeptvariablen statistische Signifikanz erreicht, ist nicht von Auswirkungen der Unterrichtsqualität in Klasse 5 auf die Selbstkognitionen in Klasse 9 auszugehen. Das schulische Selbstkonzept ist über die Vier-Jahres-Frist hinweg etwas stabiler (β = .37, p < .001) als das soziale Selbstkonzept (β = .29, p < .001). Darüber hinaus korrelieren beide Variablen nicht nur zeitsynchron, sondern auch im Längsschnitt miteinander. Dass sich ein signifikanter Kreuzpfad vom sozialen Selbstkonzept in Klasse 5 zum schulischen Selbstkonzept in Klasse 9 ergibt (β = .11, p < .01), spricht dafür, dass das soziale Selbstbild Einfluss darauf nimmt, wie sich die Einschätzungen der eigenen schulischen Kompetenzen über die Zeit hinweg verändern.

Die schulische Überforderung steht nicht nur im Querschnitt sondern auch im Längsschnitt mit beiden Selbstkonzept-Bereichen in Verbindung (Abbildung 35). Dabei wird nicht nur ein kausaler Effekt in die Richtung des schulischen Selbstkonzepts ausgesendet (β = -.13, p < .001), die schulische Überforderung empfängt gleichzeitig einen Effekt vom schulischen Selbstkonzept in gleicher Höhe (β = -.13, p < .001). Dies kann als Ausdruck einer wechselseitigen Beeinflussung beider Variablen über die Zeit hinweg gedeutet werden. Eine negative Sicht eigener schulischer Kompetenzen als Folge von Überforderungserlebnissen erschwert die Auseinandersetzung mit zukünftigen schulischen Anforderungen. Auch das soziale Selbstkonzept steht mit der schulischen Überforderung in Verbindung, wobei hier die Wirkrichtung eindeutiger ausfällt: Das Erleben von Überforderung in Klasse 5 beeinträchtigt die Entwicklung des sozialen Selbstkonzepts in Klassenstufe 9 (β = -.12, p < .01).

Beim Zusammenhang zwischen Mitschülerunterstützung und Selbstkonzept in Abbildung 36 ergibt sich erwartungsgemäß ein kausaler Effekt von der wahrgenommenen Unterstützung in Klassenstufe 5 in Richtung des sozialen Selbstkonzepts vier Jahre später (β = .12, p < .01). Je höher die Unterstützung durch die Mitschüler im Alter von 11 bis 12 Jahren ausfällt, umso höher schätzen 15-bis 16-jährige Neuntklässler ihre eigenen sozialen Kompetenzen ein. Für die entgegengesetzte Wirkrichtung finden sich keine Anhaltspunkte. Nur in diesem Modell erreicht der Kreuzpfad vom schulischen Selbstkonzept zum sozialen Selbstkonzept knapp die Signifikanzgrenze ($\beta = .07$, $p < .05$). Er fällt aber deutlich schwächer aus als der Kreuzpfad, der in den drei anderen Modellen für die umgekehrte Wirkrichtung – soziales Selbstkonzept beeinflusst schulisches Selbstkonzept – steht ($\beta = .11$, $p < .01$).

Ein vergleichbares Muster ist in Abbildung 37 für den längsschnittlichen Zusammenhang zwischen den Mobbing-Opfererfahrungen und dem sozialen Selbstkonzept zu beobachten. Zwar beeinflusst die Erfahrung, in Klasse 5 Opfer von Mobbing gewesen zu sein, das soziale Selbstkonzept vier Jahre später ($\beta = -.12$, $p < .01$), es ergibt sich aber auch ein schwacher Kreuzpfad für die alternative Wirkrichtung ($\beta = -.09$, $p < .05$). Auch dies ist als Hinweis für eine wechselseitige Beeinflussung zu sehen, wobei Mobbing-Erfahrungen im stärkeren Maße das soziale Selbstbild beeinträchtigen, als dass es eine negative Selbstsicht wahrscheinlicher macht, in Zukunft Opfer von Mobbing zu werden. Der Kreuzpfad von den Mobbing-Erfahrungen beim ersten Messzeitpunkt zum schulischen Selbstkonzept beim zweiten Messzeitpunkt ($\beta = -.08$, $p < .05$) spricht dafür, dass Erfahrungen von Schikane durch Mitschüler auch das Selbstkonzept schulischer Leistungen tangieren.

Insgesamt bestätigen sich die Annahmen zum längsschnittlichen Zusammenhang zwischen Klassenklima und Selbstkonzept. Für drei der vier Klimaindikatoren kann gezeigt werden, dass sie langfristig Einfluss auf die Entwicklung des Selbstkonzepts nehmen. Dabei beeinflusst das Erleben schulischer Überforderung vorrangig das schulische Selbstkonzept, während die Mitschülerunterstützung und die Mobbing-Opfererfahrungen hauptsächlich auf das soziale Selbstkonzept Einfluss nehmen. Ausschließlich beim Zusammenhang zwischen schulischer Überforderung und schulischem Selbstkonzept ist von einer wechselseitigen Beeinflussung auszugehen, darüber hinaus dominiert die hypothesenkonforme Wirkrichtung. Von den beiden Klimaindikatoren, die im Längsschnitt Erklärungskraft für die Häufigkeit psychosomatischer Beschwerden besitzen (Überforderung, Mobbing), gehen Einflüsse auf beide Bereiche des Selbstkonzepts aus. Die schulische Überforderung beeinträchtigt nicht nur das schulische Selbstkonzept, sondern auch das soziale Selbstbild der Schüler; genauso beschränken sich die negativen Auswirkungen des Mobbings nicht nur auf die sozialen Aspekte des Selbstkonzepts, sondern beeinflussen auch auf die Selbsteinschätzung der Schüler, wie sie mit schulischen Leistungsanforderungen zurecht kommen.

Obwohl nicht Gegenstand der Untersuchungshypothesen soll darauf hinge-wiesen werden, dass die Analysen auch Aufschluss über den Zusammenhang zwischen dem sozialen und dem schulbezogenen Bereich des Selbstkonzepts der Schüler geben. Die Befunde zeigen, dass das soziale Selbstkonzept über die Zeit hinweg das schulische Selbstkonzept mitformt. Der Erfolg oder der Misserfolg im sozialen Bereich bzw. die diesbezügliche Selbsteinschätzung beeinflusst, wie zukünftig der Erfolg bei der Auseinandersetzung mit schulischen Leistungs-anforderungen eingeschätzt wird. Umgekehrt scheint die Selbstsicht schulischer Erfolge oder Misserfolge über die Zeit hinweg kaum Einfluss auf den sozialen Bereich zu nehmen.

Das Selbstkonzept und die Entwicklung psychosomatischer Beschwerden

Der letzte Baustein des Theoriemodells, der hier im Längsschnitt überprüft wer-den soll, ist der Zusammenhang zwischen dem Selbstkonzept der Schüler und der Häufigkeit psychosomatischer Beschwerden. Sind hier über den Zeitraum von vier Jahren hinweg Zusammenhänge zu beobachten und unterstützen diese die Sichtweise, dass Einschränkungen des Selbstbildes den Beschwerden vo-rausgehen?

$\chi^2 = 5.43$, $df = 4$, $p = .246$, RMSEA = .024, GFI = 1, AGFI = .99, CFI = 1, NFI = .99

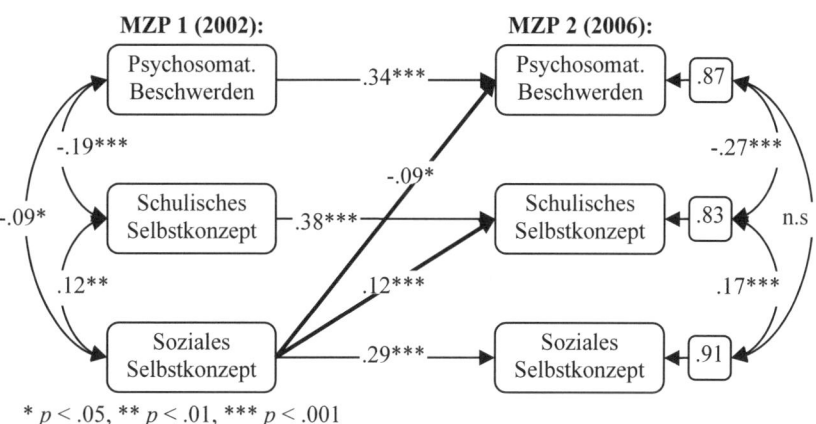

$* p < .05$, $** p < .01$, $*** p < .001$

Abbildung 38: Längsschnittlicher Zusammenhang zwischen psychosomatischen Beschwerden und Selbstkonzept (HBSC Sachsen 02/06, N = 636)

Das kausalanalytische Pfadmodell in Abbildung 38 zeigt, dass die psychosomatischen Beschwerden, wie auch im Mehrebenenmodell in Kapitel 9, querschnittlich stärker mit dem schulischen Selbstkonzept zusammenhängen als mit dem sozialen Selbstkonzept. Im Längsschnitt erreicht aber ausschließlich ein Pfad vom sozialen Selbstkonzept statistische Signifikanz (β = -.09, p < .05). Dieser geht in die erwartete Richtung: Das soziale Selbstkonzept in Klasse 5 nimmt Einfluss auf die Beschwerdehäufigkeit in Klassenstufe 9. Je höher es ausfällt, umso seltener sind Beschwerden vier Jahre später; umgekehrt steigen sie an, je niedriger das soziale Selbstkonzept in Klasse 5 ist. Der aus den Residualkorrelationen zu schließende zeitsynchrone Zusammenhang zwischen Beschwerden und Selbstkonzept bei den Neuntklässlern ist deutlich enger als der Zusammenhang bei den Fünftklässlern.

Es bestätigt sich somit für die vorliegenden Daten das in Kapitel 4 gezogene Resümee des Forschungsstandes, dass Beeinträchtigungen des Selbstkonzepts weniger eine Folge internalisierender Auffälligkeiten sind, sondern ihnen vielmehr zeitlich vorausgehen. Auf der Grundlage der Kausalanalysen im Längsschnitt erfährt damit auch die Mediationshypothese des theoretischen Modells zusätzliche Unterstützung. Es kann gezeigt werden, dass mit Überforderung einhergehende Lernbedingungen und Erfahrungen als Opfer von Mobbing das soziale Selbstkonzept von Schülern beeinträchtigen und auch über diesen Weg zu einem Anstieg psychosomatischer Beschwerden führen.

10.3 Kollektives Klassenklima und psychosomatische Beschwerden

Die bislang dargestellten längsschnittlichen Ergebnisse bestätigen die Bedeutung des individuellen Klassenklimas für das Auftreten internalisierender Auffälligkeiten, ein Befund, der sich bereits bei den Mehrebenenanalysen im Querschnitt abgezeichnet hat (Kapitel 9). Obwohl sich die Modellierung der Klassenebene im reduzierten Panel-Datensatz schwierig gestaltet (siehe Abschnitt 10.1), soll mit Hilfe der in Kapitel 8 vorgestellten Typologie des Klassenklimas untersucht werden, ob das kollektive Klassenklima über die Zeit hinweg Einfluss auf die Häufigkeit psychosomatischer Beschwerden nimmt. Berichten Schülerinnen und Schüler, die in Klassenstufe 5 Schulklassen mit positivem Klima besuchen, vier Jahre später weniger psychosomatische Beschwerden als Schüler aus Klassen mit negativem Klima?

Auf der Grundlage der Angaben *aller* Fünftklässler im sächsischen HBSC-Datensatz von 2002 wird nach dem in Abschnitt 8.3 vorgestellten Verfahren jede Schulklasse einem der vier Klimatypen zugeordnet (A – solidarisches Klima, B – positives Klima, C –negatives Klima und D – Konkurrenzklima). Durch die

Verknüpfung dieser auf die Schulklassen bezogenen Informationen mit dem Panel-Datensatz kann für jeden Schüler im Panel eine Aussage darüber getroffen werden, welchem kollektiven Klima die Mädchen und Jungen in der 2002 besuchten 5. Klasse ausgesetzt waren.

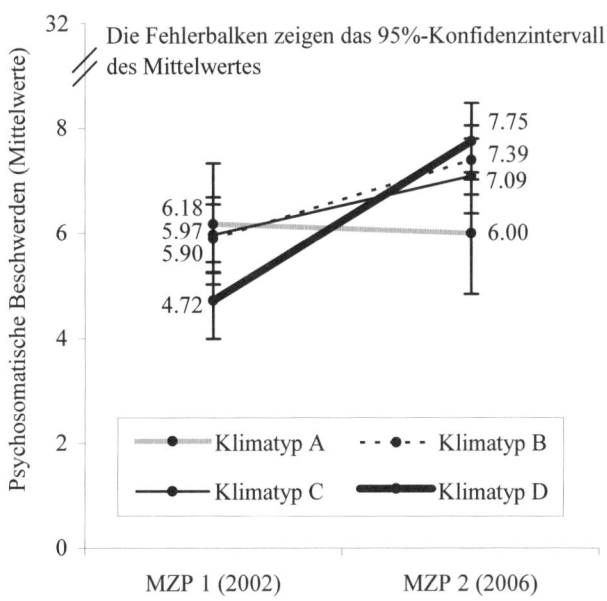

Abbildung 39: Entwicklung psychosomatischer Beschwerden in Klassen mit unterschiedlichem kollektiven Klima (HBSC Sachsen 02/06, N = 636)

In Abbildung 39 wird die Entwicklung der Beschwerden von 2002 zu 2006 in Abhängigkeit vom kollektiven Klima dargestellt. Der größte Anstieg psychosomatischer Beschwerden ist bei den Schülern zu verzeichnen, die Klassen mit einem konkurrenzorientierten Klima besuchen (Typ D). In diesen Klassen sind die Beschwerden beim ersten Messzeitpunkt am niedrigsten und steigen über die Vier-Jahresfrist auf den höchsten Wert. In Schulklassen des Typs A (solidarisches Klima) ist hingegen ein leichter Rückgang der Auffälligkeiten zu beobachten, der gegen den allgemeinen Trend verläuft. Keine Unterschiede in der Entwicklung ergeben sich zwischen Klassen des Klimatyps B und C. Bei Schülern, die Klassen mit positivem oder negativem kollektiven Klima besuchen, steigen die psychosomatischen Beschwerden gleichermaßen an.

Um zu prüfen, ob diese Unterschiede bestehen bleiben, wenn sie inferenzstatistisch um die Wirkung möglicher Drittvariablen bereinigt werden, kommt eine Varianzanalyse mit Messwiederholung zur Anwendung. Die Analysen in Abschnitt 8.3 haben gezeigt, dass sich die Klassen der vier Klimagruppen hinsichtlich des Geschlechterverhältnisses und der Schulform signifikant unterscheiden (siehe Tabelle 14). Aus diesem Grund werden neben den psychosomatischen Beschwerden als abhängige Variable sowie der Klimatypologie und dem Faktor Zeit als unabhängigen Variablen auch das Geschlecht und die Schulform als Zwischensubjektfaktoren in die Varianzanalyse aufgenommen.

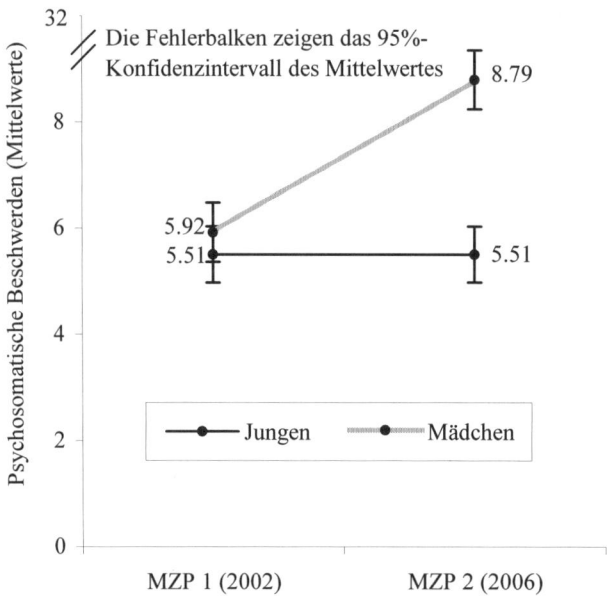

Abbildung 40:   Entwicklung psychosomatischer Beschwerden nach Geschlecht (HBSC Sachsen 2002/2006, N = 636)

Neben dem Faktor Zeit ($F = 9.56$, $df = 1$, $p < .01$) und der Interaktion Zeit × Geschlecht ($F = 14.43$, $df = 1$, $p < .001$) erreicht jedoch keine weitere Zeit ×

Prädiktor-Interaktion statistische Signifikanz (Zeit × Klimatyp: $F = 1.69$, $df = 3$, $p =$ n.s.; Zeit × Schulform: $F = 0.52$, $df = 1$, $p =$ n.s.). Über die beiden Messzeitpunkte hinweg haben demzufolge die psychosomatischen Beschwerden unabhängig von der besuchten Schulform oder dem kollektiven Klima der Schulklasse signifikant zugenommen. Unterschiedliche Entwicklungen ergeben sich nur in Abhängigkeit vom Geschlecht. Diese Unterschiede werden in Abbildung 40 veranschaulicht. Während die Beschwerden der Mädchen innerhalb der Vier-Jahres-Frist stark zugenommen haben, hat sich das Ausmaß der Beschwerden bei den Jungen praktisch nicht verändert.

Das Profil der Entwicklung psychosomatischer Beschwerden bei Mädchen und Jungen von Klassenstufe 5 bis Klassenstufe 9 ähnelt stark den in Kapitel 7 berichteten Querschnittsbefunden (siehe Abbildung 13) und zeigt damit, dass aus dem Quasi-Längsschnitt der HBSC-Studie mit der Befragung von drei Altersgruppen auch Hinweise auf Entwicklungsverläufe gewonnen werden können.

Der auf der Grundlage der Querschnittsanalysen vermutete nachteilige Effekt des Besuchs einer sächsischen Mittelschule bestätigt sich hingegen nicht. Zum zweiten Messzeitpunkt berichten die Gymnasiasten sogar eine höhere Belastung durch psychosomatische Beschwerden ($\bar{x} = 8.0$, $SD = 5.79$) als die Mittelschüler ($\bar{x} = 6.58$, $SD = 5.26$). Diese Differenz erreicht jedoch bei Kontrolle der Drittvariablen in der Varianzanalyse keine statistische Signifikanz. Eine Ursache dafür, dass sich der nachteilige Effekt der Mittelschule nur im Querschnitt zeigt, ist in den systematischen Verzerrungen der Panel-Stichprobe zu suchen. Hier konnten in Klassenstufe 9 nur die Schülerinnen und Schüler ein zweites Mal befragt werden, die im Laufe der vier Jahre nicht sitzengeblieben sind und nicht die Schule gewechselt haben. Da das Wiederholen einer Schulklasse an Mittelschulen um den Faktor 5 verbreiteter ist als an Gymnasien,[31] ist davon auszugehen, dass im Panel die Verzerrung zugunsten erfolgreicher Schülerbiographien bei den Mittelschülern stärker ausgeprägt ist als bei den Gymnasiasten. Das heißt, dass insbesondere bei den Jugendlichen an Mittelschulen die Häufigkeit problematischer Entwicklungsverläufe unterschätzt werden dürfte und deshalb Schulformvergleiche im vorliegenden Längsschnitt nur eine geringe Aussagekraft besitzen.

Der ausbleibende Effekt des kollektiven Klassenklimas im Längsschnitt bestätigt die Befunde der Mehrebenenanalysen. Bei diesem Ergebnis sollte jedoch beachtet werden, dass aufgrund des Studiendesigns nur die Wirkung des

---

[31] Von den 2006 befragten Neuntklässlern in der sächsischen HBSC-Stichprobe geben 5.2% der Gymnasiasten und 24.4% der Mittelschüler an, in ihrer Schullaufbahn mindestens einmal sitzen geblieben zu sein ($\chi^2 = 132.72$, $df = 1$, $p < .001$).

zum ersten Messzeitpunkt bei den Fünftklässlern gemessenen Klassenklimas geprüft werden kann. Über die Stabilität des kollektiven Klimas über die Vier-Jahres-Frist hinweg können keine Aussagen gemacht werden. Auch ist zu berücksichtigen, dass es sich streng genommen bei der Klimatypologie nicht um das kollektive Klassenklima im Sinne von Eder (2006) handelt, da es nicht wie in den Mehrebenenanalysen statistisch von den individuellen Varianzanteilen getrennt werden kann.

10.4 Zusammenfassung und Diskussion

Auf der Grundlage der Panelanalysen in diesem Kapitel finden die eingangs formulierten Hypothesen zu dominierenden Wirkrichtungen des Zusammenhangs zwischen Klassenklima und internalisierenden Auffälligkeiten weitgehende Unterstützung. Trotz einiger methodischer Einschränkungen können die folgenden Aussagen gemacht werden:

1. Die untersuchten und bestätigten Zusammenhänge zwischen dem individuellen Klassenklima und den internalisierenden Auffälligkeiten sind nicht darauf zurückzuführen, dass belastete Schülerinnen und Schüler ihre Klassenumwelt stärker negativ wahrnehmen. Es kann vielmehr gezeigt werden, dass auch über einen Zeitraum von vier Jahren hinweg Aspekte des Klassenklimas Einfluss darauf nehmen, wie stark Mädchen und Jungen unter psychosomatischen Beschwerden leiden. Sowohl von der auf das Lernen ausgerichteten Dimension des Klassenklimas als auch von den sozialen Beziehungen in der Schulklasse gehen hierbei Einflüsse aus. Besonders beeinträchtigend sind Lernbedingungen, die auf Schülerseite zu Überforderungserlebnissen führen und soziale Beziehungen, die mit psychischer und physischer Gewalt einhergehen. Beide Klimaaspekte, denen bereits in Kapitel 9 mit Hilfe der Mehrebenenanalysen eine Verbindung zu internalisierenden Auffälligkeiten nachgewiesen werden konnte, entpuppen sich hier in einer Entwicklungsperspektive als Risikofaktoren für psychosomatische Beschwerden.

2. Das Klassenklima nimmt ebenfalls Einfluss darauf, wie Schüler ihre schulischen und sozialen Kompetenzen einschätzen. Lernbedingungen, die Schüler überfordern, und Erfahrungen als Mobbing-Opfer wirken negativ auf das schulische Selbstkonzept ein. Beide Aspekte formen auch das soziale Selbstkonzept mit, für das zusätzlich auch die erfahrene soziale Unterstützung von Seiten der Mitschüler bedeutsam ist. Diese kausalen Zusammenhänge sind deshalb relevant, da angenommen wird, dass das Selbst-

konzept der Schüler den Zusammenhang zwischen Klassenklima und internalisierenden Auffälligkeiten vermittelt. Nur beim Zusammenhang zwischen der schulischen Überforderung und dem Selbstkonzept schulischer Kompetenzen sind wechselseitige Zusammenhänge zu beobachten, die auch dafür sprechen, dass das schulleistungsbezogene Selbstbild mit zukünftigen Überforderungserlebnissen in Verbindung steht.

3. Einschränkungen des sozialen Selbstkonzepts gehen psychosomatischen Beschwerden langfristig voraus. Die Annahme, dass sie in Folge einer internalisierenden Fehlentwicklung auftreten, findet für die untersuchte Altersspanne keine empirische Unterstützung. Dieser Befund stützt die in Kapitel 4 vorgestellte Auffassung einiger Autoren, die verzerrte Selbstkognitionen nicht nur als Symptom, sondern auch als Vorläufer internalisierender Fehlentwicklungen sehen (vgl. Groen, Pössel & Petermann, 2004). Auch das schulische Selbstkonzept hängt mit der Häufigkeit psychosomatischer Beschwerden zusammen; diese Verbindung zeigt sich jedoch nur im Querschnitt. Da dieser zeitsynchrone Zusammenhang beim schulischen Selbstkonzept noch stärker ausfällt als beim sozialen Selbstkonzept, kann man vermuten, dass hier kurzfristigere Effekte wirksam sind, die durch den Längsschnitt mit einem Vier-Jahres-Abstand zwischen beiden Erhebungen nicht eingefangen werden konnten.

Insgesamt kann auch aus diesen Längsschnittbefunden eine Unterstützung der Mediationshypothese abgeleitet werden. Wie Schülerinnen und Schüler ihre sozialen Kompetenzen selber einschätzen, wird langfristig durch das Klima in der Schule mitgeformt und steht wiederum langfristig mit dem Auftreten psychosomatischer Beschwerden in Verbindung.

Dass sich derartige Effekte über einen Zeitraum von vier Jahren hinweg nachweisen lassen, hat sicherlich mit dem untersuchten Ausschnitt der Schullaufbahn zu tun. Die in Klasse 5 befragten Mädchen und Jungen haben gerade den Übergang von der Grundschule zu einer weiterführenden Schule absolviert. Sie stehen damit nicht nur vor neuen schulleistungsbezogenen Herausforderungen, sie müssen sich auch im sozialen Gefüge der neu zusammengesetzten Schulklasse zurechtfinden und behaupten. Für viele Mädchen und Jungen bedeutet dies, ihre Einschätzungen über die eigenen schulischen und sozialen Kompetenzen in einer veränderten Bezugsgruppe neu auszurichten zu müssen. Die These, dass sich hieraus langfristige Folgen für die psychische Gesundheit ergeben können, wurde bereits in Kapitel 2 vorgestellt. Empirisch bestätigt wurde sie bisher nur bei US-amerikanischen Schülern (vgl. Eccles, Lord, Roeser, Barber & Jozefowicz, 1997).

Es ist ein hoher Grad an Übereinstimmung zwischen den im Quer- und Längsschnitt gewonnenen Ergebnissen zu verzeichnen. Dies trifft nicht nur auf das kollektive Klassenklima und auf die Schulform zu, beides Umweltmerkmale, die sich auch im Entwicklungsverlauf als nicht bedeutsam erweisen, sondern vor allem auf die Bedeutung des Geschlechts. Dem weiblichen Geschlecht anzugehören, ist auch bei längsschnittlicher Betrachtung der wichtigste Risikofaktor für internalisierende Auffälligkeiten. Während bei Fünftklässlern keine Geschlechtsdifferenzen in der Beschwerdehäufigkeit zu beobachten sind, klagen Mädchen in der neunten Klasse deutlich häufiger über psychosomatische Beschwerden als Jungen. Ob für diesen Geschlechtsunterschied auch schulische Faktoren verantwortlich zu machen sind, kann anhand der vorliegenden Daten nicht eindeutig beantwortet werden. Die Analysen in Kapitel 9 haben erste Anhaltspunkte dafür geliefert, dass die schulische Umwelt für die psychische Gesundheit der Mädchen eine größere Rolle spielt als für die der Jungen. Für eine längsschnittliche Überprüfung dieser differenzierten Frage eignet sich jedoch der vorliegende Panel-Datensatz mit den dargstellten Verzerrungen nicht.

11 Fazit

Den Abschluss der Studie bildet eine kurze überblicksartige Zusammenstellung der Untersuchungsergebnisse einschließlich einer methodenkritischen Reflexion: Welche Grenzen und Möglichkeiten bietet das Erhebungs-, Befragungs- und Auswertungsdesign? Im Anschluss daran werden auf dieser Grundlage Vorschläge für künftig zu untersuchende Fragestellungen und Forschungsvorhaben entwickelt. Des Weiteren werden – soweit die Befunde es erlauben – Schlussfolgerungen für die Gestaltung von Schule und Unterricht sowie für die Prävention und Gesundheitsförderung gezogen.

11.1 Zusammenfassung zentraler Ergebnisse

Theoretischer Ausgangspunkt und Grundlage für die empirische Untersuchung sind Überlegungen zum Einfluss der Schule auf Ängste, depressive Symptome und körperliche Beschwerden von Schülern. Diese stehen als Jugendliche einerseits vor den Herausforderungen der Adoleszenz und müssen andererseits als Lernende mit der Anforderungsstruktur der Schule zurechtkommen.

Die vielfältigen Anforderungen, die sich an Jugendliche heutzutage stellen, resultieren dabei nicht nur aus den tiefgreifenden körperlichen und psychischen Veränderungen der Pubertät, sie werden auch durch die sich wandelnden gesellschaftlichen Rahmenbedingungen mitgeformt. Begreift man diese Anforderungen an Jugendliche als Entwicklungsaufgaben, ist zu beobachten, dass Jugendliche in immer stärkerem Maße Aufgaben bewältigen müssen, die sich widersprechen oder in Spannung zueinander stehen (Hurrelmann, 2004).

Die Institution Schule steht mit den meisten dieser Entwicklungsaufgaben in enger Verbindung. Sie arbeitet, um es mit den Worten Fends zu sagen, „an der Seele des Menschen" (2006, S. 174). Gleichzeitig ist sie bei dieser Arbeit an Aufträge gebunden, die eine sich wandelnde Gesellschaft an sie heranträgt. Schule hat nicht nur die Aufgabe, persönliche Entfaltung zu befördern, sie muss auch gesellschaftlich integrieren. Sie soll einerseits erziehen und individuell fördern, andererseits aber auch selektieren und hart umkämpfte soziale Positionen zuteilen. Diese Widersprüche hinterlassen Spuren im schulischen Alltag, die mit dem Begriff ‚heimlicher Lehrplan' zu fassen sind. Durch die ständige

Spiegelung des Lernverhaltens und Lernerfolgs wird eine vom Leistungs- und Konkurrenzprinzip getragene Sicht der eigenen Person und der sozialen Beziehungen zwischen Schülern befördert (Fend, 2005). Angesichts der Veränderungen des Selbstkonzepts in der Adoleszenz, der verstärkten Ausrichtung auf selbstbezogene Rückmeldungen aus dem sich erweiternden sozialen Umfeld und dem steigenden Bedürfnis nach positiver Selbstbewertung und sozialer Akzeptanz, sind adoleszente Schülerinnen und Schüler besonders empfänglich für schulische Einflüsse.

Die Sekundäranalyse vorliegender empirischer Befunde bestätigt, dass die Schule Einfluss auf die Entwicklung nimmt, dass diese Einflüsse vorrangig von Aspekten ausgehen, die mit Leistungserbringung und Konkurrenz in Verbindung stehen und dass sie sich auch auf Persönlichkeitsbereiche jenseits des kognitiven Funktionsbereichs auswirken. Zu nennen sind hier vor allem motivationale Variablen, Lernhaltungen, Interessen und das Sozialverhalten. Wenig wissen wir hingegen über den Zusammenhang zwischen der Schule und der psychischen Gesundheit, insbesondere über die zugrunde liegenden Wirkungszusammenhänge.

Epidemiologische Studien zeigen aber, dass im Schulalter und insbesondere in der Adoleszenz bei internalisierenden Auffälligkeiten große Veränderungen zu beobachten sind. Die Prävalenzen von Depressionen und Ängsten steigen insbesondere bei Mädchen ab der Pubertät schlagartig an und erreichen in der mittleren Adoleszenz die bei Erwachsenen zu beobachtenden Häufigkeiten.

Auf der Grundlage dessen, was über die Ursachen und die Entstehung internalisierender Auffälligkeiten bekannt ist, und fußend auf den Erkenntnissen der Schulforschung wird in dieser Arbeit ein Modell entwickelt, das beschreibt, welche Aspekte der schulischen Umwelt über welche Vermittlungsvariablen zur Entstehung von Ängsten, depressiven Symptomen und psychosomatischen Beschwerden beitragen können. Auf der Seite der Schule sind dies klimatische Bedingungen, d. h. Wahrnehmungen ungünstiger und überfordernder Lernbedingungen und ein wenig unterstützendes, mit Ablehnung verbundenes Sozialklima. Diese Faktoren führen dazu, dass Schülerinnen und Schüler im zunehmenden Maße ihre schulischen und sozialen Kompetenzen niedriger einschätzen und damit aus subjektiver Sicht an der Bewältigung zentraler Entwicklungsaufgaben zu scheitern drohen. Eine solche dysfunktionale Art der Selbsteinschätzung macht depressive Verstimmungen, Ängste und auch das Auftreten psychosomatischer Beschwerden wahrscheinlicher.

Die empirische Überprüfung dieser Annahmen mit Hilfe einer Befragung von 4 367 sächsischen Schülerinnen und Schülern der Klassenstufen 5, 7 und 9 hat nachfolgende Ergebnisse erbracht. Für eine vertiefte Diskussion der Ergebnisse wird auf die einzelnen Kapitel des empirischen Teils verwiesen (Kapitel 7 bis 10).

Wie verbreitet sind internalisierende Auffälligkeiten bei den befragten Jugendlichen?

Die anhand von zwei Indikatoren gemessenen internalisierenden Auffälligkeiten der befragten Jugendlichen in Sachsen folgen in ihrem Verbreitungsmuster dem Trend, den auch andere Studien beschreiben (vgl. Hypothese Nr. 1). Emotionale Probleme und psychosomatische Beschwerden nehmen im Laufe der untersuchten Altersspanne (11 bis 16 Jahre) zu, wobei insbesondere bei den Mädchen ab Klassenstufe 7 ein starker Anstieg zu beobachten ist. Die dann bei den Neuntklässlern augenfällige höhere Belastung der Mädchen ist bei den emotionalen Problemen noch ausgeprägter zu beobachten als bei den psychosomatischen Beschwerden. Hier kann vermutet werden, dass Jungen, den gängigen Geschlechtsrollenvorstellungen folgend, ihr psychisches Leid eher in Form körperlicher Beschwerden kommunizieren.

Ungefähr zehn Prozent der Befragten können mit Hilfe eines anerkannten Screening-Verfahrens einer Risiko-Gruppe zugeordnet werden, deren Beschwerden mit hoher Wahrscheinlichkeit auch klinische Relevanz besitzen. Zu dieser Gruppe zählen insbesondere Mädchen der neunten Klassenstufe.

Im internationalen Vergleich mit anderen europäischen und nordamerikanischen Staaten, die an der HBSC-Studie von 2002 teilgenommen haben, leiden Jugendliche aus Deutschland seltener unter psychosomatischen Beschwerden[32]. Jedoch ist in Deutschland von 2002 zu 2006 eine leichte Zunahme, insbesondere bei den Siebent- und Neuntklässlern, zu beobachten. Die Auswertung der internationalen Daten von 2006 wird zeigen, ob dieser Trend auf Deutschland beschränkt bleibt oder auch in anderen Ländern zu beobachten ist.

Wie schätzen die Jugendlichen das Klima in ihren Schulklassen ein?

Auf insgesamt fünf Indikatoren haben die sächsischen Schüler das Klima in ihren Klassen eingeschätzt. Vier dieser Indikatoren eignen sich dabei gut, die für die psychische Gesundheit als relevant erachteten Dimensionen Lernbedingungen und Sozialklima abzubilden. Für die Lernbedingungen sind dies die Unterrichtsqualität und die schulische Überforderung, für das Sozialklima die Mitschülerunterstützung und die Erfahrungen als Mobbing-Opfer. Zusätzlich aus-

---

[32] Auf internationaler Ebene liegen nur die Daten der 2002er Erhebung vor und es ist auch nur ein Vergleich der psychosomatischen Beschwerden der Jugendlichen möglich. Das Erhebungsinstrument für die emotionalen Probleme wurde nur in Sachsen eingesetzt,

gewertet werden die Angaben der Schüler zu den ihnen gewährten Mitbestimmungsmöglichkeiten in der Schule und im Unterricht.

Das augenscheinlichste Ergebnis ist, dass das Klima mit zunehmender Verweildauer an der Schule immer stärker negativ eingeschätzt wird. Dieser hypothesenkonforme Trend, dass ältere Schülerinnen und Schüler die Schule kritischer sehen als jüngere (Hypothese Nr. 2), zieht sich durch alle erfragten Inhaltsbereiche. Die befragten Neuntklässler schätzen insbesondere die Qualität des
Unterrichts und die Mitbestimmungsmöglichkeiten deutlich niedriger ein als die
Fünftklässler. In diesen Befunden spiegelt sich vermutlich die größer werdende
Diskrepanz zwischen den Freiheitsgraden des Status als Jugendlicher und der
eingeengten Schülerrolle wider. Weiterhin urteilen Schüler an Mittelschulen
nicht nur stärker negativ über das Klima an ihren Schulen als Gymnasiasten, bei
ihnen ist der Trend zu einer kritischeren Sicht der Lernbedingungen bei ansteigender Klassenstufe auch noch ausgeprägter als bei Schülern an Gymnasien.
Einzige Ausnahme sind die Partizipationsmöglichkeiten, die von Gymnasiasten
niedriger eingeschätzt werden als von Mittelschülern. Hierfür könnten die größeren fachlichen Leistungsanforderungen des Gymnasiums (‚Sachzwänge') auf der
einen Seite und ein höheres Anspruchsniveau an Freiheit und Selbstverwirkli-
chung der Gymnasialschüler auf der anderen Seite verantwortlich sein. Demgegenüber sind die Unterschiede in den Klimaeinschätzungen zwischen den Geschlechtern von nachrangiger Bedeutung. Am auffälligsten sind die Unterschiede
noch bei der Unterstützung durch die Mitschüler, die die Mädchen höher einschätzen als die Jungen.

Inhaltlich kann man die Sicht des Klimas als ambivalent bezeichnen. Zwar
schätzt eine deutliche Mehrheit die Qualität des Unterrichts als hoch ein, es gibt
aber auch viele Schüler, die sich im Unterricht langweilen, die das Tempo nicht
mithalten können und die den Unterricht nicht anschaulich finden. Diese Distanz
zur Schule bei ca. einem Drittel der Schüler zeigt sich auch bei der schulischen
Überforderung. Die soziale Unterstützung zwischen den Schülern wird hingegen
deutlich stärker positiv gesehen. Aber es gibt auch eine Minderheit, die wenig
Unterstützung erfährt und zum Opfer von psychischer und physischer Gewalt
wird.

Die Analysen zeigen weiterhin, dass sich die Jugendlichen bei ihren Beschreibungen des Klimas vor allem auf Erfahrungen in ihrer unmittelbaren Klassenumwelt und weniger auf die gesamte Schule beziehen. Obwohl die Varianz
auf Individuumsebene erwartungsgemäß sehr hoch ist (vgl. Hypothese Nr. 2),
also das Klassenklima von den Schülern einer Klasse durchaus unterschiedlich
eingeschätzt wird, rechtfertigen die Befunde es, von einem *Klassen*klima zu
sprechen. Den beiden Quellen, aus denen sich die Klimawahrnehmungen speisen
– individuellen Erfahrungen auf der einen Seite und geteilten Erfahrungen aller

Schüler einer Klasse andererseits –, wird die Studie durch die statistische Unterscheidung eines individuellen und eines kollektiven Klassenklimas mit Hilfe mehrebenenanalytischer Verfahren gerecht. Besonders hohe Übereinstimmungen zwischen den Schülern einer Klasse finden sich bei der Unterrichtsqualität, der Schülerautonomie und der Mitschülerunterstützung. Es bestätigt sich damit, dass auf der Grundlage von Schülereinschätzungen valide Aussagen über das Geschehen im Mikrosystem Schulklasse möglich sind (vgl. Gruehn, 2000).

Ein Blick auf die anhand der aggregierten Einschätzungen identifizierten Klassentypen mit unterschiedlichen Klimakonstellationen zeigt, dass Klassen mit guten Lernbedingungen und positivem Sozialklima in Sachsen eher an Gymnasien und seltener an Mittelschulen zu finden sind. An Mittelschulen ist auch die Verbreitung von Klassen höher, in denen nur das Sozialklima, jedoch nicht die Lernbedingungen positiv eingeschätzt werden (= solidarisches Klima). An Gymnasien finden sich dafür häufiger Schulklassen mit einem konkurrenzorientierten Klima, d. h. guten Lernbedingungen bei einem negativen Sozialklima.

Im Hinblick auf die Qualitätsentwicklung von Schule ist der Befund positiv zu bewerten, dass deutschlandweit bei drei Indikatoren eine Verbesserung des Klimas seit der letzten Erhebung zu verzeichnen ist. Im Jahr 2006 berichten die befragten Schüler mehr Mitbestimmungsmöglichkeiten, eine höhere Qualität des Unterrichts und weniger Überforderung als die 2002 befragten Schüler. Keine Veränderungen sind hingegen beim Sozialklima (Mitschülerunterstützung und Mobbing-Opfererfahrungen) zu beobachten.

Wie eng ist der Zusammenhang zwischen Schule und internalisierenden Auffälligkeiten?

Ungefähr 14% der Varianz in den internalisierenden Auffälligkeiten der Schüler können auf Unterschiede im individuellen und kollektiven Klassenklima zurückgeführt werden[33]. Dieses Ausmaß an Varianzaufklärung gewinnt zusätzlich an Bedeutung, vergegenwärtigt man sich, welche im HBSC-Instrumentarium nicht abgedeckten Faktoren als relevant für die psychische Gesundheit von Jugendlichen angesehen werden (z. B. Bedingungen der familiären Umwelt, genetische und psychische Prädispositionen).

---

[33] Diese Prozentzahl ergibt sich aus dem in Modell 4 erzielten Zuwachs an Varianzaufklärung gegenüber Modell 2 für den Zusammenhang zwischen Klassenklima und emotionalen Problemen (13.8%, s. Tab. 17) sowie zwischen Klassenklima und psychosomatischen Beschwerden (14.6%, s. Tab. 18).

Erwartungsgemäß sind es sowohl die Lernbedingungen als auch das Sozial-klima, die Einfluss auf die emotionalen Probleme und die psychosomatischen Beschwerden der Schüler nehmen (vgl. Hypothesen Nr. 3 und 4). Der größte Anstieg der Beschwerden ist dann zu beobachten, wenn Schüler gemobbt werden oder wenn sie sich in der Schule überfordert fühlen. Diese Effekte lassen sich auch über einen Zeitraum von vier Jahren hinweg stabil nachweisen. Wie Schü-ler das Klima in Klassenstufe 5 einschätzen, hat demnach Einfluss auf die Be-schwerdehäufigkeit in Klassenstufe 9. Mit diesen Befunden aus dem Längs-schnitt kann auch der Nachweis dafür erbracht werden, dass die gefundenen Zusammenhänge nicht auf einer stärker negativen Sicht des Klassenklima von Schülern mit internalisierenden Auffälligkeiten beruhen. Vielmehr unterstreichen diese Ergebnisse, wie tiefgreifend die Einflüsse der Schule auf die psychische Gesundheit sind. Dass die Fünftklässler aufgrund des gerade absolvierten Schul-formwechsels besonders empfänglich für diese Einflüsse sind, wird in Kapitel 10 diskutiert.

Die Analyse einer Gruppe von Jugendlichen mit sehr hohen Belastungen in-ternalisierender Art führt zu dem Schluss, dass ihre mit hoher Wahrscheinlich-keit klinisch relevanten Probleme mit den gleichen Risikobedingungen in Ver-bindung stehen, wie die internalisierenden Auffälligkeiten, die über das gesamte Spektrum der Belastungen hinweg untersucht werden. Die Wahrscheinlichkeit, zu dieser Gruppe zu gehören, ist für Mädchen der neunten Klasse erhöht, darüber hinaus auch für Schülerinnen und Schüler, die durch die Schule überfordert wer-den und die der Schikane ihrer Mitschüler ausgesetzt sind.

Weiterhin gehen die Einflüsse wie erwartet weniger von der Organisations-struktur als von den klimatischen Bedingungen der schulischen Umwelt aus. Dabei kommt der individuellen Komponente des Klassenklimas eine größere Bedeutung zu als der kollektiven Komponente. Der einzige für die Beschwerden relevante strukturelle Aspekt ist die Schulform. An Mittelschulen berichten die Jugendlichen mehr emotionale Probleme und häufigere psychosomatische Be-schwerden als an Gymnasien. Schaut man sich diese Differenz jedoch genauer an, kann die höhere Belastung der Mittelschüler fast vollständig auf Unterschie-de im Klassenklima zurückgeführt werden. Demnach sind vor allem die ungüns-tigeren klimatischen Lernbedingungen an Mittelschulen dafür verantwortlich, dass internalisierende Auffälligkeiten dort verbreiteter sind als an Gymnasien. Somit erweisen sich die klimatischen Bedingungen der schulischen Umwelt ein weiteres Mal als bedeutsam für die psychische Gesundheit der Schülerinnen und Schüler. Wie groß die Schülerzahl der besuchten Klasse oder Schule ist, steht erwartungsgemäß in keinerlei Zusammenhang mit den internalisierenden Auffäl-ligkeiten.

Die Annahme, dass die Schule insbesondere bei den weiblichen Jugendlichen mit Ängsten, depressiven Symptomen und psychosomatischen Beschwerden in Verbindung steht (vgl. Hypothese Nr. 3), bestätigt sich in dieser Klarheit nicht. Zwar zeigt sich, dass die Qualität des Unterrichts für die psychosomatischen Beschwerden der Mädchen eine größere Rolle spielt als für die der Jungen, die vermuteten geschlechtsspezifischen Effekte des Sozialklimas finden sich jedoch nicht.

Kommt den Selbstkognitionen eine Vermittlungsrolle zu?

Die Hypothese, dass mit Hilfe des schulischen und sozialen Selbstkonzepts der Wirkungszusammenhang des Einflusses des Klimas auf die psychische Gesundheit aufgeklärt werden kann, findet nur partielle Unterstützung (vgl. Hypothesen Nr. 3 und 4). Zwar finden sich Effekte des Klassenklimas auf das Selbstkonzept und vom Selbstkonzept ausgehende Effekte in Richtung der internalisierenden Auffälligkeiten, über diesen Weg kann jedoch nur ein Teil des Zusammenhangs zwischen Klassenklima und internalisierenden Auffälligkeiten aufgeklärt werden. Die Mediatorprüfung zeigt, dass ungeachtet der Berücksichtigung des Selbstkonzepts bedeutsame direkte Verbindungen zwischen Schule und psychischer Gesundheit verbleiben, die nicht über die Selbstkognitionen vermittelt werden.

Noch am ehesten kann mit Hilfe der Vermittlungshypothese erklärt werden, warum die schulische Überforderung und die Mitschülerunterstützung mit Ängsten, depressiven Symptomen und psychosomatischen Beschwerden in Verbindung stehen. Denn die Überforderungserlebnisse führen auch dazu, dass Schüler ihre schulischen Kompetenzen stärker negativ einschätzen und mangelnde soziale Unterstützung an den eigenen sozialen Kompetenzen zweifeln lässt. Diese Effekte lassen sich zum Teil auch über einen Zeitraum von vier Jahren hinweg in erwarteter Kausalrichtung nachweisen.

Eine größere Rolle als Vermittlungsfaktor spielen die Selbstkognitionen bei den Mädchen. Dies ist darauf zurückzuführen, dass bei ihnen die Verbindung zwischen Selbstkonzept und internalisierenden Auffälligkeiten enger ist als bei den Jungen. Klimabedingte Einschränkungen des Selbstkonzepts wirken sich bei ihnen folglich intensiver auf emotionale Probleme und psychosomatische Beschwerden aus.

Dass insbesondere bei der Unterrichtsqualität und den Mobbing-Opfererfahrungen direkte Effekte verbleiben, darf nicht dahingehend interpretiert werden, dass diese Klimaaspekte quasi unmittelbar, ohne zwischengeschaltete Prozesse zur Entstehung von emotionalen Problemen und psychosomatischen Beschwerden führen. Wahrscheinlicher ist vielmehr, dass hier andere, in dieser

Arbeit nicht berücksichtigte Vermittlungsaspekte eine Rolle spielen. Ob hierfür
z. B. die subjektive Valenz selbst eingeschätzter Kompetenzen in Frage kommt,
ist Gegenstand der Diskussion in Kapitel 9.

Die untersuchten mehr oder weniger objektiven Indikatoren einer erfolgreichen Bewältigung von Entwicklungsaufgaben klären den Wirkungsmechanismus
nicht auf. Der an den Zeugnisnoten abzulesende Schulerfolg oder die Anzahl der
engen Freunde als Hinweis für die soziale Einbindung fungieren bei den befragten Schülern nicht als Vermittlungsvariablen. Hier kann dem theoretischen Modell mit seiner Betonung der subjektiven Sichtweise des Erfolgs bei der Bewältigung von Entwicklungsaufgaben – dem Selbstkonzept – eine größere Gültigkeit
bescheinigt werden. Ergänzt werden muss das Modell jedoch um die verbleibenden direkten Effekte des Klassenklimas auf die internalisierenden Auffälligkeiten, deren Wirkzusammenhang in zukünftigen Forschungen aufzuklären ist.

11.2 Methodische Reflexion und weitere Forschungsperspektiven

Inwieweit ist die Aussagekraft der Ergebnisse durch das Stichproben-, Befra-
gungs- und Auswertungsdesign eingeschränkt und was sollte bei Forschungsprojekten in der Zukunft beachtet werden?

Das Stichprobendesign

Um Entwicklungsprozesse und ihre Determinanten in der Adoleszenz abzubilden, sollten Längsschnittdesigns gewählt werden, d. h. dieselben Jugendlichen
über einen längeren Zeitraum begleitet und befragt werden. Mit einem solchen
Vorgehen kann besonders gut untersucht werden, *welche* Merkmale sich *wie* und
warum verändern (Reinders, 2006). Da ein solches Design mit erheblichen Kosten und einem großen Aufwand verbunden ist, wird im Rahmen der HBSC-
Studie ein Längsschnitt mit Hilfe von Querschnitts-Befragungen in drei verschiedenen Altersgruppen (Fünft-, Siebent- und Neuntklässler) simuliert (Currie,
Samdal, Boyce & Smith, 2001). An Grenzen stößt dieses Design aber nicht nur
bei der Trennung von Entwicklungs- und Kohorteneffekten, sondern vor allem
bei der Beantwortung der Warum-Frage. Sind Bedingungen der schulischen
Umwelt an der Entstehung internalisierender Auffälligkeiten beteiligt oder nehmen die Beschwerden Einfluss auf die (Wahrnehmung der) Schule? Diese Frage
kann auf der Grundlage von Daten, die zu einem Messzeitpunkt erhoben werden,
nicht befriedigend beantwortet werden. Sie können aber herangezogen werden,
um relativ schnell zu ersten Aussagen über miteinander kovariierende Variablen

und mögliche Wirkmechanismen zu kommen. Der Nachweis, dass die Ursache der Wirkung zeitlich vorausgeht, kann mit den vorliegenden Querschnittsdaten nicht geführt werden.

Deshalb wird in Sachsen der Versuch unternommen, durch die wiederholte Befragung der Fünftklässler vier Jahre später bei der HBSC-Befragung von 2006 einen Längsschnitt zu realisieren. Aufgrund des langen Zeitraums zwischen beiden Messzeitpunkten und den nur begrenzt zur Verfügung stehenden Ressourcen für die Begleitung der Panel-Stichprobe über die Zeit hinweg, können nur relativ wenige Schüler ein zweites Mal befragt werden. Auf die so entstandenen Verzerrungen und die Überrepräsentation erfolgreicher Schülerbiographien im Längsschnitt wird in Kapitel 10 ausführlich eingegangen. Für die Interpretation der Längsschnitt-Ergebnisse bedeutet dies, dass Schlussfolgerungen, die über Aussagen zu dominierenden Wirkrichtungen hinausgehen, nicht zulässig sind.

Das Befragungsdesign

Die vorliegende Studie hat Informationen zu psychischen Auffälligkeiten, zum Selbstkonzept und zu Wahrnehmungen der schulischen Umwelt durch eine schriftliche Befragung erhoben. Dieses kostengünstige Verfahren bietet gegenüber Beobachtungsverfahren oder mündlichen Befragungen viele Vorteile, hat aber auch mehrere Schwächen (vgl. Bortz & Döring, 2006, Kap. 4).

Durch ein hohes Maß an Standardisierung des Erhebungsinstruments und der Erhebungssituation (mit anwesendem Untersuchungsleiter) wurde versucht, diese Einschränkungen möglichst gering zu halten. Insbesondere bei der Auswahl guter Erhebungsinstrumente sind unserer Forschungsgruppe durch die Vorgaben des HBSC-Konsortiums jedoch Grenzen gesetzt. Die Zusammensetzung des HBSC-Erhebungsinstruments ist das Ergebnis internationaler Abstimmungsprozesse zwischen Forschergruppen unterschiedlichster Provenienz. Es besteht der Wunsch, bei begrenztem Umfang des Fragebogens möglichst viele Inhaltsbereiche abzudecken. Auch wenn der HBSC-Fragebogen in Deutschland und Sachsen um einige Skalen erweitert wurde, besteht das Problem, dass manche Skalen keine hohen Reliabilitäten aufweisen und bestimmte Inhaltsbereiche nur unzureichend abgedeckt sind.

Dem Einwand, dass es der Erhebung des Klassenklimas an Objektivität fehle, ist durch einen Verweis auf die Definition von Klima als „subjektiv wahrgenommene schulische Umwelt" (Eder, 2006, S. 622) zu begegnen. Gleichwohl muss eine gewisse Unbestimmtheit des Konstrukts konstatiert werden, da der Begriff Klima nicht für eine neutrale Beschreibung der Umwelt steht, sondern „die psychische Repräsentation und Verarbeitung dieser Umwelt durch die Betroffenen" meint (Eder, 2002, S. 214). So sind schriftliche Befragungsmethoden, bei denen die Schüler unmittelbar über ihre Klassenumwelt Auskunft geben, zwar die Methode der Wahl und Beobachtungsverfahren vorzuziehen, aus der Unschärfe des Konstrukts erwachsen jedoch auch einige Messprobleme. Schwer zu kontrollieren ist z. B., mit welchem Ausmaß an Generalisierung (über die Zeit oder über mehrere Lehrer hinweg), mit welcher Perspektive ('ich meine' vs. 'wir meinen') oder mit welchem Gehalt an Bewertung die Wahrnehmungen der Klassenumwelt berichtet werden (Eder, 2002). Mit der mehrebenenanalytischen Trennung des individuellen und kollektiven Klimas wird hier über den methodischen Ansatz vieler anderer Arbeiten hinausgegangen.

Dass Klimawahrnehmungen durch andere individuumsbezogene Variablen beeinflusst werden, ist vor allem dann problematisch, wenn es sich um Studienvariablen handelt, die als Determinanten oder Effektvariablen des Klimas untersucht werden. Im vorliegenden Fall ist nicht auszuschließen, dass die internalisierenden Probleme der Schüler die Wahrnehmungen der Klassenumwelt einfärben. Unter anderem um diese Problematik zu untersuchen, wird eine Panel-Stichprobe herangezogen. Dort finden sich für eine solche Verfälschungstendenz in der Gesamtschau zwar kaum Hinweise, allerdings sind zur Untersuchung derartiger Fragestellungen Längsschnitterhebungen mit deutlich kürzeren Abständen zwischen den Messungen besser geeignet.

Problematisch ist weiterhin, dass am Tag der Befragung krankheitsbedingt abwesende Schüler nicht nachbefragt werden konnten. Hier sind erhebungsbedingte Verzerrungen in der Stichprobe möglich, die dazu führen können, dass die Verbreitung psychischer Auffälligkeiten in der Grundgesamtheit unterschätzt wird.

Das Auswertungsdesign

Bei der Auswahl der statistischen Auswertungsverfahren wird versucht, der Mehrebenenstruktur der Daten gerecht zu werden. Mit Hilfe der eingesetzten mehrebenenanalytischen Verfahren ist es möglich, die größere Ähnlichkeit von Schülern einer Schulklasse zu modellieren. Es soll an dieser Stelle aber auch auf die Grenzen dieses Verfahrens hingewiesen werden. So wird z. B. diskutiert, welche Anforderungen an die Stichprobengröße pro Untersuchungsebene zu stellen sind (vgl. DiPrete & Forristal, 1994; vgl. Nezlek, Schröder-Abé & Schütz, 2006). Die in dieser Arbeit analysierten Daten erfüllen die von Kreft (1996) aufgestellte 30/30-Faustregel auf Klassenebene (n = 221), jedoch nicht auf Schülerebene (durchschnittlich 20 Schüler pro Klasse). Weiterhin sind Einschränkungen zu beachten, die auch für OLS-Regressionen gelten (Multikolli-

225 Methodische Reflexion und weitere Forschungsperspektiven

nearität, Normalverteilungsannahme). Auch stoßen Mehrebenenanalysen bei der Modellierung komplexerer Beziehungen zwischen Variablen an ihre Grenzen (Nezlek, Schröder-Abé & Schütz, 2006).

Für die Analyse der kausalen Variablen-Beziehungen im Panel-Datensatz kommen deshalb Strukturgleichungsmodelle zum Einsatz. An dieser Stelle soll jedoch weniger auf die Einschränkungen dieses Verfahrens eingegangen werden (vgl. hierzu Kaplan, 2000), sondern die Grenzen des mit seiner Hilfe berechneten Cross-Lagged-Panel-Designs (CLPD) ausgelotet werden. Denn die Interpretation der mit Hilfe des CLPD gefundenen Effekte als ‚kausal' ist an mehrere Einschränkungen gebunden. Für den Nachweis von Kausalität ist neben der Forderung, dass die Ursache der Wirkung zeitlich vorgelagert ist und beide kovariieren, auch der Nachweis zu erbringen, dass die Ursache die *hauptsächliche* Erklärung für die Wirkung ist (Reinders, 2006). Dass für den Zusammenhang zwischen Klassenklima und internalisierenden Auffälligkeiten auch andere, hier nicht beachtete Drittvariablen verantwortlich sind, kann nicht vollständig ausgeschlossen werden. Auch sind die gemachten Aussagen ausschließlich auf den untersuchten Zeitraum (vier Jahre) zu beziehen. Es wäre durchaus möglich, dass sich bei kürzeren Abständen zwischen den Messungen auch Effekte finden lassen, die in die entgegengesetzte Kausalrichtung weisen.

Es kann in dieser Arbeit durchaus gezeigt werden, dass das Klassenklima mehr ist, als ein Korrelat internalisierender Auffälligkeiten. Der Nachweis aber, dass es sich hierbei um einen kausalen Risikofaktor i. S. von Kraemer et al. (1997) handelt, bleibt hingegen zukünftigen Forschungsprojekten vorbehalten. Hier gilt es dann, z. B. in Interventionsstudien zu zeigen, dass die Förderung des Klassenklimas zu einer Absenkung internalisierender Auffälligkeiten führt.

Bevor aber in Interventionsstudien die gezielte Veränderung des Klassenklimas in Angriff genommen werden kann, gilt es, das Wissen über die Wirkung des Klassenklimas auf die internalisierenden Auffälligkeiten in mehreren Punkten zu erweitern und offen gebliebene Fragen zu beantworten.

Von besonderer Bedeutung ist hierbei das Verständnis des Wirkungsmechanismus. Über welche Mechanismen nimmt das Klassenklima Einfluss auf die psychische Gesundheit von Schülern? Dass die in dieser Arbeit untersuchten Selbstkognitionen nur einen Teil dieses Mechanismus aufklären, sollte nicht zum Anlass genommen werden, in gänzlich anderen Bereichen auf die Suche zu gehen. Vielmehr ist von einer breiteren Erfassung des Selbstkonzepts in zukünftigen Studien ein tieferer Einblick in Vermittlungsprozesse zu erwarten. Es wurde bereits erwähnt, dass die subjektive Valenz einzelner Bereiche des Selbstkonzepts ein solcher zusätzlich zu berücksichtigender Aspekt sein könnte. Wie wichtig ist es den Schülern, gute schulische Leistungen zu erbringen oder sozial anerkannt zu sein? Wie weit liegen die subjektiven Einschätzungen des vorhandenen und des angestrebten Kompetenzniveaus in diesen verschiedenen Bereichen auseinander (vgl. Higgins, 1987)? Aber auch affektive (Selbstwert) und auf Handlungen ausgerichtete (Selbstwirksamkeit) Komponenten des Selbstkonzepts sollten dahingehend geprüft werden, ob sie zwischen schulischer Umwelt und internalisierenden Fehlentwicklungen vermitteln. Auch ist zu fragen, inwieweit die schulische Umwelt (durch den Sportunterricht, durch Rückmeldungen der Mitschüler) Einfluss auf das Körper-Selbstkonzept der Schüler nimmt. Erwiesenermaßen steht es, insbesondere bei den Mädchen, mit internalisierenden Problemen in Verbindung (vgl. Alsaker & Bütikofer, 2005).

Auch eine inhaltlich breitere Konzeption und Erfassung des Klassenklimas könnte Ausgangspunkt für weitere Erkenntnisse zum schulischen Einfluss auf die psychische Gesundheit sein. Zu nennen wäre hier z. B. die Lehrer-Schüler-Beziehung. In dieser Arbeit werden die Lehrer von den Schülern nur hinsichtlich ihres Unterrichtsstils eingeschätzt. Lehrer können als Vertrauenspersonen aber auch Quelle sozialer Unterstützung sein (vgl. Torsheim, Aaro & Wold, 2003; vgl. Torsheim, Wold & Samdal, 2000). Auch Horstkemper (1987) kann zeigen, dass sich eine gute Lehrer-Schüler-Beziehung positiv auf die Entwicklung des Selbstvertrauens auswirkt.

Vor dem Hintergrund eines auf die Förderung der psychischen Gesundheit ausgerichteten Handelns ist es auch wichtig, den Fokus der Forschung nicht allein auf Einschränkungen der psychischen Gesundheit zu richten. Interessant ist nämlich auch die Frage, wie die Schule mit Indikatoren in Verbindung steht, die Ausdruck einer besonders gut an Entwicklungsanforderungen angepassten psychischen Konstitution sind. Hier liegen erste viel versprechende Forschungsbefunde zum Wohlbefinden in der Schule vor (vgl. Hascher, 2004).

Auf Seiten der abhängigen Variable kann man sich fragen, ob eine zukünftige Forschung zu tieferen Einsichten kommt, wenn sie einzelne Syndrome oder Störungen aus dem internalisierenden Spektrum separat auf Verbindungen zur schulischen Umwelt hin untersucht. Stöckli (2007) zeigt, dass ein solches Vorgehen z. B. beim Thema Schüchternheit bzw. soziale Angst wichtige Erkenntnisse liefern kann. Bei der Erhebung psychischer Auffälligkeiten ist anzuraten, auch Informationen von den Eltern und Lehrern einzubeziehen. Die meisten diesbezüglichen Fragebögen bieten neben dem Selbstberichtsmodus hierfür auch Parallel-Versionen für die Lehrer und Eltern an (z. B. Achenbach, 1991; Goodman, 1997).

Für das tiefere Verständnis schulischer Einflüsse auf die psychische Gesundheit ist ein Bereich besonders wichtig, der in dieser Arbeit unberücksichtigt geblieben ist: die Familie. Wie kann man sich das Zusammenspiel zwischen Einflussfaktoren der schulischen und familiären Umwelt auf die psychische Gesundheit vorstellen? Mehrere Konstellationen sind denkbar.

1. Schule und Familie nehmen unabhängig voneinander Einfluss auf die psy-
    chische Entwicklung der Schüler. Hierbei kann es im Entwicklungsverlauf
    zu Verschiebungen kommen. So wäre es möglich, dass die Bedeutung der
    Schule im Jugendalter zunimmt und die familiäre Umwelt an Einfluss ver-
    liert (vgl. Richter, 2005). Eigene Analysen zum Zusammenspiel von Klas-
    senklima und sozialer Herkunft bei der Entwicklung psychosomatischer Be-
    schwerden unterstützen eine solche Sichtweise (Bilz & Melzer, in Druck),
    wobei sich diese Ergebnisse ausschließlich auf ökonomische Aspekte der
    familiären Umwelt beziehen und mit Hilfe von Querschnittsdaten gewonnen
    werden.

2. Schule und Familie könnten den Einfluss der jeweils anderen Entwick-
    lungsumwelt auf die psychische Gesundheit vermitteln. Am ehesten ist
    hierbei vorstellbar, dass die Schule ein Mediator familiärer Einflüsse ist. Da
    ökonomische, kulturelle und soziale Bedingungen der Familie in Deutsch-
    land Einfluss auf die Bildungsbeteiligung haben (vgl. Baumert & Schümer,
    2001; vgl. Baumert, Watermann & Schümer, 2003), stehen hinter schuli-
    schen Einflüssen mit hoher Wahrscheinlichkeit auch familiäre Einflüsse. El-
    tern nehmen absichtlich oder unwillkürlich Einfluss darauf, an welcher
    Schule ihr Kind unterrichtet wird, welchem Schul- und Klassenklima es
    ausgesetzt ist und eventuell auch wie es dieses Klima individuell wahr-
    nimmt. Andererseits ist eine Vermittlungsfunktion der Familie zwar theore-
    tisch denkbar (z. B. durch schulische Elternarbeit), empirisch aber vermut-
    lich von geringerer Bedeutung.

3. Zu prüfen wäre auch, inwieweit Schule und Familie den Zusammenhang
    zwischen psychischer Gesundheit und Bedingungen der jeweils anderen Ent-
    wicklungsumwelt moderieren. Der Nachweis eines solchen Effekts käme der
    Identifikation eines Schutzfaktors gleich (siehe Abschnitt 3.5). So könnten
    z. B. Aspekte der schulischen Umwelt die negativen Auswirkungen familien-
    bezogener Risiken auf die psychische Entwicklung abpuffern. Anhaltspunkte
    hierfür ergeben sich aus der Resilienz-Forschung. So wurden von den resi-
    lienten Kindern in der Kauai-Studie (Werner & Smith, 1982) am häufigsten
    Lehrer als wichtigste Vertrauenspersonen außerhalb der Familie genannt. In
    einer eigenen Querschnitts-Untersuchung zeigt sich, dass eine hohe Unter-
    richtsqualität den Zusammenhang zwischen sozialer Herkunft und psychoso-
    matischen Beschwerden abschwächt, während er in Klassen mit einer hohen
    Kohäsion stärker ausfällt (Bilz & Melzer, in Druck)[34]. Hier ist in zukünftigen

---

[34] Der letztere Befund lässt sich vermutlich auf soziale Ausgrenzungsprozesse zurückführen. Damit
sich die soziale Herkunft in den sozialen Interaktionen der Schülerinnen niederschlagen und Einfluss

Forschungen zu prüfen, ob die Schule auch Einfluss auf die Wirkung anderer familiärer Risiken nimmt (z. B. das Erziehungsverhalten). Aber auch von der Familie ausgehende Moderatoreffekte sind denkbar. Zu untersuchen wäre z. B., inwieweit ein stabiles familiäres Umfeld dazu beiträgt, dass sich die in dieser Arbeit identifizierten schulbezogenen Risiken weniger stark auf die psychische Gesundheit der Jugendlichen auswirken.

Eine befriedigende Beantwortung von mehreren in dieser Studie am Rande behandelten Fragen (z. B. zur Bedeutung der Schulform oder der Leistungsentwicklung für die psychische Gesundheit) ist nur möglich, wenn in einer auf die gesamte Schullaufbahn ausgerichteten Perspektive nicht nur das wechselseitige Zusammenspiel von Selbstkonzept und Kompetenzen sondern neben den schulischen Einflüssen auch die emotionalen und auf die soziale Ungleichheit bezogenen Einflüsse der Familie in den Blick genommen werden. Auch ist zu vermuten, dass die schulische Leistungsentwicklung oder das Ausmaß der sozialen Einbindung durch die wechselseitigen Verbindungen zum Selbstkonzept auf lange Sicht doch bedeutsam für die psychische Gesundheit werden.

Nicht vergessen werden darf auch, dass internalisierende Auffälligkeiten die schulische Leistungsentwicklung und folglich auch die Schullaufbahn beeinträchtigen können. Probleme in der Schule werden bei der Diagnose psychischer Störungen sogar als (Beeinträchtigungs-) Kriterium herangezogen (vgl. Saß, Wittchen, Zaudig & Houben, 2003).

Es bleibt als wichtigste Folgerung, bei zukünftigen Forschungsansätzen eine Längsschnittperspektive zu wählen. Drei Prämissen sind hierbei zu beachten:

1. Es ist eine sorgfältige Auswahl der zu untersuchenden Lebensphase bzw. des interessierenden Abschnitts der Schullaufbahn zu treffen. Aufschlussreich erscheint für die Analyse internalisierender Auffälligkeiten die Betrachtung der Entwicklungsphase ab der Pubertät und aus pädagogischer Sicht der meist kurz zuvor stattfindende erste Schulform-Wechsel zu sein.
2. Die Abstände zwischen den Messzeitpunkten sind deutlich kürzer zu wählen (6 bis 12 Monate) als in der vorliegenden Studie realisiert werden konnte. Nur so können auch kurzfristigere Wechselwirkungen zwischen Bedingungen der schulischen Umwelt, Prozessvariablen und Indikatoren psychischer Fehlentwicklungen eingefangen werden.

---

auf ihre psychische Gesundheit nehmen kann, ist ein Mindestmaß an Zusammenhalt bzw. Kohäsion nötig.

3. Durch eine intensive Betreuung der Längsschnittstichprobe, die Vermeidung von *drop-outs*, z. B. durch Nachverfolgung von Schülern, die sitzen bleiben oder die Schule wechseln, erhöht sich die Aussagekraft der Ergebnisse auch für jene Schülergruppen, deren Auseinandersetzung mit der Entwicklungsumwelt Schule und ihren Leistungsanforderungen weniger erfolgreich verläuft.

Wie üblich in der Forschung, gibt es nach Abschluss einer Untersuchung neue Fragen und die vor der Untersuchung gestellten Fragen konnten präzisiert werden. Es wäre erfreulich, wenn spätere Forschungsarbeiten auf den Erkenntnissen dieser Arbeit aufbauen könnten.

11.3 Folgerungen für die Prävention und Gesundheitsförderung

Steht das Ziel der Vorbeugung im Mittelpunkt, wird häufig der Begriff *Prävention* verwendet. Gemeint sind damit Maßnahmen, die auf der Grundlage des Wissens über Risikofaktoren, das Auftreten von Gesundheitsstörungen verhindern oder reduzieren sollen. Neben einer solchen *primären Prävention*, verfolgt die *sekundäre Prävention* das Ziel, bereits aufgetretene Störungsanzeichen zurückzudrängen, während es das Anliegen der *tertiären Prävention* ist, bereits fortgeschrittene Störungen zu therapieren. Seit den 1980er Jahren findet für primärpräventive Maßnahmen zunehmend der Begriff der *Gesundheitsförderung* Anwendung, und zwar immer dann, wenn weniger verhaltensbezogene Strategien im Zentrum stehen, sondern auf der Grundlage des Wissens über Schutzfaktoren durch die Schaffung gesunder Lebensbedingungen Verbesserungen der Gesundheit erreicht werden sollen (Hurrelmann & Settertobulte, 2002). Werden diese gesundheitsförderlichen Maßnahmen in einem abgegrenzten sozialen System (z. B. einer Schule oder einem Betrieb) umgesetzt, spricht man vom *Setting-Ansatz* der Gesundheitsförderung (für eine kritische Auseinandersetzung mit dieser "Schlüsselstrategie" vgl. Hanses, in Druck). In dieser Strategie findet gleichzeitig die theoretische Position der Interaktion von Subjekt und Umwelt (siehe Kapitel 1) ihren Niederschlag in der Praxis.

Weiterhin ist zwischen *selektiven* und *universalen* Maßnahmen der Primärprävention zu unterscheiden. Sind z. B. Jugendliche mit einem depressiven Elternteil, also einem erhöhtem Risiko selbst eine Depression zu entwickeln, die Zielgruppe, spricht man von selektiver Prävention. Wenn hingegen alle Jugendlichen unabhängig von vorliegenden Risiko- oder Schutzfaktoren zum Ziel präventiver Maßnahmen werden, handelt es sich um eine universale Präventionsstrategie. Meist können mit selektiven Strategien höhere Effektstärken erzielt werden als mit universalen Strategien, es kommt jedoch auch eher zu Stigmatisierungen und hohen Abbrecherquoten. Verfechter universaler Ansätze führen als Argument an, dass diese Programme eine größere Zahl Jugendlicher erreichen und so durch eine Vielzahl kleiner Effekte einen größeren gesellschaftlichen Nutzen erzielen. Kompetentere Jugendliche können zudem als Modell für weniger Kompetente dienen und von Veränderungen des sozialen Umfelds würden auch Jugendliche mit erhöhtem Risiko profitieren (vgl. Pössel & Hautzinger, 2003).

Genauso wie beim Forschungsstand ist auch bei der Prävention psychischer Störungen im Jugendalter ein Ungleichgewicht zugunsten der Prävention externalisierender Verhaltensauffälligkeiten zu beobachten. Während im Bereich der Gewaltprävention inzwischen viele gut evaluierte Programme vorliegen (zusammenfassend in Melzer, Schubarth & Ehninger, 2004), gibt es nur eine Handvoll deutschsprachiger Programme, die sich der Prävention von Ängsten und Depressionen angenommen haben (Pössel & Hautzinger, 2003). In Tabelle 26 werden drei Programme überblicksartig vorgestellt, die in deutscher Sprache verfügbar sind. Viele davon sind Übersetzungen oder Weiterentwicklungen von Präventionsprogrammen aus dem angloamerikanischen Raum, wo das Angebot an evidenzbasierten Programmen deutlich besser ist als in Deutschland (Hahlweg, Döpfner & Heinrichs, 2006). Deshalb soll an dieser Stelle auf die Studie von Horowitz und Garber (2006) eingegangen werden, die in einer Metaanalyse die Effektstärken englischsprachiger Programme zur Prävention von depressiven Symptomen bei Kindern und Jugendlichen untersucht haben. Die Analyse der insgesamt 30 Originalstudien ergibt, dass im Schnitt nur niedrige bis mittlere Effektstärken erreicht werden. Höhere Effekte ergeben sich dann, wenn die Programme mit Kindern und Jugendlichen durchgeführt werden, die ein höheres Risiko tragen (z. B. Scheidungskinder) oder wenn sie bereits subklinische Auffälligkeiten zeigen. Universale Präventionsprogramme erreichen nur äußerst geringe Effektstärken. Auch lässt sich eine Tendenz beobachten, dass bei Mädchen größere Effekte erzielt werden können als bei Jungen.

Tabelle 26: Auswahl deutschsprachiger Programme zur Prävention von Depressionen und Ängsten bei Jugendlichen

Name / Autoren	Theoretischer Hintergrund	Zielgruppe	Umfang / Inhalte	Evaluationsbefunde
Gesundheit und Optimismus (GO!) (Junge, Neumer, Manz & Margraf, 2002; Manz, Junge & Margraf, 2001)	Kognitive Therapie nach Ellis (1962) und Beck (1999)	Zur universalen Primärprävention von Angst und Depression bei 14- bis 18-Jährigen	8 Sitzungen (à 90 min): Wissensvermittlung zu Angst und Depression, Training sozialer Kompetenzen, Stressbewältigung und Entspannung	Reduktion kognitiver Verzerrungen, keine Effekte bei Ängsten und depressiver Symptomatik
Lust an realistischer Sicht & Leichtigkeit im sozialen Alltag (LARS & LISA) (Pössel, Horn, Seemann & Hautzinger, 2004)	Modell der sozialen Informationsverarbeitung (Dodge, 1993)	Zur universalen Primärprävention von Depression bei Schülern der Klassen 7 und 8	10 Sitzungen (à 90 min): Vermittlung des ABC-Modells zum Zusammenhang von Gedanken, Gefühlen und Verhalten, Identifikation und Veränderung dysfunktionaler Gedanken, Training sozialer Kompetenzen und selbstsicheren Verhaltens	Positive Effekte auf die depressive Symptomatik
MindMatters (Franze, 2005) Deutsche Adaption eines australischen Programms (Wyn, Cahill, Holdsworth, Rowling & Carson, 2000)	Konzept der gesundheitsfördernden Schule (Paulus, 2005), Stärkung der Resilienz	Zur universalen Primärprävention psychischer Störungen bei Schülern (Klassen 5 bis 10) und Lehrern	Unterrichts- und Fortbildungsmaterial für ca. 15 Stunden: z. B. Stressbewältigung, Umgang mit Mobbing, Wissensvermittlung zu psychischen Krankheiten, Umgang mit Verlust und Trauer, Krisenmanagement, Aufbau von Freundschaften	Die Materialien stoßen bei den Lehrern und Schülern auf Akzeptanz, Evaluationsergebnisse eines Modellprojekts sind noch nicht veröffentlicht (s. www.mindmatters-schule.de)

Die meisten Programme zur Prävention internalisierender Probleme beruhen auf psychotherapeutischen Konzepten, die für Erwachsene entwickelt wurden. Auch in den beiden in Tabelle 26 vorgestellten Programmen von Junge, Neumer, Manz und Margraf (2002) sowie von Pössel, Horn, Seemann und Hautzinger (2004) dominieren Techniken der kognitiven Verhaltenstherapie (z. B. kognitive Umstrukturierung, operante Verfahren, soziales Kompetenztraining, Konfrontationstechniken), während die Schaffung gesundheitsförderlicher Lebensbedingungen kaum eine Rolle spielt. Es stellt sich somit die Frage, ob die Aufnahme von Elementen einer umweltzentrierten Prävention (vgl. Hurrelmann & Settertobulte, 2002) bzw. die Umsetzung des Setting-Ansatzes auch bei der Reduktion internalisierender Auffälligkeiten zu verbesserten Ergebnissen führen könnte. Bei der Prävention externalisierender Auffälligkeiten sind diese bereits feste Bestandteile der meisten Programme (vgl. Durlak & Wells, 1997; Melzer, Schubarth & Ehninger, 2004). Hierzu gehören Maßnahmen, die das Ziel verfolgen, soziale Unterstützungsnetzwerke zu schaffen (z. B. durch Opfertelefone, Tutorensysteme, Streit-Schlichtung, Elternarbeit, verbesserte Pausenaufsicht, Gemeinwesenarbeit / Öffnung der Schule), das Klima auf Klassen- und Schulebene zu verbessern (z. B. durch Klassenregeln, Schaffung von Mitbestimmungsmöglichkeiten, wöchentliche Klassengespräche, Schulprogrammarbeit, bauliche Veränderungen) oder die pädagogische Kompetenz der Lehrer zu erhöhen (z. B. mit reflektierenden Lehrer-Tandems, Lehrerfortbildung). Auch Greenberg, Domitrovich und Bumbarger (2001) kommen nach einer Durchsicht gut evaluierter Präventionsprogramme aus dem gesamten Bereich der psychischen Gesundheit von Kindern und Jugendlichen zu dem Schluss, dass jene Ansätze erfolgreicher sind, die nicht nur auf das Verhalten der Kinder und Jugendlichen abzielen, sondern auch die Umweltbedingungen und das Verhalten der Eltern und Lehrer verändern wollen.

Aus den Ergebnissen dieser Arbeit zu schulbezogenen Risikofaktoren internalisierender Auffälligkeiten kann man die Hypothese ableiten, dass einige dieser Elemente auch bei der Prävention internalisierender Probleme hilfreich sein könnten. Die schulbasierte Durchführung der meisten Programme könnte genutzt werden, um:

1. bei der Vermittlung von Strategien der kognitiven Umstrukturierung oder dem Training selbstsicheren Verhaltens Probleme und Situationen aus dem unmittelbaren schulischen Alltag der Jugendlichen aufzugreifen (z. B. Leistungsprobleme oder soziale Konflikte zwischen den Schülern),

2. Lehrer einzubeziehen, sie für Ängste und depressive Symptome ihrer Schüler zu sensibilisieren und für einen kompetenten Umgang damit zu befähi-

gen (z. B. Strategien für schrittweise Konfrontationen oder die angstfreie Gestaltung von Prüfungssituationen zu vermitteln),

3. Schüler zu befähigen, bei Leistungsproblemen Unterstützung zu suchen und ihnen effektive Lern- und Arbeitstechniken beizubringen,

4. ein Klima zu etablieren, dass Gewalt und soziale Ausgrenzung nicht toleriert (z. B. mit Klassenregeln) oder

5. neben dem Unterricht regelmäßig Raum für die Thematisierung persönlicher und sozialer Probleme der Schüler zu schaffen.

Das Präventionsprogramm *MindMatters* (siehe Tabelle 26) verfolgt einen solchen Setting-Ansatz und möchte nicht nur die psychische Gesundheit der Schüler, sondern auch die der Lehrer befördern. Es werden explizit Verbesserungen des psychosozialen Schulklimas und der Aufbau unterstützender Netzwerke angestrebt. Aus einem Modellprojekt in Nordrhein-Westfalen und Niedersachsen liegen erste Ergebnisse zur hohen Akzeptanz des Programms bei Lehrern und Schülern vor (Franze, 2005), auf die noch ausstehende Publikation der summativen Evaluationsbefunde darf man gespannt sein.

Auch in der Psychotherapie, also der sekundären und tertiären Prävention, setzt sich der Trend zur Anwendung evidenzbasierter Verfahren durch. Insbesondere die Wirksamkeit kognitiv-behavioraler Verfahren ist bei Kindern und Jugendlichen durch eine Vielzahl an Studien abgesichert (z. B. Weisz, Weiss, Han, Granger & Morton, 1995). Neue wirksamere Verfahren werden jedoch auch hier vor allem für externalisierende Störungen entwickelt. Dies zeigt sich u. a. darin, dass in neueren Studien deutlich höhere Effektstärken[35] für externalisierende Probleme gefunden werden als in älteren Studien ($d = 1.13$ vs. $d = .62$), während bei den nur mittleren Effektstärken für internalisierende Probleme ($d = .67$ vs. $d = .69$) keine Veränderungen zu beobachten sind (Esser, 2005). Auch fehle es bei Angst- und depressiven Störungen an spezifischen Modellen und Behandlungsansätzen für das Kindes- und Jugendalter (Schneider, 2000).

Aus den Ergebnissen dieser Arbeit lässt sich die Empfehlung ableiten, den in der Psychotherapie von Jugendlichen häufig auf das familiäre Umfeld, die Kognitionen und das Verhalten der jungen Menschen eingeengten Blick auf das schulische Umfeld auszuweiten. Gibt es chronische Belastungen im Zusammen-

---

[35] Die Effektstärke (d) ist ein standardisiertes Maß für den Mittelwertsunterschied zwischen zwei Gruppen, z. B. einer Präventions- und einer Kontrollgruppe. Ein Wert von $d = .20$ steht nach Cohen (1988) für einen schwachen Effekt und kann inhaltlich so gedeutet werden, dass die Teilnehmer des Präventionsprogramms im Schnitt günstigere Werte erreichen als 58% der Nichtteilnehmer (mittlerer Effekt: $d > .50$ [69%], starker Effekt $d > .80$ [79%]).

hang mit schulischen Leistungsanforderungen oder werden jugendliche Patienten von ihren Mitschülern ausgegrenzt und gemobbt? Es ist zu vermuten, dass derartige Problem-Konstellationen im schulischen Umfeld zur Aufrechterhaltung internalisierender Störungen beitragen können.

Angesichts der Tatsache, dass nur eine Minderheit der betroffenen Jugendlichen eine angemessene Behandlung erhält (Wittchen, 2000), stellt sich jedoch zuallererst die Aufgabe, Jugendliche, Lehrer und Eltern für internalisierende Störungen zu sensibilisieren, Zugangswege zu wirksamen Behandlungsangeboten zu erleichtern und Schwellenängste abzubauen.

11.4 Folgerungen für die Gestaltung von Schule und Unterricht

Die Befunde legen nahe, Schlussfolgerungen für die Gestaltung von Schule und Unterricht zu ziehen. Dabei kann es nicht darum gehen, der Institution Schule oder den Lehrern und Lehrerinnen die Schuld für die psychischen Probleme der Schüler zuzuschreiben! Gerade weil schulische Belange in der Öffentlichkeit kontrovers diskutiert werden (wie Abbildung 41 zeigt sogar in der Boulevard-Presse) und die Gefahr besteht, dass Lehrer als Hauptakteure der Präventionsarbeit demotiviert werden, ist vor vorschnellen Urteilen zu warnen.

Eine Schuldzuweisung an die Schule kann meines Erachtens auch nicht ernsthaft aus den Daten dieser Arbeit gezogen werden. Gezeigt werden konnte vielmehr, dass Merkmale der schulischen Umwelt mit den Ängsten, depressiven Symptomen und psychosomatischen Beschwerden der Schüler in Verbindung stehen, und zwar in beiderlei Richtung. In gleicher Weise, wie z. B. eine geringe Unterrichtsqualität und ein hohes Maß an Überforderung zu einem Anstieg der Beschwerden führt, kann ein gut ausbalancierter, nicht überfordernder Unterricht mit einer Absenkung oder sogar Vorbeugung von Beschwerden einhergehen.

Die gefundene Verbindung zwischen Klassenklima und internalisierenden Auffälligkeiten sollte folglich vielmehr als Chance begriffen werden, auf die psychische Entwicklung der der Schule anvertrauten Jugendlichen positiv einzuwirken und unnötige Belastungen zu vermeiden. Es gilt, die Institution Schule nicht nur als Vermittlerin von Wissen und Fertigkeiten zu sehen, sondern sie in ihrer Rolle als wichtige Entwicklungsumwelt mit vielfältigen Einflüssen auf die persönliche und soziale Entwicklung junger Menschen in einer entscheidenden Altersphase ernst zu nehmen.

Mit der gebotenen Zurückhaltung, die angesichts der genannten methodischen Einschränkungen angezeigt ist, sollen auf der Grundlage der Befunde dieser Arbeit einige Anregungen für die Gestaltung von Schule und Unterricht gegeben werden, die geeignet sein könnten, die psychische Entwicklung von Schülerinnen und Schülern positiv zu beeinflussen.

Abbildung 41:   Titelseite der Dresdner Morgenpost vom 22. September 2002

Psychische Probleme und Störungen in der Schule enttabuisieren

Ungefähr einer von fünf Schülern im Kindes- und Jugendalter erfüllt im Laufe eines halben Jahres die diagnostischen Kriterien mindestens einer klinisch relevanten psychischen Störung (vgl. Ihle & Esser, 2002). Diese erzeugen bei den betroffenen Jugendlichen nicht nur enormen Leidensdruck, sie gehen auch mit vielfältigen Beeinträchtigungen einher. Depressive und ängstliche Schüler sind weniger belastbar, ihnen fällt es schwerer, sich zu konzentrieren, sie fehlen häufiger, haben Probleme in der sozialen Interaktion und sind in der Schule weniger erfolgreich. Angesichts dieser, auch langfristig die Entwicklung einschränkenden, Folgen setzt sich zunehmend ein offenerer Umgang mit psychischen Problemen von Jugendlichen in der Schule durch.

Indem psychische Erkrankungen durch Lehrer thematisiert werden und sie dies modellhaft in einer aufgeschlossenen, unverkrampften Art und Weise tun, kann Vorurteilen von Schülern und möglichen Stigmatisierungen entgegengewirkt werden. Leider gehört das Wissen über Häufigkeiten, Entstehungsbedingungen, Symptome und Therapiemöglichkeiten psychischer Störungen in unserer Gesellschaft nicht zur Allgemeinbildung. Ziel einer verstärkten Vermittlung klinisch-psychologischen Wissens in der Schule sollte es auch sein, betroffene Jugendliche in die Lage zu versetzen, sich rechtzeitig kompetente Hilfe zu suchen. Aber auch Lehrer sollten befähigt werden, erste Anzeichen psychischer Fehlentwicklungen wahrzunehmen. Der Konsum von Alkohol oder Drogen, intensive Trauer, selbstverletzendes Verhalten, sozialer Rückzug, häufiges (unentschuldigtes) Fernbleiben vom Unterricht, starke Angst (z. B. in sozialen oder Leistungssituationen) können Indikatoren für psychische Probleme der Schüler sein. Nicht nur in dieser Studie hat sich gezeigt, dass körperliche Beschwerden und Schmerzsymptome bei Jugendlichen eng mit emotionalen Problemen zusammenhängen (z. B. Roth, 2000). Häufige Klagen von Schülerinnen und Schülern, z. B. über Kopf- und Bauchschmerzen, sollten Anlass für gezielte Nachfragen, auch zu eventuell vorliegenden psychischen Belastungen sein. Eine strikte Trennung zwischen psychischer und körperlicher Gesundheit ist hierbei wenig hilfreich. Angestrebt werden sollte ein breiteres biopsychosoziales Verständnis von Gesundheit.

Ein enger Kontakt zu Schulpsychologen, Sozialpädagogen oder Beratungsstellen kann nicht nur helfen, schnell Unterstützung für betroffene Jugendliche zu organisieren, er kann auch genutzt werden, um den Unterricht mit der Expertise dieser Ansprechpartner anzureichern.

Den Unterricht ansprechend gestalten und Überforderung vermeiden

Aber nicht nur der Umgang mit bestehenden psychischen Problemen, sondern auch die Reduzierung möglicher Risikofaktoren und die Steigerung der Widerstandsfähigkeit der Schüler sollte Ziel der Schule sein. Diese Studie hat gezeigt, dass man bereits durch eine ansprechende Gestaltung des Unterrichts, der die Schüler nicht überfordert, diesem Ziel näher kommen kann.

Die Voraussetzung ist, sich von einer Selektionskultur zu verabschieden und zu einer Haltung der individuellen Förderung zu finden. So muss der Feststellung von Wissenslücken nicht zwangsläufig eine negative Bewertung (Tadel, schlechte Noten, Nichtversetzung) folgen. Vielmehr sollten die den Unterricht dominierenden Wissensüberprüfungen zum Ausgangspunkt gezielter individueller Förderung werden.

Weinert (2001) verweist diesbezüglich darauf, dass man bei der Beobachtung vieler Unterrichtsstunden feststellen könne, dass die Zahl der Leistungssituationen (mit Abfragen, Tests, Aufgabenlösungen an der Tafel o. ä.) gegenüber Lernsituationen deutlich überwiege. Lernen und Leisten folgen aber unterschiedlichen psychologischen Gesetzmäßigkeiten. Schüler in Leistungssituationen sind motivational angespannt, wollen sich bewähren, keine Wissenslücken preisgeben und nicht versagen. Die Bereitschaft Neues zu lernen oder unklar Gebliebenes zu verstehen ist hier nicht gegeben. Dafür würden sich entspannte, offene und sachbezogene Lernsituationen eignen. Hier sind die Mitschüler keine Konkurrenten und der Lehrer fungiert nicht als Prüfinstanz, sondern als Begleiter und Moderator des Lernprozesses. Einschränkend muss jedoch darauf verwiesen werden, dass eine solche Trennung von Lern- und Leistungssituationen in der Praxis schwer fallen kann, da Unterrichtssituationen Leistungs- und Lerncharakter gleichzeitig aufweisen können. Durchaus sinnvoll kann aber die Reflektion darüber sein, ob das aktuelle Unterrichtsgeschehen eher vom Lernen oder vom Leisten geprägt ist.

Die Vereinbarung realistischer Lernziele kann helfen, Erfolgserlebnisse zu schaffen und Frustration sowie Überforderung auf Seiten der Schüler zu vermeiden. Diesem Ziel dient auch die Vermittlung von effektiven Arbeits- und Lerntechniken. Schüler, die kompetent dazu angehalten werden, Erfahrungen mit dem eigenen Lernen zu sammeln, erleben sich selbst in der Anwendung individuell funktionaler Lernstrategien als kompetent und selbstwirksam.

Dies ist gleichzeitig ein Baustein der von Strittmatter und Bedersdorfer (1991) empfohlenen Interventionen, um den Unterricht und die Schule angstfreier zu gestalten. Dazu gehört neben einer Ausrichtung der Lehrer-Schüler-Interaktion in Richtung Akzeptanz, Empathie, Kongruenz und Echtheit auch die angstfreie Gestaltung von Leistungssituationen (z. B. durch transparente Anforderungen, Bewertungsmaßstäbe und Konsequenzen oder die Abkehr von der sozialen Bezugsnorm).

Die Antwort auf die Frage, wie ein guter Unterricht aussieht, kann, je nachdem wen man fragt, sehr unterschiedlich ausfallen. Sicherlich lässt er sich mit differenzierteren Attributen beschreiben, als es im Rahmen dieser Studie versucht wurde (nicht langweilig, verständlich, anschaulich, im Tempo angemessen, abwechslungsreich). Möglicherweise gibt es *den* guten Unterricht gar nicht und wohlfeile Mahnungen, den Unterricht z. B. lebensnah und fächerübergreifend zu gestalten, greifen an dieser Stelle zu kurz? Wichtig ist jedoch, und das zeigen die Ergebnisse dieser Studie sehr deutlich, dass er auf Seiten der Schüler nicht zu Gefühlen des Versagens und Nichtgenügens führen darf.

Für den renommierten Lernpsychologen Franz E. Weinert (2001) handelt es sich bei didaktischer Kompetenz „um die professionellen Fertigkeiten und Bereitschaften, verschiedene Unterrichtsformen souverän zur Erreichung unterschiedlicher pädagogischer Ziele einsetzen zu können." (S. 83). Das heißt, dass die Methoden nicht an erster Stelle stehen, wenn es darum geht, guten Unterricht zu machen. Dieser kann seiner Meinung nach sehr unterschiedlich aussehen und sollte durchaus auch die Persönlichkeit des Lehrers widerspiegeln. Gleichzeitig nennt er aber einige Methoden, aus denen sich ein moderner Unterricht bedienen sollte: Direkte Unterweisung (als diagnostisches Instrument mit Fragen unterschiedlichen Schwierigkeitsgrads), offener Unterricht (Schüler legen Ziele selbst fest, Lehrer als Ratgeber), Projektarbeit, Teamarbeit und individualisiert selbstständiges Lernen. Um einen guten Unterricht zu machen, brauchen Lehrer zusätzlich Sachkompetenz (nicht nur bezogen auf die Inhalte, sondern auch auf ihre Vermittelbarkeit hin), diagnostische Kompetenz (zur Ermittlung des Kenntnisstands, des Lernfortschritts oder von Leistungsproblemen) und Klassenführungskompetenz.

Gewalt und sozialer Ausgrenzung wirksam begegnen

Von Mitschülern schikaniert zu werden, hat sich in dieser Studie als größter schulbezogener Risikofaktor für internalisierende Auffälligkeiten erwiesen. Nicht nur deshalb sollte allen Formen psychischer und physischer Gewalt in Schulen entschieden entgegengetreten werden. Hier können Lehrer mit ihrer Haltung und ihrem Verhalten ein Modell für die Schüler sein. Wenn Lehrer hingegen Zeuge gewalttätiger Handlungen werden und nicht reagieren, können Schüler dies als Billigung ihres Handelns interpretieren. Ziel muss es sein, in Schulklassen ein Klima von Toleranz, gegenseitiger Wertschätzung und Unterstützung zu schaffen. Eine aktuelle Studie gibt Anlass zu der Vermutung, dass ein positives Zugehörigkeitsgefühl zu einer Klasse sozialer Ausgrenzung den Boden entziehen kann. Die Untersuchung von Markert (2007) kommt zu dem Ergebnis, dass Ausgrenzungsprozesse als gemeinschaftsbildendes Ritual vor allem in Klassen mit ungeklärter bzw. unsicherer Zugehörigkeit auftreten.

Mobbing-Opfer fallen meist weniger auf als Mobbing-Täter. Deshalb ist es wichtig, auch zurückgezogenen, scheinbar angepassten und den Unterricht nicht störenden Schülerinnen und Schülern Aufmerksamkeit zu schenken.

Nehmen Probleme mit Schülergewalt überhand, sollte gemeinsam mit Schülern und Eltern erwogen werden, gut wirksame und evaluierte Präventionsprogramme einzusetzen (vgl. Melzer, Schubarth & Ehninger, 2004). Ist dabei nicht nur die Eindämmung der Gewalt das Ziel, sondern auch die Prävention psychischer Probleme bei den Opfern, ist es wichtig, dass diese Programme auch opferbezogene Elemente enthalten (z. B. bei Olweus, 2006).

Ein positives und unterstützendes Klima schaffen

Es hat sich gezeigt, dass die Mitschülerunterstützung, also der Zusammenhalt zwischen den Schülern, mit dem Ausmaß der internalisierenden Auffälligkeiten in Verbindung steht. Da ein gutes Sozialklima darüber hinaus positiv mit den Schulleistungen und der Schulfreude zusammenhängt (Eder, 2006), sollten Anstrengungen unternommen werden, ein günstiges Klima in Schulklassen zu schaffen. Obgleich hierfür viele praktische Empfehlungen vorliegen (z. B. Christian, 2003), mangelt es noch an Forschungen zur Effektivität gezielter Maßnahmen der Klimaförderung (Eder, 2006). Es gibt jedoch Hinweise, dass insbesondere die Eingangsphase einer neu zusammengesetzten Klasse dem Lehrer Spielräume für Maßnahmen zur Verbesserung der Lehrer-Schüler- und Schüler-Schüler-Beziehung bietet (Grewe, 2003). In einer Studie, in der Lehrer nach ihren Unterrichtspraktiken befragt werden, finden sich Zusammenhänge zu Klimaeinschätzungen der Schüler. Diese berichten von umso mehr Schülerzentriertheit und Disziplin sowie weniger sozialem und Leistungsdruck je stärker die Lehrer ihr eigenes Handeln als sozialpädagogisch ausgerichtet beschreiben (Eder, 1996). Interessant ist der Befund, dass Reformprojekte mit Maßnahmen auf Schulebene auch Veränderungen des Klassenklimas erzielen können (Schnabel, 2001).

Die Sichtweise der Schüler ernst nehmen

Da insbesondere das individuelle Klassenklima mit psychischen Auffälligkeiten in Verbindung steht, ist bei Anstrengungen zur Klimaförderung die Sichtweise der Schülerinnen und Schüler zu berücksichtigen. Sicher wird es kaum gelingen, den Erwartungen und Bedürfnissen eines jeden Schülers gerecht zu werden. Wenn sie jedoch das Gefühl vermittelt bekommen, dass ihre Meinungen gehört werden, kann dies ein erster wichtiger Schritt bei der Verbesserung des Klassenklimas sein. Eder (2006) empfiehlt, solche Maßnahmen mit standardisierten Fragebögen zu begleiten. Deren Ergebnisprofile können als Anfangsdiagnose bei der Formulierung von Zielen sowie beim Finden von Ansatzpunkten helfen und als Enddiagnose zur Evaluation der Maßnahmen zur Klimaverbesserung genutzt werden. Auch können Schüler instruiert werden, die Fragebögen zum Klassenklima einmal hinsichtlich des Ist-Zustands und einmal hinsichtlich ihrer Ideal-Vorstellung zu bearbeiten. Hier kann das Differenzprofil genutzt werden, um mit den Schülern zum Thema Klassenklima ins Gespräch zu kommen.

Das Selbstkonzept der Schüler stärken

Da gezeigt werden kann, dass das Selbstkonzept eng mit den internalisierenden Auffälligkeiten zusammenhängt und es zum Teil die Einflüsse des Klassenklimas auf die Beschwerden vermittelt, sollten die Bemühungen der Schule nicht ausschließlich auf die Kompetenzen der Schüler ausgerichtet sein. Wichtig ist nämlich auch, wie Schüler ihre Fähigkeiten selber einschätzen. Uneingeschränkt zuzustimmen ist deshalb der Einschätzung von Horstkemper (1987, S. 213), „dass gerade das Bewußtsein eigener Fähigkeit und Kompetenz und damit das Vertrauen in die eigene Person, sich ohne große psychische Belastung den Anforderungen der Umwelt stellen zu können, eine der wichtigsten Sozialisationswirkungen von Schule darstellt."

Helfen können hier positive und ermutigende Rückmeldungen von Lehrern. Wenn negative Rückmeldungen gegeben werden, ist es wichtig, dass diese den Schüler nicht in seiner gesamten Persönlichkeit abwerten („Du schaffst das nie!') oder ihn vor den Mitschülern beschämen, sondern Defizite in umschriebenen Kompetenzbereichen gemeinsam mit möglichen Strategien zu ihrer Beseitigung aufgezeigt werden. Dass sich ein positives Selbstbild auch förderlich auf die Leistungsentwicklung auswirken kann (und nicht allein aufgrund guter Leistungen entsteht), hat die Selbstkonzept-Forschung mehrfach aufzeigen können (vgl. Moschner & Dickhäuser, 2006) .

Die spezifischen Belange von weiblichen Jugendlichen nicht aus dem Blick verlieren

Eine Förderung des Selbstkonzepts dürfte insbesondere bei Mädchen zu positiven Effekten im Bereich der psychischen Gesundheit führen. Das allgemeine Selbstbild von Mädchen ist zwar nicht generell niedriger als das von Jungen (Moschner & Dickhäuser, 2006), in dieser Studie hat sich aber gezeigt, dass es bei ihnen in einem engeren Zusammenhang mit internalisierenden Fehlentwicklungen steht als bei Jungen.

Der auffälligste Unterschied zwischen den Geschlechtern ist aber die deutlich höhere Verbreitung von Ängsten, depressiven Symptomen und körperlichen Beschwerden bei Mädchen, insbesondere ab Klassenstufe 7. Obwohl für diese Differenz vermutlich eher außerschulische Faktoren verantwortlich zu machen sind, sollte die Schule und sollten Lehrer für diesen Problembereich sensibilisiert werden. Eigene Erfahrungen aus Lehrerfortbildungen zeigen, dass unter der Überschrift ‚psychische Störungen bei Schülern' von Lehrern insbesondere solche externalisierender Art (vor allem Hyperaktivität) problematisiert werden.

Auch wenn diese, bei Jungen stärker verbreiteten, Auffälligkeiten den Unterricht und das Schulleben mehr stören als internalisierende Probleme, sollte nicht übersehen werden, dass Depressionen und Ängste mit hohem Leidensdruck und vielfältigen, auch langfristigen Beeinträchtigungen einhergehen.

Ruhige und zurückhaltende Schüler nicht übersehen

Schülerinnen und Schüler mit internalisierenden Auffälligkeiten stehen meist nicht im Mittelpunkt der Aufmerksamkeit. Schüchterne oder sozial ängstliche Jugendliche vermeiden es sogar aktiv, die Aufmerksamkeit der Mitschüler und Lehrer auf sich zu lenken. Da sie so bei den Lehrkräften oft nur einen lückenhaften Eindruck hinterlassen und die Gefahr besteht, dass sie übersehen werden oder unangemessen beurteilt werden, empfiehlt Stöckli (2007) gezielte, auf diese Gruppe ausgerichtete Interventionen. Lehrer könnten sich selbst die Frage stellen, welche Schüler ihrer Klasse sie am besten und welche sie am wenigsten gut kennen. Schülerinnen und Schüler mit internalisierenden Auffälligkeiten gehören vermutlich am ehesten zur zweiten Gruppe. Gespräche in der Pause oder nach Schulabschluss und kleine Spezialaufträge können Distanzen abbauen helfen und bei den Schülern Vertrauen schaffen.

Günstige Rahmenbedingungen schaffen

Die Umsetzung von einigen der genannten Empfehlungen erfordert eine ausreichende Unterstützung von Seiten der Schulleitung, der Schulaufsicht und der Bildungspolitik. Lehrerinnen und Lehrer brauchen ausreichend Freiraum, Unterstützung und Kenntnisse, um neben der kognitiven auch die soziale und persönliche Entwicklung ihrer Schüler im Blick zu behalten und zu befördern. Beispielhaft für eine diesbezüglich nur mangelhafte Unterstützung an deutschen Schulen sei auf die Zahl der Schulpsychologen verwiesen. Während in anderen europäischen Ländern ein Schulpsychologe für 1 000 – 2 000 Schüler zur Verfügung steht, betreut ein deutscher Schulpsychologe durchschnittlich 15 000 Schüler (Fleischer, Grewe, Jötten, Seifried & Sieland, 2007). Schulpsychologisch gesehen ist Deutschland somit ein Entwicklungsland.

Es bleibt die Forderung, den Schutz und die Förderung der psychischen Gesundheit von Jugendlichen als Ziel der Schule anzuerkennen und im Schulalltag aktiv umzusetzen.

Kurzzusammenfassung / Abstract

Hintergrund: Obwohl die Schule den Rahmen für die Bewältigung zentraler Entwicklungsaufgaben des Jugendalters bildet, beschäftigt sich die Forschung fast ausschließlich mit dem Stellenwert der Schule für die kognitive Entwicklung. Nur wenige Studien haben den Einfluss des schulischen Umfelds auf internalisierende psychische Auffälligkeiten von Schülerinnen und Schülern im Jugendalter untersucht. Insbesondere zu den Wirkmechanismen dieses Zusammenhangs liegen kaum Erkenntnisse vor.

Fragestellungen: Geht eine negative Ausrichtung des Klassenklimas (ungünstige Lernbedingungen, wenig unterstützendes Sozialklima) mit einem Anstieg emotionaler Probleme und psychosomatischer Beschwerden bei Jugendlichen einher? Vermitteln das schulische und das soziale Selbstkonzept den Zusammenhang zwischen Klassenklima und internalisierenden Auffälligkeiten? Sind ferner Einflüsse der schulischen Umwelt auf die psychische Gesundheit über einen Zeitraum von vier Jahren hinweg nachweisbar?

Methoden: Die hauptsächliche Datengrundlage bildet der sächsische Teil-Datensatz der internationalen HBSC-Studie (Health Behaviour in School-aged Children) von 2006. Schriftlich befragt wurden 4 367 Fünft-, Siebent- und Neuntklässler aus 221 Klassen an 27 Schulen.

Ergebnisse: Mehrebenenanalytische Regressionen zeigen, dass insbesondere das Klassenklima auf Schülerebene mit emotionalen Problemen und psychosomatischen Beschwerden in Verbindung steht. Zum stärksten Anstieg der Beschwerden führen hierbei Erfahrungen als Opfer von Mitschüler-Mobbing und überfordernde Lernbedingungen. Mit Hilfe einer längsschnittlichen Substichprobe (n = 636, zwei Messzeitpunkte) können die nachteiligen Effekte dieser beiden Risikobedingungen auch langfristig in hypothesenkonformer Richtung nachgewiesen werden. Die Selbstkognitionen vermitteln nur einen Teil dieses Zusammenhangs.

Schlussfolgerungen: Der Schutz und die Förderung der psychischen Gesundheit von Jugendlichen sollten als Ziele der Schule ernst genommen werden. Entsprechende Vorschläge für die Gestaltung von Schule und Unterricht werden unterbreitet. Die Effekte schulbasierter Präventionsprogramme könnten durch eine stärkere Berücksichtigung Setting-bezogener Maßnahmen gesteigert werden.

School and mental health.
Risk factors for internalizing problems in pupils.

Background: School offers young people an important setting for coping with developmental tasks. Nevertheless, researchers have focused predominantly on the role of school in cognitive development. Less attention has been directed at examining school influences on internalizing problems in pupils. Little is known about the underlying processes and mechanisms.

Objectives: Does a negative class climate (unfavorable learning environment, non-supporting social climate) lead to increased levels of emotional problems and psychosomatic symptoms in youth? Is this association between class climate and internalizing problems mediated by the pupils' academic and social self-concept? In addition, can these school environment influences on the mental health be traced over a period of four years?

Methods: The data derive largely from the Saxon sample of the international HBSC-study (Health Behaviour in School-aged Children) conducted in 2006. For this, 4 367 girls and boys from 221 classes (grade 5, 7, and 9) in 27 schools were surveyed by means of questionnaires.

Results: Mulitlevel regression analyses show that emotional problems and psychosomatic symptoms are associated with class climate at the individual level. The strongest increases in problems can be found when pupils report being bullied or having overloading curricular demands. Analyses of a 4-year longitudinal subsample (n = 636, two waves) confirm the detrimental long-term effects of these two risk factors according to the hypothesis. Self-cognition as a mediator can only partly account for this relation.

Conclusions: Taking care of and promoting the mental health of pupils should be an important aim of all schools. Accordingly, recommendations are made for improving learning environments. It is argued that including context-oriented interventions could help make school-based mental-health promotion more effective.

Verzeichnis der Tabellen und Abbildungen

TABELLEN

ABBILDUNGEN

Verzeichnis der verwendeten Abkürzen

PISA	Programme for International Student Assessment	SPPA	Self Perception Profile for Adolescents (Harter, 1982)
r	Korrelationskoeffizient	T	T-Wert
R^2	R-Quadrat (Multiple Korrelation)	TW	Two-Way-Imputation (Sijtsma & van der Ark, 2003)
RKI	Robert-Koch-Institut		
RMSEA	Root Mean Square Error of Approximation	Ü. d. V.	Übersetzung des Verfassers
σ^2	Sigma-Quadrat (Varianz)	vgl.	vergleiche
SD	Standardabweichung	WHO	Weltgesundheitsorganisation
SDQ	Strengths and Difficulties Questionnaire (Goodman, 1997)	χ^2	Chi²-Quadrat
		$\bar{x}$	Mittelwert
SMK	Sächsisches Ministerium für Kultus	YSR	Youth Self Report (Achenbach, 1991)

Literatur

Achenbach, T. M. (1985). *Assessment and taxonomy of child and adolescent psychopathology*. Thousand Oaks, CA: Sage Publications.

Achenbach, T. M. (1991). Manual for the Child Behavior Checklist/4-18 and 1991 Profile. Burlington: University of Vermont.

Achenbach, T. M. (1997). What is normal? What is abnormal? Developmental perspectives on behavioral and emotional problems. In S. S. Luthar, J. A. Burack & et al. (Eds.), *Developmental psychopathology: Perspectives on adjustment, risk, and disorder* (pp. 93-114). Cambridge: Cambridge University Press.

Alexander, F. (1977). Psychosomatische Medizin: Grundlangen und Anwendungsgebiete. Berlin: de Gruyter.

Alsaker, F. D. & Bütikofer, A. (2005). Geschlechtsunterschiede im Auftreten von psychischen und Verhaltensstörungen im Jugendalter. *Kindheit und Entwicklung, 14*(3), 169-180.

Anderman, E. M. (2002). School effects on psychological outcomes during adolescence. *Journal of Educational Psychology, 94*(4), 795-809.

Andlin-Sobocki, P., Jönsson, B., Wittchen, H. U. & Olesen, J. (2005). Cost of disorders of the brain in Europe. *European Journal of Neurology, 12*(Suppl. 1), 1-27.

Antonovsky, A. (1979). *Health, stress, and coping*. San Francisco: Jossey-Bass.

Antonovsky, A. (1987). Unraveling the mystery of health. How people manage stress and stay well. San Francisco: Jossey-Bass.

Aurin, K. (Hrsg.). (1991). *Gute Schulen – worauf beruht ihre Wirksamkeit?* Bad Heilbrunn: Klinkhardt.

Backhaus, K., Erichson, B., Plinke, W. & Weiber, R. (2003). *Multivariate Analysemethoden*. Berlin: Springer.

Baldry, A. C. & Willem Winkel, F. (2004). Mental and physical health of italian youngsters directly and indirectly victimized at school and at home. *International Journal of Forensic Mental Health, 3*(1), 77-91.

Baron, R. M. & Kenny, D. A. (1986). The moderator-mediator variable distinction in social psychological research: Conceptual, strategic, and statistical considerations. *Journal of Personality and Social Psychology, 51*(6), 1173-1182.

Baumert, J. & Schümer, G. (2001). Familiäre Lebensverhältnisse, Bildungsbeteiligung und Kompetenzerwerb. In Deutsches PISA-Konsortium (Hrsg.), *PISA 2000. Basiskompetenzen von Schülerinnen und Schülern im internationalen Vergleich* (S. 323-407). Opladen: Leske & Budrich.

Baumert, J., Watermann, R. & Schümer, G. (2003). Disparitäten der Bildungsbeteiligung und des Kompetenzerwerbs. *Zeitschrift für Erziehungswissenschaft, 6*, 46-71.

Baumrind, D. (1971). Current patterns of parental authority. *Developmental Psychology Monographs, 1*, 1-102.

Beck, A. T. (1999). *Kognitive Therapie der Depression*. Weinheim: Beltz.

Beck, U. (1986). Risikogesellschaft. Auf dem Weg in eine andere Moderne. Frankfurt a. M.: Suhrkamp.

Becker, A., Hagenberg, N., Roessner, V., Woerner, W. & Rothenberger, A. (2004). Evaluation of the self-reported SDQ in a clinical setting: Do self-reports tell us more than ratings by adult informants? *European Child & Adolescent Psychiatry, 13*(Suppl 2), 17-24.

Beesdo, K., Bittner, A., Pine, D. S., Stein, M. B., Höfler, M., Lieb, R., et al. (2007). Incidence of social anxiety disorder and the consistent risk for secondary depression in the first three decades of life. *Archives of General Psychiatry, 64*(8), 903-912.

Bergman, L. R. & Magnusson, D. (1997). A person-oriented approach in research on developmental psychopathology. *Development and Psychopathology, 9*(2), 291-319.

Bettge, S., Ravens-Sieberer, U., Wietzker, A. & Hölling, H. (2002). Ein Methodenvergleich der Child Behavior Checklist und des Strengths and Difficulties Questionnaire. *Das Gesundheitswesen, 64*(Sonderheft 1), 119-124.

Bilz, L. (2006, 12.01.2006). *Bullying behaviors and consequences among German youth: Association with internalizing complaints.* Paper presented at the Third World Conference on Violence in Schools, Bordeaux, France.

Bilz, L. & Hähne, C. (2006). Der Einfluss von Schule auf das Gesundheitsverhalten von Kindern und Jugendlichen. In H.-C. Steinhausen (Hrsg.), *Schule und psychische Störungen* (S. 68-85). Stuttgart: Kohlhammer.

Bilz, L., Hähne, C. & Melzer, W. (2003). Die Lebenswelt Schule und ihre Auswirkungen auf die Gesundheit von Jugendlichen. In K. Hurrelmann, A. Klocke, W. Melzer & U. Ravens-Sieberer (Hrsg.), *Jugendgesundheitssurvey. Internationale Vergleichsstudie im Auftrag der Weltgesundheitsorganisation WHO* (S. 243-299). Weinheim: Juventa.

Bilz, L. & Melzer, W. (in Druck). Schule, psychische Gesundheit und soziale Ungleichheit. In M. Richter, K. Hurrelmann, A. Klocke, W. Melzer & U. Ravens-Sieberer (Hrsg.), *Gesundheit, Ungleichheit und jugendliche Lebenswelten. Ergebnisse der zweiten internationalen Vergleichsstudie im Auftrag der Weltgesundheitsorganisation WHO.* Weinheim: Juventa.

Birmaher, B., Ryan, N. D., Williamson, D. E., Brent, D. A., Kaufman, J., Dahl, R. E., et al. (1996). Childhood and adolescent depression: A review of the past 10 years. Part I. *Journal of the American Academy of Child and Adolescent Psychiatry, 35*(11), 1427-1439.

Bittner, A., Wittchen, H. U., Beesdo, K., Höfler, M. & Lieb, R. (2004). Behavioural inhibition in childhood and the development of anxiety disorders and depression in adolescence and young adulthood. Abstract. *Acta Psychiatrica Scandinavica. Supplementum, 110*(421), 9-10.

Blossfeld, H.-P. & Shavit, Y. (1993). Dauerhafte Ungleichheiten. *Zeitschrift für Pädagogik, 39*, 25-52.

BMBF. (2005). *Grund- und Strukturdaten 2005.* Bonn: Bundesministerium für Bildung und Forschung.

BMFSFJ. (2007). Familienatlas 2007. Standortbestimmung, Potenziale, Handlungsfelder. Retrieved 5.11.2007, from http://www.prognos.com/familienatlas/

Bogenschneider, K., Wu, M., Raffaelli, M. & Tsay, J. C. (1998). Parent influences on adolescent peer orientation and substance use: The interface of parenting practices and values. *Child Development, 69*, 1672-1688.

Böhnisch, L. (2006). *Abweichendes Verhalten.* Weinheim: Juventa.

Bortz, J. & Döring, N. (2006). Forschungsmethoden und Evaluation für Human- und Sozialwissenschaftler. Berlin: Springer.

Bowlby, J. (1969). *Attachment and loss: Vol. I. Attachment.* New York: Basic Books.

Bronfenbrenner, U. (1979). *The ecology of human development : experiments by nature and design.* Cambridge, Mass.: Harvard University Press.

Bronfenbrenner, U. (1989). *Die Ökologie der menschlichen Entwicklung.* Frankfurt/M.: Fischer.

Bründel, H. (2001). Suizid im Jugendalter. In J. Raithel (Hrsg.), *Risikoverhaltensweisen Jugendlicher* (pp. 249-263). Opladen: Leske & Budrich.

Buddeberg-Fischer, B., Klaghofer, R., Leuthold, A. & Buddeberg, C. (2000). Unterrichtsklima und Symptombildung. Zusammenhänge zwischen Schulstreß, Kohärenzgefühl und physischen/psychischen Beschwerden von Gymnasiasten. *Psychotherapie, Psychosomatik, medizinische Psychologie, 50,* 222-229.

Caspi, A. & Moffitt, T. E. (1991). Individual differences are accentuated during periods of social change: the sample case of girls at puberty. *Journal of Personality and Social Psychology, 61*(1), 157-168.

Christian, H. (2003). Das Klassenklima fördern. Ein Methodenhandbuch. Berlin: Cornelsen.

Cicchetti, D. & Toth, S. L. (1998). The development of depression in children and adolescents. *American Psychologist, 53*(2), 221-241.

Clark, L. A. & Watson, D. (1991). Tripartite model of anxiety and depression: Psychometric evidence and taxonomic implications. *Journal of Abnormal Psychology, 100*(3), 316-336.

Cohen, J. (1988). Statistical power analysis for the behavioral sciences. Hillsdale, NJ: Lawrence Erlbaum.

Compas, B. E., Hinden, B. R. & Gerhardt, C. A. (1995). Adolescent development: pathways and processes of risk and resilience. *Annual Review of Psychology, 46,* 265-293.

Crijnen, A. A., Achenbach, T. M. & Verhulst, F. C. (1999). Problems reported by parents of children in multiple cultures: the Child Behavior Checklist syndrome constructs. *American Journal of Psychiatry, 156*(4), 569-574.

Crockett, L. J. & Petersen, A. C. (1993). Adolescent development: Health risks and opportunities for health promotion. In S. G. Millstein, A. C. Petersen & E. O. Nightingale (Eds.), *Promoting the health of adolescents* (pp. 13-37). New York: Oxford University Press.

Currie, C. (2001). Scientific rationale for the HBSC study: An overview. In C. Currie, O. Samdal, W. Boyce & R. Smith (Eds.), *Health behaviour in School-aged Children: A WHO Cross-National Study (HBSC), Research Protocol for the 2001/2002 Survey* (pp. 11-16). University of Edinburgh: Child and Adolescent Health Research Unit (CAHRU).

Currie, C., Elton, R. A., Todd, J. & Platt, S. (1997). Indicators of socio-economic status for adolescents: The WHO Health Behaviour in School-aged Children Survey. *Health Education Research, 12,* 385-397.

Currie, C. & Roberts, C. (2004). The Health Behaviour in School-aged Children (HBSC) study. In C. Currie, C. Roberts, A. Morgan, R. Smith, W. Settertobulte, O. Samdal & V. B. Rasmussen (Eds.), *Young people's health in context. Health Behaviour in School-aged Children (HBSC) study: International report from the 2001/2002 survey* (pp. 1-7). Copenhagen: World Health Organisation (WHO).

Currie, C., Samdal, O., Boyce, W. & Smith, R. (Eds.). (2001). *Health behaviour in School-aged Children: A WHO Cross-National Study (HBSC), Research Protocol for the 2001/2002 Survey.* University of Edinburgh: Child and Adolescent Health Research Unit (CAHRU).

Cyranowski, J. M., Frank, E., Young, E. & Shear, M. K. (2000). Adolescent onset of the gender difference in lifetime rates of Major Depression: A theoretical model. *Archives of General Psychiatry, 57,* 21-27.

Deci, E. L. & Ryan, R. M. (1985). Intrinsic motivation and self-determination in human behavior. New York: Plenum.

Deci, E. L. & Ryan, R. M. (2000). The "what" and "why" of goal pursuits: Human needs and the self-determination of behavior. *Psychological Inquiry, 11*(4), 227-268.

Dickhäuser, O. (2006). Fähigkeitsselbstkonzepte. Entstehung, Auswirkung, Förderung. *Zeitschrift für Pädagogische Psychologie, 20*(1/2), 5-8.

DiPrete, T. A. & Forristal, J. D. (1994). Multilevel models: Methods and substance. *Annual Review of Sociology, 20,* 331-357.

Ditton, H. (1998). Mehrebenenanalyse. Grundlagen und Anwendungen des Hierarchisch Linearen Modells. Weinheim: Juventa.

Dodge, K. A. (1993). Social-cognitive mechanisms in the development of conduct disorder and depression. *Annual Review of Psychology, 44,* 559-584.

Döpfner, M., Schmeck, K., Poustka, F., Berner, W., Lehmkuhl, G. & Verhulst, F. (1996). Verhaltensauffälligkeiten von Kindern und Jugendlichen in Deutschland, den Niederlanden und den USA. *Nervenarzt, 67*(11), 960-967.

Dreesmann, H., Eder, F., Fend, H., Pekrun, R., von Saldern, M. & Wolf, B. (1992). Schulklima. In K. Ingenkamp, R. S. Jäger, H. Petillon & B. Wolf (Hrsg.), *Empirische Pädagogik 1970-1990. Eine Bestandsaufnahme der Forschung in der BRD. Band II* (S. 655-682). Weinheim: Deutscher Studienverlag.

Dreher, E. & Dreher, M. (1985). Entwicklungsaufgaben im Jugendalter: Bedeutsamkeit und Bewältigungskonzepte. In D. Liepmann & A. Sticksrud (Hrsg.), *Entwicklungsaufgaben und Bewältigungsprobleme in der Adoleszenz* (S. 56-70). Göttingen: Hogrefe.

Durlak, J. A. & Wells, A. M. (1997). Primary prevention mental health programs for children and adolescents: A meta-analytic review. *American Journal of Community Psychology, 25*(2), 115-152.

Eccles, J. S., Lord, S. E., Roeser, R. W., Barber, B. L. & Jozefowicz, D. M. H. (1997). The association of school transition in early adolescence with developmental trajectories through high school. In J. E. Schulenberg, J. Maggs & K. Hurrelmann (Eds.), *Health risks and developmental transitions during adolescence* (pp. 283-320). New York: Cambridge University Press.

Eccles, J. S., Midgley, C., Wigfield, A., Buchanan, C. M., Reuman, D., Flanagan, C., et al. (1993). Development during adolescence. The impact of stage-environment fit on young adolescent's experiences in schools and in families. *American Psychologist, 48*(2), 90-101.

Eccles, J. S. & Roeser, R. W. (1999). School and community influences on human development. In M. H. Bornstein & M. E. Lamb (Eds.), *Developmental psychology. An advanced textbook* (pp. 503-554). Mahwah, NJ: Lawrence Erlbaum.

Edelbrock, C. & Costello, A. J. (1988). Convergence between statistically derived behavior problem syndromes and child psychiatric diagnoses. *Journal of Abnormal Child Psychology, 16*(2), 219-231.

Eder, F. (1996). *Schul- und Klassenklima*. Innsbruck: Studienverlag.

Eder, F. (2002). Unterrichtsklima und Unterrichtsqualität. *Unterrichtswissenschaft, 30*(3), 213-229.

Eder, F. (2006). Schul- und Klassenklima. In D. H. Rost (Hrsg.), *Handwörterbuch Pädagogische Psychologie* (S. 622-631). Weinheim: Beltz.

Egger, H. L., Costello, E. J., Erkanli, A. & Angold, A. (1999). Somatic complaints and psychopathology in children and adolescents: Stomach aches, musculoskeletal pains, and headaches. *Journal of the American Academy of Child and Adolescent Psychiatry, 38*(7), 852-860.

Ellis, A. (1962). *Reason and emotion in psychotherapy*. Secaucus, N.J.: Lyle Stuart.

Engel, U. & Reinecke, J. (1994). *Panelanalyse*. Berlin: Walter de Gruyter.

Epiktet. (übers. 1992). *Wege zum glücklichen Handeln*. Frankfurt a. M.: Insel Verlag.

Erikson, E. (1957). *Kindheit und Gesellschaft*. Zürich: Pan-Verlag.

Erikson, E. (1968). *Identity, youth, and crisis*. New York,: Norton.

Essau, C. A. & Petermann, U. (1998). Angststörungen. In F. Petermann (Hrsg.), *Lehrbuch der Klinischen Kinderpsychologie* (S. 219-240). Göttingen: Hogrefe.

Esser, G. (2005). Verhaltenstherapie bei Kindern und Jugendlichen. In W. Hiller, E. Leibing, F. Leichsenring & S. K. D. Sulz (Hrsg.), *Lehrbuch der Psychotherapie für die Ausbildung zur / zum Psychologischen PsychotherapeutIn und für die ärztliche Weiterbildung* (S. 163-176). München: CIP-Medien.

Ev Elben, C., Lohaus, A., Ball, J. & Klein-Heßling, J. (2003). Der Wechsel von der Grundschule zur weiterführendenen Schule: Differentielle Effekte auf die psychische Anpassung. *Psychologie in Erziehung und Unterricht, 50*(4), 331-341.

Fend, H. (1977). *Schulklima*. Weinheim: Beltz.

Fend, H. (1980). *Theorie der Schule*. München: Urban & Schwarzenberg.

Fend, H. (1997). Der Umgang mit Schule in der Adoleszenz. Aufbau und Verlust von Lernmotivation, Selbstachtung und Empathie. Bern: Hans Huber.

Fend, H. (1998). Eltern und Freunde. Soziale Entwicklung im Jugendalter. Bern: Huber.

Fend, H. (2001). Qualität im Bildungswesen. Schulforschung zu Systembedingungen, Schulprofilen und Lehrerleistung. Weinheim: Juventa.

Fend, H. (2005). *Entwicklungspsychologie des Jugendalters*. Wiesbaden: VS Verlag für Sozialwissenschaften.

Fend, H. (2006). Neue Theorie der Schule. Einführung in das Verstehen von Bildungssystemen. Wiesbaden: VS Verlag für Sozialwissenschaften.

Filipp, S.-H. (1995). Ein allgemeines Modell für die Analyse kritischer Lebensereignisse. In S.-H. Filipp (Hrsg.), *Kritische Lebensereignisse* (S. 3-52). Weinheim: Juventa.

Filipp, S.-H. (2000). Selbstkonzept-Forschung in der Retrospektive und Prospektive In W. Greve (Hrsg.), *Psychologie des Selbst* (S. 7-14). Weinheim: Psychologie Verlags Union.

Finkel, S. E. (1995). *Causal analysis with panel data.* Thousand Oaks: Sage Publication.

Fleischer, T., Grewe, N., Jötten, B., Seifried, K. & Sieland, B. (Hrsg.). (2007). *Handbuch Schulpsychologie. Psychologie für die Schule.* Stuttgart: Kohlhammer.

Flink, C., Boggiano, A. K. & Barrett, M. (1990). Controlling teaching strategies: Undermining children's self-determination and performance. *Journal of Personality and Social Psychology, 59,* 916-924.

Fombonne, E. (1995). Depressive Disorders: Time Trends and possible explanatory mechanisms. In M. Rutter & D. J. Smith (Eds.), *Psychosocial disorders in young people : time trends and their causes* (pp. 544-615). Chichester: J. Wiley.

Forschungsgruppe Schulevaluation. (1998). *Gewalt als soziales Problem in Schulen.* Opladen: Leske & Budrich.

Franze, M. (2005). Mindmatters (Germany and Switzerland): Adaption, first results and further steps. In S. Clift & B. B. Jensen (Eds.), *The health promoting school: International advance in theory, evaluation and practice* (pp. 329-345). Copenhagen: Danish University of Education Press.

Fraser, B. J. (1989). Twenty years of classroom climate work: Progress and prospect. *Journal of Curriculum Studies, 21*(4), 307-327.

Freud, A. (1969). Adolescence as a developmental disturbance. In G. Caplan & S. Lebovici (Eds.), *Adolescence. Psychosocial perspectives* (pp. 5-10). New York: Basic Books.

Gazelle, H. (2006). Class climate moderates peer relations and emotional adjustment in children with an early history of anxious solitude: A child x environment model. *Developmental Psychology, 42*(6), 1179-1192.

Ge, X., Conger, R. D. & Elder, G. H., Jr. (1996). Coming of age too early: pubertal influences on girls' vulnerability to psychological distress. *Child Development, 67*(6), 3386-3400.

Ge, X., Lorenz, F. O., Conger, R. D., Elder, G. H. & Simons, R. L. (1994). Trajectories of stressful life events and depressive symptoms during adolescence. *Developmental Psychology, 30*(4), 467-483.

Gillis, J. R. (1984). Geschichte der Jugend. Tradition und Wandel im Verhältnis der Altersgruppen und Generationen. Weinheim: Beltz.

Goodman, R. (1997). The Strengths and Difficulties Questionnaire: A research note. *Journal of Child Psychology & Psychiatry, 38,* 581-586.

Goodman, R. (2001). Psychometric properties of the Strengths and Difficulties Questionnaire. *Journal of the American Academy of Child and Adolescent Psychiatry, 40*(11), 1337-1345.

Graber, J. A. (2004). Internalizing problems during adolescence. In R. M. Lerner (Ed.), *Handbook of adolescent psychology* (pp. 587-626). Hoboken, NJ: Wiley.

Greenberg, M. T., Domitrovich, C. & Bumbarger, B. (2001). The prevention of mental disorders in school-aged children. *Prevention and Treatment, 4*(1).

Grewe, N. (2003). *Aktive Gestaltung des Klassenklimas.* Münster: LIT-Verlag.

Groen, G. & Petermann, F. (2002). *Depressive Kinder und Jugendliche.* Göttingen: Hogrefe.

Groen, G., Pössel, P. & Petermann, F. (2004). Depression im Kindes- und Jugendalter. In F. Petermann, K. Niebank & H. Scheithauer (Hrsg.), *Entwicklungswissenschaft* (S. 437-481). Berlin: Springer.

Gruehn, S. (2000). Unterricht und schulisches Lernen. Schüler als Quellen der Unterrichtsbeschreibung. Münster: Waxmann.

Hahlweg, K., Döpfner, M. & Heinrichs, N. (2006). Editorial zum Themenheft Präventionsforschung. *Zeitschrift für Klinische Psychologie und Psychotherapie, 35*(2), 79-81.

Hall, G. S. (1904). *Adolescence.* New York: Appleton.

Hanses, A. (in Druck). Zur Aktualität des Setting-Ansatzes in der Gesundheitsförderung. In T. Bals, A. Hanses & W. Melzer (Hrsg.), *Gesundheitsförderung in pädagogischen Setting. Ein Überblick über Präventionsansätze in zielgruppenorientierten Lebenswelten.* Weinheim: Juventa.

Harter, S. (1982). The perceived competence scale for children. *Child Development, 53,* 87-97.

Harter, S. (1998). The development of self-representations. In N. Eisenberg (Ed.), *Volume 3. Social, emotional, and personality development* (pp. 553-617). New York: John Wiley & Sons.

Hascher, T. (2004). *Wohlbefinden in der Schule.* Münster: Waxmann.

Haugland, S. & Wold, B. (2001). Subjective health complaints in adolescence – Reliability and validity of survey methods. *Journal of Adolescence, 24,* 611-624.

Haugland, S., Wold, B., Stevenson, J., Aaroe, L. E. & Woynarowska, B. (2001). Subjective health complaints in adolescence. A cross-national comparison of prevalence and dimensionality. *European Journal of Public Health, 11*(1), 4-10.

Hautzinger, M. & Petermann, F. (2003). Depression im Kindes- und Jugendalter – Einführung in den Themenschwerpunkt. *Kindheit und Entwicklung, 12*(3), 127-132.

Havighurst, R. J. (1972). *Developmental tasks and education.* New York: McKay.

Heitmeyer, W. & Olk, T. (1995). The role of individualization theory in adolescent socialization. In G. Neubauer & K. Hurrelmann (Eds.), *Individualization in childhood and adolescence* (pp. 15-35). Berlin: Walter de Gruyter.

Helmke, A. & Weinert, F. E. (1997). Bedingungsfaktoren schulischer Leistungen. In F. E. Weinert (Hrsg.), *Enzyklopädie der Psychologie. Psychologie des Unterrichts* (S. 71-176). Göttingen: Hogrefe.

Hetland, J., Torsheim, T. & Aaro, L. E. (2002). Subjective health complaints in adolescence: dimensional structure and variation across gender and age. *Scandinavian Journal of Public Health, 30*(3), 223-230.

Higgins, E. T. (1987). Self-discrepancy: A theory relating self and affect. *Psychological Review, 94,* 319-340.

Holler-Nowitzki, B. (1994). Psychosomatische Beschwerden im Jugendalter. Schulische Belastungen, Zukunftsangst und Streßreaktionen. Weinheim: Juventa.

Horowitz, J. L. & Garber, J. (2006). The prevention of depressive symptoms in children and adolescents: A meta-analytic review. *Journal of Consulting and Clinical Psychology, 74*(3), 401-415.

Horstkemper, M. (1987). Schule, Geschlecht und Selbstvertrauen. Eine Längsschnittstudie über Mädchensozialisation in der Schule. Weinheim: Juventa.

Hurrelmann, K. (2004). Lebensphase Jugend. Eine Einführung in die sozialwissenschaftliche Jugendforschung. Weinheim: Juventa.

Hurrelmann, K. & Settertobulte, W. (2002). Prävention und Gesundheitsörderung im Kindes- und Jugendalter. In F. Petermann (Hrsg.), *Lehrbuch der Klinischen Kinderpsychologie und -psychotherapie* (S. 131-148). Göttingen: Hogrefe.

Ihle, W. & Esser, G. (2002). Epidemiologie psychischer Störungen im Kindes- und Jugendalter: Prävalenz, Verlauf, Komorbidität und Geschlechtsunterschiede. *Psychologische Rundschau, 53*(4), 159-169.

Jackson, P. W. (1968). *Life in classrooms.* New York: Holt, Rinehart & Winston.

Jerusalem, M. & Schwarzer, R. (1991). Entwicklung des Selbstkonzepts in verschiedenen Lernumwelten. In R. Pekrun & H. Fend (Hrsg.), *Schule und Persönlichkeitsentwicklung. Ein Resümee der Längsschnittforschung* (S. 115-128). Stuttgart: Enke.

Jopt, U.-J. & Dedering, P. (1985). Zur Notwendigkeit von Elternpartizipation in Schülersicht. In W. Melzer (Hrsg.), *Eltern – Schüler – Lehrer. Zur Elternpartizipation an Schule* (S. 172-189). Weinheim: Juventa.

Jöreskog, K. G. & Sörbom, D. (1996). *LISREL 8: User's Reference Guide.* Chicago: Scientific Software International.

Junge, J., Neumer, S.-P., Manz, R. & Margraf, J. (2002). *Gesundheit und Optimismus. GO! Trainingsprogramm für Jugendliche.* Weinheim: Beltz.

Kaplan, D. (2000). *Structural equation modeling.* Thousand Oaks: Sage Publications.

Kasius, M. C., Ferdinand, R. F., van den Berg, H. & Verhulst, F. (1997). Associations between different diagnostic approaches for child and adolescent psychopathology. *Journal of Child Psychology and Psychiatry, 38*(6), 625-632.

Kauffman, C., Grunebaum, H., Cohler, B. & Gamer, E. (1979). Superkids: Competent children of psychotic mothers. *American Journal of Psychiatry, 136,* 1398-1402.

Kellam, S. G., Rebok, G. W., Wilson, R. & Mayer, L. S. (1994). The social field of the classroom: Context for the developmental epidemiological study of aggressive behavior. In R. K. Silbereisen & E. Todt (Eds.), *Adolescence in context: The interplay of family, school, peers, and work in adjustment* (pp. 390-408). New York: Springer.

Kendler, K. S. (1995). Genetic epidemiology in psychiatry: Taking both genes and environment seriously. *Archives of General Psychiatry, 52,* 895-899.

Kessler, R. C., Avenevoli, S. & Ries Merikangas, K. (2001). Mood disorders in children and adolescents: An epidemiologic perspective. *Biological Psychiatry, 49*(12), 1002-1014.

Klasen, H., Woerner, W., Rothenberger, A. & Goodman, R. (2003). Die deutsche Fassung des Strengths and Difficulties Questionnaire (SDQ-Deu) – Übersicht und Bewertung erster Validierungs- und Normierungsbefunde. *Praxis der Kinderpsychologie und Kinderpsychiatrie, 52,* 491-502.

Klasen, H., Woerner, W., Wolke, D., Meyer, R., Overmeyer, S., Kaschnitz, W., et al. (2000). Comparing the German versions of the Strengths and Difficulties Questionnaire (SDQ-Deu) and the Child Behavior Checklist. *European Child & Adolescent Psychiatry, 9*(4), 271-276.

Kohn, M. L., Slomczynski, K. M. & Schoenbach, C. (1986). Social stratification and the transmission of values in the familiy: A cross-national assessment. *Sociological Forum, 1*, 73-102.

Koops, W. (1996). Historical developmental psychology of adolescence. In L. Verhofstadt-Denève, I. Kienhorst & C. Braet (Eds.), *Conflict and development in adolescence* (pp. 1-12). Leiden: DSWO Press.

Kovacs, M. & Devlin, B. (1998). Internalizing disorders in childhood. *Journal of Child Psychology & Psychiatry, 39*(1), 47-63.

Kraemer, H. C., Kazdin, A. E., Offord, D. R., Kessler, R. C., Jensen, P. S. & Kupfer, D. J. (1997). Coming to terms with the terms of risk. *Archives of General Psychiatry, 54*(4), 337-343.

Kreft, I. (1996). Are multilevel techniques necessary? An overview, including simulation studies. London: University of London, Multilevel Models Project.

Krull, J. L. & MacKinnon, D. P. (1999). Multilevel mediation modeling in group-based intervention studies. *Evaluation Review, 23*(4), 418-444.

Krumm, V. (2001). Elternhaus und Schule. In D. H. Rost (Hrsg.), *Handwörterbuch Pädagogische Psychologie* (S. 108-115). Weinheim: Beltz.

Kuperminc, G. P., Leadbeater, B. J. & Blatt, S. J. (2001). School social climate and individual differences in vulnerability to psychopathology among middle school students. *Journal of School Psychology, 39*(2), 141-159.

Kuperminc, G. P., Leadbeater, B. J., Emmons, C. & Blatt, S. J. (1997). Perceived school climate and difficulties in the social adjustment of midlle school students. *Applied Developmental Science, 1*(2), 76-88.

Lamnek, S. (1999). *Theorien abweichenden Verhaltens.* München: W. Fink Verlag.

Langer, W. (2004). Mehrebenenanalyse. Eine Einführung für Forschung und Praxis. Wiesbaden: VS Verlag.

Larson, R. & Richards, M. H. (1991). Daily companionship in late childhood and early adolescence: changing developmental contexts. *Child Development, 62*(2), 284-300.

Laucht, M., Esser, G. & Schmidt, M. H. (2000). Externalisierende und internalisierende Störungen in der Kindheit: Untersuchungen zur Entwicklungspsychopathologie. *Zeitschrift für Klinische Psychologie und Psychotherapie, 29*(4), 284-292.

Laucht, M., Schmidt, M. H. & Esser, G. (2000). Risiko- und Schutzfaktoren in der Entwicklung von Kindern und Jugendlichen. *Frühförderung interdisziplinär, 19*, 97-108.

Lazarsfeld, P. F. & Fiske, M. (1938). The panel as a new tool for measuring opinion. *Public Opinion Quarterly, 2*, 596-612.

Lerner, R. M. & Lerner, J. V. (1989). Organismic and social-contextual bases of development: The sample of early adolescence. In W. Damon (Ed.), *Child development today and tomorrow* (pp. 69-85). San Francisco: Jossey-Bass.

Lewinsohn, P. M. & Essau, C. A. (2002). Depression in adolescents. In J. H. Gotlib & H. C. L (Eds.), *Handbook of depression* (pp. 541-559). New York: Guilford Press.

Lieb, R., Zimmermann, P., Friis, R. H., Höfler, M., Tholen, S. & Wittchen, H. U. (2002). The natural course of DSM-IV somatoform disorders and syndromes among adolescents and young adults: A prospective-longitudinal community study. *European Psychiatry, 17*, 321-331.

Little, S. A. & Garber, J. (2004). Interpersonal and achievement orientations and specific stressors predict depressive and aggressive symptoms. *Journal of Adolescent Research, 19*(1), 63-84.

Loukas, A. & Robinson, S. (2004). Examining the moderating role of perceived school climate in early adolescent adjustment. *Journal of Research on Adolescence, 14*(2), 209-233.

Lüdtke, O., Robitzsch, A., Trautwein, U. & Köller, O. (2007). Umgang mit fehlenden Werten in der psychologischen Forschung. Probleme und Lösungen. *Psychologische Rundschau, 58*(2), 103-117.

Lüdtke, O., Trautwein, U., Kunter, M. & Baumert, J. (2006). Analyse von Lernumwelten. Ansätze zur Bestimmung der Reliabilität und Übereinstimmung von Schülerwahrnehmungen. *Zeitschrift für Pädagogische Psychologie, 20*(1/2), 85-96.

Manz, R., Junge, J. & Margraf, J. (2001). Prävention von Angst und Depression bei Jugendlichen. Ergebnisse einer Follow-Up-Untersuchung nach 6 Monatem. *Zeitschrift für Gesundheitspsychologie, 9*(4), 168-179.

Margraf, J. & Schneider, S. (2003). Angst und Angststörungen. In J. Hoyer & J. Margraf (Hrsg.), *Angstdiagnostik. Grundlagen und Testverfahren* (S. 3-30). Berlin: Springer.

Markert, T. (2007). Ausgrenzung in Schulklassen. Eine qualitative Fallstudie zur Schüler- und Lehrerperspektive. Bad Heilbrunn: Klinkhardt.

Marschall, P. (1989). Self-report and stability of physical symptoms in adolescents. *Adolescence, 24*, 209-216.

Marsh, H. W. (2005). Big-Fish-Little-Pond Effect on academic self-concept. *Zeitschrift für Pädagogische Psychologie, 19*(3), 119-127.

Meckelmann, V. (2004). Schulwechsel als kritisches Lebensereignis und die Entwicklung des Selbstkonzeptes bei Jugendlichen. *Psychologie in Erziehung und Unterricht, 51*(4), 273-284.

Meltzer, H., Gatward, R., Goodman, R. & Ford, F. (2000). *Mental health of children and adolescents in Great Britain.* London: The Stationery Office.

Melzer, W. (1998). Gewalt als gesellschaftliches Phänomen und soziales Problem in Schulen – Einführung. In Forschungsgruppe Schulevaluation (Hrsg.), *Gewalt als soziales Problem in Schulen* (S. 11-49). Opladen: Leske & Budrich.

Melzer, W., Bilz, L. & Dümmler, K. (in Druck). Gewalt in der Schule. Bilanz bisheriger Forschungen und aktuelle Analysen zum Schüler-Mobbing. In M. Richter, K. Hurrelmann, A. Klocke, W. Melzer & U. Ravens-Sieberer (Hrsg.), *Gesundheit, Ungleichheit und jugendliche Lebenswelten. Ergebnisse der zweiten internationalen Vergleichsstudie im Auftrag der Weltgesundheitsorganisation WHO.* Weinheim: Juventa.

Melzer, W., Mühl, M. & Ackermann, C. (1998). Schulkultur und ihre Auswirkungen auf Gewalt. In Forschungsgruppe Schulevaluation (Hrsg.), *Gewalt als soziales Problem in Schulen* (S. 189-219). Opladen: Leske & Budrich.

Melzer, W., Schubarth, W. & Ehninger, F. (2004). *Gewaltprävention und Schulentwicklung.* Bad Heilbrunn: Klinkhardt.

Menard, S. (1995). *Applied logistic regression analysis.* Thousand Oaks: Sage Publications.

Moschner, B. & Dickhäuser, O. (2006). Selbstkonzept. In D. H. Rost (Hrsg.), *Handwörterbuch Pädagogische Psychologie* (S. 685-692). Weinheim: Beltz.

Nezlek, J. B., Schröder-Abé, M. & Schütz, A. (2006). Mehrebenenanalysen in der psychologischen Forschung. Vorteile und Möglichkeiten der Mehrebenenmodellierung mit Zufallskoeffizienten. *Psychologische Rundschau, 57*(4), 213-223.

Oerter, R. & Dreher, E. (2002). Jugendalter. In R. Oerter & L. Montada (Hrsg.), *Entwicklungspsychologie* (S. 258-318). Weinheim: Beltz.

Offer, D. & Offer, J. B. (1975). *From teenage to young manhood : a psychological study.* New York: Basic Books.

Olweus, D. (1992). Bullying among schoolchildren: Intervention and prevention. In R. D. Peters, R. J. McMahon & V. L. Quinsey (Eds.), *Aggression and violence throughout the life span* (pp. 100-125). Newbury Park: Sage Publications.

Olweus, D. (2006). Gewalt in der Schule. Was Lehrer und Eltern wissen sollten – und tun können. Bern: Huber.

Parsons, T. (1968). Die Schulklasse als soziales System. Einige ihrer Funktionen in der amerikanischen Gesellschaft. In T. Parsons (Hrsg.), *Sozialstruktur und Persönlichkeit* (S. 161-194). Frankfurt a. M.: Europäische Verlagsanstalt.

Paulus, P. (2005). From the health promoting school to the good and healthy school: New Developments in Germany. In S. Clift & B. B. Jensen (Eds.), *The health promoting school: International advance in theory, evaluation and practice* (pp. 329-345). Copenhagen: Danish University of Education Press.

Pekrun, R. (1985). Schulischer Unterricht, schulische Bewertungsprozesse und Selbstkonzeptentwicklung. *Unterrichtswissenschaft, 13*(3), 220-248.

Pekrun, R. (1991). Schulleistung, Entwicklungsumwelten und Prüfungsangst. In R. Pekrun & H. Fend (Hrsg.), *Schule und Persönlichkeitsentwicklung. Ein Resümee der Längsschnittforschung* (S. 164-180). Stuttgart: Ferdinand Enke Verlag.

Pekrun, R. (1992). Prüfungsangst. In K. Ingenkamp, R. S. Jäger, H. Petillon & B. Wolf (Hrsg.), *Empirische Pädagogik 1970-1990. Eine Bestandsaufnahme der Forschung in der BRD. Band II* (S. 607-611). Weinheim: Deutscher Studienverlag.

Petermann, F., Niebank, K. & Scheithauer, H. (2004). *Entwicklungswissenschaft.* Berlin: Springer.

Petersen, A. C. (1988). Adolescent development. *Annual Review of Psychology, 39*, 583-607.

Petillon, H. (1980). Soziale Beziehungen zwischen Lehrern, Schülern und Schülergruppen. Weinheim: Beltz.

Piaget, J. & Inhelder, B. (1977). Von der Logik des Kindes zur Logik des Heranwachsenden. Essay über die Ausformung der formalen operativen Strukturen. Olten: Walter-Verlag.

Pinquart, M. & Silbereisen, R. K. (2000). Das Selbst im Jugendalter. In W. Greve (Hrsg.), *Psychologie des Selbst* (S. 75-95). Weinheim: Psychologie Verlags Union.

Plück, J., Döpfner, M. & Lehmkuhl, G. (2000). Internalisierende Auffälligkeiten bei Kindern und Jugendlichen in Deutschland – Ergebnisse der PAK-KID-Studie. *Kindheit und Entwicklung, 9*(3), 133-142.

Pössel, P. & Hautzinger, M. (2003). Prävention von Depression bei Kindern und Jugendlichen. *Kindheit und Entwicklung, 12*(3), 154-163.

Pössel, P., Horn, A. B., Seemann, S. & Hautzinger, M. (2004). Trainingsprogramm zur Prävention von Depressionen bei Jugendlichen. LARS & LISA: Lust an realisitischer Sicht & Leichtigkeit im sozialen Alltag. Göttingen: Hogrefe.

Prehler, M., Kupfer, J. & Brähler, E. (1992). Der Gießener Beschwerdebogen für Kinder und Jugendliche. *Psychotherapie, Psychosomatik, medizinische Psychologie, 42*, 71-76.

Quay, H. C. (1986). Classification. In H. C. Quay & J. S. Werry (Eds.), *Psychopathological disorders of childhood* (pp. 1-34). New York: Wiley.

Rasbash, J., Steele, F., Browne, W. & Prosser, B. (2005). *A user's guide to MLwiN Version 2.0.* Bristol: Centre for Multilevel Modelling. University of Bristol.

Reddy, R., Rhodes, J. E. & Mulhall, P. (2003). The influence of teacher support on student adjustment in the middle school years: A latent growth curve study. *Development and Psychopathology, 15*, 119-138.

Reinders, H. (2006). Kausalanalysen in der Längsschnittforschung. Das Cross-Lagged-Panel-Design. *Diskurs Kindheits- und Jugendforschung, 1*(4), 569-587.

Reynolds, W. M. (1990). Introduction to the nature and study of internalizing disorders in children and adolescents. *School Psychology Review, 19*(2), 137-142.

Richter, M. (2005). Gesundheit und Gesundheitsverhalten im Jugendalter. Der Einfluss sozialer Ungleichheit. Wiesbaden: VS Verlag für Sozialwissenschaften.

Roeser, R. W., Eccles, J. S. & Sameroff, A. J. (1998). Academic and emotionale functioning in early adolescence: Longitudinal relations, pattern, and prediction by experience in middle school. *Development and Psychopathology, 10*, 321-352.

Roeser, R. W., Eccles, J. S. & Sammeroff, A. J. (2000). School as context of early adolescents' academic and social-emotional development: A summary of research findings. *The Elementary School Journal, 100*(5), 443-471.

Roeser, R. W., Eccles, J. S. & Strobel, K. R. (1998). Linking the study of schooling and mental healh: Selected issues and empirical illustrations at the level of the individual. *Educational Psychologist, 33*(4), 153-176.

Rolff, H.-G., Holtappels, H. G., Klemm, K., Pfeiffer, H. & Schulz-Zander, R. (Hrsg.). (2002). *Jahrbuch der Schulentwicklung Band 12. Daten, Beispiele und Perspektiven.* Weinheim: Juventa.

Rosenthal, R. & Jacobson, L. (1968). Pygmalion in the classroom; teacher expectation and pupils' intellectual development. New York: Holt.

Rost, D. H. & Schermer, F. J. (2006). Leistungsängstlichkeit. In D. H. Rost (Hrsg.), *Handwörterbuch Pädagogische Psychologie* (S. 404-416). Weinheim: Beltz.

Roth, M. (2000). Körperliche Beschwerden als Indikator für psychische Auffälligkeiten bei 12- bis 16jährigen Schülerinnen und Schülern der Sekundarstufe I. *Psychologie in Erziehung und Unterricht, 47*, 18-28.

Rubin, K. H. & Mills, R. S. (1991). Conceptualizing developmental pathways to internalizing disorders in childhood. *Canadian Journal of Behavioural Science, 23*(3), 300-317.

Rutter, M. (1987). Psychosocial resilience and protective mechanisms. *American Journal of Orthopsychiatry, 57*(3), 316-331.

Rutter, M., Graham, P., Chadwick, O. F. & Yule, W. (1976). Adolescent turmoil: fact or fiction? *Journal of Child Psychology & Psychiatry & Allied Disciplines, 17*(1), 35-56.

Rutter, M., Maughan, B., Mortimore, P. & Ouston, J. (1980). *Fünfzehntausend Stunden.* Weinheim: Beltz.

Sächsisches Staatsministerium für Kultus. (2006). Fit für die Zukunft. Mittelschulen und Gymnasien in Sachsen. Retrieved 5.11.2007, from http://www.sachsen-macht-schule.de/sabw/br_ms_gy_sachsen_de.pdf

Sächsisches Staatsministerium für Kultus. (2007). Sächsische Schuldatenbank. Retrieved 24.09.2007, from http://www-db.sn.schule.de/output/start.php

Sandfuchs, U. (2001). Was Schule leistet. Refelexionen und Anmerkungen zu Funktionen und Aufgaben der Schule. In W. Melzer & U. Sandfuchs (Hrsg.), *Was Schule leistet. Funktionen und Aufgaben von Schule* (S. 11-36). Weinheim: Juventa.

Saß, H., Wittchen, H.-U., Zaudig, M. & Houben, I. (2003). Diagnostische Kriterien des Diagnostischen und Statistischen Manuals Psychischer Störungen DSM-IV-TR. Göttingen: Hogrefe.

Schäfers, B. & Scherr, A. (2005). *Jugendsoziologie. Einführung in Grundlagen und Theorien.* Wiesbaden: VS Verlag für Sozialwissenschaften.

Schnabel, K. (2001). Psychologie der Lernumwelt. In A. Krapp & B. Weidenmann (Hrsg.), *Pädagogische Psychologie* (S. 467-511). Weinheim: Beltz.

Schneider, S. (2000). Psychische Störungen des Kindes- und Jugendalters. In J. Margraf (Hrsg.), *Lehrbuch der Verhaltenstherapie. Band 2: Störungen – Glossar* (S. 437-462). Berlin: Springer.

Schulenberg, J. E., Bryant, A. L. & O'Malley, P. M. (2004). Taking hold of some kind of life: how developmental tasks relate to trajectories of well-being during the transition to adulthood. *Development and Psychopathology, 16*(4), 1119-1140.

Schümer, G. (2004). Zur doppelten Benachteiligung von Schülern aus unterprivilegierten Gesellschaftsschichten im deutschen Schulwesen. In G. Schümer, K.-J. Tillmann & M. Weiß (Hrsg.), *Die Institution Schule und die Lebenswelt der Schüler. Vertiefende Analysen der PISA-2000-Daten zum Kontext von Schülerleistungen* (S. 73-114). Wiesbaden: VS-Verlag.

Schwartz, C. E., Snidman, N. & Kagan, J. (1999). Adolescent social anxiety as an outcome of inhibited temperament in childhood. *Journal of the American Academy of Child and Adolescent Psychiatry, 38*(8), 1008-1015.

Schwarzer, R. & Lange, B. (1983). Test anxiety and development from grade 5 to grade 10: A structural approach. In H. M. van der Ploeg, R. Schwarzer & C. D. Spielberger (Eds.), *Advances in test anxiety research* (pp. 147-157). Lisse: Swets & Zeitlinger.

Schwetz, H. & Subramanian, S. V. (2005). Einführung in die Mehrebenenanalyse. Von der Regressionsanalyse zum Random-Slope-Modell. Landau: Verlag Empirische Pädagogik.

Seiffge-Krenke, I. (1995a). Psychische Störungen im Jugendalter. In P. Kolip, K. Hurrelmann & P. Schnabel (Hrsg.), *Jugend und Gesundheit. Interventionsfelder und Präventionsbereiche* (S. 177-203). Weinheim: Juventa.

Seiffge-Krenke, I. (1995b). *Stress, coping, and relationships in adolescence.* Mahwah, N.J.: L. Erlbaum Associates.

Seligman, M. E. P. & Petermann, F. (2004). *Erlernte Hilflosigkeit.* Weinheim: Beltz.

Shavelson, R. J., Hubner, J. J. & Stanton, G. C. (1976). Self-concept: Validation of construct interpretations. *Review of Educational Research, 46*, 407-441.

Sijtsma, K. & van der Ark, L. A. (2003). Investigation and treatment of missing item scores in test and questionnaire data. *Multivariate Behavioral Research, 38*(4), 505-528.

Silbereisen, R. K. & Schmitt-Rodermund, E. (1999). Prognostische Bedeutung von Unterschieden im Entwicklungstempo während der Pubertät. In R. Oerter, C. von Hagen, G. Röper & G. Noam (Hrsg.), *Klinische Entwicklungspsychologie* (S. 218-239). Weinheim: Beltz.

Sroufe, L. A. (1997). Psychopathology as an outcome of development. *Development and Psychopathology, 9*, 251-268.

Statistisches Landesamt des Freistaates Sachsen (Hrsg.). (2006). *Statistisches Jahrbuch Sachsen.* Kamenz: Statistisches Landesamt des Freistaates Sachsen.

Stein, M. B., Fuetsch, M., Höfler, M., Lieb, R. & Wittchen, H. U. (2001). Social anxiety disorder and the risk of depression: a prospective community study of adolescents and young adults. *Archives of General Psychiatry, 58*(3), 251-256.

Steinberg, L. (1993). *Adolescence.* New York: McGraw-Hill.

Steinberg, L. & Morris, A. S. (2001). Adolescent development. *Annual Review of Psychology, 52*, 83-110.

Steinhausen, H. C. (1998). Psychosomatische Störungen. In F. Petermann (Hrsg.), *Lehrbuch der Klinischen Kinderpsychologie* (S. 423-454). Göttingen: Hogrefe.

Stöckli, G. (2007). Schüchternheit als Schulproblem? Spuren eines alltäglichen Phänomens. Bad Heilbrunn: Klinkhardt.

Strittmatter, P. & Bedersdorfer, H. W. (1991). Pädagogische Interventionsforschung: Abbau von Angst in schulischen Leistungssituationen. In R. Pekrun & H. Fend (Hrsg.), *Schule und Persönlichkeitsentwicklung. Ein Resümee der Längsschnittforschung* (S. 297-323). Stuttgart: Ferdinand Enke Verlag.

Tillmann, K.-J. (2000). Sozialisationstheorien. Eine Einführung in den Zusammenhang von Gesellschaft, Institution und Subjektwerdung. Reinbek bei Hamburg: Rowohlt.

Tillmann, K.-J. & Meier, U. (2001). Schule, Familie und Freunde – Erfahrungen von Schülerinnen und Schülern in Deutschland. In Deutsches PISA-Konsortium (Hrsg.), *PISA 2000. Basiskompetenzen von Schülerinnen und Schülern im internationalen Vergleich* (S. 468-509). Opladen: Leske & Budrich.

Torsheim, T., Aaro, L. E. & Wold, B. (2003). School-related stress, social support, and distress: Prospective analysis of reciprocal and multilevel relationships. *Scandinavian Journal of Psychology, 44*, 153-159.

Torsheim, T., Välimaa, R. & Danielson, M. (2004). Health and well-being. In C. Currie, C. Roberts, A. Morgan, R. Smith, W. Settertobulte, O. Samdal & V. B. Rasmussen (Eds.), *Young peolple's health in context. Health Behaviour in School-aged Children (HBSC) study: International report from the 2001/2002 survey* (pp. 55-62). Copenhagen: WHO Regional Office for Europe.

Torsheim, T. & Wold, B. (2001). School-related stress, school support, and somatic complaints: A general population study. *Journal of Adolescent Research, 16*(3), 293-303.

Torsheim, T., Wold, B. & Samdal, O. (2000). The teacher and classmate support scale: Factor structure, test-retest reliability and validity in samples of 13- and 15-year-old adolescents. *School Psychology International, 21*(2), 195-212.

Twenge, J. M. (2000). The age of anxiety? Birth cohort change in anxiety and neuroticism, 1952-1993. *Journal of Personality and Social Psychology, 79*(6), 1007-1021.

Ulich, K. (1998). Schulische Sozialisation. In K. Hurrelmann & D. Ulich (Hrsg.), *Handbuch der Sozialisationsforschung* (S. 377-396). Weinheim: Beltz.

Valtin, R. & Wagner, C. (2004). Der Übergang in die Sekundarstufe I: Psychische Kosten der externen Leistungsdifferenzierung. *Psychologie in Erziehung und Unterricht, 51*(1), 52-68.

van der Wal, M. F., de Wit, C. A. & Hirasing, R. A. (2003). Psychosocial health among young victims and offenders of direct and indirect bullying. *Pediatrics, 111*(6 Pt 1), 1312-1317.

Van Houtte, M. (2005). Climate or culture? A plea for conceptual clarity in school effectiveness research. *School Effectiveness and School Improvement, 16*(1), 71-89.

Verhulst, F. C. & Achenbach, T. M. (1995). Empirically based assessment and taxonomy of psychopathology: cross-cultural applications. A review. *European Child & Adolescent Psychiatry, 4*(2), 61-76.

von Saldern, M. (2001). Klassengröße. In D. H. Rost (Hrsg.), *Handwörterbuch Pädagogische Psychologie* (S. 326-331). Weinheim: Beltz.

Walberg, H. J. (1976). Psychology of learning environments: Behavioral, structural or perceptual? *Review of Educational Research, 4*, 142-177.

Waller, E. & Scheidt, C. E. (2006). Somatoform disorders as disorders of affect regulation: A development perspective. *International Review of Psychiatry, 18*(1), 13-24.

Weinert, F. E. (2001). Qualifikation und Unterricht zwischen gesellschaftlichen Notwendigkeiten, pädagogischen Visionen und psychologischen Möglichkeiten. In W. Melzer & U. Sandfuchs (Hrsg.), *Was Schule leistet. Funktionen und Aufgaben von Schule* (S. 65-85). Weinheim: Juventa.

Weisz, J. R., Weiss, B., Han, S. S., Granger, D. A. & Morton, T. (1995). Effects of psychotherapy with children and adolescents revisited: A meta-analysis of treatment outcome studies. *Psychological Bulletin, 117*(3), 450-468.

Werner, E. E. (1993). Risk, resilience, and recovery: Perspectives from the Kauai Longitudinal Study. *Development and Psychopathology, 5*, 503-515.

Werner, E. E. & Smith, R. S. (1982). Vulnerable, but invincible: A longitudinal study of resilient children and youth. New York: McGraw-Hill.

Wichstrom, L. (1995). Harter's Self-Perception Profile for Adolescents: Reliabilty, validity, and evaluation of the question format. *Journal of Personality Assessment, 65*(1), 100-116.

Willower, D. J. & Lawrence, J. D. (1979). Teacher's perceptions of student threat to teacher status and teacher pupil control ideology. *Psychology in the Schools, 16*, 586-590.

Winkler Metzke, C. & Steinhausen, H. C. (2001). Merkmale der Schulumwelt und psychische Befindlichkeit. *Zeitschrift für Entwicklungspsychologie und Pädagogische Psychologie, 33*(1), 30-41.

Wittchen, H. U. (2000). Bedarfsgerechte Versorgung psychischer Störungen. Abschätzungen aufgrund epidemiologischer, bevölkerungsbezogener Daten. Stellungnahme im Zusammenhang mit der Befragung von Fachgesellschaften durch den Sachverständigenrat für die Konzertierte Aktion im Gesundheitswesen. München: Max-Planck-Institut für Psychiatrie.

Wittchen, H. U., Nelson, C. B. & Lachner, G. (1998). Prevalence of mental disorders and psychosocial impairments in adolescents and young adults. *Psychological Medicine, 28*(1), 109-126.

Wittchen, H. U., Stein, M. B. & Kessler, R. C. (1999). Social fears and social phobia in a community sample of adolescents and young adults: Prevalence, risk factors, and comorbidity. *Psychological Medicine, 29*(2), 309-323.

Wyn, J., Cahill, H., Holdsworth, R., Rowling, L. & Carson, S. (2000). MindMatters, a whole-school approach promoting mental health and wellbeing. *Australian and New Zealand Journal of Psychiatry, 34*, 594-601.

Youniss, J. (1980). Parents and peers in social development : a Sullivan-Piaget perspective. Chicago: University of Chicago Press.

Youniss, J. (1994). *Soziale Konstruktion und psychische Entwicklung.* Frankfurt a. M.: Suhrkamp.

Zahn-Waxler, C., Klimes-Dougan, B. & Slattery, M. J. (2000). Internalizing problems of childhood and adolescence: Prospects, pitfalls, and progress in understanding the development of anxiety and depression. *Development and Psychopathology, 12*, 443-466.

Zinnecker, J. (1991). Jugend als Bildungsmoratorium. Zur Theorie des Wandels der Jugendphase in west- und osteuropäischen Gesellschaften. In W. Melzer, W. Heitmeyer, L. Liegle & J. Zinnecker (Hrsg.), *Osteuropäische Jugend im Wandel. Ergebnisse vergleichender Jugendforschung in der Sowjetunion, Polen, Ungarn und der ehemaligen DDR* (S. 9-24). Weinheim: Juventa.

Educational Governance

Grundlagen
Erziehungswissenschaft

Helmut Fend

Entwicklungspsychologie des Jugendalters
3., durchges. Aufl. 2003. 520 S.
Br. EUR 24,90
ISBN 978-3-8100-3904-0

Detlef Garz

Sozialpsychologische Entwicklungstheorien
Von Mead, Piaget und Kohlberg
bis zur Gegenwart
3., erw. Aufl. 2006. 189 S. Br. EUR 19,90
ISBN 978-3-531-23158-7

Heinz Moser

Einführung in die Medienpädagogik
Aufwachsen im Medienzeitalter
4., überarb. und akt. Aufl. 2006. 313 S.
Br. EUR 22,90
ISBN 978-3-531-32724-2

Jürgen Raithel / Bernd Dollinger /
Georg Hörmann

Einführung Pädagogik
Begriffe, Strömungen, Leitfiguren
und Fachschwerpunkte
2., durchges. und erw. Aufl. 2005.
330 S. Br. EUR 16,90
ISBN 978-3-531-34702-8

Christiane Schiersmann

Berufliche Weiterbildung
Eine Einführung.
2007. ca. 276 S. Br. ca. EUR 19,90
ISBN 978-3-8100-3891-3

Bernhard Schlag

Lern- und Leistungsmotivation
2., überarb. Aufl. 2006. 191 S.
Br. EUR 14,90
ISBN 978-3-8100-3608-7

Agi Schründer-Lenzen

Schriftspracherwerb und Unterricht
Bausteine professionellen
Handlungswissens
2., erw. Aufl. 2007. 252 S. Br. EUR 19,90
ISBN 978-3-531-15368-1

Peter Zimmermann

Grundwissen Sozialisation
Einführung zur Sozialisation
im Kindes- und Jugendalter
3., überarb. und erw. Aufl. 2006. 232 S.
Br. EUR 16,90
ISBN 978-3-531-15151-9

Erhältlich im Buchhandel oder beim Verlag.
Änderungen vorbehalten. Stand: Juli 2007.

www.vs-verlag.de

VS VERLAG FÜR SOZIALWISSENSCHAFTEN

Abraham-Lincoln-Straße 46
65189 Wiesbaden
Tel. 0611.7878-722
Fax 0611.7878-400